国史通鉴

第五部

方志远 著

谁主沉浮

宋辽金元卷

商务印书馆
创于1897
The Commercial Press

图书在版编目(CIP)数据

谁主沉浮:宋辽金元卷/方志远著.—北京:商务
印书馆,2022
　(国史通鉴)
　ISBN 978-7-100-20281-7

Ⅰ.①谁… Ⅱ.①方… Ⅲ.①中国历史—辽宋金元
时代—通俗读物 Ⅳ.①K209

中国版本图书馆 CIP 数据核字(2021)第 163749 号

谁主沉浮:宋辽金元卷

方志远 著

商 务 印 书 馆 出 版
(北京王府井大街 36 号 邮政编码 100710)
商 务 印 书 馆 发 行
北京中科印刷有限公司印刷
ISBN 978-7-100-20281-7

2022 年 1 月第 1 版　　　　开本 710×1000 1/16
2022 年 1 月北京第 1 次印刷　　印张 27½
定价:98.00 元

目　录

总　序

　　这是我和"百家讲坛"的第三次合作，和商务印书馆则是第二次合作。

　　和"百家讲坛"的合作始于 2009 年。那时的"百家讲坛"正处于鼎盛后期，朋友聚会、家人聊天，时时有人说及"百家"；阎崇年、王立群、易中天、于丹等老师也通过他们的讲课，引导人们从各种各样的"选秀""搞笑"节目中脱出身来，关注中国历史、中国文化。如果说上个世纪九十年代的一段时间，余秋雨教授以一己之力，通过《文化苦旅》搅动了中国人的文化热，那么，进入本世纪后的一段时间，则是"百家讲坛"扛起了传播中国传统文化、激发大众历史热情的大旗。

　　但是，当"百家讲坛"栏目组邀请加盟时，我犹豫了。犹豫什么？说不清楚。当我们决定做一件事情的时候，我们可能有十分明确的目的，至少是直接动机；当我们需要做出一种选择而犹豫的时候，却很难说出十分清晰的理由。勉强要说，也许有三个担心：一是担心时间。手上有多个课题，从国家社科基金项目到横向合作项目，得亲力亲为完成，是否有时间和精力做"百家讲坛"的节目？二是担心内容。"百家讲坛"与大学讲台不同，大学讲台的核心价值是学术创见，"百家讲坛"的要旨是雅俗共赏。选择什么样的内容，采用什么样的方式表述，才能达到雅俗共赏？三是担心效果。我从来不畏惧上课，但素来不习惯"哗众"，不屑于"取宠"，直到现在，听到装腔作势的煽情就起鸡皮疙瘩，所以自我感觉不适合做大众节目。而电视节目恰恰是大众节目，讲究"收视率"和"回头率"，要让观众把屏幕停留在这个节目上，要让观众手上的遥控器转了一圈之后又回到这个节目来，不哗众、不取宠、不装腔作势地煽情，有收视率、有回头率吗？所有这些，我心里都没有底。另外还有一个纠结：作为专业历史研究者，做大众节目是不是"不务正业"，同行怎么看？低头抬头都是圈子里的人，和圈外朋友友情客串毕竟不一样。

最后还是上了"百家讲坛"的"贼船"，否则就没有后来的故事。编导王珊小友曾经很得意地对我说，只要是她看中的老师，就很难逃脱"追捕"。在这个过程中，毛哥（佩琦）和商传兄的榜样，邵鸿的反复鼓励，李锋的多次鼓捣，都起了推动作用。但是，推动归推动，最终决定上船，主意还是自己拿的。长期以来，我和邵鸿以及其他朋友一直在交流史学的功能问题、史学的大众化问题。发挥史学的"人文"功能，让大众在历史的讲述中得到愉悦、得到感悟，向大众传播我们认为是"正能量"的历史观和价值观，这既是历史研究者的责任，也应该是十分快乐的事情。既然如此，还有比央视"百家讲坛"更好的平台吗？而王珊的诚恳态度也打消了我的一些顾虑：不过多考虑"收视率"和"回头率"，按照自己的风格讲，不是附和观众而是引导观众，把传播对象定位在中等及以上文化层面。

于是有了连续三次的合作，其间固然有无数次就内容与形式的

"被修理"与"反修理"、"被控制"与"反控制",但我与"百家讲坛"的合作也越来越默契。不少朋友问我,听说"百家讲坛"很霸道,不断要求老师如此这般、这般如此。说心里话,没有这种感觉。不知道是因为我接受意见很虚心,还是"百家讲坛"对我很宽容。

第一次合作,讲的题目是"大明嘉靖往事"。似乎是讲嘉靖"皇帝",但我把它讲成了嘉靖"时代",而其中揭示的则是普遍的历史现象。其中的有些篇章,如"礼是打出来的""算账要算政治账""奸臣三部曲""忠臣是怎样铸成的"等等,我认为是可以成为经典的。

第二次合作,讲的题目是"万历兴亡录"。同样,主要说的不是万历"皇帝"而是万历"时代"。万历时代是中国历史上一个自由奔放的时代、一个酷似于"前资本主义"的时代,但中国社会并没有由此进入近代社会,而是乐极生悲地退回到了严峻冷酷的古代社会。《北京晨报》资深记者陈辉曾经问我:《万历兴亡录》的电视节目已经有了很好的反响,你怎么评价由讲稿改编出版的著作,这部著作中有哪些地方比较精彩?我很自信地告诉他:我的文字表述能力超过语言表达能力,逻辑思辨能力超过形象描述能力,只要读下去,处处是精彩,而且是"未删节版",所以著作应该比电视更精彩。从"是非张居正"到"飞语的力量",从"词宗先生戚继光"到"打虎英雄落平阳",从"事情怕就怕认真"到"与人方便自己方便",从"人进我退"到"明朝国殇",展示的是一个王朝由极盛到式微的各个方面的外在表现和内在因素,是一个王朝坍塌前无可奈何的多维背影。我甚至很得意地问他:你在其他著作中看得到这些信息吗?在中国历史上,曾经多次重复类似于嘉靖、万历这样的"似曾相识"的乐极生悲的故事,所以,其意义远远不止在明代。

这两个题目讲述的内容都在我的研究范围之内,都是明代史的题目,其中包含着我的一些最新研究成果。但当栏目组希望我做第三个节目时,我觉得不能再做明代了,应该做一个更"大气"的题目,既是对自己的一次挑战，也争取给"百家讲坛"注入一些新的元素。

我曾经考虑彻底改变一下风格，讲一个"方志远说金庸之韦小宝"。《鹿鼎记》是金庸为读者提供的开启中国"江湖文化"和"庙堂文化"迷宫的钥匙，韦小宝则是破解中国古代"官场潜规则"和"黑道规矩"的向导，极有研究价值和解读意义。但"百家讲坛"希望维护我作为历史学者在屏幕上的形象，否定了这个设想。

那么讲什么？我和王珊同时想到了司马光的《资治通鉴》，接着又想到了"中国通史"。经过反复商议，并征询了诸多朋友的意见，决定把"通史"和"通鉴"结合在一起，定名为"国史通鉴"，当时考虑分为4—5部，共100—125集，现在看来需要有6部150集。当时的两位制片人聂丛丛、那尔苏，还有央视科教频道副总监冯存礼先生，都认同这个主题和思路。"百家讲坛"过去讲的都是一朝一代，或者一个人物一本书，他们早就想做一个大的题目，上下贯通，从炎黄一直说到鸦片战争乃至清帝退位。双方做出这样一个决定的时间，是2012年4月。

关于这个主题的宗旨，我在《国史通鉴》的第一集做了这样的表述：

> 这个"国"是中国，"国史"就是中国的历史，中华民族的历史，中华文明的历史……我们将尽可能地展示中华民族、中国文明的历史是如何悠久、如何无间断，对于它的记载又是如何详密。同时，我们也将讨论，在中华民族、中国文明的发展过程中，曾经发生过哪些问题，走过哪些弯路？我们的先人曾经犯过哪些本来可以避免的错误，他们为我们今天的发展提供了哪些借鉴？所谓"前事不忘，后事之师"，这也是我们为这次讲课取名为"国史通鉴"的原因。

也就是说，这个节目和这部著作是向大众讲述中国的历史、中华民族的历史、中华文明的历史，同时分析其中的利弊得失，以为今日之借鉴。

主题固然气势恢宏，难度也是非常之大。第一，取舍难。上下五千年，发生了多少故事，淘洗了多少英雄，应该选择哪些故事、哪些人物，又怎么讲述这些故事、这些人物？第二，把握难。无数的史籍史料，无数的专书专论，无数的考古发现，无数的民间传闻，如何把握尺度、彰显主题？第三，突围难。前辈的鸿篇巨制，前有钱穆《国史大纲》，后有李定一《中华史纲》，皆久负盛誉；范文澜《通史简编》影响巨大，蔡美彪积 10 卷本《中国通史》的功力推出《中华史纲》；樊树志在《国史概要》之后，又有《国史十六讲》。此外，更有白寿彝先生在《中国通史纲要》基础上主编的 12 卷 22 巨册《中国通史》，费正清、崔瑞德主编的 15 册《剑桥中国史》，以及尚未见到中文译本的《剑桥中国上古史》。如此等等，犹如横亘在面前的雄山大川，如何翻山越岭、跋川涉水，如何突出重围？

在确定"国史通鉴"这个主题时，也考虑过这些困难，但真正的困难总是在工作展开之后逐步显现、深刻感受的。这种情况在我的人生历程中，在我的学术生涯中，乃至在每一篇论文的写作过程中，时时发生。基本经验是，放弃意味失败，坚持可能成功，关键在于有自己的个性和特色。

写作的过程是一个学习的过程。范文澜先生关于中国统一多民族国家形成道路与西方国家的区别，钱穆先生对《国史大纲》读者要求的"诸信念"，李定一先生关于《中华史纲》自我勉策的"四规律"，《剑桥中国史》作者们置身山外揭开的"庐山真面目"，以及前辈学者和同辈朋友在各个断代史研究中所取得的真知灼见，都是在翻山越岭、跋川涉水过程中观赏到的绚丽风光、感悟到的敬业风范，他们在帮助我突出重围。

当年《万历兴亡录》出版的时候，有读者将其和黄仁宇先生的《万历十五年》进行比较，我很高兴，也很荣幸。因为我是《万历十五年》的忠实粉丝，而我们这一代人的"史商"，在一定程度上是由黄仁宇先生开发的。但这两本书其实是很难进行比较的，倒是可以进行互补。最近我在一个"总裁"班讲课，他们让我推荐几本明代史的著作，其中我推荐了《万历十五年》和《万历兴亡录》。为何同时推荐两个"万历"？因为这两部书都是以万历时期为描述对象，但重点不同，风格不同。前者是以散文方式撰写的学术性历史著作，重点放在"庙堂"；后者是以学术态度撰写的普及性历史著作，力求表现"多元"。学员及其他读者可以从两种不同风格的著作中体验万历时代。

《国史通鉴》也是以学术态度撰写的普及性历史著作，以上种种的多卷本、单本《通史》《史纲》和断代史著作，均为"参考文献"和"学术基础"。特别是由于先通过屏幕传播，再由文本传播，决定了这部《国史通鉴》是以"说"为基础，传播的对象首先不是翻开书本的读者，而是打开电视或电脑的观众。所以我跟很多朋友说，这部书和其他"百家讲坛"的书一样，创作过程有点像明代的"小说"：先要有"话本"，这是一次创作；然后在"话本"的基础上讲课，这是二次创作；最后根据讲课和思考进行梳理、补充，这是三次创作。由于传播的对象首先是电视观众，所以头绪不能太复杂，内容不能太生僻，论证不能太烦琐，形式不能太单调。

用学术态度撰写"普及性"历史著作，也决定了《国史通鉴》和以戏谑态度撰写的各种"历史读物""历史小说"有着根本性不同，"说教"固然不可以，"戏说"更是忌讳。应该以轻轻松松的语言、认认真真的态度讲述历史，而不是天花乱坠说评书、编故事、发议论，既不能过于"劳累"读者，更必须言之有据。

出于上述考虑，我拟出了《国史通鉴》写作的"十二字方针"：定主线、选人物、说故事、论得失。而且，主线要清晰，人物要鲜活，故事要生动，分析要明快。这可以说是《国史通鉴》的基本特点。

　　《国史通鉴》这个 150 集左右面向大众的电视节目、120 万字左右面向大众的历史著作，只能是一条主线。这条主线就是中国统一多民族国家的形成与发展，所有的内容都应该围绕着这条主线展开：在中国统一多民族国家形成与发展的过程中，经历了怎样的风雨，冲破了怎样的险阻，共享了怎样的太平？有过什么样的悲与喜、苦与乐？对于今天，应该记取什么样的经验与教训？但是，中华民族历史的悠久、记载的翔实和发展的无间断，决定了这条主线应该是多彩线而非单色线，它应该包含着政治、经济、文化，上层、下层，民族、宗教等多方面的内容。

　　历史由人组成，只有充分展示人物的活动，历史才能鲜活和灵动起来。中国统一多民族国家的形成与发展，是一个绵长的渐进与累积过程，但又不断发生由杰出人物推动的由渐变到突变。我们把不被人们察觉的渐变过程交给学术论文去讨论，而把推动突变或产生影响的人物——无论是大人物还是小人物，无论是起过好作用产生好影响的人物，还是起过坏作用产生坏影响的人物——"选"到这个节目和这部著作中。当然，任何一个伟大人物，在我们这个节目和著作中都是一个过客，所以我们得选择他们最走运或最背运、最可爱或最可恶、最好玩或最窝囊的那些片段，一句话，选择他们在历史上划下最深刻痕的那些片段进行讲述。

　　"历史人物"从来都是和"历史事件"联系在一起的。当然，在我们这个节目和著作里，只有那些对历史进程产生影响的事情才能被称为"历史事件"，才是"大事"。皇位继承、朝代更替本来是大事，但是如果没有对历史过程发生明显影响，那它就是一家一姓的小事，不属于我们这个节目和著作的"故事"。而黄河边的一场连日大雨、穷秀才的一个报复念头，为节约开支而裁减冗员、为整肃法纪而抓捕走私，本来都是司空见惯的小事，或者是一个政权在行使正常权力，结果却掀翻了一个王朝、颠覆了一个政权、涂炭了几代生灵、改变了历史进程的方向，就成了荡气回肠的大事。这些才是我们要在节目和著作中大说而特说、大书而特书的"故事"。

关于历史学的社会功能，前人已经有过诸多表述，最著名的莫过于孟子所说："孔子作《春秋》而乱臣贼子惧。"唐太宗所说："以史为鉴可以知兴替。"还有培根所说："读史使人明智。"有一种高考复习资料概括了历史学家们提出的历史学的五大社会功能：认识历史的途径、延续文明的纽带、传承精神的载体、治国安邦的宝库、启迪人生的向导。

乍看起来，真有道理。但坦率地说，虽然读了五十多年的历史书，教了三十多年的历史课，我还真不知道历史学竟然有如此多的功能，有如此大的威力。相反，一直在怀疑，一部《春秋》能否吓倒真正的"乱臣贼子"，学历史的人就真就比别人"明智"？以史为鉴固然可以知兴替，但如何才能使自己打磨出来的镜子照出来的是相对客观的历史，却绝对不是容易的事情。有时我想，历史学是否需要承受如此大的压力、是否需要揽下如此大的责任？但是，司马迁提出的"究天人之际、通古今之变、成一家之言"，却成了历史学者代代相传的"基因"，欲罢不能。所以，尽管《国史通鉴》是普及性的历史著作，仍然希望能在轻松愉快地向大众讲述中国历史长河中所发生的"秋月春风"的同时，认真负责地向大众解析中国统一多民族国家形成与发展过程的"是非成败"。当然，讲述和分析是否得体，躲不过观众和读者的慧眼。

感谢关心这个节目播出和这部书出版的所有朋友，是你们的鼓励和支持给了我坚持下去的信心。感谢商务印书馆的编辑和领导，我和"百家讲坛"第二次合作节目的书稿《万历兴亡录》，就是由"商务"出版的。忘记不了"商务"为了推介《万历兴亡录》，在首都博物馆举行了盛大的首发式。首都博物馆郭小凌馆长、商务印书馆周洪波总编辑、"百家讲坛"制片人聂丛丛女士、"毛哥"佩琦等亲临助阵，邵鸿学兄在出席另一个会议的空隙来到现场，四百多人的大厅座无虚席，首发式成了一次学术演讲会。责任编辑蔡长虹的主持也成了一道风景线。这一次，因为《国史通鉴》的出版，更加深了我们之间的缘分。

无论是这个节目还是这部书，和以前的节目和书一样，也一定存在诸多错误。这些错误倒未必完全是因为以一人之力讲述几千年历史，因为即使是说自己"地盘"上的明史，也会发生错误。原因是多方面的，用南昌话说，有时甚至是"边打锣鼓边出鬼"，错得莫名其妙。所以我对很多朋友说，自从上了"百家讲坛"，我就再也不敢说自己不犯错误，也更宽容别人的错误了。且不说不看讲稿连续讲四十多分钟，就是平时和朋友交流，也不免会有口误。当然，还有不少习惯性的错误。比如，一个字的读音，从小就没有读准，但以为就是这样读的；一个事情从来就是这样说，怎么可能会错呢？但恰恰一开始就可能记错了。这其实也很正常，电脑也可能有短路的时候。我能够做到的，是尽可能地减少错误，特别在节目制作的过程中、在著作校对的过程中尽可能地发现并纠正错误。

在与"百家讲坛"进行第三次合作之际，如果要我说对"百家"的认识，我想表达这样几个意思：第一，十分感谢"百家讲坛"，使我有一个和大众交流、向大众传递我的历史观和价值观的平台。第二，由于种种原因，并不是每一位好学者都会上"百家讲坛"，所以决不能以是否上"百家讲坛"作为评价学者的标准。第三，上了"百家讲坛"的学者未必就是在自己的研究领域做得很好的学者，但能上"百家讲坛"的学者一定是能讲课的好老师，而且上了"百家讲坛"之后，课会讲得更好。第四，任何事物都有它发展的"常态"和"异态"。作为一个电视栏目，"百家讲坛"已经渡过了它开始的低迷和此后的极盛，进入一个"常态"发展期，"说三国""说论语"的风靡不可能再现，但只要用心打造，"百家讲坛"应该是央视的一个持续品牌，我愿意和大家一起珍惜和爱护这个品牌。

　　《大明嘉靖往事》播出第一集的时候，孙女爱爱正好两个月；《万历兴亡录》开播的时候，爱爱不但可以很清晰地叫"爷爷"，还可以晃晃悠悠到处跑了。《国史通鉴》第一部预播时，爱爱三岁半，在电视机前看节目，据说看了"好一阵子"，兴奋地说，爷爷在电视里讲故事。"好一阵子"后发问了："爷爷的故事什么时候讲完啊？"我没问"好一阵子"是多久，也许是三分钟、五分钟。三岁半的小孩能够听这个讲课"好一阵子"，除了感情因素之外，应该说节目还是有吸引力的。此后的发问，一定是觉得这个节目没有爷爷面对面地给她讲"从前有座山，山上有座庙，庙里有两个和尚，老和尚给小和尚讲故事……"好玩。我录制《国史通鉴》第三部的最后一集"南朝旧事"，想说说北朝民歌《木兰诗》，但关键处卡住了。一闪念，调出手机视频，六岁的爱爱童音清脆："万里赴戎机，关山度若飞。朔气传金柝，寒光照铁衣。将军百战死，壮士十年归……"谢谢，爱爱小朋友！

方志远

2014 年 3 月 10 日

于东航 MU5188 次航班

2016 年 8 月 12 日修订

于东航 MU5188 次航班

第一讲 | 黄袍加身

一、传说种种

在《大国气象：隋唐五代卷》的最后一讲，我们说到周世宗柴荣北上伐辽，试图夺回被后晋石敬瑭割让给辽的"燕云十六州"，但是"天护英才"，柴荣重病而归，不久去世，儿子柴宗训继位。（按：为何是"天护英才"而不是"天妒英才"，参见《国史通鉴》第四部《大国气象：隋唐五代卷》第二十七讲。）

柴荣的英年早逝，引起人们极大的焦虑，刚刚稳定并且显示出良好发展势头的"大周"，将面临一个"主幼国疑"的艰难时期。这艘已经扬帆启程的航船，将如何继续前行？

新继位的皇帝柴宗训是柴荣的第四个儿子，此时不到七岁（仍然按虚岁算）。不是柴荣要废长立幼，是因为柴宗训的三个哥哥都在郭威起兵反汉时为后汉统治者所杀。柴宗训和三个哥哥一样，母亲是谁，已经无人知道。

此时被尊为太后的，是柴荣的第二位皇后符氏，人称"小符皇后"。因为柴荣的第一位皇后也是符氏，是"小符皇后"的姐姐，贤德而有主见，因病而逝。出于对皇后的怀念，也是为了让幼子柴宗训等人有合法的监护人，柴荣在逝世前十天，立时年二十八岁的符氏为皇后。姐妹均被立为皇后，人们为了区别，也是出于对"大符皇后"的怀念，称这位继立的符氏为"小符皇后"。

有一个流行很广的传说：柴荣继承郭威的皇位之后，向一位名叫王朴的术士咨询："朕当得几年？"王朴对曰："陛下用心，以苍生为念，天高听卑，自当蒙福。臣固陋，辄以所学推之，三十年后非所知也。"（《旧五代史·周书·世宗本纪》）王朴不但以精通术数著称，而且极具政治眼光，为世人所重，其言当然可信。柴荣闻言大喜：果真如您所说，我将用十年时间开拓天下，十年休养百姓，然后再用十年致天下太平！何等豪气，何等情怀！

还有一个流行更广的传说：柴荣北伐期间，一面时时部署前方战事，一面每日批阅四方文书。为了避免意外，一应军用物品，皆由京师开封运达。一天，在一堆文书或物件中，柴荣发现一个"韦囊"，也就是皮袋子。韦囊中有一木条，长约二三尺，上面题有五字："点检作天子。"（《宋史·太祖本纪》）这五字题文，自然当属"妖言"，但古人又往往认为是一种谶语、一种预言，所以柴荣心中不免狐疑。此处之"点检"，当然是指"殿前都点检"，这是后周禁军中的殿前军主帅的官名。当时任"殿前都点检"的，是柴荣义父、已故后周太祖郭威的女婿张永德。张永德比柴荣小一岁，既是亲属，又是铁杆兄弟，曾在高平之战中立下战功，并促使柴荣下决心整顿军纪，处死临阵脱逃的宿将樊爱能等，甚得柴荣的信任。

如果前面那个传说兑现，柴荣将在位三十年，后面那个所谓"点检作天子"的传说也就出不来了。

但是，柴荣并没有能够在位三十年，他在北伐夺取了益津、瓦桥二关及宁、瀛、莫三州之后病了，而且一病不起，回到开封不久竟然去世，在位仅五年零六个月。后人解释，王朴说的"三十"之数，隐喻五年零六个月，五六三十，并非三十年，这才是王朴测定的柴荣在位时间。王朴的测算是准确的，只是不便明说而已。原来，所谓"术数"，还真是玄乎其玄，不知柴荣死前是否找过王朴的麻烦。但不得不说，上面那段经过史家整理的王朴的话，有一字没有认真推敲，即"三十"后面的那个"年"字，应该换成"之"字，由"三十年后"改为"三十之后"，就天衣无缝了。

应该是受到"点检作天子"传言的影响，柴荣去世前做了一个重大的人事调整：以忠武军节度使赵匡胤为检校太傅、殿前都点检，取代张永德。

这个调整可以有两种解释。

第一种解释，旨在破除"点检作天子"的谶语。张永德既是郭威的女婿，又长期担任军中要职，根基深厚，具备"做天子"的条件。给他挪个窝，不让他做"点检"，自然也就做不了"天子"。但是，正应了我们经常说的一句话，"人算不如天算"，"点检"后来还真做了"天子"，只不过不是被调离岗位的张永德，而是新任命的赵匡胤。类似的传说和故事，实在是屡见不鲜。如有记载说，曹操曾梦见"三马同槽"，于是对司马懿父子充满警惕，但司马父子最终还是夺了曹氏江山。又有记载说，唐太宗时期，有"女主武王代有天下"的传言，不管唐太宗如何防范，若干年后，武则天还是改国号为"周"，以周代唐。

第二种解释，旨在顺应"点检作天子"的谶语。万一天意不可违，"点检"真要"做天子"，那也应该是比张永德更合适的人。有记载说，柴荣因病从雄州即瓦桥关班师时，在澶州也就是现在河南濮阳滞留了一段时间，除了张永德既是亲属又是禁军统帅之外，文武百官，任何人不得一见。人们担心柴荣的身体，担心万一在澶州发生意外，所以让张永德劝柴荣尽快回开封。柴荣听了张永德的陈说，问道：这是你的主意还是众人的主意？张永德实话实说：是众人的主意。柴荣冷不丁冒出一句话："吾固知汝必为人所教，独不喻吾意哉！然观汝之穷薄，恶足当此！"（徐度《却扫编》）这句话充满玄机：难道你没有自己的主意吗？难道你看不透我为何在澶州滞留吗？我在澶州滞留，就是想看看你是怎么处理这些事情的啊，但你让我失望。也难怪，像你这样没有主见的人，又怎么可能担当大任呢？说罢，起驾回开封，不久有了赵匡胤取代张永德为"点检"的决策。

种种传说，种种记载，真假莫辨，当然大多是后人的追加和揣测，目的只有一个，为一件事营造合法性，将其解释为"天命所归"。这件事，就是赵匡胤的"黄袍加身"。

二、并非重复

柴荣去世，柴宗训七岁继位，无法理政。年轻的"小符皇后"虽然成了"太后"，也没有处理朝政的经验和能力。"大周"皇朝在宰相范质、王浦等人的主持下，靠着惯性前行，按照历朝历代的规矩，该升官的升官，该赦免的赦免，赵匡胤仍然是殿前都点检，只是由"忠武军"节度使改为"归德军"节度使，地位更加重要。

看似风平浪静，陡然风起云涌。公元960年正月初一日，文武百官正在挨次进名，向皇帝、太后恭贺新年，北方传来紧急军情，说是契丹、北汉分兵入寇，契丹兵锋逼近镇、定二州，也就是现在河北正定、定州一带，而北汉军队则东出太行。本来就是"主幼国疑"，如今又是大敌当前，东京开封，人心浮动。宰相范质等人为了及时稳定局势，以小皇帝的名义，命殿前都点检赵匡胤统率禁军，前往迎敌。

正月初二日，前军先行，开赴前线。初三日，赵匡胤率领主力出征。前军渡过了黄河，赵匡胤所率主力则在黄河南岸、开封东北约四十里的陈桥驿驻扎。第二天，正月初四日凌晨，兵变发生。《宋史·太祖本纪》简略地记载了事情的经过：

　　五鼓，军士集驿门，宣言策点检为天子。或止之，众不听。迟明，逼寝所。太宗入白，太祖起。诸校露刃列于庭，曰："诸军无主，愿策太尉为天子。"未及对，有以黄衣加太祖身，众皆罗拜，呼万岁。

　　这就是著名的"陈桥兵变"，经典的片段是"黄袍加身"。这里所说的"太祖"，是后来的宋太祖、此时的殿前都点检、太尉赵匡胤；"太宗"则是赵匡胤的弟弟、后来的宋太宗赵光义，此时名为赵匡义，在禁军供职。

　　这个剧情有些熟悉。当然熟悉，唐末五代，本来就是一个组织起来的士兵可以拥戴将领、组织起来的将领可以拥戴皇帝的时代。眼前这个"黄袍加身"的故事，几乎就是九年前郭威故事的重演。但是，历史上所有看似重演的故事，都并非简单的重复。比起九年前，这一次的"黄袍加身"，条件更成熟，筹划更周密，所以几乎是兵不血刃，没有付出任何代价。

　　赵匡胤当然是兵变的主角，并有一批共同参与的同谋，但人们相信，真正的策划人和执行人，是赵匡胤的弟弟赵匡义和"归德军掌书记"即赵匡胤的秘书长、参谋长赵普。整个计划按照以下步骤推进：

　　一、选准时机。所谓契丹、北汉大举南下的情报，实为虚构。假情报送抵的时间，选择在世宗柴荣去世后的第一个元旦日。在当时，能够对"大周"造成威胁的，莫过于契丹、北汉的入寇。所以，这个情报具有极大的震撼力，而且合情合理：去年世宗北伐，夺了瓦桥、益津二关及宁、瀛、莫三州，今年一开始，契丹就南下报复。这一步的意义，是让赵匡胤掌控禁军。赵匡胤不是禁军主帅吗？不错，但第一，后周的禁军有两个系统，一是"殿前军"，一是"侍卫马步亲军"，赵匡胤只是一个系统的主帅。第二，殿前都点检虽然为殿前禁军主帅，调集军队却要皇帝的命令。史料记载赵匡胤率军出开封的"爱景门"，但那只是统帅出兵的仪式，禁军分驻开封周边，是皇帝的命令，将其集中，才由赵匡胤统领。

二、制造舆论。军队有了，如何使军队反叛朝廷？这就需要舆论，需要鼓动。就在行军途中，或者是部队在陈桥驿驻扎之后，有位知晓天文的军校，名叫苗训，指着天空让人观看，说太阳上面还有一个太阳，两个太阳相互争辉，彼长此退。我们现在不可能知道当时的天象到底怎样，两个太阳又是一种什么样的奇观，可以肯定的是，即使没有貌似两个太阳的天象，也可以说是两个太阳，因为天象不是人人都会看，更不是人人都看得见的。当然，不管天象是真是假，都得有人附和。附和苗训的名叫楚昭辅，是赵匡胤的亲信吏员。经过二人的鼓捣，一传十，十传百，人人传言说天上出了两个太阳，这就是"天意"。什么"天意"？换皇帝、改朝换代的天意。换谁做皇帝？答案是现成的，"点检作天子"。

三、欲擒故纵。有了舆论，还要有行动，需要有人挺身而出。挺身而出的是"都押衙"李处耘，这是高级别的军官。李处耘果敢善战，又有谋略，为人信服。在李处耘及其同伙的煽动下，一批将领来到驿门前，要求面见点检。此时已是夜深，点检赵匡胤已经入睡。李处耘代表众人来见赵匡胤的弟弟赵匡义，又与赵匡义一道面见归德军"掌书记"赵普。大家同在军中任职，都是熟人。正商议间，众将涌入，说天象既现，军心不定，请点检顺从天意、顺从军心。赵普、赵匡义正辞严予以制止，说点检忠心报国，若知尔等胡言乱语，定当严惩不贷。说罢，再三规劝，众将陆续散去，不久又蜂拥而至，说反叛之话既已出口，便无法收回，如果点检不从，我等只有一个死字。一边说，一边有人已经把佩剑拔了出来。二赵见状，反复安抚，众人只是不从。二赵见安抚无效，只得说，如果点检依从尔等，尔等能否听从号令？众人承诺，只要点检做了天子，我等定当死心塌地，唯命是从。这就是赵匡义、赵普和李处耘的"欲擒故纵"，把众将推上虎背，欲罢不能。

四、里应外合。此时的赵匡胤在哪里？为何久不曾露面？说是酒喝多了，醉酒未醒，其实应该是清醒异常，只是隐藏幕后，由赵匡义、赵普在前台表演。赵普见众将听命，命人连夜回开封，通报殿前都指挥使石守信、殿前都虞候王审琦。石守信、王审琦都是赵匡胤的副手和兄弟，早就在等候陈桥的消息。消息一到，立即秘密部署。然而如此重大的事情，关系到九族祸福，难道只需要一个通报吗？当然不可以，这就说明，赵匡胤行前，已经和石守信、王审琦等人有过筹划和约定。

五、公开起事。天刚见晓，迫不及待的将领们已经整装待发，有人仗剑直叩赵匡胤卧室之门。醉眼蒙眬的赵匡胤披衣而起，人们已经破门而入，为其披上已经准备好的黄袍，高呼"万岁"。赵匡胤在众人的簇拥之下，来到三军阵前，高声宣讲早已准备好的戒令：第一，少帝及太后，我皆北面事之，公卿大臣，都是我的同僚，尔等必须礼敬有加。第二，进得京师，不得杀戮百姓，不得劫掠府库。第三，事成之后，从我令者赏，违我令者斩！众军士欢声鼓动，齐呼万岁。大军开拔，当然不是北渡黄河，而是南向东京开封。

三、酒的作用

开封城下，石守信、王审琦等人已等候多时，大军顺利入城。此时早朝尚未结束，宰相范质闻讯大惊，抓着王浦的手，懊悔不已："仓卒遣将，吾辈之罪也。"（李焘《续资治通鉴长编》）惶恐之时，已有将士来到朝堂，将范质、王浦一行，押至赵匡胤的殿前都点检衙署。赵匡胤见状，连忙下座相迎，声泪俱下："吾受世宗厚恩，为六军所迫，一旦至此，惭负天地，将若之何？"（《续资治通鉴长编》）这里当然有表演的成分，但也是真情流露。什么真情，感到愧对世宗柴荣。不等范质等人反应过来，有军校厉声呵斥：六军无主，今日必定天子之位！秀才遇见兵，王浦及一应官员，齐齐跪拜，范质见状，长叹一声，与众人一样，跪拜在地，齐呼"万岁"。

接下来的一个细节很有意思。在百官就列、赵匡胤将行登基礼的时候，发现没有少帝柴宗训的逊位诏书。没逊位诏书，登基礼就不成其为"礼"。正彷徨间，有人从袖中抽出一物，说诏书已经拟好。众人一看，是翰林学士承旨陶谷。陶谷竟然事前准备好了逊位诏书，这还真不好解释。说是赵匡胤整个行动的一部分，那就不应该临时才出示。但如果不是事前的准备，陶谷怎么可能随身带着逊位诏书？这就是史书记载的问题了，为了掩饰赵匡胤、赵匡义、赵普们策划政变的真相，却处处是欲盖弥彰。

没有显赫的出身，也没有雄厚的资产，更没有接受过系统的教育，凭着一场设计完美的兵变，如此简单，如此直接，一位新的皇帝、一个新的王朝就此产生。由于赵匡胤是"归德军节度使"，节镇所在地宋州即今河南商丘，遂以州名，定国号为"宋"，改元"建隆"。赵匡胤死后，庙号"太祖"。人们所说的"唐宗宋祖"中的"宋祖"，即赵匡胤。由于后来宋室南迁，人们把赵匡胤开创、定都开封的"宋"称为"北宋"，而把赵构重建、定都杭州的"宋"称为"南宋"。

虽然做了皇帝，但对以兵变的方式夺取政权的赵匡胤来说，却是睡不安枕。为什么？因为担心说不定哪一天的早上或深夜，另一位"黄袍加身"的拥戴者会将刀架在自己的脖子上。所以，"当务之急"是要排除这种可能性。唯一的办法，是收夺将领特别是禁军将领的兵权。

当时哪些将领位高权重并且掌管禁军？当然是里应外合帮助赵匡胤顺利进开封的殿前都指挥使石守信、殿前都虞候王审琦等人，要收夺兵权，得从他们开始。但是，这些人不但是多年的同僚、多年的好友、多年出生入死的战友，而且对赵匡胤忠心耿耿、在"陈桥兵变"中置灭九族之祸于不顾而立有大功。事情办完了，自己做皇帝了，就收夺别人的兵权，这不是过河拆桥吗？这个口怎么开啊？赵匡胤时时为此事发愁，赵普时时为此事提醒；赵匡胤不断迟疑，赵普不断督促。

要说酒还真是好东西。"陈桥兵变"时，赵匡胤醉酒，避免了在前台表演的尴尬；收夺老朋友的兵权，还得靠一个"酒"字。虽然已经有了君臣的名分，但大家一起出生入死多年，每每从死人堆里爬出来，所以喝酒的机会还是很多的。收夺兵权还只能喝酒的时候说，酒可以壮人胆，酒可以遮人脸。我们甚至可以推测，为了开这个口，赵匡胤没少请这帮人喝酒。但一次又一次，酒倒是喝了，口还是难开。但是，为了大宋的江山，再难开的口也得开啊！

这天，赵匡胤照旧请老朋友石守信等人喝酒。酒至酣处，赵匡胤仍然是话到口边又收了回去，但最后还是下了决心。他挥了挥手，让侍候的宦官、宫女退下，说是有几句知心话要和老朋友说。赵匡胤说的还真是知心话：如果不是各位兄弟出力，我何德何能，怎么可能做皇帝啊！诸位兄弟的厚德，我永世不忘。虽然现在有君臣的名分，但你我弟兄之间，还和当年一样，有福同享，有难同当，有酒同喝。石守信等人手中端着酒杯，心中一阵感动，说陛下如此念旧情，善待我等，定当誓死效忠皇上。

借着酒意，赵匡胤继续说心里话：虽然得到你们的帮助做了皇帝，但这个皇帝实在不好做，还不如像以前那样，做归德军节度使，觉也睡得踏实，不像现在这样，夜夜不得安枕啊。石守信等人大吃一惊，说怎么会呢，大宋江山万万年。赵匡胤把杯中酒喝尽，长叹一声，说你们想想，这个位子谁不想啊！石守信等人的酒意吓醒了，面面相觑，一齐跪下，说天命已定，皇位就该是皇上的，谁还敢有非分之念？

赵匡胤将心比心、推心置腹说道：诸位兄弟当然不会有这样的想法，但如果手下人贪图富贵，一旦黄袍加在哪位兄弟身上，你推辞得了吗？大家都是从刀尖上滚过来的，也都亲身经历过、参与过类似的事情，知道轻重，在这生死关头，不觉"顿首涕泣"，说臣等愚不及此，唯陛下指点迷津，救我等性命。赵匡胤的表演渐入佳境，把和赵普反复讨论的台词说得声情并茂：

> 人生如白驹之过隙，所为好富贵者，不过欲多积金钱、厚自娱乐，使子孙无贫乏耳。尔曹何不释去兵权，出守大藩，择便好田宅市之，为子孙立永远不可动之业，多置歌儿舞女，日饮酒相欢以终其天年。我且与尔曹约为婚姻，君臣之间，两无猜疑，上下相安，不亦善乎！（《续资治通鉴长编》）

石守信等人怎么办？除了感动还是感动，兵权要来干什么？不就是为了富贵吗？既然可以和皇室联姻，可以在老朋友的安排下安安稳稳得到富贵，这兵权要与不要又有什么关系？所以，再一次拜谢，感谢皇帝为自己着想。

第二天上朝的官员之中，没有了石守信等将领的身影，怎么回事？大家都说病了，上不了朝。赵匡胤高兴啊，好兄弟就是好兄弟。既然兄弟们这么讲信誉，那就加倍赏赐，有福同享。

四、八字方针

这就是后世人们津津乐道的所谓"杯酒释兵权"，和九百多年前东汉光武帝刘秀的收夺兵权有异曲同工之妙。但是，无论是刘秀以"柔道"收兵权，还是赵匡胤以"杯酒"释兵权，都不是容易的事情。如果容易，刘邦和吕后就用不着杀韩信、英布、彭越，明太祖朱元璋也用不着背杀功臣的骂名了。

所以，"杯酒释兵权"看似容易，却是需要智慧、需要实力的。

其一，赵匡胤是借着酒意谈感情、表谢意，并且推心置腹地谈顾虑，在充分沟通了感情、获得了认同的情况下，再进行一场交易。可见君臣之间、朋友之间沟通的重要性。沟通本身就是一种智慧、一门艺术，你说是表演也好，是酒后真言也好，不但自己要进入角色，还得把别人也带进你的剧情，这就是赵匡胤的高明处。

其二，赵匡胤和石守信等人之间，进行了一场用保全功臣及其子孙荣华富贵的承诺、换取将领兵权的交易。这是一场大家都认为是"双赢"的交易，只有别人认为是"双赢"而不是剥夺，这场交易才能比较顺利地进行。

其三，这场交易的时间，选择在平定了两起高级将领的叛乱之后进行。这两位将领，一位是镇守潞州的昭义节度使兼中书令李筠，另一位是镇守扬州的淮南节度使兼中书令李重进。二人皆为后周宿将，功勋地位不在赵匡胤之下，而资历比赵匡胤更深。赵匡胤代周建宋，二人不服，起兵反抗，但很快被赵匡胤平定，二人分别在潞州、扬州自焚身亡。二李的结局，对所有将领都是一个警示。此时进行交易，比较容易成功。

所以说，"杯酒释兵权"并非易事，它是需要用智慧进行交流、用利益作为交换、用实力作为后盾的。

四百年后，明太祖朱元璋与侍臣读《宋史》，至"杯酒释兵权"事，对策划此事的赵普给予高度评价："（赵）普诚贤相，使诸将不早解兵权，则宋之天下未必不五代若也。史称（赵）普多忌刻，只此一事，功施社稷、泽被生民，岂可以忌刻少之！"（《明太祖宝训》）

我们在《大国气象：隋唐五代卷》中说到，唐朝自开元、天宝年间开始，陆续在边镇设置"节度使"，防御来自北部及西北游牧民族的侵扰。其后，节度使的权力越来越大，不但酿成了"安史之乱"，即使在"安史之乱"后，仍然是尾大不掉、藩镇割据，成为唐朝灭亡、五代更替的重要因素。所以，所谓"杯酒释兵权"，还只是权宜之计，只是解决一时的问题，即暂时解决了禁军将领的问题。要消除唐末五代的积弊，还需要有长久之计。

《续资治通鉴长编》记载了赵匡胤和赵普的一段对话。

赵匡胤问："天下自唐季以来，数十年间，帝王凡易八姓，战斗不息，生民涂地，其故何也？吾欲息天下之兵，为国家长久计，其道何如？"

所谓八姓，指的是从唐朝灭亡到宋朝建立，历经李姓唐朝、朱姓后梁、李姓后唐、石姓后晋、刘姓后汉、郭姓后周，加上柴荣和赵匡胤自己，共七朝八姓。这些改朝换代，大抵都是经过长期的战争。赵匡胤和赵普探讨，如何才能结束这种局面，使天下长治久安。

赵普答道："此非他故，方镇太重，君弱臣强而已。今所以治之，亦无他奇巧，惟稍夺其权，制其钱谷，收其精兵，则天下自安矣。"

赵普用八个字，概括问题的症结："方镇太重，君弱臣强。"怎么办？也是八个字："制其钱谷，收其精兵。"前面说到的"黄袍加身"，赵普是主谋之一，并且和赵匡义一道在前台表演；刚刚说到的"杯酒释兵权"，赵普则是幕后导演，由赵匡胤在前台表演。

当时的许多读书人看不起赵普，原因是赵普没读过什么书。对于这一点，赵普也承认，于是干脆耍大牌，说我还真没读什么书，连《论语》也没读全，只读了一半，但是就靠着这半部《论语》，我就可以治天下。"半部《论语》治天下"的典故由此而出。

学问方式多种多样，饱读诗书、著作等身，只是学问的一种方式，没有必要画地为牢，目空一切。赵普们虽然读书不多，却是看透了社会、读懂了当代，所以能为赵匡胤开出整治社会动荡、达到长治久安的"八字方针"。

第二讲　立国原则

一、矫枉过正

我们上一讲说，通过一场"陈桥兵变"，后周"殿前都点检"赵匡胤做了皇帝，国号"大宋"。接着，通过"杯酒释兵权"，剥夺了一批禁军将领的兵权，消除了可能发生的下一轮"黄袍加身"，又和赵普共同商讨国家的长远之计。赵普针对"方镇太重，君弱臣强"的问题，提出了"制其钱谷，收其精兵"的八字方针。

其实，唐末五代政局动荡的症结所在，不仅仅是赵普，当时的"有识之士"都看得十分清楚，而"制其钱谷，收其精兵"也是"五代"时期每一位希望有所作为的君主想要做并且一直在做的事情。后晋石敬瑭正是被后唐君主制其钱谷、收其精兵乃至夺其性命，才慌不择路，以燕云十六州的代价向契丹求救的。那么，赵匡胤、赵普君臣如何才能真正做到这八字？这就不能不说后周世宗柴荣的贡献了。

柴荣虽然在位只有五年零六个月，却通过一系列"对外"战争的军事胜利，在将领中树立起崇高的威望，又通过这种威望，对骄兵悍将进行严厉打击。典型的事件，是在高平之战后，处死以马军都指挥使樊爱能、步军都指挥使何徽为首的七十多名将领。这个事件在当时产生了极为重大的震撼。此后，柴荣更将"禁军"打造成国家的主体军事力量，改变中央与地方节度使的力量对比。赵普所说的"方镇太重，君弱臣强"，在后周时期已经得到了很大的改变。正是因为这样，赵匡胤才可能在很短的时间内迅速平定潞州李筠、扬州李重进的反抗。

但是，柴荣还没有来得及将这一格局稳定就去世了。赵匡胤、赵普君臣所要做的，是继续推进柴荣开启并且初见成效的工作，而"制其钱谷，收其精兵"的八字方针，更演绎成对整个国家机器的改造。

第一，改造禁军。赵匡胤发动"陈桥兵变"，靠的是控制禁军。所以，改造国家机器首先便要改造禁军。在"杯酒释兵权"的前提下，改造禁军，三步并举：

一、加强禁军的地位。各地精锐，皆调入禁军。从此，禁军不仅仅是皇帝的亲兵及京城的卫戍军队，而且成了"国防军""野战军"，凡有征战，皆出动禁军。地方军队，逐渐演变为"治安军"乃至"劳役军"，概称"厢军"，功能是维护当地治安、承担土木工程及粮饷运输，并在一定程度上成为将领或官员的私役，其战斗力根本无法与禁军相提并论。

二、削弱将领的权力。统领禁军的衙门，由原来的"两司"，即殿前司、侍卫马步军司，分为"三衙"，即殿前司、侍卫马军司、侍卫步军司，各设都指挥使、副都指挥使、都虞候，以分其权。"三衙"长官均由资历较浅的军官担任，以便驾驭。至于赵匡胤曾经担任过的、地位在殿前都指挥使之上的殿前都点检，以及副都点检，不再设置。

三、隔断兵将的联系。禁军的将领不定期调动，禁军的驻地则有"戍期"，定期换防，使将领和士兵无法结成势力。这就叫"兵无常帅，帅无常师"。

加强禁军地位的目的，是保持中央对地方在军事上的绝对优势；削弱将领权力的目的，则是保证皇帝对禁军的绝对控制；隔断兵将联系的目的，是预防将领有"私兵"，让所有的军队只听命于君主。

第二，分割相权。自秦汉以来，丞相是皇帝管理国家的主要助手，但由于位高权重、威逼君主，乃至取而代之，所以也一直是君主防范的对象。

宋朝继承唐末五代的制度，以"中书门下"为宰相府，以"同中书门下平章事"为宰相，又以"参知政事"为副宰相，其属有吏、户、礼、兵、刑、工六部，分管各种事务。同时，唐末五代时设时罢的"枢密使"和"三司使"，在宋代成为常设官员及机构。枢密使掌军令，称"枢相"；三司使掌财政，称"计相"。虽然宰相仍然地位最高，但相权却被分割为政权、军权、财权三部分，也可以说是"三权鼎立"，分别对皇帝负责。

第三，控制地方。

首先要控制的，当然是各地节度使。在赵普设计的框架中，节度使不得节制本镇之外的"支州"，即使"本镇"事务，也由中央派遣文官为知府或知州，以分割节度使的权力。

其次，全国分为十五"路"，各路由中央派出的转运使（称"漕臣"）、安抚使（称"帅臣"）、提点刑狱（称"宪臣"）和提举常平（称"仓臣"），分掌各路财权、军权、司法监察权和仓储及农田水利。但是，"路"并非行政区，而是监察区，所以，漕、帅、宪、仓四臣也并非行政长官，而是监察长官，所以均称"监司"。监司之设，对地方真正是做到了"制其钱谷，收其精兵"的目的。

其三，地方行政为州、县二级，又有府、军的名称，与州平级。各府、州、军及县的长官都挂有中央官衔，名义上都是中央的官员差遣到地方，"权知"事务，所以叫"权知府事""权知州事""权知县事"，知府、知州、知县的名称，即由此来。在设置知府、知州的同时，增设"通判"一职。"通"即"同"，府、州之事，需要知府、知州和通判共同负责、共同签署。

经过这样一番改造，宋朝不但避免了前朝曾经发生的权臣篡位、藩镇割据等问题，骄兵悍将动辄挟上的恶习也大抵消除，赵匡胤和赵氏家族终于可以安枕、可以落席了，"赵宋"也终于没有步梁、唐、晋、汉、周的覆辙，成为继五代之后的第六个短命皇朝，自然也就不需要加上一个"后"字为"后宋"了。

但是，任何的"矫枉"，都必然会"过正"，而所有的"过正"，又必然会有"后遗症"。赵匡胤、赵普们矫枉过正产生的"后遗症"，也将成为一份"遗产"，留给他们的继承人。

二、誓碑三约

人们常说隋文帝杨坚得国之易，抨击其得国之不正。比起杨坚，没有任何家族背景可以凭借的赵匡胤，得国更易、得国更不正。但是，就是这样一位几乎没有政治背景的人物，不但结束了唐末五代半个多世纪的纷争，还和他的助手、他的臣民一道，开创了中国历史的一个新时代。

但是，开创一个新时代，绝非只是通过加强君主集权、加强中央集权就能做得到的，更需要有适合社会需求、适合民众意愿、适合经济发展的政策和措施。

传说当年西岳华山有位老道，名叫陈抟，生于唐懿宗咸通年间，到赵匡胤"陈桥兵变"时，已是九十高龄。一天，陈抟骑驴下山，正在华阴道上行走，听得路上有客人传言，说如今东京柴氏让位，点检赵氏做了天子。陈抟心中高兴，仰天大笑，不小心从驴背上滚落下来。路人将其扶起，问何故发笑，陈抟笑道："天下从此定矣！"这个由《水浒传》流传下来的故事，当然是后人的附会。但是，附会得有附会的理由。

就在"黄袍加身"做了皇帝之后，赵匡胤君臣尚未来得及"杯酒释兵权"、尚未来得及改造国家机器，就在第一时间做了几件看似并不起眼却对稳定局势起着重要作用的事情。

一、善待柴氏家族。"逊位"之后，小皇帝柴宗训被封为"郑王"，"小符皇后"被封为"周太后"，迁往西京洛阳，妥善安置。柴宗训后来迁往房州，二十岁时病逝。死讯传来，赵匡胤"震恸"，还葬于其父世宗柴荣的庆陵之侧，加谥号为"恭皇帝"，其陵赐名为"顺陵"。小符皇后后来皈依佛教，活到六十多岁，死后谥号"宣慈皇后"，以皇后之礼葬于其姐"大符皇后"的懿陵。礼遇前朝帝后，在当时的人们看来，就是开国气象。

二、减轻民众负担。开封的供给仰仗漕运，所以疏通运河成为定都在此的后梁、后汉、后周及宋朝的要务。以往征调民工疏浚河道，口粮皆自备，赵匡胤称帝的几天之后，下诏皆由官给，从此成为定制。河北一带粮食连续丰收，"谷贱伤农"，官府以平价收购，既维护农户利益、保护种粮的积极性，也为国家储备粮食，以防灾年。与此同时，派出官员前往各地，赈济贫民，大获民心。"天高听卑"四个字，被历代明白事理的统治者时时念叨。这四个字大有讲究。什么意思？天虽然高不可及，皇帝虽然高高在上，但要倾听最底层民众的心声。国以民为本，民心即天心。民心定则天心定，民心定则社稷安。

不少文献记载了这样一件事：

赵匡胤称帝后的三年，也就是"杯酒释兵权"的那一年，让人秘密镌刻了一块石碑，将这块石碑立于太庙寝殿的夹室之中，称之为"誓碑"。誓碑平时用黄色镶金绢帛覆盖，夹室加锁关闭。赵匡胤定下"祖制"，凡有新帝即位，以及太庙四时祭祀礼毕，有司官员须奏请皇帝入室，恭读誓词。除了一位不识字的小宦官陪同之外，其余人等皆远立夹室之外，不得窥测。故誓碑碑文的内容，不为人知。

过了一个半纪，直到"靖康之变"，金兵攻入开封，城内府库，以及太庙的礼乐祭祀法器，皆被掠去，立有誓碑的夹室，自然也门户洞开。金兵离去之后，有人进入太庙，见到誓碑，碑高七八尺，宽四尺有余，上刻三行誓词，分为三条。

那么，誓碑上到底刻着什么样的誓词，竟然如此神秘？

陆游《避暑漫钞（抄）》记的三条是：一、善待柴氏子孙，有罪不究，即使是谋反罪，也只能让其自裁，不得杀戮，并不得连坐支属；二、不杀士大夫及上书言事之人；三、子孙有违此誓者，天必殛之。

明清时期不少作品引用了《避暑漫钞》的记载。但既然是"漫抄"，说明陆游也是从其他书上抄录的。抄录于哪本书？没有注明。

清初王夫之的《宋论》，也记有三条：一、保全柴氏子孙；二、不杀士大夫；三、不加农田之赋。比陆游的"漫抄"，少了不杀上书言事之人，多了不加田赋一条。

无论是陆游的《避暑漫钞》还是王夫之的《宋论》，关于宋太祖所立誓碑的传闻，都来自"靖康之变"后随徽宗"北狩"然后逃回的一位官员、宣赞舍人曹勋。曹勋逃回之后，根据徽宗的嘱咐，向赵构进了一个《十事札子》，内称："艺祖有约，藏于太庙，誓不诛大臣，言有违者不祥。相袭未尝辄易。"希望赵构谨遵。这里所说的"艺祖"指的是宋太祖赵匡胤，曹勋《十事札子》在自己的《北狩见闻录》中有记载，也为徐梦莘的《三朝北盟会编》收录。

坦率地说，宋太祖或许真有这样的遗嘱或交代，但这个誓碑是否存在，我一直心存疑问。如此好的事情，如此可以歌颂"圣德"的事情，竟然要如此保密，难道是赵匡胤和北宋的君主们做好事不留名、不声张？还是担心这个誓约传出去，会导致柴氏子孙肆无忌惮地犯罪、士大夫肆无忌惮地腐败？但是，从宋朝特别是北宋一个半世纪历史看，不管有无这块誓碑，善待柴氏、不杀士大夫、不加田赋，还真可以说是赵宋的"立国原则"。

虽然赵匡胤的"得国方式"被人诟病，但宋朝的"立国原则"却受到普遍赞赏。

传说中"陈抟老祖"高兴得从驴背上滚落，应该是听到这一类消息。不但是陈抟，天下之人知道有这三条，又经历了北宋开国之初的惠民政策，也应该高兴、应该拥护。帝王姓柴姓赵并不重要，重要的是你的政策是否符合民心，是否有利于社会的稳定和发展。

没有读过多少书的赵匡胤、赵普君臣，比起一些读了许多书的统治者更明白事理，更有"天下之心"。

三、十国形势

内部的事情该解决的解决了，立国的原则该确定的确定了，赵匡胤和他的助手们开始着手解决外部的问题。

在《国史通鉴》的《天下大势》《山河万里》《乡关何处》《大国气象》中，我们不断在说一个事实：汉民族、中华民族、中国统一多民族国家，它的形成和发展从来就没有离开也不可能离开"周边环境"乃至"国际环境"的影响，从某种程度上说，更一直受制于北方民族发展的态势。

在这个过程中，一些本来的"国际问题""周边问题"，随着民族的融合、国家的发展，转化成了"国内问题""民族问题"；而一些一度成为"国内问题""民族问题"的问题，在另一个历史阶段，可能又演变成了新的"国际问题""周边问题"。

诸位说，这么拗口？是否有些复杂？没有办法，中国历史的发展、中华民族的发展，本来就是这样复杂。北宋立国之初所面临的，主要属于后面一种情况，即本来是"国内问题""民族问题"的"国际问题""周边问题"。

在朱温颠覆唐朝，以及中原地区五代更替的时候，原属唐朝统治的一些地区，出现过多个规模不同的地域性政权。这些政权，有以汉民族为主体建立的，也有其他民族建立的，人们取其整数，称"十国"，于是有"五代十国"之说。"五代"既是中原地区先后出现的梁、唐、晋、汉、周五个政权，也是指这五个政权存在的那个时代；"十国"

则是指"五代"时期存在的一些政权，分别是：吴、南唐、吴越、闽、南汉、南平、楚、前蜀、后蜀、北汉。除了北汉在北方，其他九"国"，都在南方。

吴的实际建立者，是唐朝淮南节度使杨行密，但真正称"王"、称"帝"的，是杨行密的儿子们，而操纵杨行密儿子的，则是权臣徐温。因为杨行密曾经被唐昭宗封为"吴王"，所以定国号为"吴"，以扬州为都城，全盛时控制着江苏、安徽长江南北的大部分地区，湖北的东部，以及江西全境。

南唐的建立者，是"吴"国权臣徐温的养子徐知诰。徐知诰代吴之后，恢复了自己的本姓"李"，宣称自己是唐朝皇室的后裔，改名"李昪"，国号"唐"，史称"南唐"，定都南京。南唐全盛时，不仅继承了吴的全部地盘，并向东灭了闽，将福建收入版图，又一度向西灭了楚。后来周世宗柴荣夺了南唐江淮之间的十四州，将南唐势力压缩在长江以南。

吴越的建立者，是唐朝镇海、镇东节度使钱镠，定都杭州，全盛时不仅占有浙江的全境，还占有包括现在苏州和上海在内的一些地区，故国号为"吴越"，不仅有以绍兴为中心的"越"，还有以苏州为中心的"吴"。

闽的建立者是王审知。其兄王潮曾为唐朝威武军节度使，占据着福建的大部分地区。王潮死后，王审知继承了他的地盘，并被后梁朱温封为闽王，所以以"闽"为国号，定都福州，后为南唐所灭。

南汉的建立者是刘岩，其兄刘隐曾为唐朝清海节度使。刘隐死后，刘岩继承了他的地盘，建国号为"汉"，史称"南汉"，全盛时据有广东、广西的大部分地区。

南平的建立者高季兴，本为后梁朱温部下，为荆南节度使。后唐灭梁后，高季兴向后唐称臣，被封为"南平王"，据有以湖北荆州为中心的一带地区，是"十国"中最小的一个。

楚的建立者，是唐朝武安军节度使马殷。朱温代唐之后，马殷向后梁称臣，被封为"楚王"，人称"马楚"，定都长沙，全盛时据有今湖南全境及贵州东部地区，一度为南唐所灭。

前蜀的建立者，是唐朝的西川节度使王建。朱温代唐之后，王建公开反梁，自称为帝，国号"蜀"，定都成都，以四川盆地为中心，全盛时包括现在的四川、重庆的大部及陕西南部地区，在"五代"初期是仅次于后梁的强国，为后唐所灭。

后蜀的建立者是孟知祥。孟知祥本为后唐将领，在灭前蜀时立了大功，被封为四川节度使。后唐发生内乱时，孟知祥自立为帝，国号仍为"蜀"。由于先后出现了两个"蜀"，为了区别，人们称王建建立的蜀为"前蜀"、孟知祥建立的蜀为"后蜀"。

北汉的建立者刘崇，是"五代"中后汉的创建者刘知远的弟弟，为河东节度使。郭威代汉而立，改国号"周"，刘崇在太原自立为帝，国号仍然是"汉"，史称"北汉"，和后周可以说是"世仇"。柴荣继位之后，刘崇联合契丹起兵，败于高平。

到赵匡胤建国"大宋"的时候，"十国"之中，尚存七国：北汉、南唐、吴越、南汉、南平、后蜀，以及重新复国的楚。当然，北边还有占据着燕云十六州的契丹。

四、三王入闽

不要说秦汉、隋唐这样大一统的帝国，即使和来也匆匆、去也匆匆的梁、唐、晋、汉、周相比，南方的这些政权也大多是"小国寡民"。但是，无论是吴、南唐统治下的江南，还是前、后蜀统治下的巴蜀，以及吴越、闽、楚、南汉、南平统治的地区，虽然都有过一些动荡，总体上却是经历了一个社会相对安定、经济持续发展的时代。什么原因？因为这些地区的"开国之君"，无论是"当地人"还是"外地人"，多将占有的地区视为自己的"地盘"、视为自己和后世子孙养老送终之地，对北方的"五代"，多奉为"正朔"，对周边地区也没有太多的"占有欲"，所以战争较少，折腾较少，大家各自过太平日子。

其中，据有福建为"闽王"的王潮、王审邽、王审知兄弟，就是"外地人"。

王氏三兄弟是唐朝光州固始即今河南固始人，父名王恁，世代务农。大哥王潮，在县衙当差，老二王审邽、老三王审知在家务农。兄弟三人，个个身强力壮，如果不发生变故，应该是个既有恒产又有恒心的农家。王仙芝、黄巢起事，天下动荡，也改变了王氏兄弟的命运。

与固始毗邻的寿州，有位名叫王绪的屠户，在黄巢攻入关中时，拉起了一支队伍，占据寿州即今安徽寿县一带，又攻占西边的光州。地盘大了，队伍要扩张，王绪听说光州所属固始县有王潮三兄弟，才力过人，遂招于麾下。

黄巢兵败之后，唐朝对各地民变进行清剿。王绪率部南下，经江西南部的虔州即今赣州，进入福建的汀州、漳州。由于军中缺粮，王绪下令，老弱不得随军，犯者立斩。王潮兄弟加入王绪的队伍后，一直将母亲带在军中，这也是中国农民起义的普遍状况。西汉末年的绿林、赤眉，东汉末年的黄巾，以及唐末的黄巢，莫不如此。所以，"农民军"有时动辄几万、几十万人，大多是拖儿带女，并不是真有那么多的战斗人员。王潮兄弟没有理会王绪的军令，被王绪警告："吾闻军行有法，无不法之军。"大哥王潮的回答十分干脆："人皆有母，不闻有无母之人。"了不起，铮铮铁汉。王绪大怒，命斩王母。王潮不亢不卑："潮等事母如事将军，既杀其母，安用其子。请先母死。"（《资治通鉴》）

其后，受王绪胁迫的将领联合起来，杀了王绪，拥戴王潮为首领，逐渐在福建南部站稳脚跟，随后占领了今天的福建全境，并且以福州为中心，建立起了政权。王潮去世前，没有把自己的权力交给儿子，也没有交给二弟王审邽，而是交给三弟王审知，王审邽也极力辅佐弟弟王审知。这就是王氏三兄弟的了不起之处。

有记载说，王审知体貌雄伟，作战勇猛，冲锋陷阵，所向披靡，因出入常乘白马，军中称其为"白马三郎"。而且，这位打仗不要命的角色，又极具政治头脑。王潮生前，曾经接受过朱温控制下的唐朝官职，为福建观察使、威武军节度使。王审知继承了这些名号，继续表示效忠唐朝。后梁代唐，王审知仍然年年派人进贡，承认后梁的"正统"。后梁也不断给王审知加官：中书令，闽王，又升福州为大都督府——长乐府。王审知明知这些封号都是"空头支票"，却充分利用这些"空头支票"，不断让当地民众明白，"闽王"政权是中原朝廷给予的权力，是代表中原的朝廷管辖福建五州，这就是"名分"，就是存在的合法性。

作为农家子弟，王审知虽然做了"闽王"，仍然生活俭朴，体察民情，又礼贤下士，广招中原士人，创建学校，进行教化。作为"内地"的河南人，王审知却充分尊重"沿海"民众的生产、生活习惯，鼓励海上贸易。为了开通航道，王审知组织民众排除闽江海口礁石，使福州成为良港，号"甘棠港"。

欧阳修为史，一般不记神怪，但在《新五代史》中，也忍不住记载了甘棠港的神怪："黄崎波涛为阻，一夕风雨雷电，震击开以为港。闽人以为审知德政所致，号为甘棠港。"

王潮、王审邽、王审知三兄弟以及和他们一同来到福建的中原民众，在五代纷争之际，和当地民众一道，开发闽疆，受到民众的永久怀念，被称为"三王入闽"，为福建开发史上的大事，王审知更被称为"开闽圣王"。

当然，在"十国"之中，对当地经济文化发展做重要贡献的，不仅仅是"入闽"的三王，在浙江有一位"海龙王"，同样受到民众的爱戴。

第三讲 | 江南旧事

一、吴越王兴

我们上一讲说，"外地人"王潮、王审邽、王审知三兄弟，带着从中原来的弟兄经营福建，和当地民众一道，开发闽疆，得到当地民众的永久怀念。"三王入闽"被视为福建开发史上的大事。而被称为"海龙王"的，则是位"本地人"、吴越的开创者钱镠，他同样受到当地民众的爱戴。

钱镠是杭州临安人，虽然家境富足，却从小不学好，打架斗殴，到处惹祸，在乡亲父老看来，就是个无良少年。随着年龄的增长，钱镠懂了一些事，也读了一些书，又勤习武艺，遂干起了和王仙芝、黄巢一样的事情，贩卖私盐。此时天下大乱，黄巢在搅动了黄、淮之后，率军南下。浙江各地驻军首脑及当地豪强，纷纷拥兵自立，各占地盘，当然，其中有些也是为了维护本地的治安。临安有豪强董昌，也拉起了一支队伍，并且被唐朝封为镇将。钱镠既然学了一身武艺，需要有用武之地，遂弃贩从戎，投奔到董昌麾下，做了军校。

董昌开始招兵买马，在杭州所属的八县，每县募兵一千，以"都"为单位，共有八都，称"杭州八都"，成为抗击黄巢、与当地割据势力争雄的本钱。钱镠作战勇猛，富有智谋，又都是临安老乡，深受董昌器重。随着势力的扩大，董昌被唐朝命为浙东节度使、越州刺史。董昌没有亏待钱镠，表请钱镠替代自己，为杭州刺史。

有人或许会问，董昌怎么如此愚蠢，放着杭州不要要越州？注意，那个时候的越州即绍兴，地位比杭州更为重要，而且是当年越国的都城，非杭州可比。那么，杭州的地位从什么时候开始重要的？从钱镠为杭州刺史开始。

在天下大乱之时，董昌逐步铲除浙江一带的其他势力，对于保住一方平安，做出了重要贡献。但是，地位一高，地盘一大，董昌开始膨胀起来。在一帮术士和将领的鼓动下，眼见唐朝风雨飘摇，董昌在公元895年正月称帝于越州，国号"罗平"，年号"大圣"，属下将领均加官晋级，钱镠也被封为两浙都将。

如果董昌真的能够好好治理浙江，在当时也是很好的事情，董昌为王还是其他人为王，有什么关系？但是，董昌并没有治理一方的才能，却是一个贪财的主，猜忌将领，苛责民众，这就难成大器了。

此时的钱镠，不但是杭州刺史，而且是"镇海军节度使"，虽然出于董昌推荐，却是唐朝"朝廷"的命官。曾经的无良少年钱镠，在大关节上做出了正确的选择，他没有接受董昌的"伪命"，却命人将董昌的"反状"飞报朝廷，并且自请起兵讨伐。两军在杭州、越州之间，以及在外围的苏州、余姚等地，进行了反复较量。公元896年农历五月，钱镠大军围困越州，董昌称帝一年多后，走投无路，在钱镠的诱降之下，放弃了抵抗，成了俘虏。

钱镠的军队，护卫着董昌一行，从越州乘船往杭州。这时钱镠做了一件十分残忍的事：命令"护卫"的将士，在一个名叫"小江南"的地方，即绍兴西边的钱清镇一带，将董昌连同全家两百多人，以及跟随董昌投降的"罗平国"宰相以下官员一百多人，统统杀害。

有记载说，董昌在越州贪婪无比，一面按口强征钱帛，一面减少将士口粮，城破之日，竟然给钱镠留下了五百多间屋子的物资、三百多万斛的粮食。钱镠闻讯大喜，一面将董昌"传首"京师，一面以董昌留下的金帛奖励将士，以董昌留下的粮食赈济贫民。此举在杭州、越州以及周边地区大得人心。所以，当传来唐朝要以宰相王溥为"威胜军"节度使时，在钱镠的操纵下，"两浙士庶拜章，请以镠兼杭、越二镇"，这就是要挟朝廷了。但那时的唐朝，以及掌控唐朝的朱温，对两浙也是鞭长莫及，只得改"威胜军"为"镇东军"，由钱镠为节度使，钱镠成了镇海（驻杭州）、镇东（驻越州）两镇节度使，节制浙东、浙西，兵强马壮。

朱温代唐之后，封钱镠为吴越王。有人劝钱镠拒绝朱温的封号，自立为帝。钱镠笑道："吾岂失为孙仲谋耶？"（《吴越备史》）我做个当代的"孙仲谋"有何不好，犯得着和别人争虚名吗？遂欣然接受朱温的封号，成了"吴越王"。这就是钱镠的大智慧，既可以通过朱温牵制北方的强邻杨行密，又丝毫不影响自己对两浙的控制。

要说钱镠的贡献，不仅是在天下动荡之际保境安民，更是组织军民，消除钱塘江的潮水之患，被民众称为"海龙王"。当然，这个名称并不十分确切，钱镠是既治海，也治江，应该是"江海龙王"。

二、江海龙王

杭州地处钱塘江与杭州湾交汇处的西北，钱塘江在此处逐渐东流入海，由于地形的影响，形成了"杭州湾"。钱塘江口的潮水倒灌，每每吞没村镇、淹没农田，潮涨潮落，农田反复被碱化。杭州的发展，受制于江海。在当地父老的建议下，钱镠组织民众、调动军队共二十万人，在钱塘江入海的沿岸，修筑了上百里的护岸海塘，又称"捍海石塘"。石塘在修筑过程中不断受到潮水的冲刷，随筑随毁。民众中充满智慧，在钱镠吴越国政权的组织下，民工和士兵们运来大批的毛竹，将毛竹破开，编成竹笼，竹笼中填充巨石；又在沿岸打下无数木桩，用以固定竹笼。无数的木桩、填有巨石的竹笼，加上泥土、石灰等物，筑起巨大的堤坝。

我们可以想象，这个工程是多么浩大，又是多么艰难。军民们顶着潮水的冲击，打下木桩，沉放竹笼，筑成石塘，捍卫城乡。正是因为有了这道捍海石塘，才有了杭州以后的发展和繁荣。今天屹立在钱塘江岸的现代大坝，见证着一千多年前浙江民众的伟大创造。

这道捍海石塘的修建，不但要有人力物力的投入，在当时的人们看来，还需要和天神、人神、海神对话。当地传说，钱塘潮水是春秋时期伍子胥所致。伍子胥被冤自杀之后，化为海神，催动海水，冲击陆地，要寻求公道。为此，钱镠祷告上天："愿退一两月之怒涛，以建数百年之厚业。"又在祭祀伍子胥的胥山祠祷告："愿息忠愤之气，暂收汹涌之潮。"再赋诗一首，祷告龙王："传语龙王并水府，钱塘借与筑钱城。"（《吴越备史》）对天神、人神、海神以礼相待，但对那些借伍子胥冤魂闹事的大大小小的海鬼，钱镠调集了五百弓箭手，迎着潮头放箭。这些措施在今天听来十分滑稽，但在当时却是十分庄严的事情。

杭州的奠定是因为捍海石塘，所以古人说，有石塘，杭州"城基始定"；而杭州的繁荣则和西湖直接相关。

为吴越王后，钱镠将杭州原有的节度使牙城扩建为吴越王宫，雄伟壮丽。有术士进言，这一次改牙城为王宫，是改旧为新，国家将有百年之运。如果再把西湖填埋，纳入王宫范围，那将有千年的国运。钱镠再一次显示出他的豁达与智慧："岂有千年而天下无真主者乎！有国百年，吾所愿也。"（田汝成《西湖游览志余》）你这是胡说八道，只因天下大乱，才有我吴越国偏居东海。难道千年之内，天下还出不了一个真主统一中华吗？钱镠不仅没有填埋西湖，还组织民众疏浚西湖，灌溉农田。

钱镠活了八十一岁。在他及吴越国的治理下，杭州成了献给北宋的一份大礼。欧阳修描述北宋杭州的繁荣：

> 钱塘自五代时……不烦干戈。今其民幸富完安乐，又其俗习工巧，邑屋华丽，盖十余万家。环以湖山，左右映带，而闽商海贾，风帆浪舶，出入于江涛浩渺、烟云杳霭之间，可谓盛矣。（欧阳修《有美堂记》）

有记载说，钱镠从当年的无良少年成了吴越王之后，要改变自己在乡亲父老心中的印象。怎么改变？命人在临安故里大兴土木，盖起极为豪华壮丽的宅第，回乡之时，"车徒雄盛，万夫罗列"。但是，父亲钱宽竟然避而不见。钱镠奇怪，徒步寻访，请问其故。钱宽叹道："吾家世田渔为事，未尝有贵达如此。尔今为十三州主，三面受敌，与人争利，恐祸及吾家，所以不忍见汝。"（《旧唐书·钱镠传》）我钱家世代务农，虽然说不上富贵，却也衣食无忧。儿子你今天如此发达，为两浙十三州之主，表面上看似风光无限，其实三面受敌，危机四伏。我担心你这样的张狂日后祸及家人，所以不敢见你。

钱宽告诫儿子，说浙江"三面受敌"，先是有北面和西面，后来又增加了南面，是因为一个强邻的存在，这个强邻就是吴，以及此后的南唐。

三、江淮保障

"吴"可以说是"十国"之中最早出现的地方割据政权，它的地盘是由杨行密打下的。说到这位杨行密，和钱镠、王审知一样，也带有传奇色彩。其少时孤贫，但身体强壮，令人惊奇的是，日行三百里，是真正的"神行太保"。如果生活在当下，经过一定的训练，完全可以成为优秀的竞走或马拉松运动员。

有记载说，黄巢起义时，唐僖宗逃往四川，当时的庐州节度使命在本州为"步奏官"的杨行密徒步呈送公文，杨行密如期而返。此后，杨行密投身军伍，逐步升为队长，于是自行招募了一百多名流浪亡命之徒，杀了上司。庐州守将一见，惹不起躲得起，把符印给了杨行密，自己跑路走人。唐朝政府这个时候已经没有办法控制局面，便承认既成事实，公元883年，以杨行密为庐州刺史，这个时间比钱镠为杭州刺史还早四年。

诸位也可以想象，当年的所谓节度使、刺史都是怎么来的。

黄巢的"大齐"倾覆之后，朱温和李克用两大势力在中原展开殊死搏斗，各地更陷于军阀割据与混战之中。江淮之间，成为战场。当时的记载是，江北的扬州、楚州、濠州、滁州、庐州、寿州、光州、和州："八州之内，鞠为荒榛，圆幅数百里，人烟断绝。"（《旧唐书·杨行密传》）经过七八年的反复争夺，杨行密在众多的角逐者中胜出，占有了八州之地，成为江淮地区的保障，被唐朝封为"淮南节度使"。

但是，随着军事上的节节胜利，杨行密的目标开始超出了"淮南"，北边和朱温争夺淮北，南边和钱镠争夺苏州、宣州（宣城），又西出大别山，南下鄱阳湖，逐渐占有了现在江苏、安徽的江淮之间及江南的大部分地区，湖北的东南部地区，以及整个江西，成为在长江流域和四川王建遥相呼应的最大的割据势力。

十分凑巧的是，当时的三大枭雄、三个死敌，杨行密和北边的朱温、南边的钱镠，竟然同岁。从南到北，钱镠居长，杨行密次之，朱温排三。杨行密没有力量挺进黄淮，朱温也没有力量南下江淮；杨行密虽然夺取了宣州，钱镠却也牢牢地占据着苏州。三大势力的均衡，使得江淮、江南地区获得了一段时间的太平。

唐朝再一次承认既成事实，公元902年，封杨行密为"吴王"，这是"十国"中的第一个"王国"。说来有意思，杨行密虽然是"神行太保"，日行三百里，却并不像王审知、钱镠那样武艺出众，骑马射箭皆非所长，但能够在群雄中脱颖而出，自然有他的过人之处。有记载说他："宽简有智略，善抚御将士，与同甘苦，推心待物，无所猜忌。"（《资治通鉴·唐纪》）特别是，由于其出身贫苦，所以体察民情，即使做了"吴王"，也一如既往地节俭，这和"海龙王"钱镠大不一样。司马光整整用了一段话赞扬杨行密：

> 淮南被兵六年，士民转徙几尽。行密初至，赐与将吏，帛不过数尺，钱不过数百，而能以勤俭足用。非公宴，未尝举乐。招抚流散，轻徭薄敛。未及数年，公私富庶，几复承平之旧。（《资治通鉴·唐纪》）

当然，杨行密最终没有能够活过他的两位死敌，在尚未看到唐朝的最终结局时，就在公元905年去世了。他打下的江山，被儿子们继承下来。但是，杨行密善于抚御将士，却没有培养好儿子，致使死后不久，儿子们便被权臣徐温父子玩弄于股掌之间。

徐温是唐朝海州即今江苏连云港人，和当地的许多年轻人一样，以煮盐、贩盐为业。但是，唐朝在刘晏等人改革盐制之后，食盐受到国家的控制，私自贩盐即是走私，受到官府的缉捕。所以，当年的盐贩大抵都是武装走私，遇见大队官兵便四散逃跑，遇上少量捕快，直接就杀了。王仙芝、黄巢等人就是这样从小到大，成为大盐枭，最后公开和唐朝干仗的。

就在徐温还是小盐贩的时候，杨行密起兵于庐州（今安徽合肥），招募亡命。贩盐到庐州的徐温弃盐从军，追随杨行密，转战各地，最后来到扬州。虽然没有立下了多少战功，徐温却以他的精明和见识，逐渐得到杨行密的器重，并且在杨行密死后，逐个收拾竞争对手，掌控"吴国"政权。有记载说，杨行密儿子们的称王、称帝，也都是由徐温操纵。而徐温自己则做了"吴国"的"大丞相"，封"齐王"。

不得不说，徐温确实是个阴谋家，但他最大的好处，是不折腾。在徐温掌控"吴国"的时候，虽然阴谋不断、谋杀不断，但那都是对政敌，对于民众的政策，却一如杨行密在世之时。甚至可以说，杨行密更适合"打江山"，而徐温更适合"坐江山"，两人进行了一场接力。司马光说的"公私富庶，几复承平之旧"，更多是在说徐温掌握下的"吴国"。《资治通鉴》记载了一件关于徐温和养子徐知诰之间的故事，可以看出徐温的"不折腾"。

由于生存空间的争夺，杨行密的吴和钱镠的吴越是宿敌。徐温当权时，与吴越发生战争，吴越军溃败。徐温养子徐知诰请率步兵两千人，假扮成吴越军，追随败兵，偷袭苏州。徐温闻言，大加赞赏，说是有胆量、有谋略，却就是不采纳："尔策固善，然吾且求息兵，未暇如汝言也。"众将都支持徐知诰，认为这是收拾吴越的最好时机。徐温叹了口气说：

> 天下离乱久矣，民困已甚，钱公亦未易可轻。若连兵不解，方为诸君之忧。今战胜以惧之，戢兵以怀之，使两地之民，各安其业，君臣高枕，岂不乐哉，多杀何为？（《资治通鉴·后梁纪》）

政治家的一个感冒，可能造成一场民族灾难；政治家的一个善念，可能化解一系列战争。当然，权臣的权力大了，无论是对皇位还是王位，总是要觊觎的。徐温效法了曹操父子和司马昭父子，把改朝换代的事情交给儿子去完成。更精明的是，完成改朝换代的任务，徐温没有交给自己的亲儿子，而是交给了干儿子徐知诰。

四、南唐先主

徐知诰的身世一直是个谜。《旧唐书》说他和徐温同为海州人，《新唐书》说是徐州人，《吴越备史》则说是湖州安吉人，本姓潘。还有其他各种说法，不一而足。

但是，正因为身世不明，更说明其出身贫寒。所以《新唐书》直言"世本微贱"。不但贫微，而且从小与父母离散，流落在凤阳一带。《新唐书》又说，杨行密攻取濠州时，见一小孩，虽然只有六七岁，却相貌奇特，于是收为养子。但杨行密的亲儿子容不下这个干儿子，所以杨行密将小孩转给了徐温。当然，这种说法也未必可信。《旧唐书》便说是徐温自己在乱军中发现了年幼的徐知诰，爱其聪明狡黠，收为养子，取名为"知诰"的。

没有想到，这个不为杨氏兄弟所容，却被徐氏兄弟所容的徐知诰，最后竟然夺了杨氏的江山，归为徐氏。

有记载说，徐知诰长大之后，竟然身高七尺，用现在的标准，那就是一米九左右了。不但身材高大，相貌堂堂，而且为人彬彬有礼，富有智谋，不但是杨行密、徐温的亲儿子们比不上，在同龄人中也是出类拔萃。徐温对这个养子极力扶植，尽心培养。徐温为"吴国"镇海军节度使时，让徐知诰为镇海军节度副使；徐温长子徐知训被政敌所杀之后，其职务统统由徐知诰继承；徐温去世前，一切大权都移交给徐知诰。

公元937年，在父子两代执掌吴国大权三十年后，举行了一个禅让仪式，徐知诰代"吴"而立，做了皇帝，改国号为"齐"，放弃江北的扬州而以江南的金陵即南京为都城。

为何国号为"齐"？因为徐知诰和养父徐温都被"吴"封为"齐王"，以封国为国名是中国"禅让"政权通常的做法。如曹操、曹丕父子被东汉封为"魏王"，所以禅代之后以"魏"名国；司马昭、司马炎父子被曹魏封为"晋王"，禅代之后以"晋"名国。"隋""唐"之国名，也由"隋国公""唐国公"而来。

称帝之后不久，徐知诰突发奇想，自己是徐温养子，所以才姓"徐"，本姓是什么？不知道。既然不知道，那就可以仍然姓徐，但心有不甘，于是打算换一个姓。换什么？王、谢、朱、张？那是六朝的过去时，要换就换天下第一姓。当时天下第一姓是什么？是统治中国近三百年、三十年前被朱温篡夺的李唐。这个思路一成立，徐知诰决定改姓李，宣称自己是李渊、李世民的后裔，恢复本姓"李"，改名为"昇"，代表光明，重现"李唐"光明。姓改了，国号也得改，直接改为"唐"，于是史称"南唐"。为了表明身份，过去的徐知诰、如今的李昇，在南京建了唐高祖李渊、太宗李世民的庙，世世祭祀。

李昇虽然弃徐而姓李，但没有忘记徐温的养育之恩、提携之情，李氏的"唐"，尊徐温为"义祖"。而李昇为政，也继承了徐温的风格：不折腾，与民休息。

李昇主持吴国及称帝之后，北方的中国先后经历了后唐、后晋，南方的吴越，则经历了钱镠及其子钱元瓘时代，李昇皆化敌为友，和睦相处。对于中原的唐、晋，李昇以礼待之，也换来了唐、晋的礼遇。对于吴越，李昇在准备"禅代"之前就已经达成和议，归还被俘的吴越将士，吴越也归还吴之败将，从此化干戈为玉帛。称帝之后，杭州发生大火，烧毁民居无数，吴越国的宫殿、府库也尽毁于火。南唐群臣劝李昇乘机出兵，灭了吴越。李昇倒是派人了，但不是派兵，而是派使节，带着日用百物前往慰问。

李昇的这些举动，曾经被人讥笑："田舍翁安能成大事！"（《新五代史·南唐世家》）但是，正是因为李昇安于做"田舍翁"，才避免了战乱，使得当时的吴、南唐及吴越，也就是今天的江苏、安徽的大部，浙江、江西的全部，以及湖北的部分地区，民众得到休息，经济得到发展，并且从两宋开始，严格说起来，从"五代十国"开始，迅速成为中国经济文化最为发达的地区。

公元943年，李昇在掌控吴国十年、又做了七年皇帝之后，去世了，后来被人们称为南唐"先主"。"先主"李昇去世，儿子李璟继位，这是南唐的"中主"。

李璟从小接受过良好的教育，又感受着扬州、南京的文化气氛，成了一位"文艺青年"，后来更成了著名的"文化人"，其文、其诗，特别是词的成就，达到了相当高的水平。李璟先是做太子，后来做皇帝，身边聚集着大批的文化人。各地的文化人也闻风而动，纷纷来到南京。南京不但成为当时东南的政治中心，更成了全国的文化中心。

那么，李璟如何守住徐温、李昪开创的这份家业？守得住吗？

第四讲 | 卧榻之侧

一、君臣同道

我们上一讲说，南唐"先主"李昪去世，儿子"中主"李璟继位。李璟自己是位"文化人"，身边集结着大批的文化人，各地文化人也闻风而动，纷纷来到南京。南京不但成为当时东南的政治中心，更成了全国的文化中心。

在李璟身边的所有文化人中，冯延巳可以说是其中的代表人物。

冯延巳的"巳"也有作"己"者，到底是"巳"还是"己"，留给专门家去讨论，在我们的《国史通鉴》中，他只是一个符号、一个现象。冯延巳比李璟大十多岁，二人之间的关系应是亦师亦友。李璟做太子时，冯延巳是他的"掌书记"，相当于赵普之于赵匡胤。和赵普没有读太多书不同，冯延巳以博学多才著称，书读得多，文章写得好，还特别善于论辩，这就足以得到李璟的器重。但是，这些还不是冯延巳最大的本事，他最大的本事是填词。

"词"是继"诗"之后，在唐末兴起的一种新的文学样式。而它的发端，人们追溯到传说中李白的《菩萨蛮》：

　　平林漠漠烟如织，寒山一带伤心碧。暝色入高楼，楼上有人愁。玉梯空伫立，宿鸟归飞急。何处是归程，长亭连短亭。

　　古人有云：学书不胜转而学画，学画不胜转而学塑。唐诗到了小李、小杜，已经难有新的突破，于是有人如温庭筠等，打破五言、七言格律的限制，随着音乐和节奏的变化，在诗的基础上加字或减字，所以又称"长短句"。没有想到，经过许多人、许多代的传承与创新，竟然开创了一片新天地，词的天地。宋词继唐诗之后，成为中国历史上又一个划时代的文学创造。有点像20世纪末在中国兴起的流行音乐，一旦发生，势不可遏，受到无数年轻人热捧，中老年人也由怀疑、抵制而到喜爱。

　　那么，冯延巳的词厉害到什么程度？近人王国维认为，冯延巳之词，"开北宋一代风气"（王国维《人间词话》）。晚清刘熙载则认为："冯延巳词，晏同叔得其俊，欧阳永叔得其深。"（刘熙载《艺概》）晏殊、欧阳修为北宋之词祖，但在刘熙载看来，只是各继承了冯词之一隅。我并不赞成刘熙载的看法，但冯延巳的传世之作，也确实是清新典雅，以《归自谣》为例：

　　寒山碧，江上何人吹玉笛？扁舟远送潇湘客，芦花千里霜月白。伤行色，来朝便是关山隔。（《全唐词》）

　　宋人马令《南唐书》记载的一个故事令人津津乐道：一天，李璟请诸词友到宫中聚会，推杯换盏，其意盎然。开封城里，赵匡胤君臣喝的是政治酒，借着酒意，杯酒释兵权。南京城里，李璟君臣喝的是文化酒，酒喝多了，相互取笑。李璟趁着酒兴，拿老师兼朋友冯延巳开涮："'吹皱一池春水'，干卿何事？"什么意思？一阵微风徐徐而过，平静如镜的池水微起波澜，太美了。但和你冯延巳有何关系？

冯延巳没有反唇相讥，而是微微一笑："未如陛下'小楼吹彻玉笙寒'。"不管怎么起波澜，也不如皇上您的玉笙声啊！众人开怀大笑。

笑什么？原来，无论是李璟拿冯延巳开涮，还是冯延巳巧妙地拍马屁，都是有来由的。冯延巳有首很著名的词，词牌名为《谒金门》：

> 风乍起，吹皱一池春水。闲引鸳鸯芳径里，手挼红杏蕊。斗鸭阑干独倚，碧玉搔头斜坠，终日望君君不至，举头闻鹊喜。

李璟说"吹皱一池春水"干你何事，由此而来。李璟也有一词，词牌名《山花子》：

> 菡萏香销翠叶残，西风愁起绿波间。还与韶光共憔悴，不堪看。
> 细雨梦回鸡塞远，小楼吹彻玉笙寒。多少泪珠何限恨，倚阑干。

李璟的这曲《山花子》又名《撕破浣溪沙》，被认为可以代表李璟作品的最高水平。虽然词的名气比李璟大，冯延巳却降低身段，把李璟名词中的名句信手拈来，表示自己颇有不如，所以君臣尽欢。但是，对于被历代词家津津乐道的这个典故，南宋大诗人陆游却极不以为然："时丧败不支、国几亡，稽首称臣于敌，奉其正朔以苟延岁月，而君臣相谑乃如此。"（陆游《南唐书》）但是，后人也有解读，说李璟的《山花子》其实表达了对南唐政治前途的担忧和绝望。

当然，《谒金门》并不能代表冯延巳词的最高水平，更著名的是《鹊踏枝》：

> 几日行云何处去？忘却归来，不道春将暮。百草千花寒食路，
> 香车系在谁家树？
> 泪眼倚楼频独语。双燕来时，陌上相逢否？撩乱春愁如柳絮，

依依梦里无寻处。

坦率地说，我并不喜欢这类幽怨词，但喜欢这类词的人很多，而且被捧为经典。

二、文人政治

皇帝李璟是大词人，又让冯延巳这位大词人做了宰相。在他们的奖拔之下，众多文人在南唐任职，而且都希望能够成就一番事业，名垂青史。这样，南唐政治自然也就带有浓厚的文人特点，浪漫、奢靡、张狂。

当然，这许多渴望名垂青史的文人，由于功利心重，充其量只能算是文人政客而难以成为政治家。有朋友说，政治家和政客有区别吗？当然有。虽然无论是政治家还是政客都热衷政治，热衷权力，甚至行为方式也极为相似，但前者在谋求、营造个人权力的同时，关注社会的安定、民众的福祉；后者考虑的主要是个人或小团体的利益，为了一己之私，可以置民生于不顾。

其间的标准是什么？只有一个标准，即不看如何标榜，只看民众生计。

当以冯延巳、李璟这些著名的词人、文人把创作辞赋的浪漫注入政治的时候，往往就张狂，辞赋中表现出的想象力，则转化为政治上的幼稚病。指责南唐"先主"李昇是"田舍翁"的，正是这批文人的代表冯延巳。而当好友兼同道、"中主"李璟做了国君时，冯延巳和他的同道们便极力鼓捣其不能像父亲一样，甘于做田舍翁，而是应该干一番大事业，做一代英主。他们的主张，正中李璟的下怀。

此时北方正值晋、汉、周更替之际，又有契丹南下，所以无暇南顾。东南的闽、西南的楚正陷入内乱之中，确实是扩张的好时机。公元 946 年，南唐出兵灭闽，五年之后，经过几番恶战，又灭了楚，南唐势力一时达到极盛。但是，南唐兵在湖南的暴行引起了当地官员和民众的强烈不满，动荡处处爆发，南唐只得从湖南撤军，楚地旋得而旋失，闽地也是若即若离。这些得不偿失的战争，既大量耗损了南唐的国力、加重了民众的负担，更助长了以"中主"李璟为代表的南唐文人政客们的目空一切。

冯延巳对李昇、李璟父子的一番评论，充分显示了这帮文化人在政治上的幼稚。冯延巳批评老子李昇，说南唐在和后晋的一次战争中，才死几千人，竟然为之辍食，后悔多日，如此"田舍翁"的识量，如何成得了大事！说完老子说儿子："今上暴师数万于外，而击毬宴乐，无异平日，真英主也！"（《资治通鉴·后周纪》）这个"暴师数万于外"，说的就是南唐对楚的战争。

李昇对战争的失败承担责任，对将士的伤亡感到内疚，受到指责；李璟不恤将士，寻欢作乐，赞为"英主"。这种逻辑大概也只有作为文人政客的冯延巳及其同道才有；但对这种逻辑欣然接受的，在中国历史上倒不止李璟一人。君臣完全不知祖宗创业之艰辛，视生命为土芥、战争为儿戏，却不知真正的战争是何等残酷。

从公元 955 年开始，后周世宗柴荣连续三次南征，虽然在寿州、楚州受到南唐守军的拼死抵抗，但更多的南唐守将或者望风而逃，或者献了城池。到公元 957 年柴荣第三次南征，南唐江淮之间的扬州、泰州、滁州、和州、寿州、濠州、泗州、楚州、光州、海州共十州，皆为后周所夺。

以李璟为首的南唐文人政客，这才知道战争的厉害，迅速由好战转变为畏战，并且开始逃避责任。他们做了三件事：

第一，把江北剩下的庐州、舒州、蕲州、黄州四州，统统奉献给后周。这样，南唐江淮之间的十四州、六十县，掌控的三十多万户的人口，全归后周所有。

第二，李璟上书柴荣，自请除去帝号，改称"国主"，向后周称臣，并且命宰相冯延巳携银十万两、绢十万匹、钱十万贯、茶五十万斤、米麦二十万石，赴扬州犒军，以求柴荣息兵。

第三，升洪州即今日江西南昌为"南昌府"，定为"南都"，让太子居守南京，李璟自己则带着文武百官迁都南昌，以避后周兵锋。

但是，南京的城市何等繁荣，南京的宫殿何等宏伟，南京的形胜更非南昌可比。李璟到了南昌之后，懊恼不已，随行官员更是怨声载道。

李璟决策迁都南昌的时候，几乎所有官员都反对，倒不是因为他们有抵抗后周的决心，而是不愿放弃被称为六朝粉黛之地的南京。头面人物中，唯一支持迁都的是枢密副使唐镐。来到南昌之后，眼见李璟恼怒、百官埋怨，唐镐心中也后悔，忧郁而死。迁都南昌三个月后，李璟也在忧郁之中死去，时年四十六岁。

"中主"李璟一死，直接把"先主"李昇创下的基业甩给儿子。这个儿子比老子更著名，因为他是给我们留下许多脍炙人口作品的南唐"后主"李煜。

三、攻取之道

当时的南唐不但盛产词人，还盛产画家，董源、徐熙为其代表，前者被称为南派山水画的开山鼻祖，后者的花鸟画被认为代表那个时代的最高水平。而顾闳中的人物画《韩熙载夜宴图》更享誉千年，在中国古代传世名画中占有重要的地位。

由于这幅画著名，"画中人"也因此而著名。《韩熙载夜宴图》中的核心人物名叫韩熙载，本为潍州北海（今山东潍坊）人，出身将门，后唐明宗时因故携家南奔，投了徐温掌控的吴。行前，好友李谷前来送行。李谷大概一直在劝说韩熙载留在北方，韩熙载却说了一句令李谷极为不爽的话："江左用吾为相，当长驱以定中原！"李谷针锋相

对回了一句："中国用吾为相，取江南如探囊中物尔！"（《新五代史》）

韩熙载的话是斗气，李谷的话倒是代表着当时人们的普遍看法，秦汉、隋唐的大一统显示中国统一的大势，只要北方战乱结束，南方那些所谓"国家"还有存在的可能吗？

李谷后来还真做了后周的宰相，但江南并不是探囊可取。李谷进攻南唐，无功而返，是柴荣"御驾亲征"，才夺了南唐江淮之间的十四个州。韩熙载南奔之后，受到徐温、徐知诰父子的礼遇，但并没有做宰相，更谈不上"长驱以定中原"。什么原因？《韩熙载夜宴图》就是重要原因，此画以长卷的方式，描绘了韩熙载家宴的场面，极其铺张豪阔。

韩熙载既因顾闳中的画著名，为官也比较正直，所以后人一直为其奢靡与张扬开脱，说为了避免南唐后主李煜的猜疑，故以声色为韬晦之计。但史料的记载却是，李煜一直想让韩熙载为相，可韩熙载有个毛病，内宠极多，妓妾数十人。如果仅此而已，那也只是喜好声色，在当时算不了什么大事。丢人的是，韩熙载的这些妓妾并不把主人放在眼里，每每外出接客，弄得韩熙载十分狼狈。

为了让韩熙载摆脱尴尬，李煜让其往南都即南昌府理事，韩熙载也打算斩断这些瓜葛，单车上道。李煜闻讯高兴，将其从途中召回。听说韩熙载去而复返，众妓妾又风闻而来，韩熙载照纳不误。李煜只得长叹："吾无如之何矣！"（《新五代史·南唐世家》）不是不用你做宰相，但你这个样子，怎么可能做宰相啊？

历来流行一种说法，说赵匡胤建立北宋之后，面对当时的周边形势，没有继续柴荣的北伐方略，而是和赵普一道，制定了"先南后北"统一全国的方针，从而失去了夺回燕云十六州的最佳时机，并且导致了北宋的"积贫积弱"。那么，夺回燕云十六州的最佳时机是什么时机？此前的周世宗柴荣好像看到了，但没有机会尝试；此后的宋太宗赵光义好像也看到了，却没办法把时机转化为胜利。更好的机会出现在一百多年后的宋金联盟，但宋朝仍然没有能够把握机会，倒是被女真灭了国。这些是后话，我们在这里只是强调两点：第一，赵匡胤、赵普君臣从来就没有刻意制定什么"先南后北"的方针；第二，北宋用兵的先南后北，完全是因为形势的驱动。

我们在前面说到过一个人物，精通术数的王朴。柴荣曾经私下询问王朴自己在位有多长的时间，王朴说了一个"三十"之数。这个传说到底有几分真实，难以判断，但王朴倒是在自己的《平边策》中，向柴荣提出过用兵的八字方略："攻取之道，从易者始。"（《旧五代史·王朴传》）古今中外的用兵之道，都是避实就虚、避强取弱。除非是迫不得已，哪里有一开始就寻找强敌的道理？那么，站在当时后周的立场上，哪里最易？用兵当从哪里开始？王朴直指占据着江淮和江南的南唐，这才是最易、应该最先下手的地方。如果说有所谓"先南后北"方针，这个方针也并不是赵匡胤君臣的创造，而是王朴首先提出的。但王朴也只是"从易者始"，并非刻意从南边始。

韩熙载的生活方式，其实是当时南唐上层贵族，包括后主李煜、中主李璟以及其老师兼好友冯延巳等人的普遍生活方式。李谷说取江南如探囊中之物、王朴将南唐视为攻取之易者，应该是从这些信息中做出的结论。所以，先取易取的南唐，平定南方，再与难取的后汉、契丹争锋，是当时人们的普遍认识。

李璟去世、李煜继位的时间，是公元961年。此前一年，公元960年，曾经鼓动李璟不断发动战争的冯延巳因病去世；也在前一年，赵匡胤取代后周，创建宋朝，正准备继承柴荣的未竟事业，统一天下。

但是，对于南方各国，赵匡胤最先动手的，并不是地域最大、被认为可"易取"的南唐，而是占据着湖北荆州一带的南平。因为比起南唐，取南平更易，特别是出现了"更易"的机会。

四、无理可讲

公元 962 年，赵匡胤创建宋朝的第三年，曾经一度被南唐所灭但旋即"复国"的楚发生内乱，北边的南平没力量，东边的南唐是对头，于是病急乱投医，向北宋求援。这就不但是引狼入室，而是引虎入室了。赵匡胤君臣当然不放过这样的机会，立即命将出师。主帅是一度接替赵匡胤为殿前都点检的名将慕容钊，副帅则是在"陈桥兵变"中积极鼓动将领的李处耘，此时为枢密副使。

宋军直指湖南的楚，却行文湖北的南平，说要从荆州城外"借道"而过。"南平国"内部因此发生了一场争论。有人认为，兵道诡诈，借道城外之说，绝不可信，当整兵以待。从"各为其主"的角度说，这一主张没有错，却受到重臣孙光宪的严厉斥责。孙光宪站在"天下大势"立场上认为："中国自周世宗时，已有混一天下之志，况圣宋受命，真主出邪，王师岂易当也！"（《新五代史·南平世家》）孙光宪的这番话，和当年钱镠的看法相似，真主一出，天下统一，还闹什么独立，不是螳臂当车吗？当然，统一趋势的出现并不需要等待"千年"，而是从周世宗柴荣时期已经出现。虽然没有冯延巳及南唐的中主、后主名头响亮，孙光宪在那个时期也是著名的词人，而且从高季兴开始，在南平为官三十年，所以位高言重。

公元 963 年初，"借道"的宋军在慕容钊、李处耘的亲自率领下，逼近荆州。此时的南平国主叫高继冲，是第一代南平王高季兴的曾孙，也是一位少不更事的青年。南平地小人寡，在中原的"五代"及吴、南唐，前、后蜀及楚的夹缝中求生存，从来就是采用"事大"策略，避免战争，与民休息。高继冲权衡利弊，采纳孙光宪等人的主张，亲自来到城郊，迎候"借道"的宋军。

但是，宋军却以春秋时期晋国"假途灭虢"的套路，见南平未曾设防，前锋迅速夺城。高继冲一看傻了，顾不上礼数，匆匆而归。来到城下，但见城头早已换成大宋旗号，稀里糊涂就亡国了。高继冲心中不快，所谓"圣宋"，所谓"真主"，难道就是这样不讲道理的吗？

不讲道理的事情继续发生，宋军占据荆州之后，继续南下。此时湖南的楚已经自己摆平了内乱，请求宋军不要入境。但是，请神容易拒神难，宋军水陆并进，先占巴陵（今湖南岳阳），再取长沙。这一次，楚国是真正地灭亡了。时距宋军占领荆州不到两个月。公元965、971年，占据巴蜀的后蜀、占据两广的南汉，也相继为宋所灭。南方诸国，只剩下南唐和吴越。

兔死而狐悲。眼看南平、南楚、后蜀、南汉一个个纳入了宋朝版图，南唐后主李煜越来越坐不住了。怎么办？持续放低身段，表示对宋朝的尊重，让赵匡胤君臣同情并放心。第一，在父亲李璟自贬为"国主"的基础上，再自贬为"国王"，请求宋朝予以册封。对内所下诏书，不再称"诏"，只称"教"。以前封的李氏诸王，都降格为"公"。第二，和宋朝相同的官名统统更名，"中书门下省"即宰相府，改为"左右内史府"；尚书省改为"司会府"，御史台改为"司宪府"，翰林院改为"光政院"。

虽然如此，能保住南唐的江山吗？李煜仍然忧心忡忡，一面不断派出使者，进贡问安，唯恐有失；一面暗中加强兵备，以防宋军偷袭。

南唐的动静，赵匡胤洞若观火，派出使者到南唐，说既然请求册封，便请李煜亲自来一趟开封，以叙君臣之谊。李煜不敢去开封，托病拒绝。李煜的拒绝给了赵匡胤出兵的借口。当然，出兵是不用借口的，这也是无理可讲的。如果说有理，这个"理"就是欧阳修所说："王者之兴，天下必归于一统，其可来者来之，不可者伐之，借伪假窃，期于扫荡一平而后已。"（《新五代史·南唐世家》）当天下出现统一大势的时候，就由不得再割据了。如果识时务，那很好；如果不识时务，那就没有讨价还价的余地，武力是唯一可选择的解决问题的办法。

欧阳修从"故老"也就是前辈那里听到过一个很可笑的故事。

为了阻止宋朝对南唐的用兵，李煜组织了一个精干的谈判团队，首席谈判专家是徐铉，希望通过谈判，达成与中原宋朝和平共处的协议。徐铉和南唐"中主"李璟同岁，诗、文、书法皆名重一时，并且和前辈冯延巳一样，特有辩才，可以说是当时南唐的头号人物。

为了不辱使命，徐铉和团队成员日夜思虑，做了自认为最充分的谈判准备。宋朝负责接待的官员将这个信息报告赵匡胤，提醒皇帝做好应对准备。赵匡胤笑了笑，未置可否。

接见的这一天，徐铉胸有成竹，慨然而言："李煜无罪，陛下师出无名！"赵匡胤让徐铉登上台阶，以尽其说。徐铉直面赵匡胤，毫无惧色，侃侃而谈："煜以小事大，如子事父，未有过失，奈何见伐？"我朝自周、宋以来，一直恪守以小事大、以子事父的规矩，自贬尊号，自降规格，岁时进贡，从未有失礼数，陛下有什么理由用兵呢？

徐铉越说越激动，越说越得意，但忘了一个常识，言多必失。赵匡胤一直面带微笑，倾听徐铉的演讲，有时若有所思，有时频频点头。徐铉阐述完观点，静候赵匡胤的答复。赵匡胤只是轻描淡写地问了一句："尔谓父子者，为两家可乎？"你说宋、唐是父子，太对了。父子一家，怎能长久分开呢？徐铉可能还在回味自己的精彩表演，陡然听到赵匡胤的反问，回不过神来，傻了（《新五代史·南唐世家》）。

当然，也有记载说，徐铉并非如此不堪，继续据理力争，与赵匡胤反复论辩。论舌战，赵匡胤还真不是徐铉的对手，最后发怒了，说这根本不是有理无理、有罪无罪的事情，唐事宋、煜事朕，礼数周到，无罪可言，但是："天下一家，卧榻之侧，岂容他人鼾睡乎！"（《续资治通鉴长编》）天下一统，这才是硬道理，还需要其他的理由吗？

那么，睡在赵匡胤"卧榻之侧"的南唐后主李煜，将如何应对这一局面？

第五讲　金瓯有缺

一、秋毫无犯

我们上一讲说，宋朝先取湖北荆州的南平，再取湖南的楚，随后取四川，灭后蜀，继而灭南汉、取岭南，从北、西、南三面，对南唐形成合围之势。为了延续南唐的国脉，更是为了维护自身和官员的体面生活，南唐后主李煜不断派使者到开封，进贡称臣，希望保留附属国的地位。但是，赵匡胤的一句话，打破了南唐君臣的所有幻想："天下一家，卧榻之侧，岂容他人鼾睡乎！"（《续资治通鉴长编》）

赵匡胤建立宋朝时，年号为"建隆"。"建隆"年号用了三年零十个月，改元"乾德"。乾德六年十一月，又改元"开宝"。开宝七年，公元974年，是宋朝建立的第十五年。这年九月，赵匡胤调兵遣将，向南唐发起进攻。

在此之前，中原政权向定都在南京的江南政权至少有过五次大规模的进攻，三次失败，两次成功。失败的三次分别是：曹操进攻孙权，前秦皇帝苻坚进攻东晋，北魏太武帝拓跋焘进攻刘宋。成功的两次，一次是晋灭吴，一次是隋灭陈。所以，虽然王朴、李谷等人都认为江南易取，却也有失败的先例，即使是柴荣夺取江淮十四州，也曾经过血战。但是，江淮十四州的夺取，把南唐势力压缩在长江以南，为宋灭南唐铺平了道路，而湖北、湖南、巴蜀、岭南的夺取，更使南唐成为历来中原政权夺取江南的最弱也是"最易"对手。当然，此时的北宋，也并不具备灭吴时期的晋、灭陈时期的隋那样的实力，山西的中部，有后周和宋的死敌北汉，而燕云十六州除了柴荣夺回的莫州（今河北任丘）、瀛州（今河北河间）外，其余十四州仍然由契丹控制。

这一次宋军进攻南唐，不可能也不需要像晋灭吴、隋灭陈那样雷霆万钧、多路并进，而是在荆州打造战船数千艘，以曹彬为主帅、潘美为副帅，起兵十万，水陆并进，沿江而下，东取南京。与此同时，命一直向中原称臣的吴越出兵常州，牵制南唐，配合宋军主力东进。

这位宋军副帅潘美的名字听起来比较熟悉。不错，"杨家将"故事中的"潘仁美"，就是以潘美为原型的。我们现在要说的，是宋军主帅曹彬。赵匡胤为何以曹彬为主帅？曹彬是后周的"外戚"，其姨母为柴荣养父、后周开创者郭威的贵妃。进入官场之后，曹彬一直在柴荣手下办事，性格之沉稳、处事之干练，受到共事将领的称道，也得到柴荣的信任。

柴荣在位时，让曹彬出使吴越。吴越之富，天下共知，出使吴越，对于中原官员来说，是人人向往的肥差。果然，吴越不仅给予曹彬高规格的接待，而且馈赠极为丰厚，但曹彬一概不取。

当时的吴越国王是钱镠的孙子，叫钱弘俶，后来为了避讳，减去一个"弘"字，所以在宋人的文献中，钱弘俶成了钱俶。曹彬拒不收礼，钱弘俶很奇怪，难道"天朝"真有不爱财物的使臣？是碍于面子还是嫌礼物不够丰厚？曹彬在吴越没有过多滞留，办完公事即回。吴越王命人驾轻舟追送礼物，曹彬仍然不收。这就是真的不要了。但是，吴越王既然派人追着送礼物，来者必定是能办事之人。果然，来人苦苦哀求，说天使不要让他们这些底下办事的人为难，礼物送不出去，回去是要受惩治的。曹彬如果继续拒收，显得太不合时宜了，不但来人无法交差，吴越王可能也会有想法，而且旁人看来，是否在沽名钓誉？那就收吧，来人千恩万谢而去。曹彬命人对礼物进行登记，回到开封，全部上缴国库。柴荣知道这件事情之后十分感慨，让人从国库中将礼物取出，送给曹彬。君臣之间，倒也真有意思。曹彬没有办法，只得拜谢，但随即将礼物全部转赠亲友及部属，自己不留一钱。

有人会说，曹彬这样做，一定是因为家里的钱多得用不完啊！不错，曹家确实富有，但是，又有谁嫌钱多的？否则，就没有"贪得无厌"一说了。

入宋之后，曹彬以监军的身份，参与对后蜀的战争。"安史之乱"后，经济重心南移，商业经济的发展促成了扬州和益州的富饶，故有"扬一益二"之说。蜀中富庶，也是尽人皆知，宋军占领四川的过程，遂成杀人劫财的过程。所以，宋军所到之处，处处受到抵抗。许多城市得而复失。唯有曹彬一军，秋毫无犯。宋军班师回朝，主帅王全斌以下统统受到处罚，唯独曹彬一人受嘉奖。

赵匡胤以曹彬为主帅，率兵进攻南唐，并不是看重曹彬的军事才能。在北宋的开国将领中，曹彬并不以军事才能见长。赵匡胤看中的，是曹彬的不贪财，而且能够约束将士。这不仅仅有利于平定江南、获取民心，也有利于把南唐小朝廷的财富转为宋朝大朝廷的财富。

曹彬离开开封时，赵匡胤就授给手谕，让其不必急于攻城，应以宣示兵威为主，压迫李煜君臣归降。此后，又不断派出使者，申明前谕，即使南唐官军抵抗，也不得加害于李氏一门。言下之意，别给我带来一座座被劫掠一空的死城，别给我送来一具具南唐君臣的尸体，特别是不能让南唐百姓视宋兵为豺狼。

所以，曹彬于公元 974 年农历十月从荆州出兵，第二年正月开始围困南京，只是在外围消耗南唐主力，再三、再四督促李煜归降。由春到冬，眼见李煜还存侥幸之心，才下令攻打南京，并且将预计破城的时间通报李煜。

二、仓皇辞庙

南京城破前夕，将领们到大帐议事，却不见主帅曹彬。中军官说主帅突然生病，无法升帐视事。众将一齐来到后营探视，但见曹彬神清气爽，哪里有一丝一毫的病状？

曹彬实话实说：我的病不是身病，而是心病。将士出征日久，餐风宿露，图的是什么？不就是城破之日可以多得奖赏、多掠财物吗？我担心城破之日玉石俱焚，东南名胜变为废墟。如果这样，你我如何向皇上交代？原来如此。曹彬不但推心置腹地交流，而且亮出赵匡胤的多次手谕。

曹彬说得一点不错，赵匡胤的担心也有道理，皇帝是说天下一家，但士兵打仗，要的却是实际利益。江南之富，尽人皆知，谁不想来江南发财？虽然将领表示谨遵将领，曹彬还是不放心，不但要对皇帝负责、对民众负责，还得对天地良心负责，于是让众将和自己一道，焚香起誓，下达三条禁令：不得杀戮民众，不得抢劫财物，不得无礼于南唐君臣。

为何从刘邦开始，都是"约法三章"？因为说多了不但记不住，也没有用，反而冲淡了核心内容。所有"约法"的内容看似简单，却并不易行，所以必须简明扼要、易记易晓。

宋太祖赵匡胤开宝八年十一月二十七日，公元976年1月1日，南京城破。南唐经历了先主李昪、中主李璟、后主李煜三代，立国四十年而亡，所以李煜有"四十来年家国"之叹。

这一天，曹彬整军成列来到宫城，南唐"后主"李煜带着群臣迎拜于门。有记载说，李煜曾经让人将干柴堆积在宫中，向世人宣告，南京城破之日，就是自己尽忠于祖宗之时。不能怀疑李煜当时的决心，但在曹彬不断的怀柔攻势之下，也在左右亲信不断的利害劝导之下，李煜最后选择了投降。

按当时的常规，投降的国君是要被"献俘"的。当年西晋统一，蜀汉后主刘禅、孙吴末帝孙皓，都被送到洛阳。隋朝统一，南陈后主陈叔宝被送到长安。李煜投降，同样意味着将永远离开南京，往开封寄人篱下。当然，这还是所有"亡国之君"的最好待遇，如果放在南北朝时期、放在宋金之际，那就不仅仅是献俘，还要斩首，或者沦为囚奴。

曹彬的态度继续让李煜感动。曹彬不但对投降的南唐君臣好言安慰，而且嘱咐李煜，到开封之后，国家给予的薪俸有限，得多带一些金银财货及值钱之物，等到府库被有司官员接管，就一切归公了。说罢，让李煜重返宫中，随意选择携带之物，并精选亲兵五百人，准备为李煜运载财物。

李煜怎么办？对于曾经追随、曾经侍候自己的近臣，李煜表现出由衷的关切，尽可能地多分给他们黄金、绢帛，众人感激不尽。但是，有位名叫张泌的学士，不知出于什么想法，把旧主子李煜的赏赐献给了新主子的代表曹彬，以表明自己对新朝的忠心。没想到，张泌的价值取向和曹彬没有同步，被曹彬视为"邀名"，黄金货物归公，人被遣回。张泌两头不讨好，大概肠子都悔青了。所以，为人不能做墙头草，你要效忠宋朝，以前干什么去了，是否像南平的孙光宪那样，曾经当面向国主李煜力谏？到这个时候表态，出卖旧主，这就是人品有问题了。

那么，李煜自己带走了什么？国都亡了，要什么财物？李煜带去开封的只是生活必需品，而留下的，是一支千古绝唱《破阵子》：

四十来年家国，三千里地山河。凤阁龙楼连霄汉，玉树琼枝作烟萝，几曾识干戈？

一旦归为臣虏，沈腰潘鬓消磨。最是仓皇辞庙日，教坊犹奏别离歌，垂泪对宫娥。

不少学者认为，李煜和父亲李璟一样，有极高的文学天赋，如果不是阴差阳错做了南唐的国主，该有多少美好的诗、美好的文、美好的词传世？但是，如果不做南唐的国主，李煜又怎么可能有如此深切的亡国之痛，又怎么可能留下如此悲切的故国之念：

> 春花秋月何时了，往事知多少。小楼昨夜又东风，故国不堪回首月明中。
>
> 雕栏玉砌应犹在，只是朱颜改。问君能有几多愁，恰似一江春水向东流。（《虞美人》）

真正经典的作品，是大众化的作品。李煜的这首千古绝唱《虞美人》，没有一个小学生不认识的字，没有刻意的遣词造句，全是真情的流淌。

南唐亡后，整个南方只剩下已经归附的吴越，以及占据着福建东南沿海漳、泉二州的陈洪进了。不能不说"海龙王"钱镠的远见卓识。无论中原如何改朝换代，无论身边近臣术士如何规劝，钱镠只认一个理，即天下最终要一统，所以只接受中原皇朝的封赐而称王，决不称帝。并且立下"祖训"："子孙善事中国，勿以易姓，废事大之礼。"（《资治通鉴》）钱镠定的规矩，被子孙后代恪守。所以，任凭中原动荡、易代无常，吴越皆奉为"正朔"；任凭南唐阻隔，陆路不通，吴越都由海路向中原的皇朝进贡。

宋军南下之时，命吴越起兵策应。南唐后主李煜贻书吴越王钱弘俶："今日无我，明日岂有君？一旦明天子易地酬勋，王亦大梁一布衣耳！"（《宋史·吴越世家》）唇亡而齿寒，你今日帮着宋灭了我唐，明日就轮到你吴越了，到时候，你我都是一介布衣，或许在开封街头相聚，那时你有何面目见我？

钱弘俶没有理会李煜，一面将其书上呈赵匡胤，一面继续挥师，攻下南唐的常州、润州（今江苏镇江）。

三、同归殊途

李煜说得没错，在钱弘俶攻取常州的时候，赵匡胤的"谕旨"就到了，说是朕在开封、卿在杭州，两地相隔数千里。江南平定之后，可来开封一见，以慰平生之念。为了打消钱弘俶的顾虑，赵匡胤的"谕旨"郑重承诺，相见之后，即当遣还，决不食言。钱弘俶去还是不去？当然要去。一年多前，赵匡胤曾让李煜往开封，李煜托病不去，宋军随即南下。如果钱弘俶不去，宋军收拾吴越比收拾南唐更易，那时不仅自身及宗庙难保，更让百姓遭受战争的劫难。

用已故单田芳先生在评书中经常说的一句话：是福不是祸，是祸躲不过。钱弘俶没有躲，李煜前脚被遣送到开封，钱弘俶后脚就带着妻子和儿子自行来到开封，前后仅相隔两个月。

钱弘俶给足了赵匡胤面子，赵匡胤也给足钱弘俶面子，不但命儿子赵德昭前往睢阳即商丘迎候，还亲自到"礼贤楼"，视察接待吴越王的安排是否到位。这个"礼贤楼"本来是为南唐国主李煜、吴越王钱弘俶二人准备的，但李煜负隅顽抗，那就不"贤"了，封了个"违命侯"，没有资格住礼贤楼，礼贤楼成了接待钱弘俶的专馆。

《宋史·吴越世家》不厌其烦地记载了赵匡胤在开封接待钱弘俶时双方的"贡"与"赐"。钱弘俶一共"贡"了五次：赵匡胤在"崇德殿"召见，钱弘俶贡，这是见面礼；赵匡胤在"长春殿"宴请，钱弘俶再贡，可见皇家的宴席并不好赴；为了祝贺宋灭南唐，钱弘俶三贡；赵匡胤来到"礼贤楼"，看望钱弘俶一行，钱弘俶四贡；赵匡胤打破常规，封钱弘俶之妻孙氏为吴越王妃，钱弘俶五贡。五次贡献，合计白金27万两、钱10万贯、绢19万匹、绵180万两、乳香7万斤、茶8万5千斤、犀角象牙300枝、香药300斤。与此同时，负责接待的官员、朝廷的重臣，以及宦官首脑，应该都有谢礼，各类服务人员的小费也是免不了的。如此一算，真不知道钱弘俶的开封之行船队有多大，到底带来了多少财物。

由此可以想象，老成练达的曹彬对亡国之君李煜，还真是充满了同情之心。曹彬让李煜回宫整理行装，并非只是让其带足自己的用度，更重要的是带足上下打点尤其是孝敬皇帝的贡品，否则，哪里需要五百人的辎重队？只是话没有直说，也不能直说。不知是李煜没有领悟曹彬的好意，还是干脆破罐破摔，江山都没有了，要杀要剐悉听尊便。

赵匡胤也很大气，赐给钱弘俶金器万两、白金器数万两、白金十多万两、锦绮绫罗绸绢四十多万匹、马数百匹，他物不可胜计，比起钱弘俶的贡献，好像也差不了多少。意思很明显，不能让偏居东海一隅的钱弘俶父子君臣，以为大宋穷酸。但是，钱弘俶的"贡"，那是动真的，要用船将贡品从杭州运到开封；赵匡胤的"赐"，却是个数字，钱弘俶只能象征性地接收，以表现对"皇恩浩荡"的感谢，却不可以车载船运，真去大宋国库领取财物，那不是和大宋皇帝做买卖吗？那就太不懂事了。

赵匡胤没有食言。钱弘俶是开宝九年二月中旬抵达开封的，三月上旬，赵匡胤说天气逐渐炎热，怕钱弘俶夫妇在开封水土不服，让其早回杭州。钱弘俶既来开封，就不指望再能回杭州，没想到赵匡胤如此恪守诺言，他感激涕零，表示三年一次，前来朝见。赵匡胤的话更加体己，说是路途遥远，没有诏旨，就不必再来了。说罢，命人取出一个密封的黄色包袱，让钱弘俶途中拆看。

离开开封，钱弘俶沿着运河南下，感慨之余，命人将包袱打开，里面竟然全是宋臣给赵匡胤的密疏，建议将钱弘俶长留开封，同时命将出师，夺取吴越之地。钱弘俶读着密疏，恐惧之意顿生。赵匡胤既是表明对钱弘俶的信任，更是对钱弘俶提出警告。

但是，没有等到三年，钱弘俶就再次奉召进京。原来，钱弘俶回到杭州不久，赵匡胤去世了，继位的不是儿子德昭、德芳，而是弟弟匡义，这就是宋朝的太宗皇帝。当然，这个时候赵匡义已经改名为赵光义。

四、太宗皇帝

在对待战败而降的、称臣而附的各国君主的态度上，赵光义没有赵匡胤那样包容和大气。赵光义在继位的第三年，太平兴国三年三月，召钱弘俶举家前往开封。

有记载说，杭州永明寺有高僧智觉禅师，俗姓王，名延寿，所以又称"永明寿禅师"，为佛教法眼宗的三祖，著名的杭州六和塔即为其主持修建，以镇钱塘潮水。吴越王钱氏对智觉禅师礼遇有加。宋太祖开宝八年（975 年），智觉圆寂之前，钱弘俶曾去参拜，并且询问吴越国的前途。智觉禅师给了八个字的偈语："重民轻土，舍别归总。"（吴之鲸《武林梵志》）什么意思？大宋之兴，天下一统，愿大王以民生为重、据土为轻，以归宋为重、离别为轻。有南唐覆亡的前车之鉴，有钱镠生前的立国祖训，又有智觉禅师的临终偈语，钱弘俶在两年前曾经带着妻子义无反顾来到开封，没想到全身而返。

这一次钱弘俶预感，离别即是永别，于是回到故乡临安，逐一祭拜祖宗之陵，在祖父钱镠墓前痛心祷告：

> 嗣孙俶不孝，不能守祭祀，又不能死社稷。今去国修觐，还邦未期，万一不能再扫松槚，愿王英德各遂所安，无恤坠绪。（文莹《玉壶清话》）

这番祭告，与三年前李煜的"最是仓皇辞庙日，教坊犹奏别离歌"异曲而同工。站在李煜、钱弘俶的立场，其个人的遭遇悲切而值得同情；如果站在国家统一的立场，钱镠、智觉是有眼光的，当统一的趋势出现时，就得重民而轻土，就得舍别而归总。

太平兴国三年（978年）三月二十一日，钱弘俶来到开封。接下来发生了三件事情：

一、四月，占据泉州、漳州的原南唐清源节度使陈洪进来到开封，上表纳土，福建全境纳入宋朝的版图。

二、五月，经过钱弘俶反复上表陈请，吴越国控制下的浙江及今苏州、上海等地，纳入宋朝的版图。至此，江南的全部地区，皆为宋土。

三、七月初七日，南唐后主李煜在开封去世，时年四十二岁。

钱弘俶和李煜同时在开封有三个多月，不知是否在街头相遇。十年之后，雍熙元年（988年）八月二十四日，钱弘俶死在封地南阳。

十分凑巧的是，李煜、钱弘俶的死，都是在自己的生日，李煜是七月初七日，钱弘俶是八月二十四日。而就在这一天，他们分别都喝了皇帝赵光义赐给的生日贺酒。由此，引发了人们的诸多猜想。二人结局似乎一样，但钱弘俶以自己的流寓换来了两浙民众的安宁，这就是贡献。所以，钱弘俶和祖父钱镠一样，至今受到浙江特别是杭州的民众的怀念。

看来，宋朝的开国，还真离不开酒。赵匡胤借酒装醉，由赵普和赵光义策动了"黄袍加身"；赵匡胤借着酒意，软硬兼施，让禁军将领交出了兵权。李煜、钱弘俶二人似乎都死于酒。而赵匡胤之死，也同样和酒相关。

有记载说，开宝九年十月二十日（公历976年11月14日）夜，天降大雪，赵匡胤让人召来弟弟赵光义，兄弟对饮。回避的宦官宫女远远望去，但见烛光映照之下，哥哥赵匡胤频频拱手，若有嘱托之意，弟弟赵光义时时避席，颇似逊谢之态。又见哥哥赵匡胤起身，操起殿外斧子铲雪，并隐隐听到斧子落地的声音。于是有所谓"斧声烛影"之说。

有记载说，酒酣之后，赵匡胤睡下，鼻息如雷，赵光义也留宿在别殿之中。及至五更，贴身宦官进寝宫，侍候赵匡胤起床升殿，却发现皇帝已经去世。

又有记载说，赵匡胤被酒而睡，及至深夜，皇后宋氏发现皇帝已经去世，遂命宦官首领王继恩速召皇子德芳进殿。但是，王继恩召来的并不是皇子德芳，而是皇弟光义。理由是，哥哥赵匡胤死后，由弟弟赵光义继位，乃是赵氏兄弟的母亲杜太后生前嘱咐，也是"大行皇帝"赵匡胤在位时的"治命"。皇后在皇帝去世之后命召德芳，这是"乱命"。第一，违背已故太后和皇帝生前的意愿，这是乱命；第二，赵匡胤有四个儿子，两个早夭，留下二子德昭、四子德芳，召德芳而不召德昭，置德昭于何地，这又是乱命。

赵匡胤之死、赵光义继位，传说种种，记载种种，历代的史学家们也做了多种推测。我赞成不少朋友的看法，即从赵匡胤的体貌特征和生活习惯来看，他非常有可能死于高血压、脑溢血。赵光义的继位符合时代的需要，他也具有继位的资格。

赵匡胤在位时，开封府尹一直由赵光义担任，并且封了"晋王"，这在当时就是"储君"的安排。其先例是，后周"太祖"郭威在位，以柴荣为开封府尹，实为"储君"。国有长君，长治久安，这是当时人们的普遍认识。柴荣不信，死后由幼子柴宗训继位，主幼国疑，才有赵匡胤的"黄袍加身"，殷鉴不远。赵光义不但共同策划并参与"黄袍加身"，并且在赵匡胤称帝之后的十多年中积累了丰富的政治经验，建立了自己的班底，由他继位而不是德昭或德芳，不管其中是否有阴谋，我都认为是正确的选择。对于历史人物、历史事件，历史学家看的是"大节"，关注的是国家的稳定和民众的生计。

随着福建漳州、泉州，特别是吴越之地纳入版图，宋朝统一了中原和南方。但山西中部的北汉还在，契丹更占据着燕云十六州，这就说不上是真正的统一，就不是"金瓯无缺"，而是金瓯有缺。怎么办？赵光义决定，灭北汉、取燕云。

第六讲 ｜ 燕云情结

一、政治交代

我们上一讲说，宋太宗赵光义继承皇位之后，将东南的闽及吴越先后纳入版图。但是，对于北宋的"统一"大业来说，仍然是"金瓯有缺"：一、"十国"中的最后一个，"北汉"仍然占据着以太原为中心的今山西中部地区。二、"五代"时被后晋石敬瑭割让给契丹的"燕云十六州"，即今北京、天津的全部及河北中北部、山西北部，仍然在契丹手中。当然，由于周世宗柴荣北伐夺取了南边的瀛、莫二州，所以此时契丹所据的，是"燕云十四州"。只是为了方便叙述，我们仍然"约定俗成"地称之为"燕云十六州"。

自从燕云十六州归于契丹之后，就一直是中原皇朝和士大夫的一块心病。一是屈辱，二是担忧。

说屈辱，是从感情而言。从传说中的炎黄到春秋战国，燕云就是"华夏"民族活动的重要区域。秦始皇统一中国，在燕云地区设有云中、雁门、代郡、上谷、渔阳、右北平诸郡。战国秦汉之际的《禹贡》，将天下划为"九州"：冀、兖、青、徐、扬、荆、豫、梁，还有个雍。"九州"之中，"冀州"为首州，这是"华夏"之"首"。燕云十六州正是冀州的地界，而冀州的所在地则是燕云十六州的首州幽州，也就是"燕云"之中的"燕"，即今日之北京。失去"燕云"，有如巨龙之首为人所扼，感情上无论如何难以接受。"风萧萧兮易水寒"，时时召唤着中原志士对燕云的怀念。陈子昂《登幽州台歌》感叹："前不见古人，后不见来者。念天地之悠悠，独怆然而涕下。"不唯不见古人，不见来者，连幽州台也为契丹所有。

说担忧，是从现实而言。燕云不但战略地位重要，而且民风彪悍。战国时代的"燕赵奇侠之士"，就产于这一地区；东汉末年，坐拥冀州的袁绍，兵强马壮，占尽天时地利；隋唐时代，以幽州为中心燕云地区，既是东征高句丽的集结地，又是阻挡突厥、契丹南下的屏障；唐玄宗时期，这里是"安史之乱"的策源地。燕云十六州的丧失，使中原地区完全暴露在北方民族的铁骑之下。就在燕云十六州割让给契丹不久，契丹"太宗"耶律德光即大举南下，灭了开始不听话的后晋，占了开封，并且将国号改为"大辽"。虽然耶律德光不久即退出开封，又病逝于北归途中，但此后的契丹却以燕云十六州为依托，和占据着太原一带的北汉一道，携手对抗后周。

我们在《国史通鉴》的第四部《大国气象》中曾经说到，对于北汉，周世宗柴荣曾想借"高平大捷"之余威一举荡平。宋太祖赵匡胤更四度出兵，其中有一次是亲临前敌。但是，无论是柴荣还是赵匡胤，无论是调兵遣将还是御驾亲征，都是先胜后败，柴荣更是在太原城下大败，兵甲辎重，尽弃于敌。这样的结果，既是因为北汉的顽强抵抗以及太原城防的坚固，更重要的是，北汉依附于契丹，每当与中原交战，必向契丹请兵，而周、宋每次进攻北汉，契丹也必向北汉出援手。北汉、契丹，防时互为犄角，攻时遥相呼应，致使周、宋大军每每腹背受敌。

北汉这个钉子是一定要拔的。北汉不拔，何论"燕云"，更何谈"金瓯无缺"？所以，宋太宗赵光义即位之初，便向弟弟齐王赵廷美交底：

"太原我必取之！"（《续资治通鉴长编》）当然，取太原、灭北汉只是第一步，夺回燕云十六州才是终极目标。

那么，赵光义为何又要向弟弟打招呼？因为有一种说法，赵匡胤、赵光义、赵廷美三兄弟的母亲杜太后生前有交代，三个儿子，老大死后皇位传老二，老二死后皇位传老三，兄弟三个都要做做皇帝。这倒好玩。在我看到的史料中，还没有哪位老太太如此一碗水端平地护犊子。老太太也不想想，难道老大就一定比老二先死，难道老三就一定活得过老二？儿子排好了，孙子怎么办？但这个说法，已经成为赵匡胤死后赵光义继位的舆论依据。按照这个说法，赵光义死后是要传位给赵廷美的，所以先把这个想法和可能接班的弟弟打招呼，作为政治交代：灭北汉、夺燕云是你我兄弟的共同使命。当然，这未必不是以"兄终弟及"方式得了皇位的赵光义的一种姿态。

如何用兵？赵光义和已经是枢密使的曹彬商议："周世宗及我太祖，皆亲征太原而不能克，岂城壁坚完，不可近乎？"（《续资治通鉴长编》）周世宗和我太祖亲征北汉，皆不能克，难道真是因为太原城池太坚固吗？作为皇帝军事上的助手、执掌军政的"枢相"，曹彬也一直在思考同一个问题。见皇帝向自己咨询，曹彬提出自己的看法：自战国以来，太原即为河东重镇，占地广、城池坚，周边壕砦密布，但也并非坚不可破。当年世宗柴宗功亏一篑，是因为悍将史彦超与契丹援军交战，中伏而死，致使太原城下军心动摇。我太祖亲征太原失利，既是因为军中流行痢疾无心恋战，同样也是受制于辽军的增援。所以，要灭北汉，须防契丹。

既然如此，赵光义问道：朕今欲兴兵灭汉，卿以为如何？曹彬给赵光义鼓劲：今昔异势，我国家兵甲精锐，民富国强，远非世宗及太祖时可比。如若举兵取汉，犹如摧枯拉朽！

二、一战灭汉

君臣所见略同，赵光义大为振奋。但是，虽然从整体实力比较，此时的北宋对北汉，确非当年世宗柴荣及太祖赵匡胤时所比，真有点柴荣所说的"以山压卵"之势，但真正要用兵，却并非摧枯拉朽那么简单。就在赵光义决策出兵的前夕，宰相薛居正还在质疑，就像当年冯道力阻柴荣"御驾亲征"一样。虽然赵光义并没有在意薛居正的意见，但对于自己有生以来的第一次真正意义上的大规模军事行动，思虑却更为谨慎，部署也更为周密：

一、围攻太原。命宣徽南院使潘美为北路都招讨制置使，主持对太原的进攻。在当时的宋朝，潘美可以说是除了曹彬之外最具威望的军事统帅了。

二、后勤保障。以太原为中心，增设东、西、北三路转运使，保证粮饷供给；又命专官供给攻城器具，如云梯、冲车、火箭、发石机等，以及针对太原护城壕砦而准备的各种设施。

三、防御契丹。命云州观察使郭进为太原石岭关都部署，抵御可能从北面而来的契丹援军；命定武节度使孟玄喆等为兵马都钤辖，驻镇州即今河北正定，防御可能从东北方向而来的契丹援军。

四、御驾亲征。太宗赵光义亲率大军驻镇州，既震慑在幽州即今北京一带的辽军，也随时准备增兵太原。

兵发开封前，赵光义在长春殿设宴为潘美等伐汉将领钱行，作陪的有已经归降或归附的前南汉国主刘继兴、闽王陈洪进、吴越王钱弘俶等，这些"降王"将扈从赵光义亲征。按理说，这样的安排对于各位亡国之君是比较尴尬的，但前南汉国主刘继兴的一番奇葩言论，一扫此中尴尬：

朝廷威灵及远，四方僭窃之主，今日尽在坐中。旦夕平太原，

> 刘继元又至，臣率先来朝，愿得执梃，为诸国降王长。（《续资
> 治通鉴长编》）

什么意思？大宋恩威，无远不至。我们这几个过去的"僭窃之
主"、今日的"降王"都到齐了。等到陛下攻破太原，汉主刘继元也
将加入我们这个行列，那就更热闹了。诸人之中，臣是最早归顺的，
到时愿意手持节杖，做这些"降王"的领班，侍候皇上。赵光义听了，
哈哈大笑，众人也忍俊不禁。任何尴尬的场合，如果有人挺身而出，
拿自己开涮，气氛就活跃了。有刘继兴这通恰到好处的马屁，君臣尽
欢而散。

太平兴国四年（979年），是赵光义在位的第四年。这年二月十九
日，太宗车驾渡过黄河。眼见宋军大兵压境，北汉国主刘继元一面收
缩防线，将精锐集中到太原及外围州县，一面派使者火速向契丹求救。
刘继元玩的是老套路，打算和前几次一样，将宋军主力吸引到太原坚
城之下，然后和救援的辽兵及外围各州县兵一道，内外夹击，令宋军
腹背受敌，一战而胜。

刘继元按老套路守，契丹也按老套路救，援兵和前几次一样，直
奔白马岭而来。当然，这个"白马岭"是"辽人"及北汉的说法，"宋
人"称之为"石岭关"，在当时太原以北阳曲县的东北约一百二十里处，
北距忻州四十里。《大清一统志》记"石岭关"：

> （石岭关）为并、云、朔要冲，势甚险固……宋开宝二年，
> 太祖征晋阳，辽师来援，命何继筠将兵赴石岭关拒却之。太平兴
> 国四年，以郭进为太原石岭关都部署，断燕蓟援师。

这里所说的太平兴国四年即公元979年，郭进"断燕蓟援师"就
发生在当下。

这次契丹派出的援兵，主将是南府宰相耶律沙，冀王敌烈为监军。这个"敌烈"，有的记载为"迪里"。为了加强救援力量，南院大王耶律斜轸、大同军节度使耶律善补等也奉命增援。为了防御宋兵乘虚偷袭，北院大王耶律奚底等人奉调火速进驻幽州，填补耶律沙、耶律斜轸留下的空缺。从这些部署看，契丹的决策者也非等闲之辈。但是，由于有以往多次胜利的经验，契丹前来增援的将领有些轻敌了。不断的胜利固然可以带来信心，但也可能成为包袱；顺风船开得多了，也就容易忘记有逆风的时候。

当"南府宰相"耶律沙带兵"由间道"至白马岭即石岭关的时候，郭进所率宋军早已在此严阵以待，两军隔河对峙。这位扼守石岭关的宋将郭进，从小喜欢打架斗殴，是个不要命的主。成年后投身于后汉刘知远，成了刘知远的侍卫，历周入宋，由草莽而为名将，又多次从征北汉，对石岭关一带的地形地势了如指掌。

据《辽史·耶律沙传》记载，契丹主将耶律沙持重，打算等耶律斜轸、耶律善补的后续援军抵达后再向对岸宋军发动攻击，但监军敌烈等人认为，增援太原，利在速战，怎么可以遇敌而止呢？耶律沙坚持要等，敌烈执意要攻。主将、监军发生分歧，僵持不下。结果很荒唐，主张等的继续等，主张攻的立即攻。于是，敌烈等人率前军渡河，郭进指挥宋军，不失时机半渡而击，契丹军大溃。耶律沙见状，只得率军渡河跟进，解救敌烈，同样被击溃。契丹伤亡惨重，监军敌烈及其子蛙哥，还有主将耶律沙的儿子德里等人，皆为宋军所杀。

郭进正要乘势全歼契丹援军，耶律斜轸的契丹后续援军到了，万弩齐发，压制住宋军的攻势，耶律沙等人得以逃脱。

耶律沙逃脱了，但有人没有来得及逃脱。谁？北汉国主刘继元派来的又一位使者。这位使者带着裹有刘继元紧急求援文书的蜡丸，遇上了耶律沙的契丹援军，于是一起来到石岭关，成了俘虏。使者被捕后，携带的蜡丸也被郭进部下所获。使者被火速押送到太原外围，直至太宗赵光义军前。赵光义正在督军攻城，闻报大喜，一面让士兵齐声向城内大声呼喊契丹败了，一面命人将使者押至城下，斩首示众。太原城外，宋军士气大振；太原城中，汉兵为之夺气。

石岭关之战对于太原之役带有决定性意义，可以说是一战定汉。太平兴国四年（797年）五月初六日，北汉刘继元眼看外无援兵、内无斗志，只好选择投降。

三、兵不血刃

发生在公元979年即太平兴国四年的北宋灭汉之役，看上去是宋、汉之间的战争，其实也是宋、辽之间的角逐，可以视为宋太宗赵光义夺取燕云十六州的前哨战。

北汉灭亡了，归降的北汉国主刘继元被封为彭城郡公，加入前南汉国主刘继兴为领班的"僭窃之主"的行列之中。而这个"彭城郡公"，正是南汉国主刘继兴归降之后曾经的封号。为了预防下一个刘继元发生，宋太宗赵光义下令毁城。从春秋后期赵简子开始经营、历经千年的太原古城，即晋阳，毁于一旦。其后，以太原北边四十里的阳曲县唐明镇为太原府治，修建了一座新的太原城，这也是今日太原的所在地，但已不是曾经的"晋阳"了。

第一次亲自部署、亲自指挥的重大军事行动取得了胜利，太宗赵光义极为振奋。周世宗柴荣在高平大捷之后，决定乘胜灭了北汉，虽然功亏一篑，但在夺取南唐江北十四州后，随即举兵北伐，夺了燕云十六州中的瀛、莫二州，即今河北中部河间、任丘一带。赵光义灭北汉之后，决定乘胜向幽州发动进攻，一举夺回"燕云"。如果是这样，不仅超越周世宗柴荣、超越哥哥赵匡胤，也可以比肩乃至超越唐太宗李世民了。

赵光义的这个或者是在灭汉之后的突发念头，或者是早已酝酿却没有泄露的决定，完全出乎将领们的意料，所以，"诸将皆不愿行"（《续资治通鉴长编》）。为何"皆不愿行"？第一，这次出兵的目标是灭北汉，并没有做好夺燕云的准备。第二，从太平兴国四年二月出师，到五月初刘继元请降，前后将近三个月，其中包括围攻太原一个多月，将士疲惫，需要休息，给养消耗，需要补充。第三，按以往惯例，一次战争结束之后，特别是一次重大胜利之后，是要犒赏将士的。灭汉之后接着夺燕，意味着战争还得持续，奖赏也就无法兑现。特别是第四，夺燕不比灭汉，契丹根基深厚，兵力强盛，中原的五代在和契丹的角逐中每每处于下风，战事一开，胜负难卜。

虽然诸将"皆不愿行"，但因为皇帝赵光义志在必得，遂不敢多言。而迎合皇帝、拍马屁的，则从来不乏其人。当赵光义向身边近臣透露要乘胜夺取幽州时，有人顺竿而上，说是："自此取幽州，犹热鏊翻饼耳！"此时夺取幽州，就像热锅翻饼子一样，毫不费力。当然，既然有拍马屁的，也就有说实话的。正在值勤的铁骑都指挥使呼延赞听到这番议论，当即反驳："此饼难翻，言者不足信耳！"（《续资治通鉴长编》）陛下慎重，幽州这个饼子可不是好翻的。这位呼延赞听上去很熟悉啊！不错，《杨家将》等小说和戏曲中都有呼延赞，《水浒传》里的"双鞭呼延灼"被说成是这位呼延赞的嫡脉子孙。但那都是文学形象，只是借了呼延赞的名字而已。

这时的赵光义已经听不进任何不同意见，殿前都虞候崔翰再烧一把火，更坚定了赵光义的决心："此一事不容再举，乘此破竹之势，取之甚易，时不可失也。"（《续资治通鉴长编》）赵光义将崔翰的这番话视为将士们的普遍愿望，于是，挥师东出太行山，先在镇州休整，然后兵锋直指幽州。

和当年周世宗柴荣的北伐一样，宋军这一次的推进也十分顺利。

太平兴国四年（979 年）六月十三日，宋太宗的车驾离开镇州，第二天即十四日，就到了百里之外的定州，即今河北定州市。

六月十九日，车驾抵达金台顿。金台顿又名金台驿，位于今河北保定旧城的东关外，由此向北，就是契丹的实际控制区了。

六月二十日，由于刺史刘禹以城归降，宋军占领歧沟关。歧沟关位于今河北涞水以东，当时是契丹控制下的"东易州"。同日，宋军前锋进抵涿州，在涿州以北的沙河一带，与契丹北院大王耶律奚底率领的契丹军发生遭遇战，并一举将其击溃，生擒五百余人。

六月二十一日，契丹的涿州判官刘原德以城归降，宋军进了涿州。涿州是燕云十六州中的一州，也是幽州南面的门户。

六月二十三日黎明时分，赵光义车驾直抵幽州城南，驻跸于城外宝光寺。

从车驾离开镇州，到抵达幽州，前后仅十天的时间，一路之上，宋军几乎是兵不血刃。但要夺取眼前这座幽州城，却并非易事。由于曾是战国时期"燕"的所在地，幽州也称"燕"，这是燕云十六州的首州和政治中心，也是契丹的"南京"。据记载，当时的幽州，这个令中原人士魂牵梦绕的幽州，方圆三十里，墙高垒固，易守难攻。宋军面对的，是又一座太原城。

四、高梁河战

从六月二十三日开始，宋军千方百计攻城，契丹千方百计守城。双方攻防战延续将近半个月，不断有幽州周边地区的汉人官员和地方豪强投奔宋军。坚守幽州的契丹军中，有一支是被宋军堵住没法脱逃的部队，于是干脆留在幽州一道死守；还有一支援军是通过挖地道进入被宋军包围的幽州城的，可见守城的决心。

南宋史学家李焘的《续资治通鉴长编》，逐日记载了宋军的进程，但在七月六日的条目下，莫名其妙地记载了这样一件事：桂州观察使曹翰、洮州观察使米信，率本部驻扎在幽州城的东南隅，以备非常。

军士开挖壕沟时，发现一只或多只螃蟹，这本来不是什么大不了的事情，但曹翰的一番话，却让它成了大事："蟹，水物而陆居，失其所也。且多足，敌救将至之象。又蟹者，解也，其班师乎！"什么意思？一、我军即宋军就像眼前的螃蟹一样，待在了不该待的地方；二、螃蟹是多脚动物，意味着契丹援军将至；三、"蟹"又为"解"，解者散也，三十六计走为上，我军该班师啊！如果真有此事，说明宋军上下已无斗志。

次日即七月初七，李焘续记：太宗赵光义以幽州久攻不下，士卒疲顿，粮草不继，"复恐契丹来救，遂诏班师。车驾夕发，命诸将整军徐还"。

七月初八日，太宗赵光义到了涿州。二十二日，回到京师开封。

如果只读这些去也匆匆、来也匆匆的记载，让人云里雾里，完全摸不到头脑。幽州这一仗到底打了没有？打得怎么样，谁胜谁负？宋军到底是主动撤退还是兵败而退？

不得不说，这就是宋朝人"为尊者讳"、为赵光义讳的所谓"春秋笔法"。但是，作为一位严肃的史学家，李焘又通过另外一种方式给我们留下了关于这场战争的一些真实情况。就在说"蟹"的那段正文之后，李焘加了一条附记，这条附记收录了北宋江休复《江邻几杂志》中的一段记载：

> 太宗自并（州）幸幽（州），乘敌无备。契丹主方猎，遁归牙帐，议弃燕蓟，以兵守松亭、虎北口而已。于越时为舍利郎君……请兵十万救幽州……人夜持两炬，朝举两旐，选精骑三万，夜从他道，自官军南，席卷而北。

这里所说的"契丹主"，指的是辽景宗耶律贤，而"于越"，则是此役一战成名的契丹将领耶律休哥。

江休复《杂志》说辽景宗耶律贤正在狩猎的时候，得知宋军围攻幽州，大吃一惊，打算放弃幽州，退守松亭关、虎北口一线。

"松亭关"位于今河北省东北部与内蒙古、辽宁交界的平泉市南，当年为契丹中京所属的泽州南关。《辽史·地理志》记："泽州有松亭关。"这是契丹中京（今内蒙古宁城）和南京（今北京市）之间的交通要冲。

和这段记载相关的"虎北口"则有两处，一在山西太原汾水之北，一在北京即幽州以北。江休复说的"虎北口"在幽州以北，即今北京密云东北的古北口。

按照江休复的说法，如果没有耶律休哥，宋军不但可以夺得幽州，燕云十六州中的蓟州（今河北蓟县）、顺州（今北京密云）也唾手可得。这其实是宋人的臆想，然而这个臆想也因为耶律休哥的出现而破灭。

宋辽两军在幽州的决战，正是李焘"说蟹"的那天，太平兴国四年七月初六日，公元979年8月1日。元朝所修的《宋史》，在《太宗本纪》中用了一句话："帝督诸军及契丹大战于高梁河，败绩。"在中国古代的史料记载中，凡是用了"败绩"二字的，便是大败，是全军溃败，是溃不成军的败。比如春秋时期晋楚城濮之战，楚军"败绩"；邲之战，晋军"败绩"。

"说蟹"的这天，先是曾经率军救援太原却在石岭关吃了败仗的契丹"南府宰相"耶律沙，与宋军战于幽州西北的高梁河一带，也就是现在北京的西直门外，但没有占到便宜，"少却"，撤出战斗。但到这天黄昏，耶律休哥和耶律斜轸率援军分两路赶到，对宋军发起攻击。当时的记载用了两个字"横击"，诸位可以想象这两个字的分量。耶律斜轸是奉命增援北汉并且在石岭关救了耶律沙的契丹"南院大王"。而耶律休哥所部三万铁骑，每人手中持两个火炬，本来应该从宋军的北边出现，却绕到了南边，千军万马，"席卷而北"，这是何等的气势！

一路上兵不血刃的宋军哪里见过这种阵势，顿时大乱。幽州城内的守军，以及虽然撤退却在等待时机的耶律沙部，也乘机发动攻击。宋军兵败如山倒，四处逃窜。耶律休哥等纵兵追杀三十里，斩首上万级，所获兵甲、车仗、符印、粮饷、钱币不计其数。

有记载说，宋太宗赵光义腿上中了两箭，无法骑马，连夜乘驴车南逃，过涿州而不敢入。为何不敢入？因为涿州本为契丹所据，宋军北伐时归降，这宋军一败，还不把太宗皇宗绑起来将功补过？赵光义一直逃到镇州才缓过气来。派人北上打听消息，得到的消息是宋军全线溃败，一度归降的涿州、东易州，也重新落入契丹之手。

原来，李焘记载的"车驾夕发"，是头天晚上的连夜而逃；李焘记载的"遂诏班师"，是全军溃败，哪里有什么"整军徐还"之令！

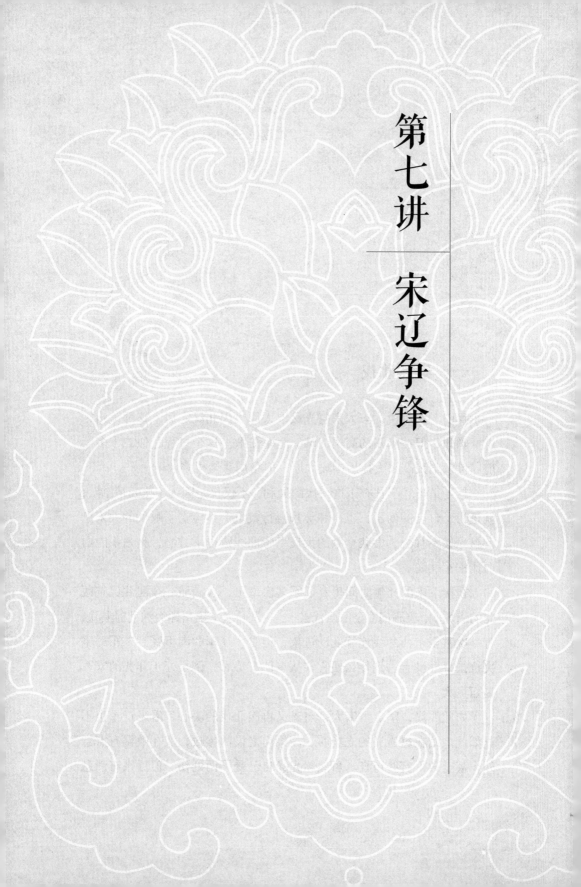

第七讲　宋辽争锋

一、雍熙北伐

我们上一讲说，宋太宗赵光义取太原、灭北汉之后，移师镇州，直抵幽州，但在幽州的高梁河畔，全军溃败。这个过程酷似二十多年前周世宗柴荣高平大捷后围攻太原，但结局悲惨得多。

赵光义当然不甘心于这一次的失利，不仅仅是因为"燕云情结"，就是为了自己的面子，也得和契丹再行较量。不但吃了败仗的大宋皇帝赵光义不甘心，大获全胜的大辽皇帝耶律贤也不甘心，幽州不能白白让宋军蹂躏。

在接下来的几年时间里，辽军多次南下，攻满城（今河北保定西北的满城）、攻雁门（今山西代县）、攻瓦桥关（雄州即今河北雄县），有一次甚至东西两线连续发动进攻。但是，辽军的南下受到宋军的坚决抗击，并没有占到什么便宜。从总体态势看，倒是处于守势的宋军赢面更大一些。

如此战局，坚定了宋太宗赵光义再次北伐的决心，看来辽军也不过如此。站在赵光义的立场看，高梁河之役的惨败，实在败得有点意外，甚至败得有些冤枉。虽然赵光义自己受了两处伤，但后来有消息说，打败自己的辽将耶律休哥受了三处伤，比自己还多一处。如果当时准备得更充分一些，如果自己不是急于逃跑而是和将士们血战到底，也许败的就不是大宋而是契丹。如果是那样，幽州已经是大宋的了。

不但赵光义有这种看法，三百年后元朝修《辽史》，汉人史官们也带着惋惜的语气认为，当宋军围攻幽州之际，"辽亦岌岌乎殆哉"（《辽史·耶律休哥传》）。

但是，说什么也晚了，高梁河之役毕竟还是败了。其实，决定战争胜负的，往往是瞬间的事情，哪里容得你复盘、容得你后悔？就像围棋，一个昏着儿，满盘皆输；也像足球，你说如果不是过早丢了一个乌龙球，结果可能不一样。但是，那个昏着儿，那个乌龙球，本来就是抗不住对方施压的结果。

到了公元986年，也就是宋太宗赵光义的雍熙三年、辽圣宗耶律隆绪的统和四年，宋军在经过多年的准备之后，再度北伐。这个行动既是"燕云情结"的持续表现、是第一次北伐的继续，也和边将提供的情报有关。情报的主要提供者，是曾任莫州知州、现任雄州知州的贺令图和他的父亲贺怀浦。

几年前，辽景宗耶律贤去世，十二岁的儿子耶律隆绪继位，由母后萧绰摄政。这位萧绰，就是后来一切有关宋辽和战的小说、戏曲中"萧太后"的原型。但是，作为辽国"太后"的萧绰，并不像"大宋"的"佘太君"那样老态龙钟，初为"太后"时，萧绰还是一位年仅三十岁的少妇，做了近三十的太后，去世时也不到六十岁。

和草原上的其他故事一样，虽然丈夫辽景宗去世，但萧绰的生活并不寂寞，另有自己的男友，此人名叫韩德让。于是在宋人看来，此时的辽国，不但是主幼国疑，而且是宫廷淫乱。类似的信息，通过各种渠道传到开封。雄州知州贺令图以及他的父亲贺怀浦，更是把这件事情添油加醋地予以渲染，说这就是辽的乱象，是上天赐予的夺取燕云乃至活捉韩德让、萧绰这对荒淫男女进而剿灭契丹的大好时机。"天予不取，反受其咎。"宋太宗赵光义早就磨刀霍霍，既然如此，那就必须抓住时机，再度北伐，夺取燕云十六州。

对于这一次北伐，赵光义十分谨慎。接受前一次的教训，本人不再"御驾亲征"，以免在战场上成为将士们的拖累。从西到东，大军兵分三路：

西路出雁门，夺取今山西北部、太行山西侧各州。

中路夺飞狐，即今河北涞源，沿太行山北上，趋蔚州。

中、西两路大军在夺取了山西及太行山东西诸州之后，东出太行山，与东路大军一道，聚歼辽军主力，夺取幽州。

东路为主力，出雄州、趋涿州。但是，赵光义要求此路开始的时候只是大张声势，不得急于进军，目的是吸引辽军主力，以便中、西二路军夺取太行山西侧各州，然后直取幽州。

宋太宗赵光义这一番部署，显然非上一次的仓促进兵可比，三路大军，既分头前进，又互相配合。三路主将也都是一时之选，而且皆出身于"燕赵"：

东路主将曹彬，镇州灵寿（河北今县）人，是当时宋朝最具名望的将领，曾经率兵参与灭后蜀，更是灭南唐的主将。

中路主将田重进，幽州人，体貌奇伟，能征惯战，杀回老家，为其夙愿。

西路主将潘美，不但随曹彬灭南唐，还是攻灭南汉的主将，而其故里则是唐末著名的"河溯三镇"首镇魏博镇所在地、名将辈出的大名府。

除了主将潘美，西路还配了一位大名鼎鼎的副将，号称"无敌"的杨业。

但不得不说，赵光义的部署看似完善，实施却并不容易。第一，三路合围幽州，只要有一路出问题，便无法合围；第二，三路合围只是宋军的一厢情愿，辽军未必配合，辽会那么容易让你合围吗？

当然，这一次"雍熙北伐"，和上一次北伐一样，也有着梦幻般的开局，而且战果要大得多。中路田重进部按照既定方略，连夺飞狐、灵丘，并攻占了燕云十六州中的蔚州，即今河北蔚县，这是幽州的西部屏障。西路潘美、杨业部，更是风卷残云，连克寰、朔、应、云四州。寰州为今山西朔县东北的马邑，朔州为今山西朔州，应州为今山西应城，云州为今山西大同，这四州也都在燕云十六州之列。特别是云州，曾是南北朝时北魏的都城平城，与幽州一道，分别为燕云十六州西部和东部的政治、经济、军事中心。幽州是辽的"南京"，若干年后，云州升格为辽的"西京"。

当中路大军围攻飞狐、西军大军围攻应州的时候，东路大军按捺不住，哪里有看着别人立功而自己无动于衷的？主将曹彬在将士们的鼓动下也坐不住了，率军出雄州，北取固安、西夺涿州，然后在涿州驻扎，等候中、西路大军东进，以便按太宗皇帝的部署，共取幽州。

二、契丹韩氏

不得不说的是，宋人所得到的关于辽国主幼国疑、宫廷淫乱的情报，只是一种表象，是站在宋人的立场看契丹，是不了解辽国国情、不知"彼"所致。

此时的辽国，"主幼"固然不假，却并不"国疑"；"太后"萧绰确实和韩德让出入如同夫妻，但契丹人并不认为是"淫乱"。特别是，萧绰不是当年和自己年龄相仿却毫无政治经验、任人摆布的后周"小符皇后"。人们给萧绰的评价是："明达治道，闻善必从，故群臣咸竭其忠。"（《辽史》）丈夫景宗耶律贤在位时，萧绰作为皇后已经参与军国大计，不但有理政能力，而且能够多方采纳意见，所以得到契丹上下的信服，时时为丈夫当家做主。但这还只是萧绰的一个方面，巾帼英雄的一面。萧绰还有另一面，放下身段的"弱女子"一面，这就更非男人所能及。

《辽史·睿智皇后萧氏传》有一段很有意思的记载：景帝去世之后，三十岁的萧绰带着十二岁的儿子耶律隆绪临朝，面对着满朝大臣，竟然失声痛哭起来。一边哭，一边诉："母寡子弱，族属雄强，边防未靖，奈何？"皇族耶律氏、后族萧氏以及其他契丹部族势力强大，难以掌控，南边的大宋磨刀霍霍，对燕云十六州虎视眈眈，难以抵御，大家说怎么办啊！

"睿智"是萧绰去世之后的"谥号"，这个谥号还真是名副其实。萧绰确实"睿智"，对于内外形势，她不藏着掖着，而是公开向满朝的契丹族、汉族大臣说明白，希望得到他们的支持和拥护。面对着"弱女子"萧绰的公开哭诉，作为"大男人"，不管是契丹官员还是汉族官员，都被打动，甚至产生怜香惜玉之心。而萧绰的公开示弱，正是内心自信、强大的表现，相信能够通过这番哭诉引起人们的共鸣，相信能够有人挺身而出公开表态，相信契丹各部能够放下内部的争权夺利，齐心协力，一致对外。

果然有人立即表态。当然，他们的表态可能是现场被打动的即兴发挥，也可能是事前已有的默契乃至策划。因为率先表态的，一位是皇族耶律斜轸，就是曾经在石岭关救了耶律沙又与耶律休哥在高梁河大败宋军的耶律斜轸。另一位，就是宋人情报中萧绰的男友韩德让。

这位韩德让并不是契丹人，而是汉人，家族出自晚唐蓟州玉田（河北今县）。

韩德让的祖父名叫韩知古，六岁的时候被掳掠到契丹，成了契丹化的汉人。掳掠韩知古的，是契丹国开创者耶律阿保机的淳钦皇后的哥哥。皇后嫁给耶律阿保机的时候，把奴仆身份的韩知古带了过来，韩知古成了皇后的"娘家人"。据记载，虽然身为奴仆，长大成人的韩知古却既善于谋略，又有胆识，只是皇后并不知道陪嫁的这位汉人奴仆竟是一位深藏不露的高人，所以没有推荐给丈夫阿保机。韩知古没有施展才能的机会，便去给人做帮工，养家糊口。

幸亏韩知古有一个从小懂事、能干还精通医术的儿子，名叫韩匡嗣，这就是韩德让的父亲了。由于聪明懂事，韩匡嗣不但被皇后当成亲儿子一样看待，也深得阿保机的喜欢。于是，一个年仅五六岁，最多六七岁的小孩韩匡嗣，竟然在一个合适的场合，向契丹"太祖"阿保机推荐了自己不得志的父亲。耶律阿保机求贤若渴，不但召见了韩知古，而且慧眼识英雄，立即予以重用。

此后，"蓟州"的汉人韩知古，和另外一位来自"幽州"的汉人韩延徽，双双做了契丹的宰相，对契丹国家制度的构建，特别是在契丹国家制度中采用汉法，起了十分重要的作用，成为太祖耶律阿保机、太宗耶律德光的"佐命功臣"。韩知古官拜尚书左仆射、中书令；韩延徽曾为"政事令"，又为南府宰相，封鲁国公。这两个韩氏，成了小说、戏曲中辽国大将韩延寿的原型。

而且，无论是韩知古还是韩延徽，都是家族兴旺、子孙多居要津。从此，辽国不但有契丹的皇族耶律、后族萧氏两大家族，还有汉族的两大韩氏家族：蓟州的韩知古家族、幽州的韩延徽家族。这可以说是两个典型的契丹化的汉人家族，但他们在生活习俗契丹化过程中，又在制度和文化上推进契丹的汉化。

不但是韩知古、韩匡嗣父子受知于辽太祖耶律阿保机、太宗耶律德光及景宗耶律贤，韩匡嗣的五个儿子也个个了得。太后萧绰的男友韩德让，便是韩匡嗣的第二个儿子、"蓟州"韩知古的孙子。史称韩德让"重厚有智略，明治体，喜建功立事"（《辽史·耶律隆运传》）。韩德让的才干和功业，使他在辽国的契丹及汉族同僚中享有崇高的声誉。太平兴国四年，也就是公元979年，宋太宗赵光义围攻幽州，幽州守军的主将，正是这位早已声名显赫的韩德让。

韩德让不但做过辽国上京临潢府（在今内蒙古东部巴林左旗）的留守，还"遥授"彰德军节度使，又接替父亲韩匡嗣为南京析津府幽州留守。宋军围城十五日，城中人心惶惶，韩德让和耶律学古等人一道，百方安抚，又亲自登城，日夜守御，并与耶律休哥、耶律斜轸的援军一道，大破宋军。

三、耶律休哥

景宗耶律贤去世时，韩德让和耶律斜轸同受顾命，立皇后萧绰的儿子耶律隆绪为帝。皇后萧绰被尊为皇太后，临朝称制。见太后萧绰向众臣哭诉，两位顾命大臣耶律斜轸、韩德让率先表态，不但是代表自己，也代表满朝文武大臣表态："信任臣等，何虑之有！"我等尽心尽力，效忠皇上、效忠太后，君臣一心，何惧之有。要说辽国和萧绰也确实幸运，两位顾命大臣耶律斜轸、韩德让，虽然一为契丹、一为汉人，却不但忠心耿耿，而且私交不错，萧绰对二人也是信任有加，凡军国大计，皆与二人共商，而南京幽州一带的防务则交由耶律休哥主持。

辽国的政局不但没有发生动荡，甚至比景宗在世时更为稳定。

宋军三路北伐，东路曹彬部面对的，正是主持南边事务的耶律休哥。耶律休哥高梁河一战成名，宋人对其十分忌惮。所以曹彬的东路军进兵非常谨慎，占领涿州之后，明知耶律休哥兵少，并不敢乘胜进攻幽州，只是驻扎在原地，等待中、西两路大军的到来。当然，这也是宋太宗赵光义的反复交代。

但是，你说等就等得到吗？耶律休哥虽然兵少，却并不坐守待援，更不坐以待毙，而是主动出击，以攻为守。如何出击？第一，夜则派出小股游骑，逼近宋军营地，捕杀落单的宋军，持续对宋军压迫；第二，日则派出精锐，张大其势，进行骚扰，令宋军疲于应付；第三，设伏于丛林、山谷之间，夺取宋军辎重，断绝宋军粮道。

耶律休哥三招并举，宋军主将曹彬一筹莫展，中、西两路迟迟未到，粮草却因为辽军的劫夺供应不上。进不敢进，守无从守，焦头烂额的曹彬下了一着昏着儿，率领大军退回到雄州以北的白沟河一线。太宗赵光义闻报，连连跺脚，你曹彬也是元勋宿将了，哪里有临敌之际，未经交锋却自己退回的道理？但说得轻松，不退回又怎么办？

退回之后，上有皇帝的指责，下有将士的埋怨，曹彬自己也觉得没有面子，于是昏上加昏，又率军从白沟河北上，要重夺涿州。这不更荒唐吗？有个成语叫"进退维谷"，就是曹彬这个时候的写照。

耶律休哥见宋军去了又来，也觉得好玩，干脆亲自陪宋军玩，率领轻骑直逼宋军大营，连出四招，比上一轮还多一招：第一招，宋军就食时，呐喊攻击，使宋军不得安食；第二招，故伎重演，捕杀落单的宋军；第三招，一旦宋军摆下阵势，决心反攻，则且战且退，决不正面交锋；第四招，把宋军行军路上的水井全部填埋。

经过耶律休哥的这番折腾，曹彬东路宋军苦不堪言。无井水可喝，只得将塘水或将泥水过滤；为防范辽军的偷袭，无论是驻扎还是行军，都在两侧开挖壕沟，大军在壕沟之间缓缓而行。诸位说说，这个仗还怎么打？

曹彬东路军的任务，本是要拖住辽军的主力，但就眼前一个耶律休哥，已经把宋军折腾得斗志全无。如果辽军主力到了，你还拖得住吗？

用一句流行语，留给宋军的时间不多了。这边中、西两路宋军仍然迟迟未到，那边太后萧绰和韩德让亲自率领的辽国援军已经逼近涿州。早已疲惫不堪的东路宋军听说辽国援军到了，冒雨而退，全无秩序，在涿州西南的歧沟关即今河北涞水一带，被耶律休哥率军截住。宋军无险可守，更来不及开挖壕沟，只得将粮车集中在外围作为防御工事，阻挡辽军骑兵的冲击。

当天晚上，曹彬等将领乘着夜色，率先逃亡。宋军群龙无首，乱成一团，全军溃散。耶律休哥挥师追赶，在沙河一带对溃散的宋军反复冲杀，当时的记载是："宋军望尘奔窜，堕岸相蹂死者过半，沙河为之不流。"（《辽史·耶律休哥传》）对于这场屠杀，辽人的记载在"沙河"，宋人的记载为"拒马河"。沙河在霸州之南而拒马河在霸州之北，耶律休哥对宋军的最后一轮冲杀，应该就是在霸州即益津关南北的两条河之间。细心的朋友可能会问，上一讲不是说沙河在涿州之北吗？是的，当时称为"沙河"的并非一处。

这场血战发生在宋太宗赵光义雍熙三年、辽圣宗耶律隆绪统和四年的五月初三到初四日，也就是公元986年6月12、13日。严格地说，是辽军集中优势兵力，对已经疲惫不堪、斗志全无的宋军主力的一场屠杀。战后，耶律休哥将死亡宋军的尸体收集起来，以为"京观"。

所谓"一将功成万骨枯"，耶律休哥可以说是宋军的"苦主"，高梁河一战成名，歧沟关再战封神，被辽国封为"宋国王"。耶律休哥当时在辽国的官名是官中的极品——"于越"，北方汉人小孩夜啼，大人只要说声"于越"来了，小孩便不哭了。

但是，对于耶律休哥这样的大魔头，宋人好像并不十分记仇，反倒有一些好感。因为耶律休哥在镇守幽州期间，休养生息，节省民力，不仅大量减免治下汉人的赋役，而且禁止辽兵侵犯宋朝地界，有汉人马牛跑到辽国地界，也让人送还。作为一位契丹贵族，能够如此通达，确实难能可贵。不由让人想起金庸《天龙八部》中的萧峰，不知是否以耶律休哥为原型之一。至于两军交锋，死伤也在所难免。如果高梁河、歧沟关的胜者是宋军，杀起辽兵来，那也是毫不手软的。

甚至可以认为，宋人对耶律休哥的大度，实则在发泄对发动战争却又无法赢得战争的太宗皇帝赵光义的不满。不断向太宗皇帝传递契丹主幼国疑、宫廷淫乱的贺怀浦、贺令图父子，父亲贺怀浦在杨业军中因抵御辽军战死，儿子贺令图上了耶律休哥的当而被俘虏，生死不明。按理说，这父子二人皆是效忠于宋朝的，但他们的结局竟然"天下笑之"。由此也可以看出，当时的汉人对这场战争是怎样的看法。

四、杨家父子

耶律休哥在东线屠杀宋军，耶律斜轸则向中、西两路宋军发起攻击。

得知东路曹彬兵败，宋太宗赵光义急忙命中、西两路宋军南撤，蔚、应、寰、朔、云诸州，得而复失。西路军副将杨业兵败被俘，绝食而亡。这件事情通过"杨家将"小说、评书的传播，演绎成了潘仁美迫害杨家将的故事。虽然是小说家无限夸张，却也并非空穴来风。

杨业本为北汉名将，北汉国主刘继元降宋，杨业和同僚们也一道降宋，由"汉将"而为"宋将"。由于本人作战勇猛，属下又是百战精锐，杨业在北汉时被称为"无敌"。当然，那个时代的杨业，是在和后周、北宋战争中的"无敌"。归降北宋之后，杨业在和契丹的战争中同样"无敌"，雁门关以北的辽军时时见其旗号而远避。这本来是很好的事情，大宋可以将其视为北部长城。但是，杨业的战功却引起宋朝同僚的嫉妒和不满，难道大宋无人了吗，风头竟然让一位北汉降将占尽？

按理说，不满别人出风头，那你自己得努力啊！但事实往往不这样。没本事的嫉妒有本事的，不是向别人学习，而是处处刁难，希望看别人的笑话，最好让别人消失。这就是官场的无耻了。

当时的西路军，主将是潘美，副将是杨业，另有监军王侁、刘文裕。除杨业为北汉降将外，潘、王、刘三人皆为后周、北宋的元勋宿将，王侁更是大名鼎鼎的后周"枢相"、预测柴荣有"三十"之数的王朴的儿子。太宗赵光义要求西路军将一度占领的寰、应、朔、云四州百姓南迁内地，让辽军得几座空城。为了落实皇帝的旨意，主将潘美召集众人商议。杨业心直口快，说辽军来势凶猛，不能正面迎敌，当以强弓硬弩，扼守隘口，延缓其推进速度，保护百姓内迁。主将潘美尚未表态，监军王侁放了一通冷炮，说将军素号"无敌"，我等正要一睹风采，没想到拥兵数万，却畏敌如虎，难道有什么其他想法吗？这通炮放得十分歹毒，直指杨业有二心。另一位监军刘文裕也在一边帮腔。

大凡越是能打的武将，越受不得闲气，宁愿死于疆场，也不受辱于小人。杨业被王侁激怒，当即表态：尔等以为我杨业怕死吗？我就先死给尔等看看！说罢，率本部将士要与辽兵拼命。临行之前，杨业满腔悲愤，向主将潘美痛陈：

> 此行必不利。业，太原降将，分当死。上不杀，宠以连帅，授之兵柄。非纵敌不击，盖伺其便，将立尺寸功以报国恩。今诸君责业以避敌，业当先死于敌。（《续资治通鉴长编》）

明明知道是去送死，却不能不去死。堂堂"无敌"的杨业，竟然被逼到这般处境，可见平日已经承受太多的刁难和屈辱。忍受这种刁难和屈辱的，在宋朝官场、在中国历代官场，并非杨业一人，这甚至是一种现象。我们上一讲说到在石岭关大败契丹援兵的郭进，就在那场战争之后不久，因为忍受不了监军给自己穿小鞋，无处论理，愤而自杀。这一次轮到杨业了。作为主帅的潘美，明明知道杨业此行必死无疑，竟然不做任何表态。

潘美等人将杨业送出大帐，杨业指着前方一处隘口说，辽兵势大，难以阻挡。此隘名叫陈家谷口，我部和辽军接战后，当且战且退，将其引入谷口，恳请将军在此多设强弩硬弓，伏击辽兵，以为接应。如果这样，我部将士或有生还之望，否则，将"无遗类矣"，死的不是我一人，而是全军覆没。

杨业希望以这个严重后果唤醒潘美、王侁等人的良知，希望他们收敛小人之心，以国家大局为重。但是，当杨业率军退至陈家谷口时，宋军连影子也没有。原来，当得知杨业兵败之后，主将潘美、监军王偁等人早已逃之夭夭。杨业率残部与辽军血战，受伤被俘，坚持不降，绝食三日而死。杨业之死，令人扼腕。其子杨延昭后来也为名将，在白沟河一线抗击辽军。

若干年后，欧阳修为杨业的一位族孙撰写墓志铭，里面有这样一段话：

> 君之伯祖继业，太宗时为云州观察使，与契丹战殁……继业有子延昭，真宗时为莫州防御使。父子皆为名将，其智能号称"无敌"。至今天下之士，至于里儿野竖，皆能道之。（《欧阳修全集》）

后来的人们用各种方式传播杨业父子的事迹，宋元时代的杂剧、话本已经有多种版本的"杨家将"故事，到了明朝，更有长篇小说《杨家府世代忠勇通俗演义》。但是，无论民众如何怀念英雄，都挽回不了因为宋朝官场的无耻给民族和国家带来的灾难。

高梁河之战和歧沟关之战，分别发生在公元979、986年，距离北宋建立分别有十九年、二十六年，距离北宋灭南唐分别是三年、十年。在这些时间段里，不知道什么时候是人们所说的夺取燕云十六州的"最佳时机"。

第八讲　时代智慧

一、燕云归属

我们上一讲说，宋太宗赵光义三路大军北上，要洗刷高梁河之耻并且顺势夺取燕云十六州，但歧沟关一战，东路溃败；中、西路所夺云州等处，全部丢失，名将杨业及所部精锐全军覆没。这场战争之后，宋朝再也没有实力和勇气北伐了，辽国却在集结力量，准备南下。

那时辽军最能打的将领，当推两位"耶律"。一位是被封为"宋王"的耶律休哥，一位是被封为"魏王"的耶律斜轸。宋军两次大规模北伐，都被他们联手粉碎：高梁河之战，耶律休哥、耶律斜轸兵分两路，从南北两个方向拦腰击溃宋军。歧沟关之战，耶律休哥几乎全歼曹彬的东路宋军；耶律斜轸则横扫山西北部宋军，并且俘虏了号称"无敌"的宋将杨业。

但是，如同高梁河之战后的态势一样，歧沟关之战后，当辽军向宋军控制地区发动攻势时，仍然是屡屡受挫。即使是耶律休哥，也没有占到太大的便宜。

歧沟关之战后的宋太宗端拱元年、二年间，即公元989年年初，耶律休哥率数万铁骑南下，占满县、下祁州，看似势如破竹，却在唐河遭受严重挫败。宋朝的定州都部署李继隆和他的战友们，置太宗皇帝只许坚守不得出战的禁令于不顾，率军在唐河即今河北保定以南的定县、祁州一带大败耶律休哥，从唐河一直追到曹河，斩首一万五千级，获马万匹，耶律休哥本人也带伤而逃。宋将李继隆就是当年赵匡胤"黄袍加身"的重要参与者之一李处耘的儿子。

在萧太后、韩德让的治理下，当时的辽国呈现出发展的势头，经济繁荣，国力强盛，北边臣服女真、室韦各部，东面屡败朝鲜，于是把战略重心放了南边。公元1004年，辽圣宗统和二十二年的闰九月，太后萧绰、大丞相韩德让和皇帝耶律隆绪一道，统领辽军大举南下，不但要巩固宋朝极力想夺取的幽、云及其他各州，还要"夺回"被周世宗柴荣收复的燕云十六州中的瀛、莫二州，以及已经改名为雄州的瓦桥关、改名为霸州的益津关。

虽然周世宗柴荣、宋太宗赵光义及中原的人们有割舍不断的"燕云情结"，但越是随着时间的推移，宋人对于夺取燕云十六州就越是没有信心。甚至到仁宗时代，辽国国君在给宋朝的国书中还指责当年太宗皇帝进攻幽州是师出无名，是侵犯大辽江山。对于辽国的指责，不但仁宗赵祯无言以对，宋朝那么多的文人政治家竟然也拿不出理由予以反驳。幸亏出了个王拱辰，有文化，懂历史，找了一个我们今天看来很可笑的理由予以反驳：

> 河东之役，本诛僭伪。契丹遣使行在致诚款，已而寇石岭关，潜假兵以援贼。太宗怒其反覆，既平继元，遂下令北征，安得谓之无名！（《续资治通鉴长编》）

我太宗皇帝当年讨伐北汉，本是中国内部的事情，你契丹一面派使者面见太宗皇帝，和我朝结好，一面却出兵石岭关，援助逆贼，这不是背信弃义吗？我太宗皇帝怒其反复，才在灭了北汉之后，下令北征、直抵幽州的。这是兴师问罪，怎能说师出无名？

仁宗皇帝听了王拱辰这番话，把提着的心放了下来，说事情本来就是这样，你辽国背信弃义在先，我太宗皇帝进兵幽州在后，并且对宰相们说："非拱辰详识故事，殆难答也！"如果不是王拱辰，还真不知道如何回答契丹的责问啊！

诸位注意，这个情节很滑稽，完全颠覆了我们过去的认识。这位所谓"详识故事"的王拱辰先生，在陈述太宗皇帝北伐的理由时，只是指责辽国一面和大宋交好，一面又出兵援助北汉，耍两面派，却没有理直气壮地说，燕云本我中华之地，太宗皇帝出兵，就是要夺回被你辽国夺去的土地。但王拱辰不这样说，宋仁宗不这样说，满朝那么多的文官武将也没人这样说，是何道理？

这就是当时的人和我们现在的人的不同认识了。在当时的人们看来，燕云十六州并不是契丹用武力夺取的，而是前朝石敬瑭在生死存亡之际向契丹求救而给予的酬谢，是一种交换。虽然说这个酬谢、这个交换过于仓促、过于大方，乃至不合常理，但是毕竟是酬谢、是交换，不能出尔反尔，不是想反悔就反悔的。

二、御驾亲征

正是基于对燕云十六州合法据有的认识，圣宗统和二十二年（1004年）的闰九月，太后萧绰亲率辽军主力南下，要夺回被柴荣收复的瀛、莫二州及瓦桥、益津二关。当然，这也是个幌子，最好是通过武力把宋朝黄河以北的土地夺了去。但是，谈何容易？

自从周世宗柴荣夺回瀛、莫二州，又依托瓦桥关、益津二关设置雄、霸二州之后，这一带在后周及宋的统治下已经将近半个世纪，就像燕云十六州的其他十四州在辽的统治下已经大半个世纪一样，民众已经习惯了现有的生活，不希望受到骚扰，无论是宋的骚扰还是辽的骚扰。

在宋朝军民的抗击之下，辽军虽然取得了一些胜利，但也处处受挫。瀛州攻不下，莫州也攻不下，于是弃瀛、莫于不顾，长驱南下，直抵澶州，也就是今河南省黄河北岸的濮阳，渡过黄河就可以直逼大宋的都城开封了。但是，既然瀛州、莫州都难以攻下，处在宋朝腹地的澶州，就更不容易攻打了。更何况，此时宋朝派往镇守澶州的，正是曾经大败耶律休哥的名将李继隆。那么，辽军为何还要南下？更多应该是恐吓，希望通过恐吓得到战场上得不到的东西。什么东西？很简单，土地加财富。

此时的宋朝，前些年经历了一次皇位的变更，太宗赵光义去世，儿子赵恒继位，这就是宋朝的真宗皇帝。真宗赵恒排行第三，两个哥哥老大赵元佐、老二赵元祐，都曾经被立为太子。但大哥元佐因故被废，二哥元祐因病早逝，老三赵恒便顺理成章做了太子并继承了皇位。

公元1004年，在辽国是圣宗耶律隆绪的统和二十二年，在宋朝则是真宗赵恒的景德元年。听说辽军大举南下，宋真宗赵恒连忙召集群臣商议对策。有位参知政事，也就是副宰相，名叫王钦若，是临江军新喻县即今江西新余人，主张皇帝移驾金陵即南京，以避契丹之锋芒。还有一位名叫陈尧叟的谏议大夫、同知枢密院事，是阆州阆中即今四川阆中人，建议皇帝移驾成都。这两位都出生在北宋建国的初年。宋灭后蜀时，陈尧叟五岁，灭南唐时，王钦若十四岁，虽然二人都入仕了宋朝，而且身居高位，但对故国，对成都、金陵的繁荣，陈尧叟、王钦若或许多少还有些怀念。所以，原蜀人陈尧叟建议皇帝到成都，原南唐人王钦若便劝皇帝移驾金陵。但是，他们的建议受到宰相寇准等人的严厉指责。

寇准是华州下邽即今陕西渭南人。当年唐玄宗亲政之后，就是在渭南请回名相姚崇的。少年时代的寇准，英才勃发，十九岁时就中了进士，比以后我们要说到的亘古天才苏东坡中进士的年龄还小两岁。那时太宗赵光义在位，喜欢老成厚重之人，不放心年轻人。于是有人出于好心，悄悄给寇准出主意，说如果把年龄报大几岁，可能获得更好一些的官位。寇准闻言愕然，盯着这位好心人看了半天，说我正要报效朝廷，怎么可以刚起步就弄虚作假呢？

进入官场后，寇准仍然坚持这个原则，一是一，二是二，敢于说真话，敢于犯颜极谏。一次在便殿向太宗赵光义奏事，因为语言冲撞，赵光义拍案而起，就要拂袖而去。众人还在面面相觑间，寇准一把拉住皇帝的衣服，说皇上您还是请坐下来，无论如何得听微臣把事情说完再走啊！赵光义还是讲道理的，按捺心中的不快，重新落座。至于寇准汇报什么工作，史料上没有记载，但赵光义因此对寇准大有好感并且大加赞赏："朕得寇准，犹文皇之得魏征也。"（《宋史·寇准传》）这寇准就是我大宋的魏征啊！这也给后人提了个醒，想要得到重视、得到重用，不能光靠拍马屁。

这位宋朝的魏征由老子赵光义留给了儿子赵恒，并且也做了宰相。得知王钦若、陈尧叟等人劝皇帝驾幸金陵、成都，寇准心中暗骂，腐儒误国。但是，寇准既有魏征犯颜直谏的胆量，也学了魏征的江湖诡谲，明明知道是王钦若、陈尧叟们的主意，却故意装糊涂，既可以敲打主张南迁者，又可以对事而不对人说重话。寇准说什么？说谁为陛下出此主意，就该砍头。我大宋君臣一体，文武同心，如若御驾亲征，守坚城以劳其师、出奇兵以挠其后，辽人自当鼠窜。如若因为臣等未能陈述利害，致使皇上弃宗庙而避远地，辽人乘势深入，人心崩溃，那时，臣等有何面目见太祖、太宗于九泉之下？寇准慷慨陈词，只是有一句话没说出口而已：皇上您更无颜见太祖、太宗于地下。

在寇准和其他主战大臣的力劝之下，真宗赵恒强打精神，御驾亲征。那时的黄河在澶州一带分为几股，其中一股穿城而过，把澶州一分为二，黄河的北边为北城、南边为南城。真宗的车驾来到澶州南城，辽军在皇帝、太后的率领之下，逼近澶州北城。是火速渡河，鼓舞将士抗击辽军，还是滞留河南观望？有官员认为，皇帝不能身蹈险地，当在南城驻跸，可进可退。可见，即使御驾亲征，在宋朝的高层之中，对辽军心存畏惧的还是大有人在。真宗赵恒"御驾亲征"，本来就是迫不得已，此时又犹豫了。

都到这个份上了，还能瞻前顾后吗？如果临河而止，岂不动摇军心？寇准着急，继续分析形势，要打消皇帝的畏敌情绪。但是，不管寇准怎么劝说，真宗就是不渡河。无奈之下，寇准想缓口气，再继续做工作。一出便殿，迎面遇上老将高琼，寇准不由得喜出望外。

在宋朝的开国将领中，高琼并不著名，却是太宗赵光义的铁杆护卫。高梁河之役战败后，赵光义落荒而逃，首先率部赶来救驾的，就是高琼。此时高琼官至太尉，年届七十，虽然不能骑马上阵，却和寇准一道力劝真宗北上，并一道来到澶州。

三、澶渊之盟

寇准见高琼行色匆匆，问道：将军何往？高琼回答：欲护皇上渡河。寇准大喜，说今日之事，正要仰仗太尉。说罢，拉着高琼的手，重新进殿，寇准高声说道：陛下不肯渡河，是信不过微臣。说罢指着高琼，现高老将军在此，请陛下听听他是怎么说的。高琼见寇准把自己推出，也高声说道："敌师已老，陛下宜亲征，以督其成！"（《宋史·高琼传》）辽军已是强弩之末，有什么好害怕的？

这一文一武，一唱一和，不但有软的，还有硬的。皇帝尚未表态，高琼在寇准的暗示之下，命卫士立即准备好皇帝的车驾，连说带哄，将真宗请上了车，又护送上船，渡过黄河。在寇准、高琼及守将李继隆等人的簇拥之下，真宗皇帝登上澶州北城的城楼。御驾亲征的消息早在宋军中传播，见到皇帝的御盖出现在城楼之上，城内城外的宋军士气大振，欢声雷动，有记载说是"声闻数十里"（《宋史·寇准传》）。

城外辽军听说宋朝的皇帝来了，不敢急于攻城，在澶州北城之外远远驻扎；澶州内外及周边的宋军则摩拳擦掌，但也忌惮辽军势大，不敢贸然反攻。双方各派小股部队进行试探。但是，这样下去，对于深入"敌后"的辽军大为不利。第一，战线太长，后方太远，给养日渐困难；第二，各地宋军正不断前来，澶州一带的力量对比正在发生有利于宋军的变化；第三，被辽军长驱直入撂在身后的宋军，也开始从侧翼实施偷袭。

这时，耶律休哥、耶律斜轸等老一辈的名将已经先后去世，韩德让虽然扈从太后在军中，但也是六十多岁的"老将"了，可以运筹帷幄、发号施令，却没法和当年一样冲锋陷阵。此时辽军最著名的将领当推萧挞凛，宋人称之为"挞览"。萧挞凛曾经是耶律斜轸的部下，在耶律斜轸的指挥下俘虏了杨业，此后南征北战，屡立战功，封兰陵郡王，为辽国的南京统军使。

作为这一次辽军南下的先锋，萧挞凛不能坐视形势朝着不利于大辽的方向发展，带着卫士再度来到澶州城外查看地形，以便部署下一步的行动。但是，萧挞凛万万没有想到，不知不觉竟然进入宋军"床子弩"的射程范围。

"床子弩"可以说是中国古代弓弩的最高成就。其用多张强弩组成，由多名士兵同时操作，将弩箭发射出去，据记载说射程可达一里以上，威力巨大，所以又叫"床子弩座砲"。操作"床子弩"的，也不称"弩手"，而称"砲手"（《宋史·兵志》）。李继隆部队应该配有多个"床子弩"，当年耶律休哥受伤或者就与这种武器有关。此时在澶州城头操作"床子弩"的，是"威虎军头"张环。张环远远望去，有辽将挥动马鞭，指指点点，立即命令军士拉开"床子弩"，瞄准辽将，多弩齐发。弩如流星，直奔萧挞凛而去，其中一支巨弩正中萧挞凛的额头。萧挞凛摔落马下，顿时身亡。

萧挞凛中弩而死，辽军军心大乱。萧挞凛是大辽的后族，有记载说，太后萧绰见到萧挞凛尸体时，失声痛哭，辍朝五日。不得不说萧太后的"睿智"，眼看无法通过战争占便宜，便让被俘虏的宋将向宋朝皇帝传递议和的意向。真宗赵恒得知萧太后愿意议和，大喜过望。在枢密院的极力推荐之下，一位名叫曹利用的官员被任命为谈判代表。

一些历史教材、历史读物以及小说戏曲等，出于"爱国主义"的需要，将曹利用描绘成了猥琐小人，专以出卖民族利益为事。但《宋史》记载的曹利用，却是"少喜谈辩，慷慨有志操"，是位有辩才、有志向、有操守的年轻人。临行之前，真宗赵恒亲自召见曹利用，说辽兵南下，图的是土地钱财，如果涉及土地，绝不可承诺，但不给钱财也是不可能的。曹利用是赵州宁晋（河北今县）人，家乡曾受辽兵蹂躏，当即向皇帝表态："彼若妄有所求，臣不敢生还！"（《宋史·曹利用传》）如果辽人要求我大宋的土地，臣宁死不屈。至于经济上的补偿，真宗赵恒十分大气，以百万为限。但是，曹利用这边辞别了皇帝，那边宰相寇准就有新的交代。什么交代？寇准明确告诉曹利用："虽有敕，汝所许毋过三十万。过三十万，吾斩汝矣！"（《宋史·寇准传》）虽然皇上以每年百万为底线，但如果超过每年三十万，我杀了你！

而这个三十万，后来还真成了底线。

辽国太后萧绰亲自接见曹利用，并且一同进餐。当然，两军对垒，酒可能是好酒，宴却无好宴，设宴喝酒就是谈判的一部分。曹利用虽然受到萧太后的款待，吃了辽人的肉，喝了辽人的酒，却并没有嘴短，坚持只给钱财不让土地。经过反复讨价还价，宋辽两国在澶州达成盟约。由于澶州之西有湖名繁渊，后人称之为"澶渊"，春秋时晋、齐、鲁等诸侯国曾经会盟于此，为"澶渊之盟"。所以，人们借那一次的盟约之名，也把这一次宋辽之间的盟约称为"澶渊之盟"。李焘的《续资治通鉴长编》收录了宋辽双方的"誓书"。现将宋的誓书摘要如下，也算奇文共欣赏：

　　大宋皇帝谨致誓书于大契丹皇帝阙下：共遵成信，虔奉欢盟。

以风土之宜，助军旅之费，每岁以绢二十万匹、银一十万两……至雄州交割。沿边州军，各守疆界，两地人户，不得交侵。或有盗贼逋逃，彼此无令停匿。至于陇亩稼穑，南北勿纵惊骚。所有两朝城池，并可依旧存守，淘壕完葺，一切如常，即不得创筑城隍，开掘河道。誓书之外，各无所求。必务协同，庶存悠久。自此保安黎献，慎守封陲，质于天地神祇，告于宗庙社稷，子孙共守，传之无穷。有渝此盟，不克享国。昭昭天监，当共殛之。

四、是非曲直

我说的"奇文共欣赏"绝不是贬义，而是我们真的很难见到这样的文字。这份誓书所署的时间是景德元年十二月七日丙戌，即1005年1月19日，不但送达辽军大营，而且刻石成碑。辽国回复的誓书在五天之后，十二月十二日，除了重复宋朝的誓书内容之外，加了几句：

> 孤虽不才，敢遵此约。谨当告于天地，誓之子孙，苟渝此盟，神明是殛。

我们很多历史教材或读物将"澶渊之盟"发生的时间记为公元1004年，这是因为没有弄清楚农历与公历有一个月左右的时差。景德元年的十二月七日为1005年1月19日，十二月十二日则是1005年1月24日。话虽如此，参加考试的学生，一定得按照你们教材所写的年份，如果教材是说1004年，那你千万不要写成1005年，否则是要扣分的。除了考试，任何时候都可以理直气壮地说是1005年。

这个双方发誓共同遵守的盟约，归纳为以下三条：

一、政治结盟。宋辽为兄弟之国，永世盟好。宋真宗赵恒长辽圣宗耶律隆绪三岁，故为"兄"。这条好玩，如果赵恒小耶律隆绪一天或一个时辰，不知是否辽为"兄"而宋为"弟"？如果是这样，"大宋"是否会认为丢了面子？

二、边界划定。宋辽以实际控制线为边界，永不犯边。东线界河为白沟河，河以南的瀛、莫诸州为宋地，以北的易、涿等州为辽地；西线照此办理。"燕云"经宋辽"澶渊之盟"的约定，永归契丹。

三、经济补偿。宋每年向辽支付银十万两、绢二十万匹，以助"军旅之费"。这是寇准给曹利用的底线。但我对于《宋史·寇准传》的这条记载一直存疑，像是后人的附会。

围绕这个"三十万"还有一个传闻，说是曹利用谈判回来，真宗正在用餐，不敢打扰，朝着侍候的宦官得意地伸出三根指头。宦官知道真宗许诺过百万，以为是三百万，真宗一听，倒吸了一口气，说辽人也太贪了吧？转念一想，又长出一口气，说为子孙、为百姓，三百万就三百万吧。等到曹利用面奏，才知道是三十万，不禁大喜过望。

"澶渊之盟"在当时应该是一个"双赢"的结局，宋辽双方统治者都感到满意。

辽虽然没有"夺回"瀛、莫二州，但瀛、莫二州之失已经是几十年前的事情，而幽、云十四州则更加理直气壮地被纳入版图。而且，不需要通过战争，不需要流血牺牲，每年从宋朝得到十万两白银、二十万匹绢，何乐而不为？所以，决策议和的大丞相韩德让被赐姓"耶律"，爵位由"齐王"升为"晋王"。

宋虽然没有夺回"燕云"，但燕云之失是更加遥远的事情。能够通过谈判，让辽兵退回到白沟河以北，保住周世宗柴荣夺来的瀛、莫二州及瓦桥、益津二关，本身就是胜利。如果继续打下去，结局固不可知，每年的损失岂止三十万匹两绢银？所以，谈判代表曹利用因为立了功，被加官晋级，赐第京师，正式成了"京师人"。

当然，无论宋还是辽，都有人对"澶渊之盟"耿耿于怀，都认为是自己吃了亏。有宋人认为，当时宋军士气高涨，完全可以切断辽军归路，直捣燕云，为何匆忙签订这个"城下之盟"，成为千年之辱？即使"燕云"夺不回，凭什么每年给辽人三十万？有辽人认为，十万大军南下，寸土未得，就算每年得到三十万匹两绢银的经济补偿，但在感情上也有损国格，愧对国人。

但是，无论宋还是辽，以及今天的"吃亏"论者，大抵都是脱离实际空谈。

就宋而言，燕云如果能夺，高梁河、歧沟关之战时你干什么去了？辽军大举南下时，你就没能挡住，凭什么说撤退时你就拦截得了？因为"床子弩"射死一个萧挞凛，就以为辽兵不堪一击？

就辽而言，如果认为瀛、莫二州是囊中之物，你为何屡攻不下？如果不立盟约，想要全师而退，也几乎不可能。

无法回避的事实是，只要进入燕云地区，宋军溃败；一旦深入中原，辽军也连连受挫。可见，白沟河一带正是两方的有效控制线，"澶渊之盟"则是宋辽双方势均力敌的体现。不但宋无力夺取"燕云"，辽同样也无法占据瀛、莫。对于这场势均力敌的战争，双方将士均已厌倦，所以盟约一成，敌对双方"六军之士，欢呼震野"（王夫之《宋论》）。

王夫之书生论兵，对六百年前的形势倒是看得比较透彻，宋的现状是：

> 盈宋之庭，铮铮自命者充于班序，曾无一人能知（寇）准之所恃。而惊魂丧魄，始挠其谋，终妒其功。高琼、杨亿之外，皆巾帼耳。（王夫之《宋论》）

宋朝的文官，自命不凡者比比皆是，有谁把寇准放在眼里？寇准力劝真宗"御驾亲征"，反对者多多而支持者寥寥，等到和谈成功，则多方中伤，将其逐出朝廷。宋朝的武官，真正的血性男儿，仅高琼等数人而已。宋固然不想打下去，辽也差不多：

今之契丹，非昔之契丹矣。（耶律）隆绪席十六州之安，而内淫于华俗；国人得志于衣锦食粱，而共习于恬嬉……故其攻也不力，其战也不怒，关南之土，亦可得则得，不得则已。（王夫之《宋论》）

"澶渊之盟"结束了宋辽之间长达半个世纪的敌视和战争，辽固然进入"百年承平"的繁荣，宋的经济文化更超越了以往任何时代。民众免受战争蹂躏，社会免受战争摧残。

从这个意义上说，"澶渊之盟"是时代智慧的体现，在中国历史上开创了一个汉民族政权和其他民族政权通过相互协商、相互妥协解决民族矛盾，求得和平相处、共同发展的新模式。当然，这个模式的发生，不仅是因为辽宋之间在军事上达成某种程度的"均衡"，还因为契丹民族对中原文化的"认同"和一定程度的"汉化"，以及宋人对新一代契丹人的认识。

第九讲　契丹党项

一、唐时契丹

我们在上一讲说，通过"澶渊之盟"，宋辽在中国历史上开创了一个民族政权之间通过相互妥协和让步，缓和民族矛盾、共同发展的新模式。但这种模式的创建，既是因为宋辽双方军事上的均衡，也是因为契丹民族对中原文化的"认同"和一定程度的"汉化"，以及宋人对新一代契丹人的认识。

说到这里，我们需要对契丹的"中原认同"及汉化过程做一个简单的梳理。

在中国的"正史"中，最早为契丹立传的是《旧唐书》，书中有这样一段描述：

> 契丹，居黄水之南，黄龙之北，鲜卑之故地……东与高丽邻，西与奚国接，南至营州，北至室韦……地方二千里，逐猎往来，居无常处。其君长姓大贺氏，胜兵四万三千人，分为八部，若有征发，诸部皆须议合，不得独举。猎则别部，战则同行。（《旧唐书·契丹传》）

　　《旧唐书》所说的"黄水"即"潢水"，是指发源于大兴安岭南麓的西拉木伦河，"黄龙"的所在地为今辽宁开原。契丹发祥地就在大兴安岭以南、开原以北，今内蒙古自治区东部赤峰、通辽的西拉木伦河、老哈河、西辽河一带。

　　这里曾经是鲜卑活动的地区。有研究认为，契丹应为鲜卑的一支，而后来契丹国的皇族耶律氏，便出于鲜卑宇文部的一个支属。当然，更大的可能性是鲜卑宇文部的某个或某些部族和活动在这一区域的其他部族共同繁衍的结果。这也是北方草原民族演进的普遍现象，先秦秦汉时代的肃慎、匈奴，魏晋南北朝时期的鲜卑、柔然，隋唐时代的契丹、室韦、回鹘、靺鞨，宋元时代的女真、蒙古族，明清时代的女真——满族，以及我们即将说到的党项，都是如此，其间的分合传承是十分有趣的。

　　隋唐时期，人们的主要关注点开始是突厥，后来是回鹘、吐蕃及河北藩镇，但这一时期正是契丹发展的重要时期，不但持续向南推进，而且形成了一个以大贺氏为中心的庞大且相对稳定的部落联盟。《旧唐书》说契丹东邻高丽即辽东，西接奚国即今内蒙古、河北承德一带，南至营州即今辽宁朝阳，北至室韦即大兴安岭，正是这个部落联盟发展时期的活动区域。

　　隋唐帝国的强盛，对于周边民族具有强大的吸引力。唐太宗时期，契丹在大贺氏联盟的推动下，请求内附，其首领来到高丽前线，拜见唐太宗。唐朝为此设置了"松漠都督府"，管辖区在今内蒙古赤峰、通辽一带。大贺氏首领窟哥被唐朝封为左领军将军兼松漠都督府都督，并赐李姓。

　　从此，契丹和中原地区、和唐朝有了更加密切的联系。当然，由于本身的民族习性及各部族之间的分分合合，由于和其他民族如突厥、奚、室韦、靺鞨的对抗和交好，也由于唐朝内部的形势及官员在处理相关事务中的态度和效率，契丹对唐朝是"叛服不定"。也许契丹掠边的急报正呈至皇帝的御前，而契丹朝贡的使者已在殿外求见；也许今天这些部族在掠边，另一些部族在朝贡；到明天，掠边的已经归顺，朝贡的却在掠边。

唐玄宗天宝十年（751年），安禄山为了再立战功，也是为了考验部队的战斗力，或者是重操当年"捉生将"的旧业，掳掠契丹壮丁充实军队，调集大军数万深入契丹活动区，结果大败而归，损失几千人。安禄山、史思明之乱，契丹为唐朝贡献了中兴第一名将、在平定"安史之乱"中与郭子仪齐名的李光弼。

以大贺氏为主体的契丹联盟瓦解之后，部族之间战争不断。虽然"安史之乱"后的唐朝，军事实力急剧衰退，但政治影响仍然持续。为了寻求唐朝的支持，契丹各部族首领及使者纷至沓来，仅德宗贞元十一年（795年）到长安朝贡的契丹"大首领"就有二十五人。武宗会昌年间（841—846年），在契丹首领们的请求下，特赐"奉国契丹之印"。奉哪个国？当然是"大唐"。

王仙芝、黄巢起事之后，唐朝彻底失去了对局面的控制。中原再现乱局，契丹则开始出现一股日渐壮大的势力，这就是耶律阿保机的势力。

二、汉化种种

越是文明初始的时候，人们越是崇拜英雄，英雄身上也充满着神奇。华夏是这样，四裔也是这样；汉族是这样，匈奴、鲜卑是这样，契丹也是这样。

在契丹人的传说中，阿保机的母亲梦见太阳落入怀中，于是怀孕。十月怀胎，伴随着阿保机出生的，是满屋子的神光异香。小孩生下来有三岁小孩那么大，落地能爬，百日能走，到一岁开口说话时，说的都是天下大事。

有朋友要说，这等传说也能相信？今天的人们可以斩钉截铁地说，不是信不信的问题，而是根本不可能的问题。但在当时，人们是信的，否则就不会有那样的传说，也不会有那样的记载。就像我们当下正在传说的一些事情，在许多年后的人们看来，完全荒诞无知、不可理喻。但这样的传说，正是当时人们的力量源泉，追随这样的英雄，契丹就可以战无不胜。

长大成人的阿保机，身材魁梧，擅长骑射，不但作战勇猛，而且富有智谋。这是文明初始阶段英雄的共同特征。正是凭借作战勇猛且富有智谋，阿保机铲平了契丹内部的竞争对手，成了最高统治者，并在公元907年建辽。两个月后，朱温取代唐朝，契丹与唐朝的关系开始成为契丹与中原五代的关系。

中原地区陷入混战之中，阿保机则率领契丹东灭渤海、北驱室韦，西服奚人、南下燕云，大批的汉人在这个时候到了契丹，对于契丹地区的经济和文化发展做出了重要贡献。其中当然包括我们上一讲说到的"蓟州韩氏"韩知古家族、"幽州韩氏"韩延徽家族的贡献。

随着力量的不断强大、地域的不断拓展，阿保机在称帝的第十年，即公元916年，正式建国号"契丹"。契丹国的建立，既是契丹发展史上的重大事件，也是契丹民族"中原认同"及汉化的新起点。

既然建国，就得有建国的样子，立祖庙、立神庙，都是必须要做的事情，但孰先孰后却有讲究。有人建议，立祖庙的同时，为佛祖释迦牟尼立庙，但被阿保机当即否定："佛非中国教。"太子耶律倍提议："孔子大圣，万世所尊，宜先。"（《辽史·义宗传》）耶律倍的建议，正合阿保机之意。这就有意思了。一面掠夺燕云的汉族人口，一面以"中国"自居，为"中国"的"先圣"立庙。但两者看似矛盾，实是统一，从不同角度表现了阿保机对汉人及汉文化的重视。

当年鲜卑拓跋氏建立北魏，孝文帝在迁都洛阳的同时，易服改姓。契丹没有走得这么远，但取名也开始依照汉人，在姓名之外还加以"字号"。"太祖"耶律阿保机，"耶律"为其姓，"阿保机"为其字，名是一个"亿"字。景宗耶律贤，"贤"是汉化的名，字也是汉化的字——"贤宁"。再如名将耶律休哥，"休哥"带有契丹的痕迹，"逊宁"的字号则明显是学汉人。所以，在一些宋人文献中，直呼耶律休哥为"耶律逊宁"。

石敬瑭割让燕云十六州固然受到谴责，但这个行为和宋太宗赵光义的两次大规模北伐，却在客观上推动了契丹政治中心的南移，原有的都城临潢成为"上京"，幽州即北京成了"南京"，云州即大同定为"西京"。

接受燕云十六州的契丹"太宗"耶律德光，在契丹上层的汉化过程中起了重大作用。"德光"已是汉化之名，而且为契丹取了一个更加汉化的国名："辽"。对于石敬瑭遗赠的燕云十六州，耶律德光自有管理心得，最伟大的创举是十二个字："以国制治契丹，以汉制待汉人。"连元朝编撰《辽史》的作者也不得不赞叹："因俗而治，得其宜矣。"（《辽史·百官志》）

三十年前我研究王安石推行的"青苗法"时，读了一批宋人的文字，发现一条几乎颠覆三观的材料，有宋朝官员明确指出，太宗皇帝出兵幽州时，那里的汉人并不支持宋军而是帮助辽军。为什么？因为在辽统治下的汉人，比宋统治下的汉人，税收杂役要少得多。对于"朝廷"，民众看的主要不是皇帝的姓氏乃至民族，而是看具体的表现，谁让我过好日子，我就拥护谁，管你是辽是宋。

《辽史·太祖本纪》的赞语说："辽之先，出自炎帝。"未必是契丹民族的早期祖先记忆，却至少是元朝人从金元时代契丹人那里得到的他们祖先来源的记忆，一个"汉化"的记忆。耶律阿保机去世之后，庙号"太祖"；耶律德光去世之后，庙号"太宗"；耶律景去世之后，庙号"景宗"。和中原汉人皇朝如出一辙。

王夫之关于今之契丹非昔之契丹的描述，十分有趣："隆绪席十六州之安，而内淫于华俗；国人得志于衣锦食粱，而共习于恬嬉。"所谓"华俗"，就是中原地区的风气。

周边少数民族的"汉化"或"中原化"固然表现在国家制度及语言文字、汉姓汉名上，但为何学汉语、习汉文，为何用汉姓、用汉名？因为它代表着一种生活方式，一种令草原民族特别是上层人物所向往的生活方式。概括这种生活方式，王夫之用了八个字："衣锦食粱""习于恬嬉"。前面四个字可以理解为物质富足，后面四个字可以理解为精神闲雅。虽然王夫之持批评态度，但物质富足、精神闲雅，却是中原文化对于周边地区的最为重要的示范。

"澶渊之盟"时期，辽治下的燕云十四州特别是幽州，和宋治下的中原地区，正在步入共同的生活方式。对于这种生活方式的追求，和军事上的均衡一道，促成了"澶渊之盟"。而这个"澶渊之盟"不仅成为中原政权和周边政权解决矛盾的新模式，也使得宋朝日后避免了西、北两线作战的困境。

三、党项崛起

在北边给宋朝制造麻烦的是契丹，在西边给宋朝制造麻烦的，则我们刚才提及的党项。党项是我国古代长期活动在青海湖及黄河、大通河、湟水、洮河、岷江诸河源头一带的羌族的一支，所以又称为"党项羌族"。

在中国历史上，包括汉族、契丹族、党项族在内，任何一个民族的形成，都有十分复杂的过程，文献的记载、考古的发掘，都远远无法揭示出过程的全貌。但所有民族形成，又都有一个共同的规律，两个字：融合。或者换两个字：征服。这个"征服"当然既包括战争的征服，也包括经济文化的征服，征服的过程就是融合的过程。同时，一个民族的形成，也是其他民族"分化"乃至"消失"的过程。汉民族的形成，是华夏各民族主要是各农业民族融合的过程，其中也包括一些非农业民族的农业化过程；契丹民族、党项民族的形成，和匈奴、鲜卑民族的形成一样，是草原民族融合的结果。而他们的形成过程，也是其他草原民族分化及消失的过程。

《隋书》首次为党项立传，对于党项的起源，做了这样的叙述：

> 党项羌者，三苗之后也。其中有宕昌、白狼，皆自称猕猴种。东接临洮、西平，西拒叶护，南北数千里，处山谷间。每姓别为部落，大者五千余骑，小者千余骑。（《隋书·党项传》）

党项自称"三苗之后"，和当年匈奴自称大禹之后、鲜卑自称黄帝之后、契丹自称炎帝之后一样，当然是在和中原交流过程中产生的文化认同。而自称为"猕猴种"，则和汉藏语系"猴祖神话"同源。党项羌活动的区域，即今青海、甘肃及四川西北部，南北朝和隋唐时期，这里是鲜卑慕容氏"吐谷浑"的活动地盘。有研究认为，当时的党项曾经隶属于吐谷浑，乃至与吐谷浑的一些部族过有融合。其后吐蕃强大，党项各部向东迁徙，进入今甘肃东部和宁夏、陕北一带，归属于唐朝。

根据《隋书》的说法，党项内部有多个部落，"大者五千余骑，小者千余骑"，史称"党项八部"。当然，这个"八"应该也是个概数，如同契丹，也说是八部，以"大贺氏"实力最强，而"党项八部"则以"拓跋部"实力最为雄厚。

唐僖宗时期，以党项拓跋部首领拓跋思恭为"左武卫将军、权知夏绥节度使"，夏是夏州，绥是绥州，是后来西夏立国的基础。但是，这位拓跋思恭以及他的党项拓跋部，到底是羌族还是鲜卑族，或者是鲜卑族和羌族相融合的部族，却存在争议。

此后，拓跋思恭因平黄巢有功，封"夏国公"，赐姓李，其部族遂以"李"为姓，以夏州为中心。当时的"夏州"在今陕西靖边县一带，曾经是十六国时期匈奴人赫连勃勃所立的"夏国"的所在地，筑有著名的"统万城"。后来，党项的势力逐渐扩充到今陕西、宁夏与内蒙古接壤的一片地区，并且获得了"定难军"节度使的称号，成为唐末西北地区的一个相对独立的政治势力。

党项的这段发展史和契丹极为相似，只是一个在东北，一个在西北。与契丹不同的是，无论是唐末还是五代，以及入宋之后，党项都对中原政权称臣，并不闹事，同时和辽保持友好的关系。

当年宋太祖赵匡胤出师江南，说了一句很霸气的话："卧榻之侧，岂容他人鼾睡乎！"太宗赵光义继位后，仍然是这一政策。对于公开对抗的北汉，用武力铲除，对于虽然称臣但保持独立的党项，则采用"搬家"的办法，让其首领迁到开封居住。这个事情发生在将吴越国王钱弘俶举家迁到开封之后的太平兴国七年（982年），也就是宋太宗赵光义两次北伐之间。

但是，用对待吴越的办法对付党项，事实证明是失策。

第一，地域位置不同。吴越属地即今上海、苏州及浙江，自秦汉以来，皆为中原皇朝统治下的"郡县"。而党项占据的地域，和中原皇朝则处于若即若离的状态，中央控制力强大时为"郡县"，中央控制力下降时则为"羁縻"。

第二，民族习性不同。吴越治下的主要为汉族，所以吴越王钱镠一直认为，中原一旦"真主"出，吴越是要归顺的。党项对中原文化虽然向往，接受中原皇朝的封赏，但生活习性却是不受拘束，接受中原皇朝的赏赐，却也并不需要定期向中原皇朝纳税、服役。

所以，当赵光义用与对待吴越相同的办法对付党项的时候，问题就产生了。

虽然在夏州的党项李氏也就是拓跋氏的上层被迁往开封，而且被赐予"赵"姓，但有一位名叫李继迁的贵族，却带着一批族人逃了出去，并且迅速和党项其他部族结成联盟，形成了一个公开挑战宋朝的势力。为了获得支持，李继迁向辽称臣，辽正需要李继迁在西边牵制宋，不但封其为夏国王，还将耶律家族的一位公主下嫁。李继迁投桃报李，在赵光义第二次北伐即雍熙北伐时，加大了对宋朝西北边境的侵扰，配合辽军的行动。

四、大夏立国

李继迁的活动，令宋太宗赵光义十分恼怒，伐辽失败，是因为辽的根基太深，毕竟"大宋"立国才二十多年，"大辽"立国已经七十年了，但不信就治不了这个党项。

有记载说，太宗赵光义为了威慑李继迁，让人送去了几张硬弓。李继迁一看，心中暗笑，大宋皇帝吓唬谁啊，我党项固然没有人能够拉得动，难道大宋就有人拉得动吗？赵光义当然也知道李继迁不会相信有人拉得动，怎么办？正好李继迁派来的使者到了开封，赵光义决定让他们开开眼界。

党项使者听说皇帝亲自接见，十分激动，但一来到在崇政殿前殿就犯傻了，但见几百名卫士，人人手持硬弓，不但拉满弓弦，箭箭中的，而且个个气定神闲。赵光义眼见党项使者呆若木鸡地立在当地，心中得意，问道：假如朕将这等勇士派往前敌，你党项敢应战吗？大凡能够担任使者的，总有应对的长处，党项使者回过神来，连连摇头："蕃部弓弱矢短，但见此长大，人固已逃遁，况敢拒敌乎！"（《续资治通鉴长编》）我党项弓弱箭短，哪里见过如此硬弓长箭，不等放箭，早已抱头鼠窜啊！赵光义闻言大喜，说你回去告诉李继迁，党项穷困潦倒，有何留恋，不如重新归我大宋，永保富贵！

太宗皇帝已经不止一次用这套方式吓唬对手了。进攻北汉的时候，赵光义挑选了一批勇士，训练剑舞，但见人在剑林中，剑在人影下，进退左右，旋转自如，突然，数百利剑刹那间抛向空中，顿时形成一片剑雨。就在剑雨纷纷落下之时，勇士们奋力跃起接剑，竟然没有一柄剑掉落地上。行进途中，契丹使者来见，赵光义设宴款待，饮至酣时，让勇士演习剑舞，直看得契丹使者目瞪口呆。但是，当赵光义带着这支剑舞队来到幽州城下，要刀剑见血的时候，这支类似于杂耍的剑舞队却是毫无用处。耶律休哥、耶律斜轸急风暴雨式的一阵冲杀，连同剑舞队在内的宋军，一败涂地。

李继迁也一样，虽然拉不动强弓，却没有被强弓吓倒，硬是把宋朝运往前线的四十万石粮食夺了。这件事就发生在太宗皇帝让党项使者见识大宋勇士拉硬弓的第二年，也就是至道二年（996 年）的年初。是可忍，孰不可忍。当年九月，赵光义亲自部署，宋军兵分五路，进攻党项的中心城市夏州，其中一路，由曾经大败耶律休哥、后来又坚守澶州的名将李继隆率领。

出乎赵光义的意料，小小党项、区区李继迁，竟然就是搞不定。五路大军，两路无功而返，一路遇敌而逃，两路落败而归。李继隆就是无功而返的一路。当他按皇帝指定的路线进军，与另一路宋军汇合之后，继续前行十多天，连一个党项兵影都没见到，只好引兵而还。进攻夏州的失利，原因诸多，其中就有皇帝赵光义的问题：根据当年无法做到精确的地图遥控部署，兵分五路，并无统帅，李继隆也只不过是五路大军中的一路统领。

接下来怎么办？是调兵遣将继续进攻，还是部署各地，严阵以待？没有部署，因为五路进攻失利之后不久，太宗赵光义去世了，时年五十九岁。赵光义的去世，有记载说是因为疾病，也有记载说是高粱河之战留下的伤病，但不能完全排除因对党项用兵失败造成的心理伤痛。

此后，李继迁在与吐蕃的争夺中因伤去世，其子李德明改弦易辙，与宋交好，党项在和宋、辽及吐蕃的周旋与抗争中，迅速发展。但是，李德明去世之后，儿子李元昊继位，重新与宋朝对抗，并且在公元1038年称帝、建国，国号"大夏"，定都于兴庆府，即今宁夏银川。由于地处西部，所以被称为"西夏"。从此，在中国大地上，出现了宋、辽、夏的"鼎立"。当然，在西北、西南，还有另外一些民族政权存在。

李元昊能够如此张扬，自有张扬的资本。第一，党项在其祖李继迁、其父李德明时期，奠定了坚实的立国基础。第二，宋、辽在经济发展、社会繁荣的同时，对外征服已经是有心无力。第三，李元昊本人既有壮大党项的愿望，更有向外开拓的勇气和力量。

在党项人眼中，在宋人眼中，李元昊尚未称帝之前，就已经是一个神话。李元昊身材雄健壮实，不仅勇武过人、性格刚毅，而且熟读兵书，精于谋略。更令人惊讶的是，一位党项少年，竟然通晓汉藏语言，精研佛法，善于绘画，对于国家制度、法律文书也有着极高的兴趣。通观中国历史上的汉族帝王，好像还找不出一位这样的人物。

党项有此人物，可以说是该民族的荣光，但对于东边的大宋、大辽及西边的吐蕃、回鹘，却从此多事。

第十讲　宋夏纠结

一、西夏建制

我们上一讲说，党项李元昊横空出世，称帝建号，从此宋、辽多事。注意，不仅仅是宋，辽也从此多事。

从党项的立场说，李元昊是"胸怀大志"的。虽然出生之后不久，祖父李继迁就在和吐蕃人的争斗中去世，但随着年龄的增长，李元昊对这位传说中不屈不挠和大宋斗、和吐蕃斗的祖父充满着敬意。相反，对父亲李德明与宋交好、对宋称臣则极为不满。从这一点来说，李元昊可以视为党项人的英雄，但同时也是一位"民粹主义者"，他不仅希望党项强大，希望党项和宋、辽分庭抗礼，甚至希望党项称霸天下。

李元昊的雄心壮志，唤起了党项内部更多的"民粹主义者"，也引起宋朝"有识之士"的担忧。有记载说，仁宗初即位时，有位名叫王曾的官员奉命出使辽国，过真定时，见了当时的真定都部署曹玮。曹玮是曹彬的儿子，也是一代名将，曾在西北地区屡败党项、吐蕃，对党项的崛起十分警惕。他告诫王曾，说王公日后柄国，当留意边防。王曾向曹玮请教，曹玮特别提到二十刚出头的李元昊："吾尝使人觇元昊，状貌异常，他日必为边患。"（《续资治通鉴长编》）

为了实现自己的雄心壮志，称帝建号之前，李元昊就脚踏实地做了多方面的准备。

第一，完善"国家"制度。要点有三：一、中央设置管政务的中书、管军务的枢密、管财政的三司、管监察的御史台，甚至还有管都城的"开封府"，等等，几乎把宋朝的机构复制了一遍。特别是设置蕃学、汉学，主管西夏文及汉文的学习和传播。二、自中书令、枢密使以下，均党项、汉人并设。可见，西夏虽以党项为主体，却是一个多民族政权。李元昊固然是位"民粹主义者"，却重视汉人的作用，有众多汉人在这个政权中服务。三、地方的特点是军政合一。将所控制地区分为十二监"军司"，即军区，军司和府州相结合，平时组织生产，战时统领军队。

第二，创建党项文字。李元昊本人通晓汉文、藏文，又精研佛学，希望党项有自己的文字，建立民族自信。于是，命党项的"文化人"野利仁荣主持，用了三年多的时间，仿造汉字，记党项语，成西夏文近六千字，大抵满足了需要。为了更好地推广这个被宋人称为"蕃文"、被李元昊称为"国字"的文字，野利仁荣组织人员将汉文的《孝经》《尔雅》《四言杂字》等译成新创建的西夏文，颁发到各地学校，让学生诵读。由于李元昊及其继承者的强力推行，这种文字一直使用到13世纪西夏被蒙古灭亡。《宋史·夏国传》甚至说："元昊自制蕃书，命野利仁荣演绎之，成十二卷。""自制"有些过分，应该是李元昊亲自设计方案，让野利仁荣等人根据这个方案进行创造。

第三，断绝宋朝香火。我们上一讲说，由于参与平定"安史之乱"有功，唐朝赐党项拓跋部首领、李元昊的先祖拓跋思恭李姓，入宋以后，太宗赵光义又赐李元昊的祖父李继迁赵姓。这是李唐皇朝、赵宋皇朝的"国姓"，但李元昊不稀罕，改姓"嵬名"，更名"曩霄"，号"吾祖"。所以文献中说他自号"嵬名吾祖"。在服饰、发式上，刻意与宋划清界限。父亲李德明在世时，父子二人就此有过讨论。父亲李德明告诚说，我党项一直用兵，民力疲惫，自从和宋朝交好："三十年衣锦绮，此宋恩也，不可负。"李元昊不以为然："衣皮毛，事畜牧，蕃性所便。英雄之生，当王霸耳，何绵绮为？"（《宋史·夏国传》）父亲对汉人的生活方式有追求，儿子坚持恢复党项的生活方式，并且通过"衣皮毛""事畜牧"号召党项人回归过去的生活，恢复正在失去的野性，实现自己的"王霸"之梦。

第四，打造战争机器。此时的党项，通过李继迁、李德明、李元昊祖孙三代的征战，已经击败了吐蕃、回鹘，把疆域扩大到整个河西走廊，尽有东起陕西榆林，西至甘肃敦煌，北起内蒙古额济纳，南至甘肃兰州的黄河以北，横跨陕西、宁夏、甘肃、青海四省区，东西四千里、南北两千里的辽阔土地，兵强马壮，兵员五十多万，部分驻扎都城兴庆府及中心城市，部分驻扎边境，其中七万备辽，十万备宋，三万备吐蕃、回鹘。又有"六班直"，即侍卫军五千，以及扈从铁骑三千。李元昊本人既是"国家"首脑，又是军事统帅。《宋史·夏国传》称："每举兵，（元昊）必率部长与猎，有获，则下马环坐饮，割鲜而食，各问所见，择取其长。"以这种方式召开军事会议，体现军事民主。

有了这些资本，李元昊加速和宋、辽全面对抗的步伐。但在党项内部，"亲宋派"一直存在，李元昊的同族叔父，因力劝元昊不果，率领族人投奔宋朝，来到延州即现在的延安。宋朝在延州的最高长官叫郭劝，是位敢于犯颜直谏的净臣，也是两袖清风的清官。李元昊初继位时，郭劝奉命出使，李元昊遗赠百万，郭劝一概不受。宋朝没有"亲夏派"，但自从李德明和宋交好，与党项保持友好关系是宋朝朝廷的国策，凡有党项人来投，一概不受。所以，郭劝不但没有接纳山遇，而且将其遣返，以表示大宋对党项的友谊。这个事情使得郭劝被宋人诟病一生，因为李元昊不但杀了山遇一家，而且从此公开与宋朝决裂。

二、公然挑衅

宋仁宗宝元元年、辽兴宗重熙七年十月十一日，公元 1038 年 11 月 10 日，李元昊称帝，建国号为"大夏"。这一年，李元昊三十五岁。虽然称帝建号，李元昊仍然以藩属的身份给宋朝皇帝上了一道表文。如果说宋辽"澶渊之盟"的盟誓是千年一遇之奇文，那么，李元昊给宋朝的这道表文，可以说是百年一遇的奇文。通篇表文，可以用两个字概括。哪两个字？"炫耀"。

第一，炫耀祖先。表文称，党项拓跋氏乃北魏创立者鲜卑拓跋氏的嫡系后裔，这个身份比建立大宋的"赵"、建立大辽的"耶律"都要高贵。然后追述，先祖拓跋思恭因平定黄巢有功，受封赐姓；祖父李继迁、父亲李德明统一党项各部，接受宋朝的封王赐土。

第二，炫耀自己。表文称，李元昊继位王位之后，创立文字、改革服饰、制礼作乐、内外归心。表文特别说到，吐蕃、回鹘及西北各部："莫不从伏，称王则不喜，朝帝则是从。辐辏屡期，山呼齐举。"（《宋史·夏国传》）这一句是要害，说吐蕃等部皆来朝贡，见自己仍然称王，均感失落，而自己称帝，则欢呼雀跃。于是迫不得已，只得顺从党项民意、顺从各部舆情，于十月十一日即皇帝位，国号"大夏"。

炫耀还不够，表文特别向宋朝表示带有讽刺性的敬意：

> 伏望皇帝陛下，睿哲成人，宽慈及物，许以西郊之地，册为南面之君。敢竭愚庸，常敦欢好。鱼来雁往，任传邻国之音；地久天长，永镇边方之患。（司马光《涑水纪闻》）

李元昊的这个表文，无疑是在党项政权服务的汉人所为，并且由几位使者送到了延州。延州知州郭劝将党项使者留下，派人将表文送到开封，并且附上了自己和同僚商定的意见："元昊虽僭中国名号，然阅其表函尚称臣，可渐以礼屈，愿与大臣熟议。"（《宋史·夏国传》）李元昊虽然僭越称帝，但表中仍然称臣，应该还是可以通过朝廷的安抚将其感化，可以教育好的。但是，李元昊果然是能够感化、能够教育好的吗？

这时的宋朝，真宗皇帝赵恒已经去世多年，在位的是仁宗赵祯。赵祯即位时只有十三岁，由太后刘氏听政。二十四岁时，太后去世，赵祯开始亲政。由于性格使然，大概也受父亲真宗皇帝的感染，赵祯没有太大的脾气，也没有太多的主意，既说不上有多大作为，但也并不折腾，只是希望能做个"守成令主"，所用的宰相大多是谦谦君子，宋朝开始进入一个没有"权威"的时代。"澶渊之盟"之后，宋、辽之间大体恪守盟约，如果没有李继迁、李元昊祖孙在西北闹事，大宋还真可以说是天下无事，国家安定，经济发展，百姓乐业。

但是，这个李元昊太不安分，要公开和宋、辽平起平坐。要平起平坐也就罢了，你派使者到开封进表文干什么？而且，李元昊派出的使者到了开封之后，还特别蛮横，既不接受宋朝的诏书，也不接受宋朝奖赏。

意思很明显，李元昊派遣使者进京，不是朝贡，而是告知，更是挑衅。这使得没有权威的大宋君臣左右为难，进退维谷。

皇帝赵祯没有主意，宰相们也没有主意。此时的宰相，一位叫张士逊，一位叫章得象，二位都是"同中书门下平章事"。

有人说两位都没听说过，当然没听说过。因为他们既不是寇准，更不是王安石，既没有对重大事件承担过责任，也没有干过什么出彩的事情，只是都以"宽厚"著称。章得象不但"宽厚"，而且"有容"，"容"得让人惊讶。有记载说，章得象曾经和一位朋友"博戏"。什么叫"博戏"？既是游戏，更是赌博，以赌博为游戏。结果，章得象一个晚上输钱三十万，输了怎么办？怡然自如，酣睡如常。改日，和另一位朋友博戏，赢了一盒子金银，他日再赌，输了，怎么办？把赢来的金银全部给了朋友。朋友发现，这个曾经输去的装满金银的盒子，章得象根本就没有打开过。以博为戏，如此不在乎输赢，可以说是"大气"，但如此"大气"，你能指望他对什么事情上心？更何况，对党项这类事情，拿主意的是枢密院而不是中书省。

三、庙算不定

枢密院有几位长官，同样没一个有权威。主官是盛度，知枢密院事并行宰相权。还有两位"同知枢密院事"，一位叫张观，一位叫陈执中，另有副使，叫王德用。围绕着如何对待李元昊的使者，注意，是应对西夏李元昊的使者而不是应对李元昊，讨论了多日，竟然没有统一意见。排位靠后的陈执中、王德用主张杀使者，以表示宋朝的态度和决心，主持工作的盛度及张观则认为不妥。参知政事陈琳先是反对杀，后来主张杀，而且杀与不杀都有理由："始不杀，无罪也。今既骄横，可暴其恶诛之，国法也。"（《宋史·陈琳传》）还有人建议，将使者安顿在馆舍之中，然后想办法推倒墙垣，将其压死。

如此种种，可见当时的宋朝还真拿李元昊没有办法。尽管如此，也不能没有表示，否则大宋岂不是更没面子？经过多番讨论，宋朝终于出台了对李元昊的一些举措：

第一，革除。革除给李元昊的一切官爵及称号，如夏王、节度使等，革除所赐之"赵"姓，革除其大宋国籍。

第二，悬赏。无论汉人还是吐蕃、回鹘，以及党项本族之人，如果有能捕获或者直接取李元昊首级者，即授定难军节度使，并赐给钱谷银绢。定难军节度使是宋朝给李元昊的称号，谁有本事杀李元昊，李元昊的官名、官位就是你的。

第三，劝降。改变过去不纳党项逃人的政策，党项及其他民族的民众、官员，有能弃暗投明、归顺大宋者，皆予重奖。

第四，固盟。将李元昊的反状通报契丹，让其做好防范准备，加强与辽的联盟，共同打击李元昊。

这些举措，有些属于"面子工程"。如革除李元昊的爵位、悬赏李元昊的首级，这是为了顾全大宋的面子。李元昊早已不把宋朝的封赏当回事，早就弃李姓、弃赵姓。至于悬赏李元昊的脑袋，在当时，除了李元昊身边的亲信，谁能办得到？当然，有些还是有实际意义的，如奖赏归顺，这是对以往政策的修正，因为党项内部总是有矛盾的，对降人的优待便是给李元昊的反对者多一条出路。李元昊西夏的崛起，不仅对宋，对辽也是威胁，所以宋、辽的结盟也是有意义的。

虽然有几项举措，但对于李元昊派遣使者到开封公然挑衅，宋朝的"庙算"仍然举棋不定，也并没有真正认识到事态的严峻，因为党项的叛、降已是常态。宋朝当时难堪的是面子，为了挽回面子，宰相张士逊主张绝和问罪，当时的普遍看法是："元昊小丑也，请出师讨之，旋即诛灭矣！"（冯琦《宋史纪事本末》）但说是这样说，并不等于做。无论是朝廷还是边镇，并没有认真对待。主要原因，是因为用兵打仗全无胜算。

四、锁定延州

但是，李元昊既然称帝建号，就不只是过过皇帝瘾，而是要和宋朝干仗的。干仗的目的是什么？和当年辽军南下一样，一夺土地，二夺财富。那么，向哪个方向进攻，才既有土地又有财富？

在西夏的十二监军司中，有五个军司是针对宋朝的，从西往东排列：

卓啰和南军司，驻卓啰城即今甘肃永登南边的红城子，隔着黄河，南岸就是兰州。

西寿保泰军司，驻今甘肃靖远以北某处，南边是在靖远的宋朝会州。

静塞军司，驻韦州即今宁夏同心县韦州镇，南边是宋朝的怀德军、镇戎军，即今宁夏固原，以及环州即今甘肃环县。

嘉宁军司，驻宥州即今陕西靖边县西北，东南是宋朝的保安军即今陕西志丹县，特别是还有延州即今陕西延安。

绥州军司，驻绥州今陕西绥德西北，后迁石州即今陕西横山。绥州军司的西南是宋朝的延州，东南是宋朝的隰州即今山西隰县。

这是当年宋、夏之间事实上的边界，既以山川为限，也是实际控制区域。

当我们把西夏和北宋接壤地区做一梳理，可能出乎有些朋友的意料。被契丹占着燕云地区的北宋，西北地区还是比较辽阔的，从陕西的延安、宁夏的固原，后来还延伸到甘肃的兰州、青海的西宁。

当然，以往属于唐朝的以兴州即今银川为中心的大片地区，已为西夏所有，其中的一部分即今陕西榆林、横山、靖边及与其相邻的今内蒙古乌审旗、鄂托克前旗一带，在唐朝已经是党项的活动区。

那么，对于西夏，对于李元昊，在宋、夏接壤地区，要说人口相对较多、城市相对繁荣、经济相对发展，还得数延州。这是当时宋朝在西北地区的政治中心之一，是西夏和北宋使者往来的必由之路，归顺的党项人也大抵由此进入内地。而西夏与北宋接壤的五大军司中的两个，嘉宁军司、绥州军司，各五万人，针对的主要都是延州。

所以，李元昊对北宋发动攻击的首选目标，自然就锁定在延州。

当时宋朝在延州的主官，是位老资格的政治家，名叫范雍，曾经为龙图阁直学士、枢密副使。宋真宗在位时，耗费巨资在京城开封西北的天波门外建了一座道观，规模宏大，极为壮观，命名玉清宫，又叫玉清昭应宫，用来为皇家祈福。真宗去世后，灵柩就停放在玉清宫的安圣殿。但是，这座宏大的建筑群只存在了十四年，在仁宗继位之后毁于雷火。太后刘氏当朝而泣：先帝竭力建成的玉清宫，如今只剩下一二小殿了，惜哉。太后为何当朝而泣？人们认为是太后想重建玉清宫。但太后还没有来得及进入正题，范雍便一语惊人："不若悉燔之也！先朝以此竭天下之力，遽为灰烬，非出人意。如因其所存，又将葺之，则民不堪命，非所以畏天戒也！"（《宋史·范雍传》）范雍此言一出，竟然得到宰相王曾等人的赞同，太后想重建玉清宫的话语，只得强往肚子里吞。

但是，明于是非的范雍，却绌于边事。来到延州，范雍发愁了，如此重地，竟然兵少而将寡，寨堡稀疏。正要向朝廷打报告，请求增兵设防，李元昊却派来了使者。派使者来干什么？要求与宋朝议和。范雍大喜，一颗悬着的心放下了。有人提醒，说李元昊多诈，但范雍不信，人是应该以心换心的，我以真心待元昊，元昊能我欺？这就是书呆子的想法了。等到李元昊连破数寨，围攻延州西北的保安州，范雍才慌了手脚，连忙征调驻守在延州西南庆州即今甘肃庆阳的刘平增援，两军在延州西北的三川口对峙。

经过三天血战，宋军以寡敌众，殊死搏斗，最后全军溃败，死伤万人，刘平等将领被俘后，不屈而死。李元昊挥师包围延州。此时天降大雪，又有多路宋军深入夏境，李元昊只得退兵。这场战争被人们称为"三川口之战"。李元昊集中优势兵力，有备而来，宋军却是庙算不定，仓促应对。

三川口一战，令宋朝举朝震惊，才知道李元昊不是闹着玩的，几位宰相及枢密使王鬷、张士逊、张观、陈执中等，均因在西夏问题上拿不出合理的意见而罢官，而两位后来十分著名的人物，开始在对西夏的和战中发挥作用。

第十一讲　谈谈打打

一、韩公范公

我们上一讲说，宋仁宗康定元年（1040 年）正月，李元昊在建国称帝的一年多后，向北宋的西北重镇延州即今陕西延安发起攻击，宋、夏两军大战于延州西北的三川口，宋军大败，主力被全歼，主将被俘虏。

败讯传来，宋廷上上下下大为震惊，这才开始意识到形势的严峻，也才开始重视西北的防务。两位后来极其著名的人物，也因此进入人们的视野。一位是韩琦，另一位是范仲淹。

韩琦是相州安阳即今河南安阳人，少年成名。《宋史》说他："风骨秀异，弱冠举进士，名在第二。"又说就是那一次的进士揭榜，当"唱名官""唱"到韩琦时，主管天象的太史奏报，说是"日下五色云见"（《宋史·韩琦传》）。太阳底下出现了五色祥云，这是"得人"的征兆。太阳自然是皇帝，太阳之下的五色祥云便是宰相了。年方"弱冠"、刚中进士的韩琦，难道是上天派来辅佐大宋天子的星宿？这类传说在中国民间、中国官场，特别是话本、说书人流行的宋朝，尤其盛行。比如我们曾经说过的，赵匡胤"陈桥兵变""黄袍加身"的消息传到华山，华山老道陈抟双手加额，说"天下从此太平"！比如我们没有说的包拯、狄青，据称是上天的"文曲星""武曲星"下凡。这些传说，通过话本、说书人广泛传播开来。

进入仕途的韩琦，一开始就表现出与众不同的个性，胸怀全局，富有主见，敢于革除流弊而不计较个人得失。

宋朝官场不但重视进士出身，而且重视进士等第。和韩琦一样以高科进入仕途的进士们，都希望有一个清要的职务，名声既好，还有利于日后的升迁。但是，韩琦却一直滞留在管理库藏的职务上。说到管理库藏，唐朝曾经产生过一位著名的人物：高尚。由于不满于这个岗位，弃职北上，成为安禄山的谋主。而韩琦在这个岗位上，不但兢兢业业，还解决了两大弊病。第一，坚持合理的制度。按宋朝的制度，宦官来此提取皇室用品，不但要有皇帝的旨意，还要有相关部门的印信。后来管理松懈，只有旨意而无印信，故而漏洞百出。韩琦到任之后，恪守旧制，并且设置"传宣合同司"，杜绝侵欺。第二，革除不合理制度。同样是按照宋朝的制度，各地运送到开封供皇室消费的土特产品，库藏官员需要在宫中宦官的监视下验收。当然，这也是为了避免"侵欺"。但经常发生的情况是，货物到了，验货的宦官却一时到不了。时间长了，货物堆放在廊庑之下腐烂变质，而押送货物的吏员也得在东京滞留。经韩琦的反复陈述和力争，革除了宦官监收的环节。

此后，韩琦历任开封府推官、三司度支判官等，又为右司谏，这是专门提意见的职务。当时仁宗在朝、太后主政，国家无事，宰相也是安享太平，无所建树。韩琦认为，天下承平，更应居安思危，因而对宰相王随、陈尧佐以及参知政事韩亿、石中方进行了严厉的批评，导致四人同日罢相，在官场引起极大反响。

三川口大败之后，韩琦奉旨以"权知制诰"为陕西经略安抚副使；同时来陕西的，是经韩琦推荐的范仲淹。

范仲淹是苏州吴县即今江苏苏州人。真宗大中祥符八年（1015年），二十七岁的范仲淹中了进士，这时的韩琦还是个八岁小孩。进入仕途之后，范仲淹经历了多个接触底层社会的职务，后因对"六经"研究有素，特别是精通"易经"，由大词人晏殊推荐，出任"秘阁校理"。"秘阁"是宋朝收藏善本图书的机构，有点像现在的国家图书馆善本特藏部。校理为管理秘阁的副职，可以说是"学术官"。范仲淹在这个位置上讲论答疑，诲人不倦。此后历任内外，论天下之事，奋不顾身。人们认为，宋代士大夫的"风节"，即风骨、节操，实由范仲淹开启。范仲淹为何获得如此评价？我们先说说关于临朝称制的刘太后的事情。

关于刘太后和宋仁宗母子，宋人有许多传说，通过戏曲、话本、说书人，演绎成"狸猫换太子"的故事。到了晚清，艺人石玉昆将其植入公案小说《三侠五义》中，传播更为广泛。说是宋真宗时期，贵妃刘氏和宦官郭槐相勾结，将剥了皮的狸猫调换宫女李氏所生的男孩，将这个男孩掠为己子。这个男孩就是后来的仁宗皇帝赵祯，刘氏也因此做了皇后、做了太后。这个传说当然是小说家言，但仁宗确实为宫女李氏所生，刘氏也确实将其据为己子。这个真相，仁宗直到刘氏去世、自己亲政后才得知。仁宗既感谢刘氏的养育之恩，又对刘氏压制生母并隔断其母子之情充满愤懑。范仲淹于此，至少做了三件事。

第一，太后在世时，反对逾礼的尊崇。一年冬至日，仁宗打算率领文武百官向临朝称制的太后贺寿。范仲淹认为此举不合古礼，上疏抗争，说皇上要尽孝心，本为好事，但只可率皇后、皇子及嫔妃人等在宫中行家人礼，却不可坏了规矩，让文武百官向太后祝寿。接着又上疏，说皇上已经成年，太后理应还政。这是人人想说却不敢说的话。范仲淹不但敢说，而且公开地说，引起太后的强烈不满，被贬谪外任。

第二，太后去世时，反对违制的安排。刘太后去世前，做了一件十分不靠谱的事情，遗诰以抚养仁宗长大又对自己敬礼有加的杨氏为太后，参决大事。范仲淹再次上疏抗争：一个太后死了，又弄一个太后，还参决军国大事，天下人将怎样看皇上？难道皇上离开了太后就没勇气、没本事做皇帝吗？这个质问让所有人感到痛快，逼着信心不足的皇帝亲自听政。

第三，太后去世后，反对过激的清算。太后去世，仁宗亲政，人们纷纷上疏，要求对太后生前的种种不是特别是压制皇帝生母李氏的行为进行清算。范仲淹又一次站了出来，但并不是要求清算，而是反对清算："太后受遗先帝，调护陛下者十余年，宜掩其小故，以全后德。"（《宋史·范仲淹传》）太后再有不是，也养育、辅助了陛下十多年，不可因小故而掩大德。仁宗为此下诏，不得言太后旧事，稳定了官场的情绪。

二、攻乎守乎

今天的人们可能认为，开启宋朝士大夫风节的范仲淹，怎么在太后的问题上如此纠缠？但在当时，这是关系到国家礼制的根本大事。当然，范仲淹的风骨和节操，同样表现在对朝廷用人的批评、对民众疾苦的关心上。

仁宗亲政之后，正值旱灾加蝗灾，江、淮、京东尤甚。范仲淹请求派遣使者视灾赈灾，没有被理睬。但范仲淹没有灰心，逮着一个机会，悄悄问皇帝："宫掖中半日不食，当如何？今数路艰食，安可置而不恤！"（《续资治通鉴长编》）仁宗闻言恻然，命范仲淹安抚江、淮，所到之处，节省开支，惩治奢靡；免除赋役，开仓赈民；流民复业，一方安堵。

吕夷简为北宋名相，却喜欢用私人。范仲淹专门绘了一幅《百官图》，呈送皇帝，指明哪些官位到哪些官位为"序迁"，即正常升迁，否则为"不次"，即破格提拔；哪些官位到哪些官位则"公"，否则为"私"。用意十分明显，直指吕夷简用人不公、用人违规。唯恐没有政治经验的仁宗不明白，范仲淹还特别指出："凡超格者，不宜全委之宰相。"(《宋史·范仲淹传》)皇上注意，不能让宰相任人唯亲！吕夷简大为恼火，指责范仲淹为"朋党"，贬谪外州，先到饶州，再到越州。欧阳修当时为馆阁校勘，和另外两位官员为范仲淹鸣不平，也被斥为"朋党"而贬官。

公元 1040 年，宋军大败于三川口，正在贬谪中的范仲淹，因韩琦的举荐来到陕西。

韩琦、范仲淹二人初到陕西，是给夏竦做副手的。夏竦少年成名，仕途起步比韩琦、范仲淹早，此时以户部尚书的身份，兼陕西四路经略安抚使。范仲淹以龙图阁直学士、韩琦以知制诰，并为陕西经略安抚副使。但是，夏竦虽然号称有文武才，来到陕西面对李元昊咄咄逼人的攻势，却是毫无主张。而且，做京官的时间长了，习惯于享受，出巡之时也是侍妾如云，几乎因此引发兵变。李元昊曾经下令军中，有能割下夏竦首级来见者，赏钱三千。三千钱有多少？我们上一讲说，章得象为相之前，一个晚上的"博戏"输了三十万，可以买一百个夏竦的脑袋。堂堂大宋的封疆大吏、前敌统帅，被李元昊如此蔑视和侮辱，在军中怎么可能有威望？

主官虽然不堪，两位副手却是人杰，但意见又不统一。范仲淹虽然经韩琦推荐，但在对待李元昊的问题上，却与韩琦存在严重分歧。范仲淹老成持重而主守，韩琦血气方刚而主攻，作为全军统帅的夏竦，将两种意见同时上报，自己没有主见。前敌领导人的这种状态，好像是宋朝"庙算"的翻版，有主战的，有主守的，最该拿主意的仁宗皇帝没有主意。争面子的时候，想打；打败之后，又想守。夏竦虽然没有主见，却有倾向。什么倾向？让韩琦代表自己赴京汇报，说明是支持韩琦的。

范仲淹主守，理由充分，九个字："承平岁久，无宿将精兵。"许多年不打仗了，将无宿将，兵无精兵，主动进攻，必败无疑。怎么办？范仲淹提出了自己的见解：

> 为今之计，宜严戒边城，使持久可守；实关内，使无虚可乘。若寇至，边城清野，不与大战；关中稍实，岂敢深入。二三年间，彼自困弱，此上策也。（《宋史纪事本末》）

通过加强战备、坚壁清野，与李元昊周旋，将其拖垮，这才是上策。韩琦主攻，理由是：

> 屯二十万重兵，只守界壕，中夏之弱，自古未有。臣恐边障日虚，士气日丧，经费益蹙，师老思归，贼乘此有吞陕右之心。（《宋史纪事本末》）

我二十万大军驻扎边境，虚耗粮饷，消磨士气，此兵家之大忌。这个理由，本来就有些勉强，难道战了就可以振奋士气？而韩琦的见解，又是基于对李元昊的误判，或者是为了得到皇帝的支持而提供的假情报："贼昊倾国入寇，不过四五万，老弱妇女，举族而行。"（《宋史纪事本末》）

韩琦的主张得到了仁宗皇帝的支持，其实是得到中书省、枢密院的支持，他们也想打一次胜仗，向天下人交代。但是，宋仁宗和中书省、枢密院的主官们也不想想，四五万老弱妇女，能在三川口和数万宋军对峙并全歼上万精锐？

那个时候的宋朝朝廷还是比较讲民主的，将韩琦的方略发给范仲淹，希望范仲淹改主守为主攻，与韩琦携手。但范仲淹表示，我和韩公同心同德，都是为国家着想，主守并非怯懦。韩琦尊重比自己年长近二十岁的范仲淹，派判官尹洙做疏通工作。尹洙视范仲淹为师友，关系密切，但在攻与守的问题上支持韩琦。尹洙反复规劝，范仲淹坚持己见。失望之余，尹洙说了一句重话："公于此不及韩公也！韩公曰：大凡用兵，当置胜败于度外。"（《宋史纪事本末》）

不幸的是，韩琦派出的大军在今宁夏固原市德隆县属的六盘山西麓好水川败没，主将以下战死一万多人，受伤、溃散者不计其数。噩耗传来，数千名战死将士的家属拦住韩琦的去路，哭诉："汝昔从招讨出征，今招讨归，而汝死矣，汝之魂亦能从招讨以归乎！"（《宋史纪事本末》）韩琦怎么办？只能掩面而泣。

范仲淹一直为这一次出兵担忧，兵败虽在意料之中，但得知败报后仍然不免叹息："当是时，难置胜负于度外也！"（《宋史纪事本末》）既不知己，也不知彼，为了天朝的面子，企图侥幸而胜，实为败亡之道。数万将士捐躯异乡，胜负真能置之度外吗？

三、龙图老子

败报频频，有位名叫王尧臣的官员奉命考察西北。回到开封后，王尧臣上书，详细分析边陲形势，提出了一些对仁宗、对中书省及枢密院十分有价值的意见。

首先是"我方"。王尧臣指出：我军在陕西虽有二十万之众，能战者仅十万人，而且分屯四路，每路仅两三万人；反观李元昊，用兵常是十万。所以在具体的战场上，我军每每面对数倍于己的夏军。王尧臣的报告和韩琦所说李元昊"倾国入寇，不过四五万"，而且老弱妇女皆在行间，完全不是一回事。

然后是"敌方"。王尧臣指出：李元昊犯边，是入境容易而出境困难。这倒是新鲜事。为何如此？王尧臣解释说，西夏犯边，多由河谷而来，目的在掳掠，所以人自为战，所向披靡。我军虽然多设寨堡，却难以扼守。但是，深入汉地之后，党项驱虏人畜，劫掠财货，人困马乏，急于回归，兵无斗志，将不恋战，此时掩袭，最为有利。

最后，王尧臣总结了几次防守与出击失败的原因：

> 皆为贼先据胜地，诱致我师，将帅不能据险击归，而多倍道趋利。兵方疲顿，乃与生羌合战。贼始纵铁骑冲我军，继以步卒，挽强注射，锋不可当，遂致掩覆。（《宋史·王尧臣传》）

无论防守，还是出击，李元昊都是有备而来，先占据有利地形，而我军被动增援或盲目深入，既不知己，更不知彼，不败何由？"此主帅不思应变以惩前失之咎也。"（《宋史·王尧臣传》）也就是范仲淹所说的将无宿将、兵无精兵。

作为朝廷派来视察的大员，王尧臣的意见比范仲淹、韩琦乃至夏竦更有分量。为什么这样说？所谓屁股决定脑袋，夏竦及范仲淹、韩琦虽然也是朝廷命官，但此时身在边陲，不免站在边陲的立场考虑问题；王尧臣代表朝廷视察边务，立场自然在朝廷。

痛定思痛，主张进攻的韩琦放弃了原来的主张，同时分析宋军每每失败的原因：

> 缘边部署、钤辖下指挥使臣，每御敌，皆临时分领兵马，而不经训练服习，将未知士之勇怯，士未知将之威惠，以是数至败衄。（《续资治通鉴长编》）

这就涉及宋朝制度的弊端了。"兵将分离"，导致兵不知将而将不知兵，这样可以防范将领的拥兵自重，从根本上铲除骄兵悍将产生的土壤，对内也足以镇压民众的反抗，但是，对外却无法应对强大的军事力量。

既然上上下下都开始清醒，宋朝的"庙算"终于统一了意见。按照范仲淹等人的主张，加强边防，坚壁清野，同时招抚党项及西边各部，和李元昊周旋。

不但韩琦，任谁也无法解决宋朝的根本制度，但范仲淹在自己的权力范围内，局部改革宋军弊端。

第一，整顿军队。范仲淹发现一个十分可笑却是习以为常的现象，宋朝在陕西、甘肃一带的驻军将领，有总管、钤辖、都监等名目，一有战事，谁的官小谁先出战。这倒有意思了。形成这样的惯例，当然有它的原因，但范仲淹认为毫无道理，给了四个字的评价："取败之道。"那怎么办？将自己统驭下的全军一万八千人分为六营，每营三千人，日夜训练，遇有战事，根据敌情派遣军队。这种以三千人为一个战斗单位的做法，此后在陕西各镇普遍推行，虽然无法从根本上提升宋军的战斗力，组织起有效的攻势，但在防御中可以保证相对机动。

第二，多建营寨。根据驻军将领和当地父老的建议，依据山川形势，范仲淹在延州周边修建了十二座营寨，和延州一道，形成综合防御体系。

第三，安抚民众。用兵在于安民，安民为用兵之先。前些年范仲淹知开封府，有记载说是"决事如神"，有民谣称："朝廷无忧有范君，京师无事有希文。"（孙平仲《说苑》）这里的"希文"为范仲淹的字。来到陕西，范仲淹在整顿军队的同时，通过各种政策，招徕逃散在西夏的汉民，招徕包括党项在内的羌族各部。曾经依附于党项的羌族各部首脑六百多人，也在范仲淹的感召下归附于宋朝，

由于范仲淹是以"龙图阁直学士"兼任经略招讨使，所以被当地军民称为"龙图老子"。范仲淹的这些措施也传到了西夏。西夏将士也相互告诫，范仲淹是真知兵者："今小范老子腹中自有数万甲兵，不比大范老子可欺也！""小范老子"指的是范仲淹，"大范老子"则指前任延州知州范雍。

韩琦安下心来防御，也使自己的防区成为抵御李元昊南下的坚强屏障，并且和范仲淹及其他边臣、边将相互策应。

由于韩琦、范仲淹在边日久，又深得民心军心，当地也有民谣："军中有一韩，西贼闻之心骨寒；军中有一范，西贼闻之惊破胆。"（孙

平仲《说苑》）这个民谣类似于"宣传"口号，非常可能是官方所为。但在当地民众看来，只要韩琦、范仲淹在，他们的安全就有保障。

可见，无论哪朝哪代，只有知己知彼、因时制宜，上下一心、军民一心，才是克敌制胜的根本。

四、宋夏盟誓

正如范仲淹、王尧臣所预料的那样，当宋朝军民投入积极的防御之后，李元昊的活动空间被大大压缩了。进攻的时候，宋军据险设防，民众坚壁清野，结果劳师费饷，所获甚微；撤退的时候，宋军处处拦截，民众时时偷袭，致使军心涣散，民怨渐起。李元昊还真是个人物，开始考虑改变策略以应对宋朝的变化，争取利益最大化。

说到这里，需要对宋、辽、夏之间的关系做个梳理。

在宋、辽、夏三个民族政权的三足鼎立中，宋的人口最多，当然也最富庶；辽的地域最大，人口其次；夏的地域最小，人口也少，却最具扩张性。宋、辽在"澶渊之盟"后，大抵相安无事，当然，双方也都在寻找时机扩大利益。李元昊称帝时，一面向宋上表挑衅并发动攻击，一面和辽保持良好的关系。有朋友可能要问，为何西夏不是向辽而是向宋发起攻击，是否柿子挑软的捏？当然是这样，因为在当时的局面下，"大宋"最富庶但军队的战斗力却最弱。发动战争图的是什么？是人口和财富。所以，无论是辽还是夏，都是向富而弱的宋发起攻击。古今中外的一切战争，类似于"大宋"这样既富又弱的政权，是最容易受到攻击的。辽国除了"燕云"，地旷而人稀，你掠夺什么？西夏人少而悍、地狭而穷，你图什么？

虽然李元昊连连取得对宋战争的胜利，最高兴的却未必是党项，而是契丹。看上去在宋、夏之间保持中立，但从自身的利益考虑，辽更亲夏而疏宋。什么原因？有朋友说，李元昊是辽国的女婿啊！这不是理由，在政治家那里，联姻本身就是织网，是编织利益联盟之网。利益在则网在，利益破则网破。

辽亲夏而疏宋，原因很简单，自身的利益至高无上。宋已经富了，如果在战争中变得强了，下一步目标又是"燕云"。所以，在宋军连连失败时，辽不失时机地向宋勒索，要求归还瓦桥、益津二关，要求归还瀛、莫二州，当时称之为"关南十县"，甚至代表流亡在辽的北汉刘继元家族的后人，要求收回太原。

宋朝怎么办？为了不至于两线作战，在仁宗庆历二年（1042年）增加给辽的馈赠，在"澶渊之盟"的基础上，每年加银、绢各十万，由过去的"三十万匹两"变为"五十万匹两"。庆历二年是辽兴宗重熙二年，故辽人称之为"重熙增币"。

"重熙增币"固然憋屈，却带来了边境形势的变化。作为对宋的回报，也感受对宋、夏居高临下的心理，辽兴宗耶律宗真开始向夏施压，要求停止和宋之间的战争。在此时的辽兴宗眼里，宋、夏都是辽的属国，没有必要再打仗了。辽的这种做法，还有更深层次的考虑，如果西夏不断强大，也将对辽形成威胁。这就是当时的"国际关系"。

李元昊怎么办？既迫于辽人的压迫，也出于策略的转变，学习辽人和宋朝谈判，战场上难以得到的东西，通过和谈得到补偿。

"重熙增币"两年后，庆历四年（1044年）十月，经过多次讨价还价、使者往来之后，西夏的使者终于带来了李元昊向宋称臣、承认错误的"誓约"，同时提出经济补偿的要求："朝廷岁赐绢十三万匹、银五万两、茶二万斤。"绢、银、茶，共二十万。这个二十万的数字是有讲究的。什么讲究？正是"重熙增币"的数字。多了辽没面子，少了夏不甘心。当然，在二十万之外，因战争而停止的过去各种"岁赐"，也请予恢复。

西夏的"誓文"同时提出，这个誓文是我方单独的承诺，希望得到宋朝皇帝"誓诏"的认同，世世代代，永为君臣："倘君亲之义不存，或臣子之心渝变，使宗祀不永、子孙罹殃。"（《续资治通鉴长编》）这个誓约把宋朝也包括进去了。所谓"君亲之义"，说的是宋朝，"臣子之心"则是指自己。

李元昊的这个表态，正是宋朝求之不得的事情。既然有"澶渊之盟"在先，又有"重熙增币"在后，通过"岁赐"银绢换得结束战争，成了宋朝应对边患的"常规动作"。以宋仁宗的名义给西夏的"誓诏"写得十分体面：

> 朕临制四海，廓地万里，西夏之土，世以为胙。今乃纳忠悔咎，表于信誓，质之日月，要之鬼神，及诸子孙，无有渝变。申复恳至，朕甚嘉之。俯阅来誓，一皆如约。（《续资治通鉴长编》）

我大宋皇帝君临四海，宾服万方，你西夏的那片土地，本来就是用来提供贡品的。李元昊不但能够认识到背叛朝廷的错误，而且态度诚恳，那就既往不咎。誓约中提到的种种请求，包括每年"赐"绢十三万匹、银五万两、茶二万斤等，一概应允。

以经济补偿换取面子、以输出财富结束战争，不但是宋朝，也是中国历代皇朝处理和周边民族关系的惯例。但宋朝这一轮的对辽、对夏和约，却近乎把"澶渊之盟"的积极意义消磨殆尽，为日后的"靖康之难"埋下了伏笔。

第十二讲　庆历新政

一、积贫积弱

我们上一讲说，宋仁宗庆历四年底，也就是公元 1044、1045 年之际，西夏向北宋致"誓约"，认错称臣，同时要求得到经济补偿；北宋给西夏下"誓诏"，每年"赐"绢十三万匹、银五万两、茶二万斤，并且接受西夏提出的政治待遇和经济要求。宋、夏之间，通过"澶渊之盟"的套路，结束了自李元昊称帝以来持续七年之久的战争。

但是，这一次的宋、夏盟约，并不像四十年前的"澶渊之盟"那样，得到上上下下的普遍认同，而是让人感到耻辱。因为"澶渊之盟"是在宋军取得局部胜利之后与辽议和的，而宋在和西夏的战争中却是一败再败。虽然后来改为守势，压缩了李元昊的活动空间，但毕竟没有取得令人信服的战果。李元昊虽然上表称臣，却得到了在战场上难以得到的利益，而在西夏更是依然称帝如故。

就在两年前的"重熙增币"即通过增加银绢换得与辽的谅解之后，在谈判中起决定性作用的富弼一再提醒仁宗："契丹既结好，议者便谓无事，万一败盟，臣死且有罪。愿陛下思其轻侮之耻，坐薪尝胆，不忘修政。"（《宋史·富弼传》）虽然达成了和议，富弼担心这个和议会随着时局的变化而被推翻，所以希望仁宗皇帝即使做不到"卧薪尝胆"，也得"坐薪尝胆"，常备不懈，在日后可能发生的变故中处于主动。当年寇准推动"澶渊之盟"后，也曾经不断地提醒，盟约是暂时的，一旦双方的力量对比发生变化，盟约就是一张废纸。

事实确实如此，古今中外的所有盟誓，都只是管一时而管不了永久，靠得住的是自己真正的实力。但"澶渊之盟"后，宋朝的上上下下只是在享受安乐，富弼对此提出严厉的批评：

> 澶渊之盟，未为失策。而所可痛者，当国大臣，论和之后，武备皆废。以边臣用心者，谓之引惹生事；以搢绅虑患者，谓之迂阔背时。大率忌人谈兵，幸时无事，谓敌不敢背约，谓边不必预防，谓世常安，谓兵永息，恬然自处，都不为忧。（《续资治通鉴长编》）

富弼所说的执政者，看似指宰相，实更指真宗、仁宗以及曾经临朝十多年的太后刘氏，每当边臣报告辽、夏动态，便认为是在无事生非，甚至被指责为"希赏"。辽、夏使者傲慢无礼，被认为是"夷人"的习惯，不必计较。所有这些，看似包容，实则偷安。所以，当党项起兵挑衅时，他们瞠目结舌，全无胜算；当契丹趁火打劫时，他们张皇失措，莫知为计。当然，这个板子也不应该只打在少数执政者的屁股上，他们的态度是整个官场乃至全民的态度。

富弼在著名的《河北守御十二策》中还说到一个很有意思的现象：

> 自契丹侵取燕、蓟以北，拓跋自得灵、夏以西，其间所生豪英，皆为其用。得中国土地、役中国人力，称中国位号、仿中国官属，任中国贤才、读中国书籍，用中国车服、行中国法令，是二敌所为，皆与中国等。而又劲兵骁将，长于中国。中国所有，

彼尽得之；彼之所长，中国不及。(《续资治通鉴长编》)

　　中原的文化、汉族的文化，包括生产方式、生活方式，政权建设、法律制度，以及汉族的人才、书籍，契丹、党项都在学习，皆为契丹、党项所用，但他们的军队建设、作战方式，宋朝却没有学，也没有办法学。不仅如此，宋朝官场、汉族的精英和民众，就进取精神而言，远不如契丹、西夏。既然如此，怎么可能在与契丹、党项的角逐中胜出？

　　但是，所有这些，宋朝皇帝、宋朝的官场乃至宋朝的百姓，都不愿意承认，总以自身的文化优势俯视契丹、党项。燕云十六州夺不回，固然不甘心，但连"小丑"李元昊也奈何不了，"大宋"的脸面何在？

　　事实上，李元昊不仅宋奈何不了，辽也同样奈何不了。随着西夏的强大，不断有辽管辖下的党项及其他民族的部族投奔，成为影响辽、夏关系的重要因素。庆历四年，辽管辖下的"呆儿族"部族八百户，弃辽而投夏。在人口众多的大宋，这八百户简直可以忽略不计，但在地旷人稀的辽、夏，这八百户三千丁就是一支部队。当时辽国在位的皇帝，是签订"澶渊之盟"的圣宗耶律贤的儿子兴宗耶律宗真。

　　耶律宗真不但违背"澶渊之盟"、迫使宋增加绢银，而且还要求宋将"赠"改为"纳"，"岁币"之说也由此而起。这就意味着辽、宋之间的关系已不是兄弟之国而是君臣之国，辽是宗主国，宋为附属国。宋仁宗为了息事宁人，竟然也接受了。

　　宋步步退让，耶律宗真更加膨胀，责令李元昊将叛逃的八百户遣返。李元昊不买账，耶律宗真大为恼火，率领十万大军，亲征西夏。命其弟"天齐王"耶律重元率精骑七千出南路、"韩国王"即南院枢密使萧惠将兵六万出北路，自领中路，三路大军渡过黄河，分头并进。这件事发生在庆历四年九月，而李元昊派使者到开封，是在这年的十月。

　　辽兴宗的中路军深入西夏四百里，连西夏兵的影子也没见到，于是驻扎在得胜寺，等候南北两路的消息。消息终于等到了，却是北路军溃败的消息。原来，李元昊采用了对付宋军的同样办法，"诱敌深入"，置辽兴宗耶律宗真的中路军于不顾，集中优势兵力与萧惠的北路兵周旋，一面不断退兵，一面不断求和。萧惠不知是计，挥师而进，步步进逼。西夏兵一路撤退，一路烧荒，退了百里；辽兵一路进军，一路消耗，兵马疲惫。追到贺兰山北麓，萧惠发现上了当，表示愿意接受李元昊求和，但为时已晚。萧惠孤注一掷，带着辽兵拼命，李元昊以逸待劳，严阵以待，在顶住了辽兵的几番冲击之后，西夏兵发动反击，辽兵大败。接着，李元昊向辽兴宗耶律宗真所在得胜寺一带的中路军发起攻击，辽兵连连败退，耶律宗真几乎成了俘虏，"从数骑走"。李元昊并不过分逼迫，纵其逃去。

宋仁宗全盘接受李元昊的条件，既是想尽快结束与西夏的战争，恐怕也和西夏在这场战争中表现出的气势有关。辽国皇帝尚且被李元昊打得落荒而逃，多他给一些赏赐以求息战，也不算丢人。

二、四贤四谏

人们所说的宋朝的"积贫积弱"，其实是从对西夏战争的连续失败开始的。那怎么办？和当年的赵武灵王一样，胡服骑射？谁去学？宋仁宗赵祯？宰相吕夷简？还是韩琦、富弼、范仲淹？都不现实。比较现实的是从内部进行改革，强大自我。

寇准之后、王安石之前，也就是仁宗、英宗时代，虽然执政者多碌碌无为，但也出了一批著名的政治家，如韩琦、富弼、文彦博等。其中，富弼年龄稍长，出生于真宗景德元年（1004 年）；文彦博次之，出生于景德三年（1006 年）；韩琦稍晚，出生于真宗大中祥符元年（1008 年）。两年一位，而且长寿。韩琦六十八岁去世，在当时已是高寿，富弼却活到八十岁，文彦博更突破九十高龄。但是，在西夏向北宋挑战、辽向宋施压的时候，在上上下下都希望有所振作的时候，他们的年龄似乎还是轻了一些，资历似乎还是浅了一些，特别是性格上缺乏改革家必须具备的执着。这样，人们不约而同地把目光投向了范仲淹。

在当时的宋朝士大夫中，真正说得上既有一定资历，又勇于挺身而出、敢于担当的，还真得数"小范老子"范仲淹。从年龄说，范仲淹比韩琦等人高半辈，来到陕西为招抚经略副使时五十二岁，而同时来到陕西为副使的韩琦只有三十三岁。

由于宋军改攻为守，西线与西夏的战事有了改观，范仲淹和韩琦因为守边有功，人望日隆，双双被召回开封，韩琦为枢密院直学士、右谏议大夫，范仲淹为枢密副使。十分滑稽的是，范仲淹、韩琦二人刚到陕西做经略安抚副使时，主官是没有主见的夏竦。韩琦为枢密院直学士，范仲淹为枢密副使，那枢密使是谁？又是这位夏竦。有人说，这宋朝的官场是怎么回事？不但是宋朝官场，中国历代官场也多如此，不是看你的威望、才干，而是看你的资格、背景。当然，宋朝官场还有一个制约环节，那就是谏官系统，这个谏官系统代表着舆论的力量。

范仲淹、韩琦都曾经做过谏官，并以敢言著称。此时做谏官的，也有几位敢于说话，他们是欧阳修、王素、余靖、蔡襄，人人都有自己的故事。当年范仲淹以"天章阁待制知开封"给仁宗皇帝上"百官图"，抨击宰相吕夷简任人唯亲，被贬出京。余靖时为"集贤校理"，上疏力谏；尹洙时为"馆阁校勘"，要求与范仲淹同贬；欧阳修同为"馆阁校勘"，写信给谏官高若讷，指责他不为范仲淹伸张正义。结果，三人与范仲淹一道遭受贬谪，被斥为"朋党"。有位名叫韩缜的御史，为了拍宰相的马屁，建议将范仲淹等人的"朋党"榜示朝堂，"戒百官越职以言事"（陈均《九朝编年备要》）。为何说"越职以言事"？因为欧阳修等人都不是谏官，没有"言责"却言事。宋朝有"朋党"之说，也由此开始。

蔡襄当时为西京留守推官、馆阁校勘，也无"言责"，却置"朋党"

榜禁于不顾,作"四贤一不肖诗",共五篇一千三百多字。"四贤"指范仲淹、余靖、尹洙、欧阳修,皆赞扬有加;范仲淹是"中朝鸾鹤",尹洙是"君子卓然",余靖是"绰有风采",欧阳修是"德垂无疆"。"一不肖"指的是高若讷,斥其"无面皮"。蔡襄在诗中对于朝中所说的"朋党"特加点评:"君子道合久以成,小人利合久以倾。"(蔡襄《端明集》)

有记载说,此诗一出,"都人士争相传写,鬻书者市之,得厚利。契丹使适至,买以归,张于幽州馆"(《宋史·蔡襄传》)。读书人争相传抄,书商将这一千三百多字的诗文雕版印刷,竟然谋得大利。契丹使者将诗买去,张贴于幽州馆舍、学校,供人传诵,可见当时影响之大。

时过境迁,此时范仲淹进京,欧阳修和余靖以及王索均为谏官,蔡襄又写诗祝贺。在欧阳修三人的推荐下,蔡襄做了"知谏院",人称"四谏"。名为"四谏",当然是以"谏"著称。"四谏"见朝廷把范仲淹召进京,只是安排一个枢密院的副使,而李元昊眼里只值三千钱的夏竦却做了枢密使,压在范仲淹之上。"四谏"认为这个安排太荒唐,群起而攻之。结果,夏竦三月到任,四月就离任。初战告捷,欧阳修等人再接再厉,认为范仲淹才是真正的相材,怎么可以放在枢密副使的任上呢?

三、新政颁布

当时北宋的朝廷也是有意思的,谏官们一攻,夏竦离任了;谏官们再发力,一位名叫王举正的参知政事出任许州知州,他的职务由范仲淹接替。折腾了半天,范仲淹怎么还只是做参知政事,这不是副宰相吗,为何不直接做宰相?一是资历所限;二是当时在宰相位置上的是老资格的政治家晏殊和章得象,范仲淹暂时还不能和他们平起平坐。

本来宰相还有一位，曾经给范仲淹穿小鞋的吕夷简，在韩琦、范仲淹进京时因病罢相了。

章得象我们应该还有印象，是的，就是那位曾经一个晚上输了三十万还被人们称为"有容"的章得象，比范仲淹年长十一岁、中进士早十三年。晏殊虽然比范仲淹还小两岁，但十四岁的时候就以"神童"入试，赐进士出身，进入仕途比范仲淹还早十一年。当年范仲淹出任"秘阁校理"，就是出于晏殊的推荐。

晏殊、章得象支持范仲淹为参知政事，并指望通过范仲淹的改革，对当时整个官场的风气有一个改变。既然要改革，你章得象、晏殊是宰相，自己不改，怎么让副宰相范仲淹来改？这里应该有两个原因：第一，性格使然。《宋史》对二人的评价是："得象浑厚有容，殊喜荐拔人物，乐善不倦。"（《宋史·晏殊等传》）这种性格适合做宰相，却不适合搞改革。第二，时势使然。任何改革都存在风险，需要有人做出贡献，更需要有人做出牺牲。如果由宰相或君主亲自主持，那就是破釜沉舟了，一旦失败，没有回旋余地。这也是中国政治的奥妙之处。

应该说范仲淹是清醒的，深知宋朝在"澶渊之盟"后上下偷安，积弊已深，非朝夕可改。但是，以天下为己任的情怀，使他无法推托各方面对自己的期待。所以，当仁宗一再赐手诏，又专门召中书省和枢密院官员条对时，作为参知政事也就是副宰相的范仲淹提出了自己的改革主张，一共十条：

一、明黜陟。"黜"为罢免，"陟"为升迁，这是针对宋朝官场讲资历、轻能力而提出的改革主张。范仲淹提出，宰相、参知政事及枢密使、枢密副使，不能只论资历，而且应该是有大功大德者才能委任。此外，内外官员的任免、升降也不能只参考资历，更需要看重能力。

二、抑侥幸。这里的"侥幸"，特指贵族、外戚、官宦子弟，他们通过"恩荫"途径进入官场，范仲淹要求严格限制。有人问，宋朝不是科举取士吗？确实是，但是，不仅唐宋，即使明清，在科举取士的同时，也保留了贵族、外戚、官宦子弟通过恩荫进入官场的路子。

三、精贡举。"贡举"即科举，包括进士科和其他诸科。对于进士科，范仲淹主张先考察德行，再进行考试；考试先策试，再诗赋。这样做的目的是选拔品行好、既有文采更有理政头脑者进入官场。其他诸科如书算等，兼取通经义者。

四、择长官。这一条的目的，是建立选官的责任制。要求中书省、枢密院谨慎选拔各路的转运使、提点刑狱以及开封府及各大州的知州；各路转运使等官，则向中央推荐各州的知州、通判；知州、通判推举知县、县令。

五、均公田。这里的"公田"，指官府的"职田"，通过收税作为衙门的办公经费。范仲淹建议多给职田，让其办公经费充足，在这个基础上，才能要求官员廉洁奉公，并对贪官污吏进行制裁。

六、厚农桑。这是一条旨在"富国"的措施，鼓励各地吏员及民众为发展农业生产建言献策，要求各地兴修水利、奖励农桑，通过发展农业富民富国。

七、修武备。这是一条旨在"强兵"的措施。范仲淹建议在东京开封、西京洛阳试点推行"府兵"制度，招募强壮有力的农民为卫士，春、夏、秋三个季节务农，冬季农闲时进行训练。在京师取得经验之后，向全国推广。

八、推恩信。要求各级官员迅速将朝廷的惠民政策，如释放民事罪犯、免除历年拖欠的赋税，等等，尽快落在实处。如有迟滞或阻格不行者，予以重治。

九、重命令。朝令夕改，已为痼疾，朝廷政令，流于行文。范仲淹建议重新审订各种法令，去其冗繁及失效者，留其适时并可久行者，重新予以颁布。下达之后，各级官员必须遵守，不得借故推诿。

十、减徭役。由于人口的流动，官府所能掌控的户口日渐减少，但官府的用度却不断增加，致使所入不敷所出。范仲淹主张合并机构、减少州县数量，裁员节省的开支，支付军饷；裁减的衙役人等，让其归农。通过这些措施，减轻民众负担。

这十项改革措施被人们称为"庆历新政"。

四、阻力重重

《宋史·范仲淹传》说，范仲淹被召至开封后："中外想望其功业，而仲淹以天下为己任，裁削幸滥，考核官吏，日夜谋虑，兴致太平。"应该说，范仲淹的目光是敏锐的，一下就抓住了问题的实质。十条改革措施，以整顿吏治为中心，以裁减冗官、选拔贤能为手段，试图将精简机构、提高效率作为突破口，全面振奋起官场的精神，一举扭转积贫积弱的局面。

但是，正如范仲淹自己所指出的那样，当时的宋朝上下偷安，积弊已深，非朝夕可改。范仲淹的家国情怀和宋朝的现实状态之间存在着极大的差距。虽然改革方案面面俱到，却难落在实处。而对于宋朝的朝廷来说，最关心的只是两件事：一、强兵；二、富国。

"澶渊之盟"之前，和辽交战，虽然夺取燕云屡屡失败，但阻挡辽兵的南下，却是败少而胜多。"澶渊之盟"之后，和夏交战，无论是和李继迁战还是和李元昊战，几乎是每战必败，"积弱"之势暴露无遗。所以，无论是庙堂还是舆论，都希望扭转这一局面，重振大宋之雄风。这就需要"强兵"。但是，范仲淹除了提出在京畿试行府兵制外，并无切实的强兵措施。即使是这个试行府兵的计划，也因为被认为不切实际而搁浅。

再说"富国"。每年给辽、夏银、绢、茶，初看微不足道，加在一起也没有达到真宗"澶渊之盟"的上限一百万，但年复一年，就是一个大数字了。特别是随着新增机构越来越庞杂、官吏和军队数量越来越庞大，政府的开支自然也越来越多。这还只是一个方面，即人们通常说的冗官、冗兵、冗费的"三冗"。另一方面，因为吏治腐败、人口流亡、自然灾害频发，税收却在逐渐减少。出多而入少，宋朝财政面临严重挑战。如何增加所入而减少所出，也就是如何富国，是朝廷关注的又一问题。但是，范仲淹的改革措施中，只有减少所出却没有增加所入。

任何一个时代的改革，都不是容易的事情。改革意味着利益的重新分配，获利者固然高兴，但一旦涉及获利的多少，仍然会产生矛盾。而且，随着改革的推进，这个矛盾甚至会上升为主要矛盾。至于利益的亏损者，则是改革的直接阻力。

在"庆历新政"中，利益受到损害的，是第一条"明黜陟"、第二条"抑侥幸"直接涉及的人群，然后是第八条"推恩信"、第十条"减徭役"间接涉及的人群。

先看"明黜陟""抑侥幸"。

到了真宗、仁宗时代，宋朝的中书省、枢密院在很大程度上就是养老院，官员熬到一定的资历、年龄，就有可能做参知政事乃至同中书门下平章事，或者做枢密副使乃至枢密使；中下级按资历升迁也成了程序。范仲淹的新政提出不能只看资历，还要论能力，这就切断了一些老资格政治家升迁的道路，而正在熬资格盼望升迁的官员，也顿时没有了希望。

至于能力，由谁来评价？人人都自我感觉良好，有谁承认自己为"冗"、自己无能力？三年不升迁可以，五年不升迁忍受，到了十年八年不升迁，脸往哪里放？通过恩荫进入官场，是汉唐以来的传统，也是太祖、太宗对功臣、贵戚及资深官员的酬劳，是朝廷给的恩典，你说是"侥幸"，说抑就抑，哪有这么容易。而且，越是"冗员"，背景越是深厚。有位名叫邓绾的官员，说了一句名言："笑骂从汝，好官须我为之。"（《宋史·邓绾传》）正成为一些官员的座右铭。

这是来自上层的阻力。

再说"推恩信""减徭役"。

释放轻微的刑事罪犯，可以减少监狱开支、增加服役人力；免除历年拖欠，可以减轻民众负担。但对于相关官员、吏员来说，罪犯越多，朝廷下拨的粮食布匹越多，侵吞的机会也就越多；百姓欠着官府的赋税，正是官吏敲诈勒索的机会。新政本来是要惠及百姓，却间接剥夺了相关官员、吏员的既得利益。

至于精简机构、裁减冗员，本意是减轻一般民众的徭役负担，却打破了一些人的"铁饭碗"。"铁饭碗"人人可端，凭什么打破我的？

这是来自下层的阻力。

"强兵"没有立竿见影，"富国"朝廷未见实惠，反对的声浪却悄然而起。当时在政府的，宰相仍然是奖掖后进、时有小令新词传诵的晏殊，和以"有容"著称的章得象，晏殊还兼着枢密使；范仲淹为参知政事，富弼为枢密副使。

晏殊、章得象支持新政，但作为宰相，得安抚失意官员，掌控大局。富弼、韩琦是范仲淹的支持者，欧阳修等人则一如既往地力挺。

这样一来，有人老调重弹，关于范仲淹为首的"朋党"流言又不胫而走。

范仲淹空有一腔热血，新政却处处受阻。有消息传来，说契丹、西夏联手犯边。新政既然受阻，在朝已经难有作为，范仲淹与富弼同时请命行边。仁宗皇帝从来就没有太多主意，头痛医头，脚痛医脚，让范仲淹为陕西、河东宣抚使，防御西夏李元昊；富弼为河北宣抚使，应付熟悉的对手契丹。

有个记载说，范仲淹从陕西去开封主持改革，途经洛阳看望一位退休的宰相，告知自己的打算。这位退休宰相看着范仲淹，沉吟片刻说，一定要这样做？范仲淹说，必须这样做，否则没有办法改变大宋的命运。看惯了官场潮起潮落的退休宰相向范仲淹拱拱手说：明年此时，老朽在洛阳等您喝酒。范仲淹庆历三年七月为参知政事，推行新政，庆历四年六月出为陕西、河东宣抚使，正好一年。

"庆历新政"昙花一现，兴也匆匆，息也匆匆。北宋士大夫发起的第一轮改革尝试，就此偃旗息鼓。经历了几上几下的仕途沉浮，范仲淹的意志丝毫没有消沉，家国情怀更加强烈，并且逐渐形成了"居庙堂之高则忧其民，处江湖之远则忧其君""先天下之忧而忧，后天下之乐而乐"的理念和精神，由千古雄文《岳阳楼记》流传至今，成为中国传统士大夫最高的精神境界。

宋朝朝廷、宋朝官场，则继续它的上下偷安、坐享太平。新一轮的改革，需要有新一代更为执着的政治家。

第十三讲 熙宁新法

一、鄞县小试

我们上一讲说，范仲淹推行的"庆历新政"不到一年便偃旗息鼓。既是因为没有能够突破北宋官场根深蒂固的利益网，更是因为北宋通过与辽、夏的和议，再一次用"岁币"化解边疆危机，故而得以继续走老路子，上下偷安，坐享太平。而"庆历新政"的时间，正是在这两个和议之间。

既然日子可以继续过，你折腾什么啊？这倒应了时下流行的一句话，用钱能解决的问题，那就不是问题。但问题是，如果钱没了，闹钱荒了，怎么办？

"庆历新政"后，在富弼、韩琦、文彦博、欧阳修等人的辅佐下，仁宗赵祯继续做了二十年皇帝，于公元 1063 年去世，享年五十四岁，在位四十一年，成为北宋在位时间最长的皇帝。

时过境迁之后，人们总是容易忘记痛苦而回忆幸福。经历"安史之乱"劫后余生的杜甫，"忆昔开元全盛日"，说"公私仓廪俱丰实"、说"九州道路无豺虎"，既是夸大之辞，也是忘了开元、天宝时期的种种问题，包括举国上下的纵欢作乐、皇帝贵妃的醉生梦死、无助灾民的流离失所，等等。这些当时看起来十分严重的问题，比起"安史之乱"造成的灾害，几乎可以忽略不计。但正是这些大难之后觉得可以忽略不计的小问题，却是大难酿成的重要因素。

宋人也一样，虽然时时感受到辽、夏的双重侮辱，却又悠闲地享乐用"岁币"换来的天下太平。后人包括今天的一些人，甚至把仁宗赵祯在位的四十一年，加上"澶渊之盟"后的真宗时期、"熙宁变法"之前的英宗时期，视为北宋历史上乃至中国历史上最好的时期之一。虽然谁也不好意思把宋仁宗赵祯说成伟大，而宋朝的综合国力也绝对无法和唐朝的开元、天宝时期相比，但这个时代文化发展，经济繁荣，民众生活，士大夫优游闲适，却绝对不亚于开元、天宝时代。

但是，伟大的"开天盛世"，被天崩地裂般的"安史之乱"碾压得支离破碎。如何才能不重蹈唐玄宗时代的覆辙，如何才能扭转因辽、夏压制而导致的"积贫"、解决因为财政收支不平衡而带来的"积弱"？还真是只有一条路，改革。

但是，中国历史上的改革，成功的固然有，失败的也不在少数。所以，任何改革都是有风险的。成功需要时机，需要改革者的勇气和智慧，还需要一定的运气。有了"庆历新政"受挫的前车之鉴，虽然改革的呼声仍然在持续，仁宗皇帝以及他的助手们却不敢轻言改革。仁宗去世之后，继位的英宗是位谦谦君子，又是以养子的身份继承皇位，受制于太后曹氏，加之身体多病，没有精力更无勇气改革。所以，直到神宗继位，王安石横空出世，才重启改革之路。

王安石是抚州临川即今江西抚州人，论读书天分，绝不输于同时代的任何伟大人物。《宋史·王安石传》用赞赏的语气描述："安石少好读书，一过目终身不忘。其属文，动笔如飞，初若不经意，既成，见者皆服其精妙。"仁宗庆历二年（1042年）即"庆历新政"的前一年，二十二岁的王安石以殿试第四名中进士，那一科的状元是杨寘。

宋朝人流传一个说法：状元杨寘的哥哥叫杨察，是枢密使晏殊的女婿，向岳父打听其弟杨寘科举的名次。因为杨寘在此前的"解试"即乡试、"省试"即会试中均为第一，所以十分关心殿试的名次。如果也是第一，那就是连中解元、会元、状元的"三元"了，不但是自己，也是朝廷的盛事。晏殊也是江西抚州人、王安石的老乡，非常遗憾地告诉女婿，你弟弟殿试排在第四，第一是临川王安石。杨寘正和朋友在酒肆喝酒，得到消息之后十分失望，连连捶打桌子：哪个小子夺了我的状元啊！但是，最后"唱名"的时候，状元竟是杨寘，王安石成了第四名。

什么原因？有记载说，是仁宗在最后审阅殿试前十名的试卷时，发现第一名的卷中有"孺子其朋"四个字。这四个字出自《尚书》，是周公教导侄子成王时说的话，说孩子你要好好团结公侯，像对待朋友一样对待他们。王安石的"用典"并没有错，希望仁宗皇帝像周公教导的那样，尊重大臣，像朋友那样对待他们。但仁宗不高兴，一个新科进士怎么教导起皇帝？不能让他做状元。结果，王安石的第一成了第四，杨寘的第四成了第一。当然，是否晏殊和仁宗之间达成默契，牺牲王安石这个小老乡，成全本朝的一位"三元"，也未可知。王铚对这件事发表看法："寘方以鄙语骂时，不知自为第一人也。然荆公平生未尝略语曾考中状元，其气量高大，视科第为何等事而增重耶！"（王铚《默记》）王安石才是大气，大丈夫该做的事太多了，科第名次算得了什么！

由此想到几百年后的明朝。世宗嘉靖八年，吉安吉水籍举子罗洪先中了状元，正在北京任官的岳父每每被人问起：今科状元听说又是你吉水人？岳父被人问多了，干脆明言：今科状元，就是小婿。罗洪先知道后，心中不快，却又无奈。为什么？因为在罗洪先看来，大丈夫该做的事情太多，状元三年一个，有什么了不起！虽然如此，但也不能责怪岳父啊。

中进士后，王安石先为"签书淮南判官"，这是管理文案的官员。

庆历七年，调任鄞县即今日浙江宁波为知县。

由于直接面对底层民众，宋、元、明、清时期，将知府、知州、知县称为"亲民官"。王安石在鄞县做了四年"亲民官"，并不是一天到晚忙于事务，而是三天理一次事，其他时间干什么？读书。那他能做好知县吗？不是能不能做好，而是做得极其之好。《东都事略》说，王安石在鄞县主要做了四件事：第一，兴修水利。该筑的堤堰组织修筑，该疏浚的河塘组织疏浚。通过兴修水利，改善了民众的生活、生产条件。第二，推行借贷，在青黄不接时，将官府的存粮借贷给民众，秋收时偿还，收取一定的利息。通过这个措施，既解决了农户的燃眉之急，官府也有一些收入，而且存粮贷出，新粮入库，一举而三得。第三，兴办各类学校。第四，整顿社会治安。几年下来，鄞县大治。

鄞县可以说是王安石实现政治抱负的试验田，使他有了日后在更高平台上实现理想的底气。

二、变法纲领

此后，王安石又任舒州通判、提点江东刑狱等，全是"亲民"岗位，在这个过程中，也积累起管理经验。尽管文彦博、欧阳修等人多次举荐王安石就任京职，王安石总是以各种理由推辞。宋朝的事情很好玩，你越是推辞，人们越认为你有修养、有道德，越是看好你。虽说其间也有虚伪的成分，但总比饿狼一般地跑官要官好得多。

仁宗嘉祐三年（1058年），在人们的千呼万唤中，王安石终于来到东京开封任职，为"度支判官"。"度支"是中唐以来户部、度支、盐钱（或盐铁）三个中央财政机构中的一个，主管财政支出。在这个位置上，王安石充分认识到宋朝财政是如何"积弱"，一直在心中酝酿的抱负终于爆发，给仁宗皇帝上了一道近万字的"言事书"，成为十年后变法的纲领。

第一，王安石明确指出他所认为的宋朝最大问题："财力日以困穷，而风俗日以衰坏。"（王安石《临川文集·上仁宗皇帝言事书》，下同）相比而言，财力日穷只是表象，风俗日坏才是根本。

第二，王安石认为，导致这两大问题产生的原因，是执政者"不法先王之政"。但王安石所说"先王之政"，并不是秦皇汉武、唐宗宋祖的"先王之政"，而是尧、舜、禹、汤、文王、周公的"先王之政"。为了避免被指为迂腐，王安石特别指出，所谓"法先王之政"，并不是法先王之政的"形"，而是法先王之政的"神"。

第三，什么是先王之政的"神"？王安石提出了自己酝酿已久的思想："因天下之力以生天下之财，取天下之财以供天下之费。自古治世，未尝以不足为天下之公患也，患在治财无其道尔。"自古以来，所患者不是社会财富不足，而是没有理财之道；天下的财富靠天下之人去创造，理财的目的是用天下的财富为天下人服务。这个思想成为后来王安石变法的基本思想。

第四，要法先王之政，要创造天下之财、理好天下之财，需要的是人才，王安石在"言事书"中提出："方今之急，在于人才而已。"中国历史上所有奋发有为的时代、所有奋发有为的政权，至少在人们所看得到的层面，都是人才的作用。但在中国历史上所有的改革纲领中，还没有谁像王安石这样如此强调人才的作用。所以，王安石的这个"言事书"，把重点放在了人才的教育、培养、选拔、任用上。在王安石看来，宋朝的官场之上，固然是人才严重不足；而在民间，人才的储备同样是严重不足。

第五，为何会人才缺乏？王安石指向了当时的教育和选举："今之教者，非特不能成人之才，又从而困苦毁坏之，使不能成才。"今天的教育，不是培养人才而是摧残人才。所以，王安石建议仁宗："明诏大臣，思所以陶成天下之才，虑之以谋，计之以数，为之以渐，期为合于当世之变。"如果这样，天下的人才就取之不尽、用之不竭了。

为了引起仁宗皇帝对这份"言事书"的重视，也预防有人将自己的见解说成迂腐的老生常谈，王安石特别提醒："臣之所称，流俗之所不讲，而今之议者以谓迂阔而熟烂者也，惟陛下留神而察之。"

"言事书"后来被收入王安石文集，标题为"上仁宗皇帝言事书"。"仁宗"是赵祯去世之后的庙号，王安石上书时，当然不可能用这个庙号，所以，"仁宗"二字乃后来所加。这个"言事书"被清人蔡上翔称为"秦汉而下，未有及此者"（《王荆公年谱考略》），固然是因为篇幅大，更是因为思想深邃，逻辑严密，层层推进，鞭辟入里，是"文以载道"的典范。

作为史学研究者，每次读王安石八百年前的"言事书"，我都感到直抒胸臆的痛快。但有时转念一想，假如换个角度，我是执政者，读到王安石的"言事书"，会有何感受？坦率地说，不会太舒服。所谓不当家不知柴米贵，站着说话不腰痛，有朝一日，你坐在这个位置上，是否还可以这样洋洋洒洒发表议论？

当时的宰相是谁？富弼、韩琦，北宋中期最负盛名的两位政治家，当年都是范仲淹的主要支持者，如今坐在宰相的位置上，对国家事务的认识发生了变化，而对于治理国家的理念，也由过去的"求变"转为"守常"。这大概也是一个普遍规律：存在决定意识，屁股决定脑袋。不仅富弼、韩琦，以后我们要说，王安石自己也难免屁股决定脑袋。

三、新法推行

公元 1063 年，仁宗皇帝去世，英宗皇帝继位；公元 1067 年，英宗皇帝去世，神宗皇帝继位。

神宗赵顼继位时虽然不到二十岁，却是胸怀大志。既有憾于父亲英宗的碌碌无为，更希望通过自己的治理，富国强兵，振兴大宋雄风，向辽、夏讨回公道。皇帝有这个想法，得找志同道合的大臣。

这时的宰相是韩琦、曾公亮，二人从仁宗后期开始，历英宗，到神宗继位，同为宰相多年。做宰相的时间越长，就越希望平平安安、稳稳当当，这就不符合神宗的需要了。

神宗赵顼从小喜欢法家学说，尤其酷爱《韩非子》，并且读过王安石的"言事书"，既由衷佩服，又觉得和自己的抱负不谋而合。继位之后，神宗先以王安石为江宁知府，随即召为翰林学士。经过几番交流，神宗认定，只有王安石才能帮助自己实现富国强兵的抱负，遂以王安石为参知政事，这是范仲淹推行"庆历新政"时的职务。

神宗向王安石透露："人皆不能知卿。以为卿但知经术，不可以经世务。"谁说王安石不可以"经世务"？韩琦。神宗曾经就王安石的任命征询过韩琦的意见，韩琦断然回答："安石为翰林学士则有余，处辅弼之地则不可。"（《东都事略》）王安石对此也早有耳闻，见神宗问起，不禁笑道："经术者，所以经世务也。后世所谓儒者，大抵皆庸人，故世俗皆以经术不可施于世务。"（《东都事略》）

原来如此。真正的经术，是既有经又有术，既有理论又有实践，乃是"经世之务"。有经而无术，只是儒者；有术无经，多为小人；既无经又无术，只是庸者。二十岁的神宗对四十七岁的王安石彻底信服了，看来，眼下的宰相，充其量只是个儒者。韩琦此时虽然才六十岁，但因为反对任用王安石，那就得把位置让位给王安石；曾公亮虽然在王安石为参知政事时能配合工作，但年近七十，已无锐气，也被罢相。

曾公亮后来说了一句看来想撇开责任的话："上与介甫如一人，此乃天也。"（《宋史·曾公亮传》）只有当皇上遇上王安石并且发生化学反应的时候，宋朝的新一轮改革才得以重新启动，这就是"天意"。当然，这个"天意"是让大宋的日子一天天好起来的天意，还是大宋的好日子已经到头的天意，不同立场的人有不同的认识。

神宗接下来采取了两大措施：第一，建立一个新的机构，叫"制置三司条例司"。我们刚刚说到，所谓"三司"，是唐中期以来分掌中央财政的户部、度支和盐铁三个机构，户部管户口土地和田赋，度支管财政支出，盐铁管工商税务。"制置三司条例司"的责任，是对原有的财税政策予以修订，并且制定新的财税政策。也就是说，把原来的"三司"作为执行部门，而政策的制定归口到条例司。第二，以王安石为同中书门下平章事，为大宋朝的宰相。同时为相的是韩绛，王珪为参知政事。这个安排很有意思。我们刚刚说，为了成就一个"三元"，王安石由第一名换成了第四名，杨寘则由第四名调到了第一名，那么，中间的二、三名是谁？第二名就是这次任命的参知政事王珪，第三名则是和王安石并为宰相的韩绛。韩绛是王安石的"同志"，虽然命为同中书门下平章事，但在陕西御边，其实是王安石"独相"。

在神宗的全力支持下，王安石推出了一系列改革措施，主要有三个方面：富国、强兵、取士。重点是"富国"，即通过理财增加政府的财政收入，这正是十年前王安石"上仁宗皇帝言事书"的核心内容。

富国之法有六：农田水利法、青苗法、均输法、市易法、免役法、方田均税法。涉及农田水利、商品交流、赈灾救荒、控制物价、协调劳役等各个方面，目的是提高生产效率、抑制商人兼并，增加政府的财政收入。

强兵之法有四：保甲法、保马法、置将法、军器监法。希望通过这些措施，解决宋朝民不知兵、将不知兵、战马不备、兵器不良的问题，提高军队的战斗力。

取士之法有三：太学三舍法、贡举法、唯才是举法。所谓"三舍"，是扩大大学的规模，并且根据学生的性情、才学，分为外舍、内舍、上舍三个层级，以利于培养人才、储备人才。同时，通过改变科举考试的内容以培养各类人才，通过开辟用人的通道以选拔真正的人才。

由于新法的推行是在神宗熙宁年间，所以叫"熙宁新法"。比较范仲淹的"庆历新政"，王安石的"熙宁新法"不是面面俱到，但目标十分明确，就四个字：富国强兵。"富国"的目的是改变财政上的

"积弱"，"强兵"的目的是改变对辽、夏及其他周边国家和地区的"积弱"。所以，新法具有可操作性，既是十年前"言事书"设想的具体化，也有王安石在鄞县为知县时的试点经验，如农田水利法、青苗法、保甲法等。最为明显的区别是，"庆历新政"处处在"节流"，而"熙宁新法"条条在"开源"。同时，王安石吸取了"庆历新政"的教训，绝不轻言裁减"冗员"、抑制"侥幸"，以减少新法的阻力。

在神宗的全力支持下，王安石大张旗鼓又坚定不移地向全国推广新法。

四、富国强兵

宋神宗在位的十多年，用了两个年号，一是熙宁，二是元丰，前后近二十年。在这二十年里，新法连连出台，犹如一场又一场的疾风骤雨，席卷大宋的城乡，在富国、强兵两个方面取得了重大成果。

仅以青苗法推行后所得到的"青苗息"为例，每年大约三百万贯，相当于全国两税总额的百分之六，为同一时期市舶司所收海外贸易税的五倍，相当于庆历时期每年的财政赤字。而各项"富国"新法所产生的总体经济效益，陆佃《神宗皇帝实录余论》追记：

> 元丰间，年谷屡登，积粟塞上，盖数千万石。而四方常平之钱，不可胜计，余财羡泽，至今蒙利。（陆佃《陶山集》）

元祐初年户部尚书李常提供的数据是：

> 伏见现今常平、专场、免役积剩钱共五千余万贯，散在天下州县，贯朽不用……除见钱外，见在谷帛复有二千八百余万石、匹等。（《续资治通鉴长编》）

经历仁宗、神宗、哲宗三朝，一直到徽宗朝还在服务的安焘，在离开开封前往洛阳为河南知府时上书徽宗：

> 熙宁、元丰之间，中外府库，无不充衍，小邑所积钱米亦不减二十万。（《宋史·安焘传》）

这样的记载，极似杜甫所说唐朝开元年间的"公私仓廪俱丰实"。有了"富国"为基础，"强兵"的效果也开始显现。

首先是用兵西夏。自李继迁、李元昊祖孙开始，西夏取代契丹，成为北宋主要的边患。而范仲淹、韩琦等人，也是由防御西夏而闻名于世的。王安石的变法，扭转了北宋财政困难，也加强了宋军的战斗力。既出于对西部防务的需要，也为了减缓变法的阻力，神宗和王安石将对外打击的目标锁定在了西夏。但是，并不直接与西夏争锋，而是向西拓展疆域，对西夏形成强有力的压制。提出这一战略思想的，是王安石的老乡王韶。

王韶是江州德安即今江西德安人，虽然考中进士，却没有得到施展自己才华的机会，于是四处游历，特别在陕西、甘肃一带，深入汉人、羌人及党项人生活的地区，考察地形、了解民俗，开始形成了自己对付西夏的思路。神宗重用王安石，锐意改革；王安石变法，志在富国强兵。王韶认为自己报效国家的机会到了，于是上"平戎策"：

> 国家欲制西夏，当复河湟；河湟复，则西夏有腹背之忧。自唐乾元以后，吐蕃陷河陇。至今，董毡不能制诸羌，而人自为部，莫相统一。宜以时并有之，以绝夏人之右臂。

王韶的这个"平戎策"，与当年张骞出使西域以断匈奴之右臂，是同一个思路。所谓河湟、河陇，指的是今甘肃、青海一线，董毡则是指当时的吐蕃部族首脑。神宗对王韶的"平戎策"极为重视，当即将其安置在陕西凤翔，就近筹备。王安石给予王韶高度信任，清除一切可能影响其决策的官员。

从熙宁四年开始，王韶逐步向西用兵，招抚、征讨、屯田、通商、办学，数策并举，对今陕西、甘肃、青海、四川接壤地区，展开全方位的拓边，有一次是连续五十四日转战一千八百多里。经过两年多的经营，收复熙、河、洮、岷、叠、宕六州，拓地两千里，兰州从此进入北宋的版图。这是自"安史之乱"后，中原政权对这一地区的首次控制，也成为北宋灭北汉以来的近百年间最为伟大的军事胜利。六州以熙州、河州即今甘肃临洮、临夏为首，所以人们将王韶的这一次拓边称为"熙河之役"。从此，北宋对西夏的战略态势由被动转为主动。

虽然有"澶渊之盟"，又有"重熙增币"，宋、辽两国使节不断，文化、经济交流十分频繁。但无论是宋还是辽，仍然警惕着对方的动静。得知宋军在西部活动，辽国派来使节，还是老套路。第一，要求宋不得随意用兵，特别是不得向西夏用兵；第二，索要"关南十县"，即周世宗柴荣夺来的瀛州、莫州一带。如果在仁宗时代，北宋可能又得"增币"了。但时代变了，宋通过变法强了，所以谈判代表的腰杆也硬了，直接将辽的要求驳了回去，辽竟然没有任何办法。

北边的辽国无奈，南边交趾却动手了。

当中原皇朝强盛时，交趾入贡为属国；当中原地区陷于战乱，或皇朝孱弱时，交趾则时时入侵。这也成为一种常态。熙宁八年（1075年），交趾国主李乾德得到一些关于王安石变法及宋朝人心不稳的信息，又根据过去的老情报，认为宋朝受制于辽、夏，于是大举入侵。军队入侵的同时，派人潜入中国内地，张贴"露布"，以示师出有名。露布说：有交趾人逃入宋境，宋人拒不归还；中国皇帝腐朽，听任王安石作青苗、助役之法，民不聊生。所以，交趾既要夺回出逃的人口，还要拯救宋人于水深火热之中。这就好玩了，交趾国主要解放宋朝人民。交趾连占钦州、廉州（今广西合浦），围攻邕州（今广西南宁）。邕州军民坚守四十多天、杀敌万余之后失陷。交趾兵在钦、廉、邕三州，屠杀包括汉人及当地少数民族在内的"宋人"十多万。

如果这个事情发生在若干年前，宋朝可能无可奈何。如今情况不同了，经过王安石变法，宋朝摘掉了积贫积弱的帽子，财力增强了，军力增强了，宋神宗命名将郭逵率军十万，南下抵御。宋军先是收复了被侵占的邕、钦、廉三州，然后挥师南下，夺了交趾的广源州（今越南广渊），并在富良江即今越南境内的红河决战，交趾兵被杀数千人，落入水中淹死的不计其数，有记载说，由于尸体多，"水为之三日不流"（《续资治通鉴长编》）。

这个时候，交趾国主李乾德才知道自己判断失误，连忙派出使者，上表求降，不仅归还从宋朝各州掠夺的人口，还献上苏、茂、思琅、门谅、广源五州，作为对战败的补偿。

王安石变法所取得的"富国""强兵"成果，令人振奋，自从灭了北汉以后，宋朝在对外战争中还没有这样扬眉吐气过。

第十四讲　荆公温公

一、青苗之行

我们上一讲说，王安石推行的新法在"富国"和"强兵"两个方面都取得了令人振奋的效果。但是，如此好事，宋神宗一死，竟然发生了变化。其实，神宗在位时就已经在发生变化。发生了什么变化？新法在推行过程中，正在走样。我们以青苗法为例。

青苗法是王安石变法中影响面最大的新法之一，也是王安石最看好的一个新法。根据"制置三司条例司"制定的条款，青苗法的办法是：每年春、夏青黄不接之时，两次将常平仓的储备钱粮借贷予民，夏、秋两季随两税一并归还。此法的目的是抑制兼并，解除民众承受高利贷之苦。放贷的原则是，听民自愿，官府无利其入。常平仓是历代官府用以调节粮价、储粮备荒而建立的粮库，由于动用的是常平仓储，所以青苗法又叫"常平新法"。

"制置三司条例司"在制定各项新法的时候，青苗法是认同度最高的一个，除了苏辙、司马光就技术问题提出质疑外，没有其他反对意见。但是，刚在河北即今河北省的中部和南部地区试点推行，问题就发生了。

在河北推行青苗法的是提举常平官王广廉，当地的最高长官，是曾经的宰相、此时的河北安抚使韩琦。王广廉在陕西时曾经推行过青苗钱，从这一点说，他是试行青苗法的最好人选。但是，韩琦见到的王广廉关于青苗法的公文，却和朝廷精神大相径庭。第一，朝廷的精神是听民自愿，不得强迫，王广廉却规定，十家联保，按户等摊派，当时称为"抑配"。户等越高，摊派的青苗钱粮越多，户等越低，允许借贷的青苗钱粮越少。第二，朝廷的精神是官府不利其入，王广廉则要求归还时加三分利息，发放的青苗钱粮遂为"本钱"。第三，朝廷的精神是免除农户受高利贷盘剥，王广廉不但要求按户等抑配，还让城市中有产业者以物业为抵押，五家联保，借贷常平钱粮。

一项新法在实施过程中，由于各种原因出现一些偏差，或者相关官员为了政绩而加力过度，乃至假公济私、从中渔利，并不足为怪。怪的是推行青苗法的王广廉是由朝廷直接任命的专职官员，他对朝廷的精神应该比韩琦更了解。而且，不仅仅是王广廉，其后所有朝廷派出的提举常平官在推行青苗法时，都和王广廉的做法一样，都和朝廷的精神不相符合。

这就说明，朝廷除了"公开"的精神，还有"内部"的精神。而朝廷的公开精神，便成为人们批评正在实施的青苗法的理由，青苗法也在各地受到程度不同的批评和阻挠。在这些批评者和阻挠者中，有些是真心真意希望新法好，所以诚心诚意提意见；有些则是早就对新法不满，等着在这里进行攻击。

但是，所有的批评几乎都被"条例司"视为攻击，一一予以回击：第一，摊派或许有，到时惩治一二人，其弊自除。第二，官府收取利息，是用来支付差役的劳务、运输的费用以及过程中的损耗，无可厚非。第三，《周礼》中记载，民众向官府借贷，每年是百分之二十五的利息，如今收取二、三分的利息，是符合古制的。这样的解释，等于向朝野宣布"条例司"原来定的精神是幌子，王广廉在河北，其他常平提举官在各地的做法，才是朝廷的"真实"的精神。

所以，尽管熙宁三年正月也就是青苗法推行不久，朝廷以皇帝的名义下达了禁止抑配即摊派的诏令，但人们认为，朝廷的这个举动只是因为"言者既交攻之，朝廷不得已，乃降此诏"（毕沅《续资治通鉴》）。禁止抑配的诏令，只是为了敷衍舆论。

既然公开的精神和内部的精神不是一回事，诏令禁止和实际推进也就不是一回事，这就产生了两个后果：第一，各地提举常平及州县官员，继续按户等摊派青苗钱粮，并按规定的利息征税。第二，引起人们对新法和新法的制定者的不信任，用我们今天的话说，就是公信力受到质疑。随着青苗法推进和其他各项新法在各地推行，虽然神宗罢免了一批又一批阻挠、批评新法的官员，包括中央的和地方的官员，但反对新法的声浪却是一波高过一波。

事实上，青苗利息的收取，确实是有定额的。所以，发放青苗钱粮即青苗本钱，也是有定额的，有定额就一定有摊派。熙宁七年（1074年），王安石十分兴奋地告诉神宗，青苗法成果显著，每年官府所收利息为三百万贯。元丰六年（1083年），户部重新核定青苗钱粮的摊派和征收，每年摊派1103万（贯、石、匹、两），征收1396万（贯、石、匹、两），二者差额即利息，和王安石所说的三百万大抵相符，和韩琦所说三分利息也是相符的。

由于青苗本钱的摊派和青苗利息的征收是根据户等而定的，所以，户等越高即家境越富庶，定得也就越高，而富庶家庭本来是不需要青苗借贷的。这就形成了一个有趣的现象：越是富民，越不想借贷，既不需要，更不愿交青苗利息；但越是贫民，越想借贷，因为他们有用。由此出现了一些极端的现象。

个别地区的一些富裕家庭本不需要青苗钱粮，但又不能不纳青苗利息，于是干脆不领取本钱，在缴纳正常二税的时候，直接缴纳利息。这正是官府求之不得的，不散本钱而直接收取利息，是何等轻松愉快的事情！但是，就在这富人无可奈何的纳息与官府兴高采烈的收息过程中，青苗法的性质也在发生变化，由本来的官府与民众之间的借贷，开始演变成民众向官府缴纳的财产税。当然，不是完全意义上的财产税，而是正在形成中的财产税。

而有些地区，每到青苗钱粮发放时期，当地的酒楼、茶馆、妓院、赌场便生意爆满。远郊近乡的下等户贫民好不容易进一趟城，领了青苗钱粮，当即风光潇洒一把，出城之时已经一文不名。至于到时如何归还，天无绝人之路，官府逼得再急，钱粮没有，命有一条。如果抓进监狱，正好可以官府管饭，再说监狱也容不下啊！

二、君臣默契

诸位说，怎么会这样呢？青苗法王安石在鄞县推行过，不是得到民众的拥护吗？确实如此。对于发生的弊病，前人曾经评论，说一县之事与全国之事不同。一县之事，王安石可以亲力亲为，完全掌控，全国的事情就不同了，不是人人都像王安石那样一心为国。这种看法有一定道理，但只知其一，不知其二。更为主要的原因，是此一时彼一时，随着地位的变化，王安石的思想也发生了变化。在"国计"与"民生"这杆天平上，当王安石为鄞县知县时，考虑更多的是"民生"，是为了帮助民众解脱高利贷的盘剥；当王安石为参知政事乃至宰相的时候，考虑更多的则是"国计"，是为了更多地收取青苗利息。在全国推行的青苗法和在鄞县推行的青苗法的不同由此而产生，这也是"存在决定意识"的结果。

由此，我们可以对王安石变法的"富国"即"理财"思想做一个初步的讨论。王安石是采用市场经济的方式，推行国家的强制政策。这样做的好处是可以迅速增加财政收入，扭转财政层面的"积弱"局面，不但"富国"，而且为"强兵"提供充足的物质保障。从这个角度说，王安石的理财思想直承唐朝进行盐税改革的刘晏，比明朝张居正的财政改革更具"市场意识"。

王安石本人对这个思路充满信心。所以，不管有多少反对意见，王安石都理直气壮。因为他坚定不移地认为，各项新法的制定和实施是"为天下理财，不为征利"（王安石《答司马谏议书》）。为了打消神宗的顾虑，王安石提出了一个全新的思想："陛下但不以此钱供苑囿陂池侈服之费，多取之不为虐也。""人主能以尧舜之政泽民，虽竭天下之力以奉乘舆，不为过当。"（《续资治通鉴长编》）只要不把通过新法创收的财富用于皇室消费，收得再多，也不能称之为敛财；只要不是为个人谋私利，而是为天下谋公利，即使汇集天下之财富，也并不过分。和一切成功的改革家一样，王安石坚持认为，变法必须依靠少数人，必须百折不挠，天下人只能共享其成，而不能与谋其始。

在这方面，神宗和王安石是志同道合的，有人描述二人之间的关系，特别是神宗对王安石的信任：

> 熙宁之初，锐意求治，与王安石议政意合，即倚以为辅，一切屈己听之。更立法度，拔用人才，而耆旧多不同，于是人言沸腾，中外皆疑，虽安石不能自保，亦乞罢政事。然上独用之，确然不移。安石性刚，论事上前，有所争辩，时辞色皆厉，上辄改容为之欣纳。盖自三代而后，君相相知、义兼师友、言听计从、了无形迹，未有若兹之盛也。（《东都事略》）

宋神宗和王安石，可以说是自商鞅变法以来推进变法最为契合的一对君臣。但是，情况因为一场天灾而发生了一些变化。

熙宁七年（1074年）春，天下久旱，饥民流离失所，不少官员上书，说是青苗、市易等法祸害天下，请求废除。太皇太后曹氏、太后高氏也成天向神宗抱怨乃至哭诉，说王安石一伙是在败坏大宋的天下。神宗开始忧虑起来，毕竟天下是赵家的天下，于是请王安石商议。王安石宽慰皇帝，说天灾如同生病，十分正常，即使尧舜禹汤时期也在所不免，只要勤修人事，自然可以渡过灾荒。神宗说，这可不是小事，这段时间近臣和后族都在说是新法与民争利才导致天灾的。

王安石不为所动，一面力劝皇帝顶住压力，坚持推进新法，一面对各种责难予以反驳，谁提意见反驳谁。太皇太后、皇太后有意见，便将矛头指向曹氏家族、高氏家族。相传王安石的"三不足"之说，就是在这段时间发生的："天下不足畏，祖宗不足法，人言不足恤。"（《东都事略》）神宗是了不起的，新法推进，毫不动摇，但他夹在两宫太后和王安石之间，十分为难。而且，对于两宫太后，天天要请安，天天要面对。所以，神宗对不断为自己也为新法辩护的王安石开始有些不满了，怎么这样不会做人呢？你就不能在口头上做些让步，让我在两宫太后面前有个交代啊！

这时，有位名叫郑侠的官员绘制了一幅"灾民图"，通过内线呈至御前，并且预言："旱由安石所致，安石去，天必雨！"神宗大怒，将郑侠贬谪到岭南，却留下了郑侠留下的"灾民图"，并且时时浏览。

迫于各种压力，皇帝心动了，接受王安石的辞职，让他到南京居住，知江宁府。王安石推荐好友韩绛为相，推荐变法的主要助手吕惠卿为参知政事，让他们帮助皇帝推进新法，时人称韩绛为"传法沙门"、吕惠卿为"护法善神"。看来，王安石的罢相，实是和神宗之间的默契，丢车保帅，以退为进，继续推进新法。

但是，令神宗和王安石难堪的是，王安石罢相不久，天下雨，旱灾解除了。这本是凑巧，舆论却出来了，说是应了郑侠的预言："安石去，天必雨！"

三、整体个体

一直以来的说法是，王安石的新法代表着普通地主，也就是中小地主的利益，而对大地主及贵族地主进行剥夺。但是，新法的反对者固然有以曹太后、高太后家族为代表的贵族地主，而韩琦、富弼、欧阳修、苏轼、苏辙兄弟，以及献"灾民图"的郑侠，无论如何都难以称为"大地主"及贵族的代言人。

从本质上说，王安石变法是代表宋朝朝廷，是站在宋朝国家的立场上推行的一场涉及全社会各个阶级、各个阶层、各种人群切身利益的经济改革；是把地主、商人及一切可能获得社会经济利益的人群、阶层、阶级的利益，至少是部分利益，收归国家所有。

这样，一方面是国家财政得到了改善，但另一方面却触动了几乎所有的人群、阶层、阶级的利益，当然，越是富裕的家庭，被触动的利益就越大。于是，原有的消费者与商人之间、佃户和地主之间、小地主和大地主之间、小商人和大商人之间，以及各种利益之间的矛盾，便转化为商人、地主、佃户、消费者及其他利益关系者与官府之间的矛盾，宋朝朝廷成为各种矛盾的焦点。商人、地主认为政府与民争利，佃户、消费者觉得政府对他们的剥夺甚至超过地主、商人。

这个时候，本来是国家构成者的太皇太后、皇太后，以及各层级的贵族、大大小小的官员，他们的个体利益和家族利益，便和宋神宗及王安石们所代表的国家的整体利益发生矛盾。在这个矛盾中，他们大体站在个体利益和家族利益的立场上，反对神宗及王安石们站在整体立场上对他们个体利益及家族利益的侵害。我们可以指责他们不顾大局，但是，对他们个体利益及家族利益所带来的侵害，却在客观上损害着宋朝国家赖以存在的根基。所谓"士农工商，国之石民"，损害了他们的利益，便是摧毁大宋国家的基础。

只有站在这个立场上，才可能真正理解为何韩琦、富弼、文彦博、欧阳修、司马光及苏轼、苏辙兄弟，这些人们耳熟能详的、和王安石同时代的"正派"人物，都站在了王安石的对立面。他们和王安石一样，也希望改变积贫积弱的状态；他们所考虑的，也未必全是个人和家族的利益，而是更深层次的国家利益。他们反对王安石的变法，也是从他们所认为的国家根本利益出发。这可以说是以韩琦、富弼、司马光等人为代表的所谓"保守派"和王安石为代表的"改变派"之间，出于不同的"国家"立场而导致的对变法的不同认识。而且，这种认识一经形成，便难以改变并且坚持到底。

由于坚持己见，王安石被人送了个绰号，叫"拗相公"。有个好玩的故事，说宋神宗曾经问曾巩，说先生和王安石关系最为密切，在您看来，王安石到底是什么人？曾巩回答："安石文学行义，不减扬雄，以吝故不及。"神宗当即纠正，说此言不当，王安石从来不计较个人得失，从来视财富如粪土，怎么会吝啬呢？曾巩笑道："臣所谓吝者，安石勇于有为而吝于改过耳。"（《东都事略·曾巩传》）神宗竟然认同曾巩的说法。

其实，人们只是看到一个因为坚持变法而被称为"拗相公"的王安石，没有看到"执拗"比王安石有过之而无不及的司马光。

说到司马光，小学教材就有他的故事，叫作"司马光砸缸"。由于两个同韵母的字在一起，"光"和"缸"，小孩读不过来，常常读成"司马缸砸光"。

司马光最伟大的贡献，是带着一批助手，编撰了一部伟大的编年体通史《资治通鉴》。而对于北宋，司马光留下的最为严重的政治遗产，却是废除王安石的新法。

元丰八年（1085 年）三月，宋神宗赵顼去世，享年三十八岁，在位十八年。神宗去世后，儿子赵煦继位，这就是宋哲宗。

宋朝也是有意思，太祖赵匡胤时代就开始留下杜太后干政的样板，要求三个儿子兄终弟及，都尝尝做皇帝的滋味。然后，第四代仁宗赵祯十三岁继位，太后（非生母）刘氏听政，仁宗做了十多年的傀儡皇帝。第五代英宗赵曙即位时虽然已经三十多岁，却因病由太后（又是非生母）曹氏听政一年多；第六代神宗赵顼十九岁继位，倒是继位即亲政，但祖母太皇太后曹氏、母亲皇太后高氏却时时过问政事。如今，第七代哲宗赵煦九岁继位，由祖母太皇太后也就是神宗的母亲、英宗的皇后高氏听政。日后哲宗去世，弟弟徽宗继位，则由太后、神宗的皇后向氏听政。如此的折腾，说起来都觉得拗口。

哲宗即位后，祖母太皇太后高氏听政。高氏是有来头的，可以说是出于典型的大官僚、大贵族家庭。她的曾祖父是和寇准一道力劝真宗渡过黄河、亲临澶州前线的高琼，曾外祖父是宋朝的开国元勋曹彬，而仁宗曹皇后则是她的姨母。高氏是新法的坚决反对者，但具体操作则需要强有力的人物，于是请出了司马光，此时的司马光已经六十七岁了。

四、尽废新法

司马光是陕州夏县即今山西夏县人，二十岁中进士，从此进入官场。勤奋好学、办事稳重，富有主见、敢于直言，是司马光的一贯特点，也因此受到人们的尊重。

由于对王安石变法提出多次意见而得不到神宗的采纳，由于一些官员因为对新法提出不同意见遭到贬谪，司马光要求长住洛阳，潜心编撰《资治通鉴》，从此不再对政局发表意见。由敢于直言到坚决不开口，由此也可见司马光之"拗"。

但是，越是闭口不谈政事，司马光积攒的人气就越旺。《宋史》说："凡居洛阳十五年，天下以为真宰相。田夫野老皆号为司马相公，妇人孺子亦知其为君实。"又说，神宗去世，司马光赴京临丧，卫兵见了，全体敬礼，说这是大宋朝真正的当家人到了："此司马相公也！"开封的居民听说司马光到了，"遮道聚观，马至不得行"，有人甚至高呼："公无归洛，留相天子，活百姓。"司马相公留在京师辅佐新天下子啊！苏轼从登州回开封时，民众相聚呼号，希望带去登州百姓对司马光的问候，请司马光保重身体，司马相公身体健康，就是大宋百姓的福气，司马相公的生命不只属于自己，更属于大宋百姓。

这些记载应该是真实地反映了当时的人们对司马光的期望，当然也是带有选择性的记载，反映了《宋史》编撰者们的立场。也许正是有这样的"民意"，使得司马光更觉得自己责任的重大，更要为民众兴利除害。兴什么利？除害就是兴利，只有废除在司马光看来是祸国殃民的王安石新法，就是为民兴利。而司马光的"拗"，正是出于这样一种价值认定。

司马光执政的时间其实很短，而且多在病中，元丰八年（1085年）五月为门下侍郎，元祐元年（1086年）闰二月为尚书左仆射、门下侍郎，当年九月去世。但是，要做成一件事情，也许需要十年八年的艰苦努力还未必能成，比如王安石推行新法；但要摧毁一件事情，一年半载也就足够了，比如司马光废除新法。

不知道是否真有宿命，司马光似乎就是被上天安排要和王安石新法过不去的，一心一意要废除新法。司马光先是废除了保甲、保马、市易等法，病倒了，却念念不忘还有青苗、免役、选将等法未除，"死不瞑目"。病情稍有好转，遂将青苗法、免役法废除。

对于司马光不分青红皂白的废、废、废，欢呼雀跃者有之，深感痛惜者有之，当面劝阻者也有之。他们之中，不但有新法的制定者和执行者、王安石的拥护者，也有主张废除新法者、司马光的拥护者。

有记载说，有一天司马光和众人议论，要废除免役法。

所谓"免役法"，又名"募役法""雇役法"。宋朝将农户分为"主户"和"客户"，主户指有土地等生产资料者，客户为没有土地的佃农或雇农。主户按财产及人丁的多少分为五等，按后来"阶级划分"

法，一、二、三等户相当于大、中、小地主，又称上、中户，四、五等户称下户，相当于富裕中农及自耕农。宋朝继承前朝的做法，在一、二、三等户中轮流签派差役。差役中的一些可以说是"美差"，如衙门的书吏、衙役等，可以上下其手，鱼肉民众；有些是"恶差"，如运送土产贡物等，不但费时费工，还要补贴差旅费，物品如有损坏，还得包赔。

王安石推行免役法，让有职役负担的一、二、三等户出钱免役，官府用这笔钱雇人役，这既可以说是个惠民政策，也盘活了剩余劳动力，所以得到拥护。后人说王安石代表乡村地主的利益，即由此而来。

但是，免役法又把出钱免役的范围扩大到"形势户"，即身份性地主，他们原来是没有差役负担的，从而引起一片反对声。后人说王安石打击贵族地主、身份性地主，这是理由之一。

而同时，出钱免役也扩大到了四、五等户，于是受到底层民众的反对。

那么，王安石代表谁的利益？应该说，他代表的是"国家利益"。经过一段时间的调整，反对的声音小了一些，官府有了一笔固定收入，差役的问题也解决了。

司马光是个认死理的人，他认定新法一切都是错，所以免役法及青苗法等也必须废除。为此，被认为是司马光坚定支持者的苏轼、苏辙兄弟，当面和司马光发生争执，力言免役法行之已久，民众早已习惯，如果恢复过去的差役法，反而弊病丛生。吕大防、范纯仁等人也表示应该谨慎对待，但司马光坚持己见。苏轼不由得连连摇头，这就是一只"司马牛"啊！

但是，司马光这样做，你能说他代表哪个阶级的利益？如果说他代表着贵族的利益，但他同时也代表着贫民的利益，因为这两个社会阶级或阶层原来都是没有职役负担的，却要缴纳免役钱。

元祐元年（1086 年）九月，司马光在尽废了王安石的新法之后病逝了，后来追赠"温国公"，人称"司马温公"。而在几个月之前，王安石已经病逝于江宁，后来追赠"荆国公"，人称"王荆公"。尽管反对王安石变法，但对于王安石的人品、才学，司马光还是肯定的。得知王安石病逝的消息后，已经在病中的司马光对曾经的朋友、后来的政敌做了一番评价："介甫文章节义，过人处极多。"（司马光《与吕晦叔第二阐》）

那么，"荆公"的新法被"温公"废除后，北宋的日子该怎么过？

第十五讲 元祐绍圣

一、众正盈朝

我们上一讲说，"温公"司马光执政期间，几乎废除了"荆公"王安石的所有新法。这件事情做完了，"温公"也就去见"荆公"了。只是不知道在那个世界，二公是否会对自己的所作所为各有反思。估计是不会的，因为他们都是认死理的"拗相公"。

感谢司马光的团队给我们留下了《资治通鉴》这笔伟大财富，而且，我们这个系列节目《国史通鉴》，也是在《资治通鉴》的启发下确定的。司马光可以说是一位有责任感、有家国情怀、有坚强意志，并且有崇高政治理想的政治家，却不是一位真正能够安邦定国、有经世之才的政治家。他知道要恪守"圣贤道理""祖宗法度"，也知道民众的苦难并且决心解除他们的苦难，但是，对于经济、理财，司马光可以说是一窍不通。所以，他也无法解决民众的苦难，无法解决宋朝朝廷所面临的困难。在这方面，他和范仲淹，和韩琦、富弼，并不在一个层面上，遑论王安石。

不能不说宋人真有"文化"，封王安石为"荆国公"、司马光为"温国公"，正体现他们的行事风格，王安石的特点是"有为"，司马光的特点是"不为"；王安石主张披荆斩棘的"变法"，司马光主张不温不火的"守常"。一个站在大宋国家整体利益的立场上，一个站在大宋国家根本利益的立场上，针锋相对，决不退让。

司马光虽然去世了，但他带来了一个团队，诸多因为反对新法而被贬到各地的"正人君子"，都被召回开封任职。和司马光同时为宰相的是吕公著，接着是文彦博、范纯仁，还有苏轼的弟弟苏辙等。吕公著出身于东莱（山东烟台）世家，这个家族仅宋朝就出了诸多人物，父辈吕夷简是仁宗时代的宰相，祖辈吕蒙正是太宗、真宗时代的宰相。吕公著比司马光年长一岁，二人同为宰相时，一位六十九岁，一位六十八岁，文彦博更是八十岁的高龄。年龄最轻的，是范仲淹的次子范纯仁，也六十出头。他们都是正派的老资格政治家。

吕公著等人和司马光一样，有崇高的政治理想，又都是"正人君子"，范纯仁更留下一句身体力行的名言："人虽至愚，责人则明；虽有聪明，恕己则昏。苟能以责人之心责己，恕己之心恕人，不患不到圣贤地位也。"再愚蠢的人，看别人毛病，都是聪明人；再聪明的人，看自己毛病，都是糊涂人。如果人人多检讨自己，多原谅别人，人人可为圣贤，天下能不太平吗？而听政的高太后，不但自身有很好的道德修养，而且要求外家奉公守法，被称为"女中尧舜"。

一批有爱民之心的"正人"在庙堂之上，叫作"众正盈朝"，所以当时的人们都认为好日子就要来到了。但十分讽刺的是，在中国历史上，大凡"众正盈朝"的时候，往往是暗藏危机、好日子到头的时候。为什么这样说？

第一，"众正"是相对于"众恶"而言。当一个时期有了"众正""众恶"的分野，党同伐异、意气用事就开始发生了。第二，一般来说，当出现了"众正"和"众恶"即"君子"和"小人"之争的时候，"君子"一般不是"小人"的对手。所以，当"众正盈朝"来到之时，"众恶盈朝"的时候就不远了。第三，无论是"众正"还是"众恶"，此时所争的，看上去是"是非"，其实是"正邪"；自认为是争国家和民众利益，其实是在争小团伙的利益，而且大抵像范纯仁所说，责人则明，恕己则昏。

所以，尽管都是"正人"，但以司马光为首的这群"正人"对王安石新法的废除，无论从哪个角度来说，都是一场闹剧。第一，王安石的新法是围绕着"富国""强兵"设计和推进的，通过这些新法，宋朝的财政富足了，强兵也初见成效，废除新法等于自断财路。第二，通过强兵夺回的几个和西夏毗邻的要塞，也被司马光等人放弃，表示对党项的"怀柔"，但别人并不买账。第三，废除王安石新法的同时，你得拿出自己的新招来，但事实证明，司马光们一个富国强兵的新招儿也没有。

既然如此，当时的人们为何还那么拥护司马光、寄希望于司马光？第一，因为人们对新法推行过程中的弊病有诸多不满，正如我们上一讲所说，新法或多或少地损害了社会各阶层的利益，将他们的部分利益收归朝廷。第二，当时的大多数人和司马光们一样，以为只要废了旧法，青苗息、免役钱等就不用交了，日子就好过了。

但是，一般的民众如此认为，没有任何问题，因为那个时代没有"公民"意识，虽然说是种田交粮，天经地义，只是把纳税当成义务，并不认为是权利，所以能逃则逃，能躲则躲，何况"新法"多是税外加税。但是，作为执政者的司马光及其同道如此认为，问题就大了。因为王安石所以要推行新法，就是因为旧法已经不行了。何况，我们所看到的民众对司马光的"拥护"，在一定程度上属于史学家们"有选择"的记载。

王安石的问题、新法的问题，是过于站在"朝廷"的立场、站在"国计"的立场。如果能够放弃一些"朝廷"立场，多一些"民众"立场；放弃一些"国计"，多一些"民生"，因势利导，新法应该会越来越合理，也就越来越为民众所接受。事实上，神宗在位时期，已经在对新法进行一些修正。但是，司马光及其助手们又太想表现"民众"的立场，太过放弃"朝廷"的立场，结果事与愿违，通过变法而积蓄的财富在不断消耗，因推行新法而产生的社会矛盾固然有所缓和，废除新法而产生的社会矛盾却又层出不穷。

尤为严重的是，虽然王安石及其继承者在推进新法的过程中，曾经将新法的反对者、不合作者贬出开封，但并不过甚。而当这批人带着多年积蓄的怨气，重新被起用并且"团结"在司马光周围的时候，对新法的制定者、执行者给予了变本加厉的打击，甚至捕风捉影、罗织罪状，必欲置之死地而后快，从而开启了宋朝大规模清除异己的先河。

二、风云变幻

其实，高太后和司马光等人废除熙宁、元丰新法时，反对的意见也很多，他们提出了一个貌似充分的理由，说《论语》有云："三年无改于父之道。"儿子继位之后，三年服丧期内是不可以更改父亲政令的。但司马光有自己的理由：第一，"先帝之法，其善者虽百世不或变也。若安石、惠卿所建为天下害者，改之当如救焚拯溺"。第二，"太皇太后以母改子，非子改父过"（《宋史·司马光传》）。

司马光认为，要分清熙宁、元丰之政，哪些是先帝神宗皇帝的"善政"，哪些是王安石等人的"恶政"。先帝的善政要坚持，至于王安石的恶政，犹如邻家起火、小孩溺水，这是刻不容缓的事情，能等三年吗？特别是，废除熙宁、元丰之政，不是子改父过，而是母改子过，是母亲高太后改儿子神宗皇帝之过，难道不可以吗？

无论在历史上还是在现实中，许多争论的最终结果，未必是看谁有道理，而是看谁有话语权。在太皇太后的支持下，司马光拥有绝对的话语权。当然，仍然有人提醒，说王安石固然是君子，但熙宁、元丰之臣多有小人，小人多权谋，假设日后用父子之义打动皇上，清算或许是早晚的事情。这句话的分量很重，司马光也被震撼了，但开弓没有回头箭，司马光只能祈求天意："天若祚宗社，必无此事！"（《宋史·司马光传》）如果上天保佑大宋，这种事情绝不会发生。

但是，这种事情还真就发生了，而且来得很快。

老人总是熬不过年轻人。有句俗语：长江后浪推前浪，前浪拍在沙滩上。话虽难听，却是规律，不但是自然的规律，也是人事的规律。哲宗赵煦九岁继位，虽然少不更事，但总是要长大的；高太后再是女中尧禹，也总是要老去、死去的。随着年龄的增长，哲宗对祖母和司马光们否定父亲的新法，并且永远把自己当小孩子看，越来越不满，不满多了，成了怨愤。

元祐八年（1093 年）九月，高太后病逝，哲宗赵煦开始亲政，带有"老人政治"色彩的"元祐年代"宣告结束。在这一批"老人"中，头脑最为清醒的，还得说是刚刚去世的高太后和一贯低调的范纯仁。有记载说，高太后去世前，宰相吕大防、范纯仁、苏辙等人奉召入崇庆殿后阁问安。当众人告退时，高氏将范纯仁留下，"意欲有所属也"。什么意思？想单独留下范纯仁，有所交代。哲宗见状，让吕大防等人也一起留下，看老太太有何话说。

高氏虽然病危，脑子却特别清醒，见到这种架势，用看似昏花的老眼扫了一遍皇帝及众大臣，问了一个十分老到的问题："老身受神宗顾托，同官家御殿听断。公等试言，九年间，曾施私恩于高氏否？"（陈均《九朝编年汇要》）不谈自己听政九年的是非功过，因为是非功过的裁定一般是"立场决定观点"；而是否给高氏家族特别的关照，则只看有还是没有，是不需要讨论的。还真别说，高太后听政九年，虽然不断有人想讨好，建议施恩于后族，却被太后一一驳回，没有一个得逞。

那么，太后到底想对范纯仁说什么？哲宗又为何如此敏感？由于没有机会再见面了，高太后干脆把准备单独和范纯仁说的话，当着皇帝的面公开说：

> 政欲对官家说破。老身没后，必多有调戏官家者，宜勿听之。
> 公等亦宜早退，令官家别用一番人。（陈均《九朝编年汇要》）

这里的"官家"指的是皇帝，高太后一面告诫皇帝，说我死后，一定会有人挑拨我们祖孙的关系，要有警惕。一面又提醒吕大防、范纯仁等人，一朝天子一朝臣，你们这帮老臣应该知趣，早早把位置退出来，让给皇上中意的人。

为何神宗去世前，虽然立儿子哲宗为太子，却请母亲帮忙？这位母亲才是真正有手段的政治家，只可惜又是一位没有大局观、真正代表贵族利益的政治家。

三个月过去，太后的丧事办得差不多，皇帝的亲政也有了头绪，范纯仁在这帮"老臣"中第一个提出让位。为何这个时候提出？这是有讲究的。太后一死，皇帝亲政，你就打辞职报告，那是"非礼"，是向皇帝挑战；一切安排停当，提出辞职，这是"知趣"，不让皇帝背上驱逐老臣的恶名。哲宗虽然对司马光及其同道乃至祖母充满怨愤，但对范纯仁却十分尊重，坚决挽留。什么原因？因为范纯仁严以责己、宽以待人，不说过头的话，不做过头的事。但是，当另外一位宰相吕大防提出辞职时，哲宗立即批准，记载中用了"亟从之"三个字。由此也可以看出哲宗的是非观。

正是范纯仁的留任，才保护了一批人，包括苏轼、苏辙兄弟。

苏轼不但以诗、文、词、书名动天下，而且为政一方，施惠一方，还特别敢说真话，不怕得罪人。所以，无论新党旧党，虽然欣赏苏轼，却容不得苏轼。比起哥哥，苏辙言论、行事要内敛得多，而一旦发表政见，却犀利得多，并且有理有节，击中要害。所以，不但官做得比哥哥大，也更令人害怕。

苏辙和苏轼一样，见到新法有弊病，和王安石辩新法；见到司马光不分青红皂白废除新法，又实事求是地护新法。如今见神宗一股脑要恢复新法，苏辙反复陈述，说汉武帝晚年幡然醒悟，所以伟大；先帝生前也已醒悟，太后纠新法之弊，并没有错。

哲宗勃然大怒，当面斥责，你敢诽谤先帝！苏辙抗辩，汉武帝是明君，我把先帝比汉武帝有错吗？哲宗怒火更甚：别以为朕年轻，不知道你们的伎俩，你们是说先帝晚年和汉武帝一样，穷兵黩武，这不是诽谤是什么？苏辙说的就是这个意思，于是跪在那里，不辩了。苏辙不辩，哲宗更生气，要重治苏辙。

所有人都不敢吭气，范纯仁发声了："武帝雄才大略，史无贬辞，辙以比先帝，非谤也。陛下亲政之初，进退大臣当以礼，不可如呵斥奴仆。"（《续资治通鉴》）有人火上浇油、落井下石，说先帝的法度都被司马光、苏辙毁了。范纯仁重申司马光的观点：先帝的法度没有错，但王安石推行法度时有错。这当然也是狡辩，但哲宗火气消停了一些。

三、何去何从

苏辙本来对范纯仁有看法，觉得范纯仁立场不坚定，对王安石的助手吕惠卿、曾惇等人过于宽大。但通过这一次，知道范纯仁的宽大实是一种胸怀、一种信念，甚至可以说是大智大勇，不由得肃然起敬："公，佛地位人也。"（《续资治通鉴》）

虽然神宗一再挽留，随着一位老朋友加政敌的到来，范纯仁也必须退出。这位老朋友加政敌，就是王安石当年的得力助手章惇。

章惇是建州浦城即今福建南平浦城人，出身于官宦世家，从小得到很好的教育，读书勤奋，悟性极高，又仪表俊秀、为人豪爽，故而深得长辈器重。有人预言，此子以后大贵，必中进士甲科。但也正是因为这样，章惇有极强的自尊心，不甘人后，更不甘人下。

仁宗嘉祐二年（1057年），章惇中了进士。同科的进士还有苏轼、苏辙兄弟，以及章惇的侄子章衡。但是，由于没有像前辈预言的那样中甲科，名次还在侄子章衡之后，心高气傲的章惇无法接受，将通知书摔在地上，这个进士不要了。两年后再考，中了甲科，开始做商洛县令，接着做雄武军推官。

有记载说，章惇为商洛令或在雄武军即今甘肃天水为推官时，苏轼正以大理评事在凤翔为判官，二人相约游历周族的发祥地岐山、周至。这天，二人来到周至县南的仙游潭，眼见对岸一处绝壁极其壮观。章惇突发奇想，建议在对岸绝壁处题上自己的名字，以示"到此一游"。苏轼看看对岸的绝壁，仅一横木可过，再探头看看绝壁下的深潭，连连摇手，说这太危险。章惇笑了笑，从随员囊中取出笔砚，健步如飞，上了横木，稳步走到对岸，回过头来向苏轼招了招手，顺着一条下垂的藤枝，就着绝壁书写了六个大字："苏轼章惇来游！"（曾慥《高斋漫录》）写罢，攀藤而上，就着横木返回。苏轼盯着章惇看了半天，然后拍拍章惇的背，说你小子连自己的命都不要，日后一定会杀人。章惇大笑，笑声在绝壁处回响。

这个故事流行很广，但两个当事人从未提及，应该是好事者附会。但这个故事真实反映了两人的不同性格。章惇工于心计、富于谋略，敢作敢为、杀伐果断，是天生的政治家；苏轼心地善良、不设城府，率性随意、不为过甚，是典型的文化人。但二人关系确实不一般。

苏轼因"乌台诗案"下狱，出狱后写信给章惇，说平日喜欢胡说八道，真心劝诫自己的，"惟子厚与子由"，子由是弟弟苏辙，子厚就是章惇。后来司马光为相，章惇反复讥讽，司马光无计可施，只得求助于苏轼。经过苏轼的规劝，章惇才放司马光一马。苏轼怎么劝的？举了一个三国时期的例子："昔许靖以虚名无实，见鄙于蜀先主。法正曰：靖之浮誉，播流四海，若不加礼，必以贱贤为累。先主纳之，乃以靖为司徒。"（苏辙《东坡先生墓志铭》）可见，章惇讥讽的是司马光徒有虚名而没有执政能力。但苏轼说，许靖尚且受到尊重，何况司马光？

神宗去世后，真正有力量又敢于反对司马光废除新法的，就是这位"知枢密院事"章惇。章惇不但反复向司马光等人陈述新法的好处和废除新法将会发生的问题，并且时时在高太后面前和司马光等人进行激烈的辩论。

哲宗亲政后，将章惇召回开封，为尚书左仆射兼门下侍郎，这是当年司马光废除新法时所在的位置，如今给章惇，就是让他把被司马光废除的新法再行恢复。

元祐九年（1094 年）四月，章惇以宰相的身份从杭州重返开封，当地官员都来送行。章惇一眼扫去，发现人群中有位福建老乡、沙县籍官员陈瓘。陈瓘比章惇小二十多岁，素有贤名，章惇将其请上自己的座船，交流对当前时局的看法。

陈瓘以章惇和自己的乘船为例："请以所乘舟喻，偏重其可行乎？或左或右，其偏一也。明此，则行可矣。"为政之道，犹如行船，须不偏不倚，左右平衡，否则能行远吗？一句话触动了章惇。见章惇沉默不语，陈瓘反过来问，天子请相公主政，请问何事为先？章惇成竹在胸，当然是清算司马光等人的罪行。司马光执政，大权独揽，废除先帝法度，误国误民。陈瓘不赞成，说如果这样，就"偏"了，将失天下人心，这条船能行得远吗？章惇见陈瓘反驳，心中不快，脸色也变了。陈瓘虽然知道章惇的脾气，但以后恐怕没有机会如此近距离而又有时间单独交流，所以干脆把话说透：

> 元丰之政，多异熙宁，则先志固已变而行之。温公不明先志，而用母改子之说，行之太遽，所以纷纷至今。为今之计，唯当消

朋党、持公道，庶可救弊。若又以熙丰、元祐为说，无以厌服公论。（《续资治通鉴》）

元丰年间，先帝已经在修正熙宁新法的一些弊病，司马光未明就里，下车伊始即以废除新法为快，铸成大错，至今争论不休。相公执政，如果以司马之法除司马之弊，以熙丰、元祐画线，那就是重蹈覆辙，错上加错。为今之计，只有消除异己之心、朋党之争，持中行政，国家的事情尚有可为，否则将不可收拾啊！

陈瓘的议论慷慨而持正，虽然章惇听来逆耳，却不免惊异，佩服陈瓘的见识，表示要兼收元祐之政放弃自己的一些偏见，并留陈瓘进餐，然后珍重道别。能够如此对待一位晚辈，在章惇的一生中也并不多见。

四、成败章惇

这时，哲宗已经迫不及待地把"元祐"的年号改为"绍圣"，元祐九年四月成为绍圣元年四月，公开表示为父亲翻案。章惇在哲宗的支持和推动下，一面恢复并修正王安石的新法，让其更具可行性，在坚持"国计"的同时也兼及"民生"；一面以强硬的态度对待辽、夏，重新推进宋朝在西边的疆域。应该说，宋朝的精神又为之一振。

但是，在元祐时期遭受清算的"新党"的推动下，章惇内心对"旧党"的仇恨重新燃烧，没有听从也没有办法听从陈瓘的劝告，再次折腾，将司马光、吕大防、苏轼、苏辙乃至范纯仁等人列为"元祐党人"，大规模的清算开始了。"新党""旧党"，壁垒森严，宋朝的朝廷陷入更深的内部斗争之中。

当时流行着一个"官谚"："蔡卞心、章惇口。"此说起于曾巩的弟弟、章惇的重要助手曾布。曾布说章惇干的坏事，主要指对"元祐党人"

的清算，真正起作用的是蔡卞。蔡卞是什么人？是来自福建仙游县的章惇的老乡、大名鼎鼎的徽宗时期的权相蔡京的弟弟，特别是，还是王安石的乘龙快婿。

在曾布的眼里，真正险恶的是蔡卞。蔡卞通过各种手段结交章惇，章惇爱张扬，时时为蔡卞所误："惇所主张人物，多出于卞。至议论之际，惇毅然如自己出，而卞嗫不启口。外议皆云'蔡卞心、章惇口'。"（徐乾学《资治通鉴后编》）和这个说法类似的，是"惇迹易明，卞心难见"，章惇想做什么，都在明处，但蔡卞想做什么，却在暗处。所谓明枪易躲、暗箭难防，蔡卞比章惇更为歹毒。但章惇的身边，并非一个蔡卞。

南宋时，有人发表这样的评论："元祐之盛，一司马光实成之；绍圣之祸，一章惇实致之。"（《东都事略》）所谓"元祐之盛""绍圣之祸"，实为南宋时期人们的偏见。虽然司马光执政只有一年、为相只有半年，但尽废王安石新法、清除王安石的所谓"新党"，司马光确实起着举足轻重的作用。而恢复王安石新法、打击元祐党人，章惇也同样起着举足轻重的作用。与司马光不同，在哲宗亲政的整整六年时间里，章惇都是"独相"，始终处于政治旋涡的中心。而两人的身后又都有强大的力量在推动。司马光身后的力量，有吕公著、吕大防、文彦博及苏轼、苏辙兄弟等，以高太后为靠山；章惇身后的力量，有曾布、邢恕及蔡京、蔡卞兄弟等，以哲宗为倚仗。这就叫"人在江湖，身不由己"，何况他们自身也带着积怨投入各自的力量之中。

我们曾经多次在皇朝的更替中说到"气数"，因为有的事情确实很无奈，有些现象确实没有办法做出解释。

哲宗继位后，被祖母高太后压制了九年，好不容易熬到祖母去世，准备大干一场，重振父亲的伟业。在章惇等人的主持下，新法正在恢复，新法的各种弊病在继续修正，虽然对"旧党"的打击使得官场上人心不安，但整个局势却在趋向稳定。

但是，意想不到的事情又发生了。亲政七年后，元符三年（1100年）正月，年仅二十四岁的哲宗赵煦去世。按理说，宋朝皇帝的寿命也不算太短——太祖赵匡胤六十岁，太宗赵光义五十九岁，真宗赵恒五十五岁，仁宗赵祯五十四岁。只是到英宗这一支出了问题。英宗赵曙三十六岁去世，神宗赵顼三十八岁去世；即使这样，哲宗十七岁亲政，怎么也还有十多年啊，但他二十四岁就走了。

哲宗生前曾经有过一个儿子，但出生三天就夭折了。父死无子可继，于是兄终弟及。神宗赵顼有过十四个儿子，哲宗赵煦排列第六，由于五个哥哥都早年夭折，所以老六赵煦继承了皇位。老六赵煦去世，"兄终弟及"得轮着老七，但老七、老八也早年夭折。

这个时候，作为宰相的章惇再次表现出他的敢作敢为，率先发表意见：大行皇帝去世而无子，有同母弟简王在，当立。哲宗的同母弟名叫赵似，是神宗的第十三个儿子，封简王。神宗的皇后、向太后不同意，说"老身无子，诸王皆神宗庶子"。这句话很厉害，只有太后我的儿子才是"嫡子"。但我没有亲生儿子，包括去世的皇帝，都是庶子。所以，所谓立同母弟的理由，不能成立。

章惇继续发表意见，说诚如太后所言，那就立年长的申王。但同样被太后否决："申王病，不可立。"立谁？太后早有人选："先帝尝言，端王有福寿，且仁孝，当立。"

章惇先推简王、再推申王，为的就是挡住这个端王。什么原因？章惇的理由很充分："端王轻佻，不可以君天下！"但是，太后仍然坚持立端王。章惇还想继续争辩，被曾布劝阻："章惇听太后处分！"（《续资治通鉴》）

章惇的建议被否决，立了端王。而正是这位被章惇斥为"轻佻"的端王，把经过反复折腾已经遍体鳞伤的北宋推向了万劫不复之地，令后人唏嘘不已。

第十六讲　建中不易

一、皇位继承

我们上一讲说，元符三年（1100年）正月，宋哲宗亲政七年后去世，在向太后的坚持下，立端王赵佶为帝，这就是著名的宋徽宗。这个时候宋朝庙堂的决策者，包括决策立端王的太后向氏、反对立端王的宰相章惇，无论如何也想不到，眼前这位年仅十九岁的文艺青年，在二十多年后竟然会成为大宋朝的亡国之君。

在神宗的诸多儿子中，端王赵佶排行十一。由于前面十个同父异母的哥哥，除了刚刚去世的老六哲宗赵煦和有"目疾"的老九申王赵佖之外，其他的都早夭，所以，按照"兄终弟及"的排行，赵佶还是处在比较有利的位置的。但是，如果不是向太后的坚持，这个所谓有利位置，就不是位置，就没有位置。而向太后一再否决章惇的主张，坚持立赵佶为帝，既有感情的因素，更有政治的考虑，当然，她也有自己的小算盘。

其一，政治考虑。向太后自己没有儿子，得在神宗诸子中寻找可以托付后半生的对象。对象本来是现成的，就是做了皇帝的哲宗赵煦。但是，由于对王安石新法认识的不同，哲宗对太皇太后高氏、太后向氏有很深的成见，名为祖孙、母子，实为政敌。哲宗死了，如果再立其同母弟简王赵似为帝，加上一个敢作敢为、力推新法的宰相章惇，那不还是新党的天下吗？所以，简王绝不能立。而章惇反对立端王，也是担心向太后当政，元祐党人复辟。

其二，感情因素。有记载说，赵佶从小就比较亲近没有儿子的向太后。十一岁的时候，母亲陈美人去世，赵佶和向太后之间关系更密切了。所以，向太后力排简王、申王而立端王，也是感情因素所致。至于向太后说"先帝"神宗曾经说过端王仁孝有福寿，未必有人相信，但夫妻之间的私房话，谁敢当面质问？所以，太后一说出这句话，曾布便喝令章惇闭嘴。

其三，个人算盘。哲宗及简王共同的生母是朱氏。由于儿子哲宗做了皇帝，"母以子贵"，由高太后做主，朱氏享受了和向太后一样的待遇，向太后心中未必痛快。哲宗亲政之后，朱氏的生父崔家、养父朱家，以及有养育之恩的任家，皆受恩赏。这种做派，和出身高贵的高太后、向太后全不一样。一个儿子做皇帝已是如此，如果两个儿子都做皇帝，那还得了，将置自己这个太后于何地？从这一点上说，简王也绝不可立。

在中国历史上，几乎每一次的皇位继承都是一场政治博弈。至于继位者有何作为，他的作为将对庙堂、民众以及整个社会产生什么样的影响和后果，那就只能碰运气了。虽然皇位的继承是各种力量博弈的结果，但在君主制的体制之下，新君继位之后，支持其上位的政治势力未必就一定有好的结果。这些势力往往希望因拥戴有功而试图获得利益甚至对新君进行控制，所以，受到清洗的可能性还更大。刚刚去世的哲宗皇帝已经这样做了，新继位的徽宗皇帝又将会怎样做？

为了表示对太后的感恩和敬重，已经十九岁的赵佶坚请太后听政。宋朝的太后大多热衷政治，当然这也和宋朝的皇帝大多缺乏主见有关。有意思的是，辽、夏也时时发生太后听政之事，这似乎又是那个时代的共同特色，用阴阳五行家的说法，是阳虚而阴盛。向太后略作推辞之后，和当年高太后一样，临朝听政，也和当年高太后一样，请回旧党的代表人物。这时旧党的代表人物，是韩琦的儿子、正在"权知"大名府的韩忠彦。韩忠彦先为吏部尚书，接着为门下侍郎，后来又做了尚书右仆射兼中书侍郎，这就是"右相"了。

虽然无论是个人威望还是行政能力，韩忠彦都无法和父亲韩琦相比，更不可能像当年司马光那样"众望所归"，但有向太后撑腰，还是做了一些事情。做了哪些事情？四件事：广仁恩、开言路、去疑似、戒用兵。除了第四条"戒用兵"即对夏、辽妥协、退让之外，其他三条都是为"元祐"旧党平反，而"戒用兵"也是元祐旧党的主张。所以《续资治通鉴》说："自是忠直敢言知名之士，稍见收用，时号小元祐。"这个"小元祐"的说法，当然是基于对元祐时代的肯定，但也说明已经无法恢复到元祐的气候。

起用旧党的同时，是打击新党。当时被人们视为新党并最具危险性的有六人，第一号人物就是大家熟悉的章惇。章惇从元祐八年进京为相，已经连续做了多年的尚书左仆射兼门下侍郎，在这些时间里，以他一贯的敢作敢为，恢复新法、打击旧党。在向太后听政及还政后的一段时间里，章惇不断受到谏官的抨击，加上曾经反对立端王，在朝廷显然没办法待下去，于是连续五次上表，请求罢相。徽宗开始表现得比较大度，不予批准。但章惇决心已定，便不再犹豫，避居寺院，等候发落，直接炒了朝廷的鱿鱼。宋徽宗觉得这也是不错的选择：你自己撂挑子最好，省得人们怀疑皇帝小肚鸡肠，以为是因为拥立问题给穿小鞋。于是顺水推舟，将章惇外放到了越州即今浙江绍兴。

随着旧党的起用和新党的贬谪，宋朝开始了又一轮的折腾。但是，经过以往多年折腾，老一辈"元祐"旧臣早已是死的死、老的老，以韩忠彦为代表的新一代根本成不了气候。虽然说是"新一代"，但韩忠彦也已经六十三岁了。章惇贬谪之后，韩忠彦接替了左相的位置；

而韩忠彦的右相之位，则由曾布担任。但正如《宋史》所说："忠彦虽居上，然柔懦，事多决于布。"所谓"元祐党人"，确实是后继无人。

二、不阿不附

那么有人要问，接替韩忠彦为右相的曾布，难道不是元祐党人吗？不是。不但不是，恰恰相反，曾布曾经是"新党"中人，而且曾经是王安石最为器重的主要助手之一。如果我们按贡献大小给熙宁时期王安石的助手排序，可以说是吕一曾二，吕惠卿第一，曾布第二。《宋史·奸臣传》中排名在吕惠卿之前的蔡确、排名在曾布之前的章惇，他们的作为更多是在神宗元丰时代、哲宗绍圣时代。

曾布是"唐宋八大家"中宋六家之一曾巩的弟弟，江西南丰人。虽然由哥哥曾巩领上文章之路，但在政治上，曾布是王安石的坚定支持者。熙宁新法中的青苗法、免役法、保甲法、农田水利法等，皆由曾布与吕惠卿共同谋划，所以受到王安石的器重，由起居注到知制诰，再以翰林学士兼三司使，成为王安石时代宋朝的"计相"。不但善于谋划，还擅长写政论文。韩琦曾经多次上书，极论新法之害，曾布则代王安石执笔，条分缕析，予以反驳，坚定了神宗推进新法的决心。从这个角度说，曾布和韩琦、韩忠彦父子之间，早在熙宁年间就有一段过节。既然对老子韩琦也不在乎，儿子韩忠彦就更不在曾布的眼里了。

王安石曾经点评人们对新法的态度：

> 自议新法，始终言可行者，曾布也；始终言不可行者，司马光也。余皆前叛后附，或出或入。（《宋名臣言行录》）

在王安石眼里，新法最为坚定的支持者是曾布，而最为坚定的反对者是司马光。但是，这样一位新法的重要制定者和坚定推行者，又怎么可能在向太后清除新党的时候步步高升呢？因为早在多年前，由于对市易法提出了不同意见，曾布受到了王安石和吕惠卿的打击。

我们曾经说到过熙宁七年发生的那场导致王安石罢相的大旱。旱灾发生之后，王安石及其新法，特别是青苗法、市易法、保甲法等，受到新一轮更加猛烈的批评。市易法属三司使管辖范围，但推行市易法的官员并不把三司使放在眼里，而是直接对王安石负责。曾布任三司使时，这种情况也没有改变。由于批评得厉害，神宗下手札向曾布询问市易法的利弊。

所谓"市易法"，顾名思义，就是便利市场交易之法，和青苗法、免役法一样，是王安石新法的重要内容。根据"条例司"的规划，"市易法"的具体做法是：在京师开封设"都市易务"，在一些中心城市及边境贸易中心设"市易务"，市易务既是调整物价的机构，又是信贷机构，既向急需钱物的商人提供借贷并收取一定的利息，又向急需出售货物的商人收购货物并获取一定的差价，以此加速商品的流通，缓解商人钱物的流转困难。当然，可以通过这一进一出增加官府的财政收入，前提是不得强制。但是，经过查访之后曾布发现，在推行的过程中，市易法的味道有些变了："是官自为兼并，殊非市易本意也。"（《宋史·曾布传》）什么意思？提举市易的官员们为了多得利息、表现政绩，违背市易法的本意，凭借官府的势力强买强卖，借市易之名、行兼并之实，引起商人和市民的强烈不满。对于曾布的批评，神宗做了批示："朝廷设市易，本为平准以便民，若《周官》泉府者。今顾使中人之家失业，宜厘定其制。"（《宋史·吕嘉问传》）既然出现了偏差，那就要对市易法进行修正。

曾布对"市易法"的批评和韩琦、欧阳修、苏轼等人对"青苗法"的批评极其相似，因为市易法的问题也和青苗法的问题极其相似，关键在两个字：强制。这种批评如果来自韩琦、欧阳修、苏轼一伙，不足为怪，怪的是竟然出自变法派内部的同道。王安石为此十分难堪，也十分恼火：你曾布的出道是因为我的推荐；新法的出台是经过你我共议，有什么事情不可以内部讨论呢，你曾布一定得捅到皇帝那里去吗？

我和王安石一样，至今也弄不明白曾布此举的目的是什么。是真心为新法好，为民众和朝廷着想，还是希望引起神宗对自己的特别关注？或者两者兼而有之？

王安石尚未来得及处理曾布，就为那场旱灾、也为新法发生的种种弊病而承担责任，辞去了相位，由韩绛为相、吕惠卿为参知政事。曾布在和吕惠卿发生激烈的争执之后，先是被贬谪到外地，后来又辗转回到开封任职。

司马光执政时，尽废新法，命时任户部尚书的曾布制定废除免役法、恢复职役法的法令。按理说，这是曾布投靠司马光、跻身元祐党人的好机会，但曾布不干。不干的理由是什么？"免役一事，法令纤悉，皆出己手。若令遽自改易，义不可为。"（《宋史·曾布传》）正在推行的这个"免役法"，当年就是由我手定，怎么可能出尔反尔呢？

曾布的这种态度并没有引起司马光的不满，倒是树立了自己不阿不附的形象。而在当时，虽然新党、旧党之间壁垒森严，但也确实有一批官员，新法有弊病便提批评，不问青红皂白废新法也反对，如苏轼、苏辙兄弟。但是，在后来人们的眼里，二苏兄弟属"正人"，因为他们一直在批评、修正新法的弊病；而曾布则属于"奸邪"，后来甚至被列入《宋史》的"奸臣传"，因为他不但在熙宁年间是王安石新法的重要制定者和推行者，而且在哲宗、徽宗亲政期间，积极参与对"正人"包括二苏及韩忠彦等人的打击和排斥。

三、大公至正

徽宗亲政之后，出现了一股社会舆论，不少"有识之士"认为：

"元祐、绍圣，均为有失。"高太后执政的元祐时代、哲宗亲政的绍圣时代，都有值得肯定之处，也都有需要反思之处。他们希望朝廷"以大公至正，消释朋党"（《宋史·曾布传》）。在这股舆论的推动下，徽宗采纳了韩忠彦、曾布等人的建议，将自己即位后的第一个年号命名为"建中靖国"，表示将站在不偏不倚的立场，放弃过去的是非恩怨，消释所谓"正""邪"之间的偏见，共图国是，开启大宋新时代。

如果真能这样，也许后来宋朝的历史、中国的历史，就不是我们现在所知道的样子了。但是，正如我们在《国史通鉴》中不断说到的那样，许多时候，明明大家都认为很好的事情就是办不成，明明大家都认为不应该发生的事情偏偏发生了，而且是在人们自己的推动下发生的。

熙宁时代王安石斥退新法的反对者，元祐时代司马光清除新法的推进者，乃至绍圣时代章惇报复"元祐"旧臣，在某种程度上还是带有一种意气，甚至是一种信念、一种责任，是"正邪不两立"的意气，是实现政治抱负的信念，是对国家和民众的责任。这就奇怪了，你说王安石们、司马光们有责任、有信念我们相信，章惇、曾布们谈得上有责任、有信念？当然也有，只是越来越淡薄，越来越被权力和利益取代。

随着老一代改革者、守成者的故去，对于他们的第二代、第三代，已经很难分得清谁是改革者、谁是守成者了。几经折腾，几次翻盘，所谓信念，所谓责任，甚至连所谓意气，都在日渐消退，剩下的主要是个人的恩怨、团伙的利益。所谓"正"与"邪"之间的分野，看上去的元祐与绍圣之间的是非，其实已经转化为争夺地位、权力和利益的由头。

不但是宋朝，中国历史上的所有朝代，一旦到了这个份上，大家认为不该发生的事情往往就发生了，大家认为的好事就办不成或者办走样了。

建中靖国元年即 1101 年七月，为着"大公至正，消释朋党"，为着搜罗更多人才为朝廷服务，徽宗和曾布讨论用人之方，曾布说了一番值得寻味的话：

> 陛下欲持平用中、破党人之论，以调一天下，孰敢以为不然！然元祐、绍圣两党，皆不可偏用。臣窃闻江公望为陛下言，今日之事，左不可用轼、辙，右不可用京、卞，为其怀私挟怨、互相仇害也。愿陛下深思熟计，无使此两党得志，则天下无事。（《续资治通鉴》）

曾布所说的江公望，素以直言著称，时为左司谏，是力主"大公至正，消释朋党"的代表性人物。所谓"左不可用轼、辙，右不可用京、卞"，是因为在当时的旧党之中，苏轼、苏辙兄弟影响最大，又疾恶如仇；在当时的新党之中，以蔡京、蔡卞兄弟能量最大，又心狠手辣。江公望认为，除了这两对兄弟，无论新党旧党，皆难以掀起大浪。但是，江公望对二苏、二蔡的担心所透露出来的信息，却是党同伐异的土壤仍然十分深厚，想要"建中靖国"，并非易事。而同是一段话，首创者江公望和转述者曾布所表达的意思并不一样。江公望应该是出于担心，希望庙堂不要再因为苏氏兄弟、蔡氏兄弟及其追随者的出现风浪再起。但站在曾布的立场，则有自身地位和利益的考虑。

所以，相同的话，不同的人、不同的场合说出，意义并不一样。

虽然曾经对市易法的变味提出过批评，但曾布对自己参与制定的熙宁新法仍然充满感情，而在向太后还政之后不久就提出"建中"，其实倾向"绍圣"而反对"元祐"。后来的事实也证明，一旦废除新法，主要是指经济方面的新法，宋朝朝廷几乎就难以运转。高太后执政的元祐时代，吃的是熙宁、元丰时代新法的老本，老本吃完了，还是得回到新法的路上来。所以，哲宗继位之后的"绍圣"，看上去是个人意志，却是宋朝朝廷继续运行的需要。哲宗去世，徽宗继位，向太后听政，虽然召回了众多元祐旧臣，驱逐了诸多绍圣新党，但沿袭的却仍然是新法。"建中靖国"年号传递的，是"大公至正"的用人信息，而不是办事的信息。那么，办事的信息是什么？是接下来的一个年号——"崇宁"。"崇"者，推崇也，"宁"者，熙宁也。"崇宁"的意思，就是要继承哲宗的做法，大力推进熙宁新法。

但是，任何事情的推进，靠的都是人事；任何"谋事"，说到底还是"谋人"。所以，曾布在推出"崇宁"年号、宣告继承熙宁之法的同时，却把自己置于不利的地位。因为在当时的人们看来，你曾布当年不是跟熙宁新法的创立者王安石、吕惠卿闹翻了吗？不是为了标榜"不阿不附"而在王安石最困难的时候在他背后捅了刀子吗？

四、爱莫之助

曾布的弟弟曾肇，冷眼旁观天下局势，向哥哥提出警告：虽然哥哥早年帮助王安石制定新法，但志趣和新党已有不同，所以先是见斥于王安石、吕惠卿，后又受章惇、蔡卞的排挤。如今做了宰相，自当引用善人、扶助正道。但近几个月来，包括韩忠彦在内的"善人吉士"，相继去朝，而遭到贬谪的章惇、蔡卞的心腹则不断被起用，"持中"之道已偏。不日章惇、蔡卞复出，将如何共事？即使章惇、蔡卞不出，有一蔡京，"足以兼二人之恶"（《续资治通鉴》）。曾肇明确向曾布提出蔡京的潜在威胁，但曾布并不在意，认为自己先历熙宁、元丰，再历元祐、绍圣，立朝三十年，之所以没有受到清洗，还步步高升直至宰相，就是因为有处事的原则和底线，既不雷同熙丰，又不附会元祐，是典型的"大公至正"。

有道是怕什么，来什么。随着"崇宁"年间的到来，需要有支持熙宁之法之人，有推进熙宁之法之人。于是，一批在向太后听政及还政后被外放、被贬谪的官员重新得到起用。这很正常，算来算去，还是这些人不迂腐、能办事。这样一来，曾布开始里外不是人了。在这些人重新起用的支持熙宁新法、力推熙宁新法的官员即"新党"的眼里，曾布不是自己人；而以韩忠彦为代表的"旧党"眼里，曾布也不是自己人。有一个记载说，在曾布的挤压之下，"旧党"的代表人物韩忠彦甚至"阴欲结京"，希望通过和"新党"蔡京联手，抗衡曾布。与此同时，无论新党、旧党，还是徽宗赵佶，都开始对蔡京产生了认同。

有一个很好玩的插曲，发生在建中靖国元年十一月。宰相们奏事结束，根据曾布的建议，不再延续"建中"的国策，明年改元"崇宁"，然后曾布单独留下，和徽宗一道讨论一幅图。这幅图由一位名叫邓洵武的"起居郎"进呈，徽宗阅读后将其下发给宰相。这幅图有个名称，叫《爱莫助之图》，为何取这个名称？我们得先介绍一下这幅图。

这幅所谓"爱莫助之图"，说是"图"，其实是个表，如同史书的年表，上下一共七栏，每栏的中间分别写上宰相、执政、侍从、台谏、郎官、馆阁、学校字样，这是衙门及官名，各栏的左右分别开列官员的名字进行分类，列在左边的是"绍述"派官员即支持熙宁之法者，右边的是"元祐"派官员即反对熙宁之法者。这可以说是明目张胆地把官员分成两个营垒，公然挑战"大公至正"的用人初衷。在图的左侧即"绍述"侧，宰相一栏空缺，执政一栏仅温益一人，其他每栏仅三四人。但在右侧即"元祐"侧，共列了一百多人。

现在我们明白了"爱莫助"的意思了，是说皇上决心"绍述"，决心继承神宗、哲宗的遗志，开启大宋新时代。但遍观群臣，和皇上同心同德者少之又少，和皇上离心离德者多之又多，怎么可能继承先皇遗志、开创大宋新时代呢？所以"爱莫助之"。这位邓洵武也是有来头的。什么来头？他的父亲，就是曾经发表"笑骂从汝，好官须我为之"名言的邓绾。

看到这幅图，作为宰相的曾布有何感想？特别是在图的左侧即"绍述"一侧，还单独列了一项，只是上面原有的官员或衙门名称被除去。曾布单独见皇帝，一是要讨论如何看待这幅图，二是要特别问问被除去的名字到底是谁。徽宗明确告诉曾布，这个被除去的名字是蔡京。邓洵武认为，欲"绍述"先皇之遗志，非以蔡京为相不可。但你和蔡京，志不同、道不合，所以朕把蔡京之名除去，以免难堪。曾布终于明白了，自己一直在推动"绍述""崇宁"，一直在推进熙宁之法，最后却是推动蔡京的上位和自己的下台。

读过历史教材的朋友一定感到奇怪，蔡京之奸，天下皆知，怎么有那么多人推崇他？教材的篇幅有限，只能说结论，无法说过程。不得不说的是，大凡在历史上能够留下痕迹的人物，特别是在特定时期能够"众望所归"的人物，均非等闲之辈，包括蔡京。

蔡京、蔡卞兄弟二人相差一岁多，是兴化仙游即今福建莆田仙游人，熙宁三年同时中了进士，后来又同为中书舍人，一时传为佳话。兄弟二人都是王安石及其新法的拥护者和积极推行者，弟弟蔡卞仕途更发达，更受器重，还做了王安石的女婿。若干年后，蔡京的儿子蔡绦在自己的一部笔记中，记载了一个据说是蔡卞说出来的令人半信半疑的"故事"。

"故事"说熙宁末年，王安石时时和女婿也就是蔡绦的叔叔、蔡京的弟弟蔡卞说到自己的担心。担心什么？担心天下人才难求，特别是难以找到能够继承自己事业的人才。说着说着，王安石扬起了手，屈了一个手指说："独儿子也！"如果说有一个人可以继承我的事业，此人就是王雱了。王雱是王安石的儿子、蔡卞的大舅子。接着，王安石又屈了个手指，点了点蔡卞："次贤也。"然后就是贤婿你了。说罢，又屈一指问道："贤兄如何？"你哥哥蔡京似乎也可以算一个。然后沉吟半晌，屈了第四个指头，问道："吉甫如何？且作一人。"吉甫是吕惠卿的字，由于当时已经在背后向王安石捅刀子，所以王安石将其放在最后，本来是应该放在蔡氏兄弟之前的。再然后，王安石屈了第五指，琢磨了半天，叹了口气："无矣！"天下的真正人才，在王安石眼里，凑不满五个（《铁围山丛谈》）。

这个"故事"之所以令人将信将疑，是因为蔡绦以子侄说父辈的故事，不免有贴金之嫌。而这个故事中的当事人蔡卞，并没有向他人透露。但是，这个故事又符合当时王安石的心态，并且有些靠谱，王安石既对儿子王雱、对主要助手吕惠卿十分器重，而蔡京、蔡卞兄弟的学术和才能也被王安石看好。

如此说蔡京，许多朋友可能无法接受，因为在人们的印象中，北宋后来的灭亡，蔡京难辞其咎。但不得不说，北宋之亡，既有徽宗、蔡京君臣的责任，更和一些突发事件相关。所以，尽管说历史的发展有规律可循，但由于历史是由"人"的活动所构成，诸多偶发因素乃至特定个人的情绪变化，也会影响历史的进程。而历史的生动、鲜活，很大程度上正是因为这些偶发因素、个人情绪。

第十七讲｜徽宗君臣

一、重起党籍

我们上一讲说，徽宗继位之后，从元符三年（1100 年）正月，到建中靖国元年（1101 年）十一月，不到两年的时间，政策三变，由起用元祐旧党，到兼用元祐、绍圣，再到退元祐而进绍圣。标志性的事件，是章惇被韩忠彦取代、韩忠彦被曾布取代、曾布将被蔡京取代。

崇宁元年（1102 年）七月，蔡京为尚书右仆射兼中书侍郎即右相。这个"尚书右仆射兼中书侍郎"，可以说是北宋后期政局的标志性职务，蔡京之前，司马光、章惇、韩忠彦、曾布的上位，都是就任此职。他们的先后上位，既代表着一个又一个新时代的开启，更记载着从神宗去世到徽宗亲政的十五年间，北宋政局翻来覆去的动荡：元丰八年（1085 年）、元祐九年（1094 年）、元符三年（1100 年）、建中靖国元年（1101 年）、崇宁元年（1102 年），五次翻盘，而最后三次都发生在徽宗继位后的两年间。

不断有朋友和我讨论北宋最后半个世纪的问题，是王安石的责任还是司马光的责任？还是章惇、蔡京的责任？还真是十分难追究。我的看法是翻来覆去的折腾，人事的折腾，政策的折腾。当时的士大夫们，特别是士大夫中的头面人物，以及两宫太后高太后、向太后，均难辞其咎。

蔡京受命为尚书右仆射兼中书侍郎时五十六岁，比当年的司马光年轻十二岁。考虑到后来一直活到八十岁，在宋朝官场沉浮了二十多年的蔡京，此时不但阅历丰富，而且"年富力强"。如果我们排列一下当时新旧两党一些头面人物的年龄，宰相还真非蔡京莫属：旧党领袖、被曾布逼下台的韩忠彦六十五岁，新党领袖、元符三年被贬的章惇六十八岁，试图既抑制新党又排斥旧党、被蔡京逼下台的曾布六十七岁。至于和蔡京年龄相仿乃至更年轻的，无论新党、旧党，除了其弟蔡卞，还真拿不出合适的人物。这是二蔡，那二苏呢？比蔡京大十岁的苏轼已经去世，比蔡京大八岁的苏辙已经没有机会。

此时的徽宗皇帝赵佶还是个二十一岁的青年，在延和殿召见期盼已久的蔡京，进行政治交底并当面请教："神宗创法之制，先帝继之，两遭变更，国是未定。欲上述父兄之志，卿何以教之？"（《续资治通鉴》）徽宗的这番问话，矛头直指祖母高太后和嫡母向太后，正是因为她们的两度破坏，使父亲神宗皇帝、哥哥哲宗皇帝的事业遭受严重挫折，元气至今未复。朕欲继承父兄遗志，先生有何教我？蔡京连忙跪谢，表示将竭力推进新法，以死报答皇上。

诸位说，徽宗赵佶的皇位是由向太后力挺，向太后听政是徽宗的恳请，此时的赵佶如此抨击太后，太后将有何反应？太后不可能有任何反应。向太后从元符三年正月徽宗即位时开始听政，当年七月还政，到第二年即建中靖国元年正月去世，至今已经一年多了。其实，即使向太后健在，恐怕也无法阻止徽宗"绍述"的势头。

在此后的一段时间里，蔡京在徽宗的支持下，或者说徽宗在蔡京的推动下，做了几件事情，头等大事，是持续打击元祐党人，起用元丰、绍圣党人。

对"元祐党人"的打击，以及元丰、绍圣党人的起用，在蔡京入相之前已经开始。崇宁元年二月，蔡确配享哲宗。蔡确是福建泉州人，神宗元丰年间的宰相、新法的主要推进者。神宗去世、高太后听政，蔡确被斥为"首恶"，被罗织罪状，先是遭到贬谪，后来死于贬所。《宋史·奸臣传》中，蔡确力压吕惠卿、章惇等人，列在首位。蔡确配享哲宗是一个重大的信号，意味着元丰、绍圣党人的整体翻案和对元祐党人的全面清算。而此时的宰相，还是旧党的代表人物韩忠彦和表面上主张兼用元祐、绍圣，其实是想排斥韩忠彦的曾布，可见在当时宋朝的官场，新旧两党力量的对比已经发生了不可逆转的变化。随着韩忠彦、曾布的先后去位以及蔡京的上位，大规模的清算开始了。

崇宁元年（1102 年）七月初五日，蔡京为尚书右仆射兼中书侍郎，初六日，宣布焚毁元祐之法的全部文本，以示和元祐时代彻底决裂。九月，以徽宗名义连下数诏：

第一，公布"元祐党籍"名单。将元祐年间及元符末年即高太后、向太后听政时期在位的旧党人物，以文彦博、司马光等为首共 120 人，称为"元祐党人""元符党人"，由徽宗赵佶亲自书写姓名，刻石于端礼门即皇帝与大臣议政的文德殿的南门。

第二，划分上书言事者的类别。将元符三年即向太后听政后应诏上书的官员分为正、邪两类，各分上、中、下三等，41 位主张元丰、绍圣之法的为"正等"，予以表彰升迁；500 多位主张元祐之法的为"邪等"，或降或责。

第三，打击调和派官员。再降韩忠彦、曾布等人官职，将打击对象扩大到试图以"大公至正"姿态调和新旧矛盾的"骑墙"派官员。

在中国历史上，曾经有过多次所谓"朋党"斗争。如东汉末年的"党锢"，如明朝后期的"阉党"与"东林"，都只有公告、榜文，却没有刻名于石的。在中国历史上，也曾经有过诸多刻石行为，如东汉末年蔡邕主持，将校定的"六经"刻在石碑之上，以为"六经"之定本，但是，还没有以石刻作为政治斗争特别是党争工具的。宋徽宗、蔡京将反对派的名单刻在石碑之上，表示此为"铁案"，被打击的对象将"永世不得翻身"。具有讽刺意义的是，历史上几乎所有被定为"永世不得翻身"的，后来大抵都"翻身"了。将对手定义为"永世不得翻身"，正暴露出自己的虚弱和缺乏底气。

二、徽宗初政

虽然说是"铁案"，蔡京等人仍然对"元祐党籍"的名单做了多次调整，崇宁三年（1104 年）六月，徽宗有诏，将原定的元祐、元符党人及上书言事被定为"邪等"之人，合并为一"籍"，最后确定为309 人。

真佩服徽宗皇帝的雅兴，竟然再次"御笔"书写这 309 人的姓名，命人重新刻石，立于文德殿的东壁，不知手书时是一种什么样的心情，或者将其作为"练笔"？蔡京则不知是请旨还是奉诏，将这批名单也书写一遍，颁行天下，要求各府州县刻石成碑，"永为万世子孙之戒"（《续资治通鉴》）。这批石碑被统称为"元祐党籍碑"或"元祐奸党碑"。蔡京两次唆使赵佶亲自书写"党人"姓名，赵佶竟然欣然应允，蔡京自己又书写，并颁布各府州县，显然是向天下人炫耀自己的书法，并通过书法扩大自己的政治影响。北宋书法，有苏、黄、米、蔡"四大家"之说。其中的"蔡"，当然是和苏轼、黄庭坚、米芾同时代的蔡京。后人因蔡京名声不好，置换为与范仲淹、欧阳修同时代的蔡襄，甚无谓也。但以书法扩大自己的政治影响，在中国历史上蔡京恐怕还是首位。

赵佶和蔡京书写的《元祐党籍碑》，把元祐党人分为数档：第一档，文官中曾任宰相、执政的 27 人，以司马光为首，已经故去的韩忠彦和尚在的曾布，以及范纯仁、苏辙等，皆入此档；第二档，文官待制以上官 49 人，以苏轼为首，曾布的弟弟曾肇入此档；第三档，"余官"即其他官员177人，以秦观为首，号称"苏门四学士"的另外三位黄庭坚、晁补之、张耒，以及熙宁年间上"流民图"并宣称"安石去、天必雨"的郑侠，绍圣初劝章惇不偏不倚的陈瓘，建中靖国时建议徽宗左不用二苏、右不用二蔡的江公望，还有理学家程颐等，都在此档。另有武官25人、宦官29人，分别为四、五档。此外，"为臣不忠"即立场不坚定的曾任宰相王珪、章惇二人，单列为一"籍"。

徐乾学的《续资治通鉴后编》列出了各档的名单，但统计各档人数时，将"余官"一档误记为176人，少了一人。毕沅的《续资治通鉴》和一些当代的著作也沿袭此误，遂使分档人数之和只有308，与309人不符。

刻石是一种告示，是宋朝朝廷向天下宣告清除以司马光、苏轼等人为代表的"元祐党人"及其流毒的决心。对元祐党人及其后人的打击和歧视措施也随即出台，举其要者：一、已死的追夺名号、革除爵禄，在世的不得在同一州居住，以免相互之间串联及诋毁朝政；二、子弟不得擅自到京，已入仕者，不得在京任职，未入仕者，入学、科举均受限制；三、宗室子弟，不得与"党籍"家族联姻；四、凡元祐诸臣的学术著作、政论文章，皆不得刊刻、讲习、传播，违者重治。

打击对手的同时，是树立自身的形象：第一，天下府、州，皆建崇宁寺，宣告朝廷继承熙宁、元丰之法的国策；第二，熙宁、元丰功臣，王安石、吕惠卿、蔡确等，绘像于显谟阁（彭大翼《山堂肆考》）；第三，作为熙宁新法的开创者，王安石从祀孔庙。

所有这些举措，在当时的政坛和社会产生了强烈的震撼，营造出十分严峻的政治气氛。但是，就在这种政治气氛之下，发生了一件既令人感动又令许多人惭愧的事情。有记载说，当朝廷要求各地府、州、县镌刻蔡京书写的"元祐党籍碑"的时候，有位名叫"安民"的长安石工请辞："民愚人，固不知立碑之意，但如司马相公者，海内称其正直，今谓之奸邪，民不忍刻也。"（《续资治通鉴》）小民愚钝，不知为何要立此碑。但如司马相公，海内皆知其正直，竟然也被称为"奸邪"而在这个名单之上，无论如何也不忍心动手。当地官员十分恼怒，欲加之罪。安民哭诉："被役不敢辞，乞免镌'安民'二字于石末，恐得罪后世。"官府让我刻石，不敢不从，只是请求在石碑上免镌刻工"安民"二字，以免受到后人的谴责。

用不着等到后世，这种在全国范围内变本加厉重启党争的做法，在当时就引起人们的强烈不满。但是，蔡京及其同道自有安抚社会、平息舆论的后手。什么后手？三大举措：第一，扩大国学规模，并在各州县建立州学、县学，安抚天下读书人；第二，在京师开封营建居养院，在各州、县设置安济坊，以养育鳏寡孤独，以大规模的救济政策争取民心；第三，增设杭州、明州市舶司，扩大海外贸易，增加朝廷的财政收入。不能不说，这些举措对于当时的社会稳定起了重要的作用。我们只看其中的一项——办学。

崇宁元年八月，蔡京入相的次月，提出了营建天下州县学、扩大国学规模的建议，得到徽宗的批准。

先看地方办学：一、各府州县皆设官学，县学生通过考试可升入州学、府学，府、州学生每三年选拔一次，通过考试可入太学。二、府学、州学、县学都有专门的经费供给学生；学生通过各类考试，可以免除各项徭役。三、县学生中有孝行道德者，通过乡里的推荐，可以入府学、州学；府、州学生中有孝行道德者，可由州官推荐入太学。也就是说，学业和道德两途并进。此后，各府、州、县学的名额，分别增加到50、40、30名，又增设书学、画学、算学、医学，培养和招徕各类人才。

再看太学改革：一、京城开封的南门外，建太学的"外学"，外圆内方，盖屋一千余间，这就是我们现在所说的"新校区""大学城"。二、原有的太学校舍专处上舍生和内舍生，新建的外学则处外舍生。三、地方州学生入太学，先入外学，经过学习和考试之后，可补入内舍、上舍，正式成为太学生；太学生扩充到三千八百人，国学的规模超过以往任何时代。四、四川、广东、福建向太学推荐的学生因为路途遥远，由官府供给路费。

如此大兴学校，天下读书人能有不高兴的吗？至于党争，那是庙堂上的事情，和自己没有切身的利害关系。仅此一项，就可以在很大程度上抵消因为清除元祐党人造成的社会影响。

三、君臣同道

蔡京等人一面持续打击元祐党人，营造严峻的政治气氛，一面通过办学、济贫、扩大海外贸易，稳定社会秩序。不能不说，此时北宋的经济、文化仍然在原有轨迹上行进。被人们津津乐道认为反映开封城市繁荣、见证北宋经济发展的《清明上河图》，就创作于这段时期。《宋史·奸臣传》也说："时承平既久，帑庾盈溢。"

尽管帑庾盈溢，但徽宗赵佶继位之后，仍然有过被称道的节俭"事迹"。李焘的《续资治通鉴长编》引用曾布《日录》的记载：元符三年二月，徽宗即位之后不久，发布告谕："禁中修造，华饰太过。墙宇梁柱，涂金翠色，一如首饰。又作玉虚，华丽尤甚。"要求以后予以禁止。当然，后来不仅没有禁止，反而大兴土木，大肆营建。南宋周煇的《清波别志》追记：徽宗即位之初，宫中殿宇修造，需用十六万片金箔，徽宗闻言怒斥："用金箔以饰土木，靡坏不可复收，甚无谓也。其请支金箔内臣，令内侍省按治。"《续资治通鉴》把这件事系于崇宁元年五月，即蔡京入相之前，金箔数量不是《清波别志》的"一十六万"，而是"五十六万"。

但是，不久之后，徽宗恢复了"文艺青年"的故态，极尽人生享受。在这个过程中，当然不排除蔡京的作用。蔡京之为徽宗所用、所信，有诸多原因。其中，有舆论推动的原因：自从"绍述"即继承神宗、哲宗事业的舆论出来之后，蔡京已是"众望所归"；也有共同爱好的原因：徽宗是位酷爱书画的文艺青年，蔡京是闻名天下的书法大家，在这方面，蔡京是赵佶的老师。更为重要的原因，是蔡京既能办事，又能投其所好，为其理直气壮的享乐提供心安理得的依据。这是继南唐李璟、冯延巳君臣之后的又一次君臣同道。

人们无法理解，以当时的形势而论，元祐旧臣老的老、死的死，后一代已经成不了气候，蔡京为何还要持续折腾？当然，如此折腾绝非蔡京一人办得到，既是因为以蔡京为首的当权者们为了维护自身的地位、权力与利益，恐怕也和蔡京及其同道曾经的经历有关。

有记载说，元祐初期，蔡京权知开封府，其所作所为受到苏辙的严厉斥责："（蔡）京新进小生，学行无闻，徒以王安石姻戚、蔡确族从，因缘幸会，以至于此。"（《续资治通鉴长编》）苏辙没有办法阻止司马光的一意孤行，便把怒火发泄到蔡京身上，却犯了大忌，千万不能小看坐在后排特别是坐在后排的"小人"。蔡京比苏辙只小八岁，竟然遭受如此羞辱。而在元祐时期，受到类似遭遇的并非蔡京一人。二苏兄弟同时中进士，二蔡兄弟也同时中进士，都是一时的美谈，但就政治手段而言，二蔡其实未必看得上二苏。苏辙的斥责，足令蔡京耿耿于怀一辈子，并且迁怒于元祐党人。蔡京之受苏辙斥责，和一件事情直接相关——"免役法"。

司马光秉政，欲尽废熙宁新法，不但受到改革派的抵制，也受到自己同道的抵制，特别是免役法，苏轼、苏辙兄弟，范纯仁、吕大防，都反对废除。但时为"权知开封府"的蔡京，只用了五天时间，也就是司马光要求的期限内，在开封府辖区，废免役法而复职役法。司马光大为满意，当众对蔡京大加赞赏："使人人奉法如君，何不可行之有！"从此对蔡京刮目相看。十年之后，元祐时代过去，进入绍圣时代，章惇为相，欲去职役法而复免役法，议而不决，蔡京觉得可笑："取熙宁成法施行之耳，何以讲为？"（《宋史·奸臣传》）这不是小事一桩吗？按熙宁、元丰时期的样子做就可以了，用得着反复讨论吗？一句话点醒梦中人，解了章惇的困惑。

《宋史·奸臣传》通过这两件事，谴责蔡京的翻手为云、覆手为雨："十年间京再莅其事，成于反掌，两人相倚以济，识者有以见其奸。"但是，从这两件事又可以同时看出两个问题：第一，蔡京的办事原则。蔡京的办事原则是"唯上"，谁的官大，谁在掌权，那就听谁的。第二，蔡京的办事效率。唯上、唯权的人多得是，别人办不成，到蔡京手上，不但办得成，而且轻而易举地办成；别人感到为难的事情，到了蔡京手上就是"小事一桩"，这就叫作"举重若轻"。但是，蔡京的这个"举重若轻"，和"唯上"的办事原则放在一起，就是没有政治底线和道德底线。所以，在为徽宗的享乐提供依据时，蔡京也是"举重若轻"。

蔡京入相之后，和徽宗之间有过一次对话。徽宗寿诞，要大宴群臣，事前向宰辅们展示宫中所藏玉盏、玉卮，说本想宴会用此物，唯恐过于张扬，招致批评。蔡京不以为然，说当年臣出使辽国，辽主向臣等出示石晋时期进贡的玉盘盏以为炫耀，说南朝绝无此物。如今皇上寿诞，正该用此物，让辽主知道我大宋的富饶。徽宗觉得大为有理，但仍有担心，说先帝哲宗时，在宫中建了一个小台子，上书抨击者甚多，故至今没有启用。如果将玉盏、玉卮出示，人言复兴，那怎么办？蔡京一句话，解除了徽宗的所有疑虑："事苟当于理，多言不足畏。陛下当享天下之奉，区区玉器，何足计哉！"（《宋史·奸臣传》）

这句话似曾相识。不错，当年王安石对神宗说过类似的话，叫"人言不足畏"。但王安石说的是为了天下，蔡京说的是为了个人，这就是王安石和蔡京的区别所在，也是真正的改革家和后来的冒牌货之间的区别。后人不问青红皂白，把蔡京等人的账算在王安石头上，也是历史的悲剧。

四、结好女真

从此以后，徽宗赵佶开始千方百计地享受人生，宫内宫外全面开花。一方面，在二十多年的时间里，公开的儿子有 32 个、女儿有 34 个。另一方面，各种各样的风流韵事层出不穷，出入于妓院，以及与李师师之间的种种传闻，并非无稽之谈。在中国历史上，大凡有人千方百计地让皇帝快活、享乐，大抵都是为自己快活、享乐提供便利。随着元祐党人被全面压制，公开批评的声音没有了，蔡京及其同伙掌控着北宋的政治权力，开始了全面的自我利益的实现，对民众的盘剥更为严苛。太湖石、花石纲，各地土产贡品，源源不断运入开封；铸九鼎、建明堂、修方泽、立道观，大兴土木，看上去都是为皇家服务，实则都在中饱私囊。

就在君臣上下沉湎于享乐之时，一个令人振奋的消息传来。什么消息？政和元年也就是公元 1111 年，徽宗的亲信宦官、蔡京的同党童贯奉命出使辽国，有位名叫马植的汉族官员，在燕京城南的卢沟桥大宋使者驻地请见。童贯与马植一见面、一交谈，觉得此人甚是了得，遂将其带回开封。马植面见徽宗，献灭辽之策："女真恨辽人切骨，而天祚荒淫失道。本朝若遣使自登、莱涉海，结好女真，与之相约攻辽，其国可图也。"（《宋史·奸臣传》）

马植的这番话，提供了两个信息：第一，辽国的信息；第二，女真的信息。

自从宋辽之间有了"澶渊之盟"，我们很少说到辽国的事情了。"澶渊之盟"后的一百年，宋辽之间大抵相安无事，既保证了辽的稳定，更为宋提供了经济发展、文化繁荣的"国际环境"。如果不是西夏的崛起，北宋可以说是"边境无战事"。但是，宋朝的君臣、大宋的百姓，从来没有放下过"燕云情结"；辽国的贵族，乃至燕云的汉人，也从来没有放下过"关南十县"。因为在宋人看来，燕云十六州自古就是华夏之域；而在辽人，包括辽国的契丹人和汉人看来，瀛、莫二州，益津、瓦桥二关，从来和幽州密不可分。所以，只要一有风吹草动，契丹就打关南十县的主意，而大宋则做燕云十六州的回归梦。

宋徽宗即位的第二年、建中靖国元年即公元 1101 年，辽道宗耶律洪基去世。读过金庸《天龙八部》的朋友，对"耶律洪基"这个名字应该有印象。在《天龙八部》中，耶律洪基与萧峰结为兄弟，继承皇位之后，封萧峰为"南院大王"，逼迫萧峰领兵攻宋，为萧峰所擒。在耶律洪基发誓有生之年决不侵宋之后，萧峰将其放回，自杀以谢辽。这当然是小说家言。但耶律洪基确有其人，并且做了 46 年的大辽皇帝，死后庙号道宗。这 46 年，既是契丹进一步中原化的 46 年，也是辽国经济发展，同时也是上下享乐的 46 年。耶律洪基在世的时候，太子被诬告处死，所以他去世时继位是孙子耶律延禧、马植所说的"荒淫失道"的"天祚帝"。

但是，"澶渊之盟"后的百年，辽之所以没有过多找宋的麻烦，并不只是因为有了一纸"盟誓"，还因为辽和宋一样，君臣上下，安享太平，同时也因为受到一些力量的制约，其中一个重要的力量，就是辽东的女真。

"女真"是汉人对生活在白山黑水之间诸多民族的统称。汉籍文献中的肃慎、挹娄、勿吉，以及隋唐时期的靺鞨，是他们的祖先。在唐朝建立渤海国的粟末靺鞨，是多个"靺鞨"中的一支。随着契丹的崛起，渤海国被灭，"靺鞨"的名称，也逐渐为"女真"所取代。由于许多年的阻隔，如果不是马植提及，宋人早已遗忘了遥不可及的靺鞨或女真。

随着辽统治的弱化，女真内部开始出现了一股强大的统一势力。这股势力来自活动于黑龙江、牡丹江一带的女真完颜部。马植向宋徽宗建议结好女真、相约攻辽的时候，女真已经完成了内部的统一，开始与辽抗争。鉴于女真人的凶悍和辽人的血性正在丧失，马植断言，在未来的契丹、女真博弈中，辽国必亡。并且提出警告：如果不及早和女真结盟，一旦女真灭辽，夺取燕云十六州的机会将永远丧失。

马植的建议和提醒重新燃起徽宗君臣对燕云十六州的渴望。徽宗赐马植赵姓，名良嗣。曾经的辽人马植，成了宋臣赵良嗣，并以大宋使臣的身份出使女真，要与女真结盟，共灭辽国，夺回燕云十六州。

第十八讲｜女真崛起

一、白山黑水

我们上一讲说，辽人马植变身为宋臣赵良嗣，建议宋徽宗遣使由登、莱渡海，与女真结盟，共灭辽国，以夺回燕云十六州。从战略上看，这未尝不是一步好棋，但对于当时的北宋来说，却是在与虎谋皮。

女真是长期活动在中国东北的古老民族的统称，肃慎、挹娄、勿吉、靺鞨，以及后来的满洲，都是女真曾经的或未来的名称，当然，也都是用汉文记载下来的名称。在有的文献中，把"女真"记为"女直"，这是因为辽人避讳兴宗耶律宗真的这个"真"字。元人编纂《金史》，沿袭辽人的做法，也称"女真"为"女直"：

> 五代时，契丹尽取渤海地，而黑水靺鞨附属于契丹。其在南者籍契丹，号"熟女直"；其在北者不在契丹籍，号"生女直"。"生女直"地有混同江、长白山，混同江亦号黑龙江，所谓"白山、黑水"是也。（《金史·序》）

在这段文字中，《金史》的编纂者把"黑水女真"中南迁并入契丹籍的称为"熟女真"，而将仍然生活在"白山黑水"之间未入契丹籍者称为"生女真"。这种生、熟的区分，十分质朴，后来的元朝、明朝也沿用了这种说法。完颜阿骨打和他的先辈们都属于"生女直"，但我们按约定俗成的名称，仍然称之为"生女真"。

《金史》编撰者在此处特别指明，混同江为"黑龙江"，并点出"白山、黑水"，这是继承了唐人关于"黑水靺鞨"的说法。但此处的"黑水"，泛指我们现在所说的黑龙江、松花江一带，并非专指今日之黑龙江。

经过几代人几十年的努力，到宋徽宗继位前后，"生女真"各部大抵被完颜部统一，形成了一个令辽国统治者担心的部落联盟。到公元 1113 年，生女真联盟首领乌雅束去世，弟弟阿骨打继位。这个阿骨打，成了辽的真正"苦主"。

阿骨打出生于辽道宗耶律洪基的咸雍四年、宋神宗赵顼的熙宁元年七月初一，公历为 1068 年 8 月 1 日，在同母兄弟中排行第二。传说阿骨打出生前的一段时间，辽国东方的天空有体量巨大的五色云彩出现。开始没人注意，但今天出现，明天出现，天天出现，于是有人开始关注。在这些人中，有辽国的"司天"即钦天监主官、汉人天象家孔致和。观察一段时间后，孔致和悄悄对朋友说：东方将有非常事、将有异人生，这是天意，非人力所能为也。

阿骨打确实从小与众不同，勇力过人，箭法出众，而且举止端重，富有谋略。《金史·太祖本纪》说阿骨打小时候与同伴角力，一人和多人对抗，丝毫不落下风。一次，辽使来完颜部，见十来岁的阿骨打手持弓箭，有些好奇，说小孩也能射箭吗？抬头一看，有群鸟在上空盘旋，说射射看。阿骨打二话不说，弯弓搭箭，连续三箭，群鸟惊飞，三鸟落地。辽使大吃一惊，连称"奇男子也"！成人之后，阿骨打以神力神箭闻名。一次阿骨打往他部赴宴，闲步来到门外，但见对面一座小山拔地而起，一时兴起，说有谁能把箭射到山顶？众人纷纷出箭，但射出去的箭，有不及小山的，有跌落在山坡的，没人能够射到山顶。在众人的鼓动声中，阿骨打将自己的箭射出，但见箭如流星，直向小山而去，越过山顶，落在了山后。人们都知道阿骨打是神力神箭，但神力如此，出乎人们的意料。经过步量，阿骨打的箭，竟然射出三百二十步之外，几乎是宋军的一部"床子弩"。在此后对女真各部，特别是对辽的战斗中，阿骨打的神力神射，常常起到克敌制胜的作用。

有记载说，阿骨打的父亲、庙号为"世祖"的劾里钵特别钟爱并器重第二个儿子阿骨打，甚至在阿骨打幼年时期，就对自己的兄弟们说，等到我这个儿子长大成人，就用不着为家族、部族的事情操心了。有记载说，劾里钵去世前，妻子痛哭不已，劾里钵安慰妻子：别哭啊，你我最多别离一年就可以见面了。四弟颇剌淑急于请哥哥安排后事，劾里钵摇摇头，说没什么好交代，因为三年后，你我兄弟也得见面。老四颇剌淑大为悲愤，说老二如此不近人情，到这个份上，对我也没一句好话。说罢，以头撞地，大声哭号。接着，劾里钵叫来五弟盈歌，做了他所能做的政治交代："乌雅束柔善，若办集契丹事，阿骨打能之。"（《金史·世祖本纪》）我的几个儿子，大儿子乌雅束心地善良，可以守住家业；二儿子阿骨打果敢，可以壮大家业。如果要与辽争锋，那得靠阿骨打。果然，劾里钵去世一年后，妻子去世了；去世不到三年，四弟颇剌淑去世了。去世之前，颇剌淑不禁感叹，我这个二哥真是智者，怎么算得这么准啊！

但是，虽然此时的完颜部已经统一生女真，生女真的社会形态也在发生急剧的变化，虽然父亲劾里钵倾心于阿骨打，但地位的继承，仍然得遵循长期以来形成的传统。

二、誓师伐辽

如果我们对劾里钵、阿骨打父子之间的继承关系做个梳理，会发现一个十分有趣的现象，甚至可以说是"年轮神话"。

先说阿骨打的父亲、世祖劾里钵，同母兄弟共五人，劾里钵排行第二，继位时三十五岁，在位十九年，去世时五十四岁，继位的是老四、肃宗颇剌淑。

再说阿骨打的四叔颇剌淑，继位时五十一岁，在位两年多，去世时五十三岁，继位的是老五、穆宗盈歌。

阿骨打的五叔盈歌，继位时四十二岁，在位九年，去世时五十一岁，由劾里钵的嫡长子、阿骨打的哥哥、康宗乌雅束继位。

阿骨打的大哥雅束继位时四十三岁，在位十年，去世时五十三岁，由弟弟太祖阿骨打继位。

阿骨打继位时四十六岁，在位十年，去世时五十六岁。

虽然只是父子两代，但从劾里钵到阿骨打，相继有五位首领，每一位继位的年龄，除了肃宗颇剌淑外，都在四十二到四十六岁之间，继位之前就经历过无数磨炼；每一位去世时的年龄都在五十一到五十六岁之间，没一个拖到精力不济。也就是说，这五位女真首领的在位时，几乎全是老成练达且年富力强。而且，除了肃宗颇剌淑，其他几位在位都在十年左右，就好像有两届的"任期制"，既有连续做事的时间，又无偷懒惰政的机会。

反观同时代宋朝的神宗、哲宗、徽宗，继位的时候分别为二十岁、十岁、十九岁，神宗、哲宗去世时分别是三十八岁、二十五岁，所以两次出现太后听政、改弦易辙。皇帝亲政之后，又多次翻盘，政策反复多变，人事纷争不休。如果说有"天意"，这恐怕也是"天意"。

有记载说，阿骨打的哥哥、后来庙号为"康宗"的乌雅束去世前，曾经做过一个梦，梦见自己狩猎，追逐一头狼，连连射箭，就是射不中。弟弟阿骨打见状，过来帮忙，拍马而前，箭发狼毙。醒来之后，乌雅束把这梦告诉众首领，首领们不但不安慰，反倒祝贺，说这是好兆头，哥哥的未竟之业，由弟弟来完成。乌雅束去世后，阿骨打顺理成章地继承了他的地位。

阿骨打继位之后，如父亲劾里钵所说，凭借父兄积累下来的家业，开始办契丹之事。宋徽宗政和四年（1114年）九月，阿骨打拉开向辽攻击的序幕，第一个攻击目标是辽与"生女真"所在地接壤的宁江州。宁江州位于混同江即松花江中段的北边，治所在混同县、今吉林省扶余县东，隔着混同江的支流拉林水，北距女真的政治中心今哈尔滨阿城仅两百多里，是辽国扼制女真的第一道防线。

生女真各部接到号令，齐集拉林水北岸的寥晦城。虽然说是"齐集"，但也只有两千五百人。阿骨打率领这两千五百女真壮士，申告天地，誓师伐辽：

> 世事辽国，恪修职贡……有功不省，而侵侮是加……今将问
> 罪于辽，天地其鉴佑之。（《金史》）

这段文字，经过编纂《金史》的元代汉人或汉化的女真人、契丹人加工，十分符合阿骨打和女真首领们当时的心境。阿骨打的祖父、父亲，以及两个叔父和一个兄长，包括阿骨打本人，先后六人接受过契丹所封的"生女真节度使"，曾经帮助辽国打击女真各部的各种不服，平定契丹内部的多次叛乱，却没有得到应有的奖赏，所以说"有功不省"。但是，也就是在这个过程中，阿骨打祖孙三代打着辽国的旗号，以"生女真节度使"的便利，扩大自己的势力，乘机统一了女真各部，从而引起契丹统治者的警惕，时时被压制和打击，所以说"侵侮是加"。

这个过程对于契丹来说，是在巩固和加强对女真的统治，但对于女真来说，则是在集结与辽对抗的资本。所以，我们不断说到一个观点，即在民族矛盾的问题上很难用对与错来解释，关键是站在何种立场，采用什么样的价值标准。辽与女真完颜部，其实是在相互利用。

有一个说法叫"打女真"，一些历史读物根据字面意思，说是契

丹对女真成年男子的杀戮，其实不然。"打女真"的"打"，指的是欺压、凌辱，而不是杀戮。南宋陈均《九朝编年备要》对此做了解释：

> （宁江）州有榷场，女真以北珠、生金、人参、松实、白附子、蜜蜡、麻布之类为市，州人低其值，且拘辱之，谓之"打女真"。

可见，所谓"打"，是指贸易上的欺压、人格上的侮辱。这是许多女真人都有的共同感受，所以阿骨打以此来唤起女真人的"同仇敌忾"。同时，用最原始的方式进行战前动员，命亲兵手持大棒，号令部属：

> 汝等同心尽力，有功者奴婢、部曲为良，庶人官之；先有官者叙进，轻重视功；苟违誓言，身死梃下，家属无赦！（《金史》）

又是一个约法三章：第一，作战有功者，如果是奴婢、部曲，解除对主人的依附，获得自由；如果是平民，授予职位。第二，各级首领，根据战功，论功升级。第三，有违军令、作战不力者，本人杖死，株连家属。

三、连战告捷

阿骨打继位之后针对辽国的备战，辽天祚帝已经得到情报，命人前往女真观察，并且对还是辽国"生女真节度使"的阿骨打提出警告。但此时的阿骨打，毫不隐讳对辽的不满，说我女真以小事大，从来没有对不起辽；倒是你契丹，处处凌辱我女真，全然没有大国的气度，令人失望。阿骨打提出一个要求：女真有叛贼逃到贵国，多次索要无果，如果辽主将叛贼遣返，女真将一如既往孝敬辽国，否则只有兵戎相见。

　　天祚帝当然不能在这个时候遣返女真逃往辽国的所谓叛贼，如果这样，岂不断了女真内部分裂势力投靠大辽之路，更重要的是，大辽脸面何在？当然，直到此时，天祚帝君臣仍然认为，女真不过"蕞尔小国"，翻不起大浪，所以只是象征性地向宁江州增派八百驻军，其中一部分还是入了辽籍的"熟女真"。当然，这也是辽对付女真的一贯策略，以女真制女真，以熟女真制生女真，和中原皇朝"以夷制夷"的策略是一个套路。

　　虽然以天祚帝为首的辽国朝廷日趋腐败，但宁江州的辽军包括"熟女真"，还是有一定战斗力的。面对女真的攻击，辽军展开了反击，直逼阿骨打的中军。直到主将被阿骨打射死，组织起来的生女真又前仆后继、搏命冲击，辽军才开始败退。但是，这一败就不可收拾。阿骨打初战告捷，乘胜夺了宁江州。

　　此时，辽天祚帝正在上京临潢府西北的庆州围猎。需要说明的是，在宋人眼里、在宋以后的汉人眼里，统治者狩猎就是游乐，就是玩物丧志。其实不然。在游牧民族那里，狩猎既是工作、议事，更是保持勇武的手段，表示毫不懈怠。得到宁江州失守的消息，天祚帝并不慌乱，召集随行官员商议对策。参与议事的官员意见不一，有认为需要高度重视、调集大军围剿的，也有认为不必小题大做、过于张皇的。天祚帝采纳了后一种意见，这也是他自己的认识。于是，命司空萧嗣先为东北路都统，调契丹、奚族军三千，中京大定府禁军及土豪两千，加上诸路武勇两千，共七千余人，前往出河店，防御女真。

　　出河店位于今黑龙江省大庆市肇源县的西北、牡丹江的北岸，东距阿骨打在阿城的营帐三百多里，西边是鸭子河即嫩江注入松花江交汇处，所以这一带的江面仍被称为"鸭子河"。宁江州失守后的两个月，宋徽宗政和四年（1114年）农历十一月，萧嗣先等人率步骑抵达出河店。阿骨打闻报，率领三千七百余人沿着牡丹江南岸西进迎敌。来到出河店对岸时，天色已晚，人困马乏，就地宿营，准备第二天渡河。

阿骨打睡下不久，感觉有人托起自己的脑袋，而且连续三次，不觉猛然惊醒，认定这是神明在警示。其实是他心中有事，睡不踏实。于是命人击鼓，唤醒全军，自己率先举着火把，直扑松花江。黎明时分，阿骨打率军来到江边。此时的松花江已经结冰，但见一队队辽兵正在江上破冰，以阻挡女真。如果阿骨打天明之后起兵，也许松花江面的冰就被辽军凿开了。阿骨打见状，率领先行的千余名女真壮士踏冰而进，击溃了破冰的辽军。后续部队跟进，与萧嗣先率领的辽军在出河店一带展开血战。冬季的松花江陡然刮起了南风，尘埃蔽天，阿骨打率领女真将士乘风奋击，辽军迎风冒沙，抵挡不住，全军溃散。女真乘胜追杀，缴获不计其数。

由于这一仗是在鸭子河进行，所以被称为"鸭子河之战"。此战可以说是阿骨打创建"大金"的奠基之战，女真三千七百对辽军七千多，打的还是辽军主力。包括都统萧嗣先在内，七千多辽军逃回的仅十七人。但后来女真人的吹嘘就过于离谱了。

《金史·太祖本纪》说，辽军此役有十万人，阿骨打痛击辽军的破冰队，只带了十来个壮士，等等。清朝"钦定"的《满洲源流考》《续通典》都采用了这一说法，当下不少通俗读物更大肆渲染。但同样在清朝，比较严肃的历史著作，如徐乾学的《资治通鉴后编》、毕沅的《续资治通鉴》等，都采用了《辽史》的说法，此役辽军实为七千余人而不是十万人，阿骨打率领的前锋是"千余人"而非"十辈"。

四、国号大金

鸭子河之战前后，阿骨打正在完颜部和女真各部推进一个改革。什么改革？整编军队。在此之前，女真各部平日以渔猎骑射为事，人多者称"猛安"，人少者称"谋克"，首脑被称为"孛堇"，当然这也是汉文的音译，意为"长官"。遇有战事，成年男子皆为士兵，自带器械衣粮，骑兵自备马匹。根据各部兵员的多少，多者首领称"猛安孛堇"，即千夫长；少者首领称"谋克孛堇"，即百夫长。但在当时，所谓百夫、千夫只是一个概数，因为直到攻打宁江州时，阿骨打调集的兵员也才两千多人，鸭子河之战也只有三千七百人。

占领宁江州后，特别是鸭子河之战后，归附者日多。由于充满"野性"的女真人勇武善射，日渐汉化的辽人十分忌惮："女真兵满万，则不可敌。"（《宋史纪事本末》）鸭子河之战后，女真兵已有万人，阿骨打遂对猛安、谋克进行规划，三百人为一谋克，十谋克即三千人为一猛安。谋克、猛安本来只是社会组织，如今既是社会组织，也是军队编制，平日仍然渔猎骑射，战时组成军队。随着对辽、对宋战争的推进，女真壮丁常年从事战争，猛安、谋克也就成了常备军。

军队是国家机器的基本要素，军队组成了，国家也就顺理成章该出现了。宋徽宗政和五年、辽天祚帝天庆五年，即公元1115年，阿骨打在生女真、归属的熟女真的首领，以及归降的契丹、汉族官员的推动下，建国立号，国号"大金"，年号"收国"。所以这一年又是"大金"的收国元年。

为何以"金"为国号？阿骨打有自己的解释：

> 辽以宾铁为号，取其坚也。宾铁虽坚，终亦变坏，惟金不变不坏。金之色白，完颜部色尚白。（《金史·太祖本纪》）

辽的国号、族名是契丹，契丹为"宾铁"之意。但契丹是铁，女真是金；铁虽然坚固，却会锈、会腐，金既坚固，又永不生锈、永不腐朽、永远发光，而且这还是我完颜的崇尚之色。如此解释，鼓舞人心，虽然说人无千日好、花无百日红，但又有哪个民族、哪个群体、哪个个人不希望像黄金、白金那样，永不生锈、永不腐朽，乃至永远发光？

南宋徐梦莘的《三朝北盟会编》记载了宋朝的汉人对女真的认识：

女真，古肃慎国也。本名"朱理真"，讹为"女真"。或以为黑水靺鞨之后而渤海（靺鞨）之别族……世居混同江之东，长白山、鸭绿水之源。阿骨打建号曰"皇帝寨"，至（完颜）亶改曰"会宁府"，称"上京"。

徐梦莘的这段记载，有两点要加以说明：

一、阿骨打建国立号时，政治中心在今黑龙江省会哈尔滨的阿城一带，但当时还只有营帐，称"皇帝寨"，后来仿照辽、宋的规制修城建宫，命名为"会宁府"，成为金之"上京"。可见，女真由狩猎到定居、由部落联盟到国家、由传统营帐到筑城建宫，有一个比较漫长的过程。但是，随着进入辽区、进入宋境，这个过程也会加速。而将"皇帝寨"改名为"上京""会宁府"的"亶"，则是阿骨打的嫡长孙、"大金"第三代皇帝熙宗完颜亶。

二、在徐梦莘的记载中，女真世代居住的"混同江"指的主要是松花江，与我们刚才所说的《金史·序》的说法不同，否则难以理解"混同江之东，长白山、鸭绿水之源"。其实，从官方文献看，除少数例外，辽金时期所说的"混同江"皆为今松花江。《辽史》记载，嫩江注入之后的松花江，本来也叫"鸭子河"，辽圣宗太平四年（1024年），将其改名为"混同江"，因为鸭子河在长春州一带，"混"入了南来的另一条江，所以叫"混同江"。《金史·地理志》记载"会宁府"即今哈尔滨一带："有混同江、涞流河。"哈尔滨在松花江东，混同江当然是松花江。《金史·礼志》记"有司"之言："昔太祖征辽，策马径渡，江神助顺，灵应昭著，宜修祠宇，加赐封爵。"我们刚刚说到的，阿骨打"征辽"的第一仗，是夺取"混同江"即松花江畔的宁江州，而且整个与辽的战争，都用不着到黑龙江去。

其实，古人对当时还是"化外之地"的这些江河地名，并没有我们现在这样区分明确。直到明朝修《一统志》，还有我们今天看来荒唐的记载："混同江源出长白山，流经五国城，又北合松花江，东注于海。"这里所说的"混同江"是我们现在的松花江，"松花江"则是我们现在的黑龙江。而我们现在说的黑龙江、松花江，实沿袭清朝的说法。《清一统志》记："混同江在吉林城东，今名松花江，源出长白山，北流会嫩江、黑龙等江入海。"

黑龙江、松花江、长白山之间，既是辽时期包括完颜部在内的生女真的活动区域，也是明朝生女真的活动区域。古人对一些事物记载的疏略，既是因为技术的原因，也是因为没有紧迫的需要，更何况，那么长的松花江、黑龙江，上游、下游、支流，有无数部族在那里活动，各有各的叫法。所以，不必以现在的眼光苛责古人。

阿骨打的"大金"，既是一台国家机器，更是一台以猛安、谋克为基本单位的战争机器。这台战争机器一旦开启，就难以停顿下来。所以，阿骨打建国立号之后，立即把下一个目标锁定在辽的东方重镇黄龙府，并向辽发起持续的进攻。在女真这台战争机器的碾压下，由耶律阿保机创建的"大辽"，面临着灭顶之灾。

第十九讲——灭顶之灾

一、直捣黄龙

我们上一讲说，鸭子河之战后，阿骨打在生、熟女真及契丹、汉族降官的推动下，在以猛安、谋克为主体的战争机器的基础上，于公元 1115 年即宋徽宗政和五年、辽天祚帝天庆五年正月创建了国家，国号"大金"，并且把下一个进攻的目标锁定在辽的东方重镇黄龙府。

说到黄龙府，大家都不陌生。我们早就通过评书、小说《说岳全传》《岳飞传》《岳家将》等，知道岳飞以"直捣黄龙，迎还二圣"为号召激励将士。这个黄龙府是女真人的巢穴，关押"二圣"即宋徽宗父子的地方。不过，虽然岳飞早期确有"迎还二圣"之说，但后期为了避免高宗赵构的猜忌，只说"直捣黄龙"。小说家、评书家把二者移植在一起，倒真是气壮山河。

当年的黄龙府在今吉林省长春市农安县城，遗址至今犹存。农安为古代扶余国都城所在地，后来粟末靺鞨建渤海国，在这里设有"扶余府"（又名"夫余"，扶、夫二字，只是汉文音译或书写的不同）。《金史·地理志》说，辽太祖耶律阿保机平灭渤海国时，此地有黄龙出现，故以"黄龙"为名。《辽史·太祖本纪》说，阿保机去世于扶余城西南两河之间的行宫，辽修"升天殿"纪念，并将"扶余府"改名为"黄龙府"。《辽史·地理志》则说："本扶余国王城，渤海号扶余城，太祖改龙州，圣宗更今名。"

我们梳理一下几种说法。黄龙府的得名应该是：耶律阿保机平灭渤海时，据说此处有黄龙出现，故改"扶余城"为"龙州"；耶律阿保机死于龙州行宫后，辽建"升天殿"纪念；辽圣宗时，改龙州为黄龙府。"黄龙府"之得名，与辽的开创者、太祖耶律阿保机直接相关。同时，黄龙府地处生、熟女真以及契丹、女真活动区域的结合部，是辽监控女真各部的重镇，地位非比一般。所以，黄龙府不但设有安远军节度使，这个节度使还节制着附近多个节度使；黄龙府不但设有由知府、同知、判官组成的行政机关，还设有由侍卫亲军马步军都指挥使及侍卫亲军、侍卫马军、侍卫步军三套指挥使与副指挥使等组成的军事机关。

阿骨打将创建"大金"之后的第一个打击目标锁定为黄龙府，既是为了得到这个辽金接壤处的战略要地，更要从心理上对辽人进行打击。公元1115年农历正月初一日，阿骨打称帝，初五日便开始调兵遣将，逐个扫清黄龙府外围的辽军驻地。七月底，亲征黄龙府。

黄龙府地处松辽平原腹地，北边有混同江即松花江，东边有伊通河、饮马河，隔着松花江，北距宁江州约二百里，距离大金的"皇帝寨"今哈尔滨阿城四百多里。阿骨打进攻黄龙府，如果从东路，要先过松花江，然后西渡饮马、伊通两河；如果从西路，渡过松花江后向南进军，就可直逼黄龙府了。阿骨打理所当然地选择了更为便利的西路。

收国元年即公元1115年的八月初一日，阿骨打率军抵达松花江也就是混同江的北岸，但见江水滔滔，并无一只渡船。怎么办？"见证奇迹的时刻到了"，阿骨打让人骑着一匹"赭白马"，即毛色红白相间的骏马，率先下河，号令全军跟进。将士们惊奇地发现，此时的江水，水深才及马腹。渡江之后，大军"直捣黄龙"。

到了黄龙府，竟然没有遇到抵抗。原来，黄龙府固然号称重镇，但由于从上到下的腐败，城中辽军并没有真正做好防御准备。加上周边的宾州、益州、祥州等地已经被金兵扫清，本来入籍于辽的熟女真及渤海女真等，在大金的号召下也纷纷归附，黄龙府孤立无援。守军风闻阿骨打大军走马过江的奇迹，这就是"天意"，抵抗有用吗？干脆弃城而去。从此，黄龙府由辽之重镇变成金之重镇。

阿骨打留下重兵镇守黄龙府，采用来时的办法，北渡混同江，回到皇帝寨。渡过混同江后，阿骨打命人探测渡河处，竟然深不见底，一时以为"天意"。但这个"天意"，正说明阿骨打用兵的缜密，事前已经物色好熟悉水情的向导，利用秋季混同江水涨水落的间隙，选择水位下降时在合适的江面渡江。向导骑"赭白马"，是为了大军便于识别。而让人重新测量，则是为了营造"天助"的神话。

二十年后，向往中原文化、喜欢改革制度的金熙宗完颜亶继位，将黄龙府改了一个名字，叫"济州"，黄龙府节度使也改名为"利涉节度使"，以纪念当年太祖阿骨打十分便利地"涉"水、"济"河夺取黄龙府的故事。

二、期灭女真

被宋人、金人乃至辽人一致认为荒淫无道的辽天祚帝，其实一直在关注东方形势的变化、关注阿骨打势力的壮大，开始是不以为然，后来是忧心忡忡，却苦于没有应对的办法，无论是一再派遣使臣警告，还是调兵遣将讨伐，都无法阻挡女真的发展势头。犹如当年的宋仁宗君臣，眼看着西夏李继迁、李元昊祖孙三代崛起，却束手无策。

在得知阿骨打的女真军——此时应该叫"金兵"——南渡混同江、直逼黄龙府时，天祚帝觉得不能再犹豫了，决心孤注一掷，御驾亲征，宣称要一举灭了女真的所谓大金，实则希望女真被辽军的声势吓倒，自己投降。因为对于"御驾亲征"是否能够制服得了阿骨打，天祚帝心中并无把握。

对于比自己大八岁、建立大金的阿骨打，天祚帝不但见过，而且见面场景还记忆犹新。那是在三年前，天祚帝天庆二年即1112年的春二月，黑龙江流域各江河开始化冰，天祚帝由鸭子河即嫩江顺流而下到长春州，然后到混同江即松花江钓鱼。生女真各部首领在节度使、阿骨打哥哥乌雅束的率领下，来到天祚帝的"行在"朝见，正赶上天祚帝设"头鱼宴"。天祚帝用"头鱼宴"宴请各部首领，君臣尽欢。酒至半酣，天祚帝站在高台之上，倚着栏杆，命女真各部首领依次起舞。契丹、女真等游牧、狩猎民族都能歌善舞，向君主献舞也是一种风俗，但阿骨打将其视为耻辱，别人都舞，独他不舞，说是不会。天祚帝让人再三谕意，阿骨打就是不肯。

应该说天祚帝还是有气度的，没有因为阿骨打不给面子而发怒。但天祚帝是有想法的，几天后密令枢密使萧奉先："前日之燕，阿骨打意气雄豪，顾视不常，可托边事诛之。否则，必贻后患。"萧奉先不以为然："粗人不知礼义，无大过而杀之，恐伤向化之心。假有异志，又何能为？"《辽史》因没有礼貌而杀化外之人，容易丧失人心，即使有不臣之心，又翻得起大浪吗？如果萧奉先当时遵照天祚帝的指令杀害阿骨打，也许以后整个东亚的历史就是另外一个样子了。说或许如此，因为影响历史的偶然因素实在太多。但是，谁能保证萧奉先一定杀得了阿骨打？阿骨打既然敢于对抗，自有对抗的底气。也就在那段时间，阿骨打的胞弟们、族弟们，陪着天祚帝狩猎，有能唤鹿的，有能刺虎的，有能搏熊的，天祚帝十分开心，人人皆有赏赐，反倒把阿骨打给忘了。

没有想到的是，仅仅三年，形势竟然发展到不可收拾的地步。回过头来想，那个阿骨打还真是不好对付。既然御驾亲征，要吓倒女真人，就得多多调集兵马。调了多少？号称七十万，实际大概是二十万，这也是当时阿骨打能够调集的女真兵力的十倍。

据《辽史·天祚帝本纪》记载，辽军兵分两路：

南路以围场使阿不为中军都统、耶律章奴为都监，率契丹、奚族及汉族等各部兵十万，"北出骆驼口"，从南面攻击女真，天祚帝本人在此路。此路又以萧奉先为御营都统、耶律章奴为副，率精兵二万为先锋，其余八万分五部为正军。又有贵族子弟千余人为"硬军"，护卫皇帝及百官。这位"御营都统"萧奉先，就是当年劝天祚帝不杀阿骨打、后来在出河店被阿骨打打得片甲不留的萧奉先。

北路以都点检萧胡睹姑为都统、枢密直学士柴谊为副，率汉军步骑三万，"南出宁江州"，从北边攻击女真。

各路辽军"自长春州分道而进，发数月粮，期必灭女直"（《辽史·天祚帝本纪》）。南北两路辽军共十三万人，如果把作为"先锋"的萧奉先一军单列，共十五万人。加上后来调遣的驸马萧特末大约五万军队，共约二十万。

辽北路军所出的"宁江州"，我们上一讲曾经说过，位于今吉林省扶余县城东一带，阿骨打反辽第一仗，打的就是宁江州。但辽南路所出的"骆驼口"，还无法确定具体位置。清朝所修《御批通鉴辑览》在"骆驼口"下加了一注："在今扎赉特西北，辽为长春州北境。"显然有误。辽时的"长春州"，治所在今吉林省大安县东南，也就是我们上讲说到的出河店即今黑龙江省肇源县以西、嫩江（时称"鸭子河"）汇入松花江（时称"混同江"）处；清代的扎赉特旗在黑龙江省泰来县一带、嫩江的西岸，辽为长春州境内。如果骆驼口在长春州的"扎赉特西北""长春州北境"，进攻女真就应该是"东出"或"南出"，而不是"北出"。长春州实是各路辽军的集结地和出发地，而并非南路军的进攻地。

那么，骆驼口在何处？应该是在黄龙府西南的某处，或为下文所说的"驰门"。因为在长春州集结的十多万辽军，兵分南北两路，目标并不是阿骨打的皇帝寨，而是阿骨打要夺取的黄龙府。只是阿骨打夺取黄龙府的速度，超过了辽军集结的速度。辽军尚未抵达黄龙府，阿骨打就已经夺取了黄龙府并回师。据记载，辽兵这次进军的气势十分雄伟："车骑一日一百里，鼓角旌旗，震耀原野。"（《辽史拾遗》）虽然在和辽的战争中连连告捷，而且每一次都是以寡胜众，还曾经全歼七千辽军主力。这一次却是辽天祚帝御驾亲征，大军号称七十万，所以立国不久的大金内部还真是有些人心惶惶。

怎么办？当着前来议事的女真及各部首领，阿骨打做出了一个令人惊讶的举动。只见他拔出短刀，自割其面，当时叫"劗面"，顿时鲜血直流。阿骨打任凭血流满面，仰天恸哭，说我完颜部和各部起兵，建国称号，是因为不满契丹长期的盘剥和凌辱，为的是女真、渤海及所有部族过上好日子。如今辽主亲征，到时玉石俱焚。除非人人死战，否则哪里阻挡得住？如今只有一策，可保各部平安。众首领被阿骨打的举动惊呆了，说有何良策可保平安？阿骨打止住恸哭，说道："杀我一族，汝等迎降，可以转祸。"（《三朝北盟会编》）

众首领一听，既感动又激愤，反辽是共同的意愿，怎么可以让完颜一族独自承担呢？抗大辽、杀辽人，人人有份，哪里又是投降可以转祸为福的？众人同声表态，事已至此，只有和辽人决一死战。

三、两军相遇

阿骨打要的就是上上下下的必死决心，所以用"劗面"这种自残的方式进行激励。可见，作为政治家、军事家，不但要有激情、有智慧、有担当，有时还得要有表演才能。我们以前说到宋太祖赵匡胤"杯酒释兵权"、汉光武帝以"柔术"收兵权，都有极高的演技，既感动别人，也感动自我。如今的阿骨打走的是一个套路，但比赵匡胤、刘秀的故事要惨烈得多。

这年十二月初，天祚帝所在的南路辽军来到駞门（图敏），这个"駞门"或者就是骆驼口；驸马萧特末等奉命率步骑五万增援，到了黄龙府东北的噶琳泺（干邻泺）。阿骨打率金军两万，到了黄龙府东的爻剌（约罗屯）。可见，这场战争是围绕着"黄龙府"进行的。

天祚帝十七岁以皇孙的身份被立为继承人、三十一岁继承祖父耶律洪基的皇位，这时已经做了十五年的大辽皇帝。虽然时时带领围场军队狩猎，时时大张旗鼓南北巡视，却没有真正打过仗。对于落后而野蛮的女真人，从来都是居高临下，都是接受顶礼膜拜，哪里想到过真的要和他们面对面真刀真枪打仗？想想那个不给自己面子，而且传说比能唤鹿、能刺虎、能搏熊的兄弟们还要凶悍的阿骨打，天祚帝有些不寒而栗。

面对拥有优势兵力的辽军，从皇帝寨远道而来的阿骨打本来打算深沟高垒，与辽军打持久战，寻找机会破敌。但一个偶然的消息改变了阿骨打的决定，也改变了这场战争的进程。什么消息？辽军自摆乌龙的消息。巡逻的金兵抓获了一位辽军的运粮官，这位运粮官吐露出一个天大的秘密。两军对峙，本来都在等待、在寻找对方的破绽，但是，辽军前锋萧奉先的副手耶律章奴却在军前鼓动叛乱，说天祚帝荒淫无道，主张和女真媾和，废天祚帝，另立明君。阴谋泄露之后，耶律章奴逃往上京。天祚帝本来就信心不足，此时担心上京有变，悄悄撤军。阿骨打得到消息时，天祚帝已经撤军两天。怎么办？兵贵神速，时不我待，阿骨打当机立断，率军追击。

阿骨打怎么就相信这个消息属实，万一是辽军的阴谋怎么办？不得不说，有的时候靠的是直觉，凭的是勇气，当然，还要有一些运气。是直觉和勇气给阿骨打带来了运气。

收国元年十二月中旬，公历1116年的1月中下旬，阿骨打率领的两万金兵在一个名叫"护步答岗"的地方追上了正在撤退的辽军。说来辽的这位天祚帝也真是奇葩，你要回去处理内乱，那就快速回上京啊，怎么被晚两天的阿骨打追上？当然可以认为，天祚帝仍然是对自己没有信心，即使回上京处理内乱，也得依靠军队的数量。大军撤退，自然行动缓慢。根据清人顾祖禹《读史方舆纪要》的说法，护步答岗在黄龙府西北、混同江即松花江以西的某处。农历十二月中旬、公历1月的中下旬，是整个中国最寒冷的日子，今日吉林农安、当年黄龙府及其周边地区的气温应该在零下20摄氏度以下。这一天的护步答岗一带，积雪数尺，太阳虽然挂在天际，却惨淡无光。

辽天祚帝见金兵追及，硬着头皮下令全军结阵，准备迎战。面对兵力远远超出的辽军，阿骨打集中兵力，乘着辽军未及布阵，猛攻天祚帝所在的中军。两军相遇勇者胜，辽军因为内讧，急于撤回，无心恋战。两万女真精兵，一鼓作气，将生死置之度外，几番冲击，辽军已是尸横遍野。

见到这个场面，天祚帝再也控制不住心中的恐惧，带着亲兵，掉转马头，向西狂奔。正在拼杀的辽军将士，契丹族的、奚族的、汉族的，当然也有一些女真族的，眼见"御旗"西退，更加没了斗志，跟着逃命。金兵乘胜追击，所获辎重牛马，不计其数。天祚帝昼夜不息，连奔五百里，退回到长春州。看来，如果没有冲锋陷阵的本事，如果没有战死疆场的决心，君主最好还是不要御驾亲征，否则只会成为将士的拖累。天祚帝所在的南路军溃败，而北路辽军的三万汉军步骑却不见于记载，这个时候不知到了哪里。在噶琳泺（干邻泺）待命的驸马萧特末得知天祚帝兵败，也焚营而遁。

护步答岗之战，是辽、金之间具有决定性的一战。此战彻底摧毁了辽军的士气，闻女真而色变；金军的士气极大提升，大辽根本就是纸老虎。人的欲望和民族的发展是随着不断的"成功"而推进的。护步答岗之战前，女真对辽之战是求生存、出怨气之战；护步答岗之战后，女真对辽之战迅速升级为"灭国"之战。

四、风卷残云

退回长春州，辽天祚帝耶律延禧仍然惊魂未定，金太祖阿骨打却并没有停顿，顺势夺取了松花江、辽河流域包括东京辽阳府在内的五十四州，辽的东京道即今东北三省，大抵为女真的"大金"所有（《钦定满洲源流考》）。

这个时候，宋朝的使臣马政渡海来到了女真。赵良嗣带来的关于女真的信息，令宋徽宗君臣十分兴奋，但又一直举棋不定。因为在宋人的印象中，女真既落后，又弱小，和他们结盟共同对付强大的契丹，有多少胜算？如果女真靠不住，又得罪了契丹，那怎么办？即使一时打得不可开交，一旦言归于好，签订类似"澶渊之盟"的盟约，那怎么办？有这种认识很正常，总不能因为赵良嗣的一个信息就匆忙做出决策吧。随着阿骨打在东北闹出的动静越来越大，不但建国立号，而且把压制大宋一个半世纪的大辽打得满地找牙，大宋这才派出以马政为首的第一批使臣，渡过渤海，寻求与女真的合作。

根据《金史》的记载，阿骨打称帝第三年，改年号为"天辅"。天辅元年十二月，公历应该是1118年的年初，以登州防御使马政为首的宋朝使团来到了阿骨打的皇帝寨。但据《宋史》，马政是在徽宗政和八年即1118年春，以"武义大夫"身份出使女真、请求结盟灭辽的。根据金方的记载，马政带来的大宋"国书"，措辞十分谦卑：

> 日出之分，实生圣人。窃闻征辽，屡破勍敌。若克辽之后，五代时所取燕云两京地土，愿畀下邑。（《大金吊伐录·与宋主书》）

但这个所谓"国书"，宋朝方面不见记载。《三朝北盟会编》说马政此行，只是口头交涉，而且明确向阿骨打表示："虽本朝未有书来，特遣（马）政等军前共议，若允许后，必有国使来也。"阿骨打相信了马政，派使臣随同到开封，商议对辽夹攻事宜。但对于宋朝的"燕云"要求，阿骨打只给了一个"丛林"规则："所请之地，今当与宋夹攻，得者有之。"（《金史·太祖本纪》）谁有本事归谁，有什么给不给的？对宋是这样，对高丽也是这样。金兵横扫辽东，夺取辽阳，高丽派使臣祝贺，并要求得到本属辽国的鸭渌江东岸的保州，即今朝鲜新义州，阿骨打也让其"自取之"。秦汉相争时，蒯通留下了一句名言，也是一个著名的观点："秦失其鹿，天下共逐之。"（《史记·淮阴侯列传》）阿骨打不可能读《史记》，也未必是身边汉族或契丹族官员的提示，而是一种本能的认识，是狩猎过程中形成的习惯。

多次的使臣往返，阿骨打态度不变，燕云十六州，谁有本事归谁。在这种情况下，宋廷不得不起用赵良嗣出使女真，希望他能够在和金的交涉中为大宋争取到一些利益。那么，既然结好女真、共同攻辽的主张是赵良嗣提出的，为何开始不派遣赵良嗣？一是怕丢面子，二是不放心。堂堂大宋，难道就没有人才，一定让辽国的降人为使臣？有谁能够保证这个降人赵良嗣真心实意地效忠大宋？但此时，为何又派遣赵良嗣？因为还真没有像赵良嗣那样既了解契丹又了解女真的人，为了不再失去时机，为了避免在和女真结盟时付出更大的代价，面子就顾不上了。至于赵良嗣是否真正效忠于大宋，还要在实践中才能检验。

从宋徽宗宣和二年（1120 年）二月第一次出使女真，为了给宋朝争取更多的利益，赵良嗣先后六七次往返于宋金之间。《宋史》一面将赵良嗣列入《奸臣传》，一面不得不承认，在与金的交涉中，赵良嗣尽心尽力，"颇能缓颊尽心"。就在这个过程中，赵良嗣亲历了女真对辽风卷残云般的攻势。

赵良嗣第一次抵达女真的时间，是宋宣和二年、金天辅四年（1120年）四月，阿骨打正出兵伐辽，目标是辽的"上京"临潢府。随行的有辽、宋两国使臣，辽的使臣是来求和的，宋的使臣是来结盟的。兵临上京，阿骨打先打攻心战，发布劝降诏书：

> 辽主失道，上下同怨。朕兴兵以来，所过城邑，负固不服者即攻拔之，降者抚恤之，汝等必闻之矣……今若攻之，则城破矣，重以吊伐之义，不欲残民，故开示明诏，谕以祸福，其审图之。

这道诏书，和上一讲说到进攻宁江州时的誓文，口气完全不同。誓文是鼓动女真，同仇敌忾；诏书是威慑辽人，负隅顽抗死路一条，只有开城归降，才有出路。

这是女真在护步答岗战后的一贯做法，对于辽人，归降者赏，抵抗者死。通过多次的较量，辽人对女真产生了真正的畏惧，所以才有"女真兵满万则不可敌"的传言。为了避免屠城，辽军往往是稍作抵抗，便放下武器归降。否则，东北五十四州，逐个攻城，那得攻到什么时候。上京守军慑于女真的强悍，也有其他地方一样选择了投降，阿骨打兑现承诺，赦免上京官民。

虽然是复制过去的经验，但上京毕竟不比他处，先攻心，后攻城，上京之役，成为此后攻辽、攻宋的样板。在接下来的几年时间里，金兵横扫辽境，连下中京大定府、西京大同府、南京析津府，并且在1125年俘虏天祚帝，灭了辽国。

女真崛起，是辽的灭顶之灾。虽然宋人为辽的灭亡幸灾乐祸，但唇亡而齿寒，女真崛起，同样也是宋的灭顶之灾。已经建立起文化认同的辽灭了，宋还能活多久？

第二十讲　盟约难守

一、海上之盟

我们上一讲说，公元 1115 年，阿骨打创建"大金"，然后和他的族人用了十年的时间灭了"大辽"。虽然辽、宋的恩恩怨怨延续了一百多年，宋念念不忘燕云十六州，辽也耿耿于怀关南十县，但毕竟唇亡而齿寒，女真的崛起既是辽的灭顶之灾，也是宋的灭顶之灾。

金灭辽的过程，也是宋与金结盟的过程。中外历史上所有的"结盟"，都是相关国家或相关势力之间讨价还价的结果，宋、辽"澶渊之盟"是这样，这一次的宋、金结盟也是这样。由于是渡渤海而结盟，所以称为"海上之盟"。但是，"澶渊之盟"是宋辽双方都有需求，"海上之盟"则是宋的一厢情愿。

马政之后，赵良嗣以正使的身份，带着徽宗皇帝的"御书"，出使女真。赵良嗣是位有心人，详细记录了出使及讨价还价的过程。这也是当年宋人的习惯。真宗时代，路振出使辽国，有《乘轺录》；仁宗时代，王曾出使辽国，有《王沂公行程录》；神宗时代，沈括出使辽国，有《熙宁使虏图抄》；赵良嗣出使女真，则留下了《燕云奉使录》。下面我们根据赵良嗣的回忆，看看其行程，特别是如何谈判的。

赵良嗣于宣和二年二月奉命使金，三月二十六日由胶东半岛的登州即今山东蓬莱渡海，经过半个多月的航行，四月十四日在辽东半岛的苏州关即今大连金县一带登陆。此时，阿骨打正兵分三路，杀奔辽的上京临潢府。赵良嗣等人在途中在见到阿骨打，随同行军，目睹了阿骨打是如何走马夺上京的。取了上京之后，阿骨打高兴，与赵良嗣一道进餐。赵良嗣趁着酒宴的机会，和阿骨打讨论"盟约"之事。这个场景有点像一百多年前的澶州城外，萧太后请宋使曹利用一面进餐，一面谈价。

赵良嗣根据徽宗的"御书"，加上自己的认识，代表宋朝提出三点要求：一、宋金相约，夹攻契丹，女真取中京大定府、西京大同府，宋取燕京析津府；二、燕云本是汉地，灭辽之后，归还宋朝；三、约定之后，女真不得与契丹讲和。

阿骨打很豪爽，命译者告诉赵良嗣：第一，契丹已经被我打败，所有契丹的地盘本来都是我家的。为了感谢南朝皇帝的好意，念及燕京本是汉地，特许燕云给南朝。第二，你我两家和好，不关契丹之事，怎么可能和他讲和？即使他来讲和，也告诉他，已经和南朝结盟。

赵良嗣十分高兴，希望阿骨打恪守承诺："今日说约既定，虽未设盟誓，天地鬼神，实皆照临，不可改也。"（《三朝北盟会编》）

但是，赵良嗣一面向阿骨打重申约定，一面在自己的记载中出现了矛盾。这一矛盾，或者是因为赵良嗣本人或译者对阿骨打的原意有误解，或者是因为徽宗皇帝的御书与赵良嗣的诉求之间有矛盾。根据赵良嗣的记载，自己第一轮只提出"燕京一带本是旧汉地"，"女真取中京，本朝取燕京一带"。这是宋徽宗"御笔"的要求。第二轮再提出"贵国兵马去西京甚好"，这是赵良嗣自己的意思，并且把索地的要求扩大到"山后"即山西的云、代、应、朔各州。而在赵良嗣的记载中，阿骨打的回复前后两轮也不相同。第一轮的回答是："燕京本是汉地，特许燕云与南朝。"后一句可能是翻译出现的失误，有将"燕云"捆绑在一起的惯性思维。明明说了燕京为汉地，又说特许"燕云"。赵良嗣趁着译者或阿骨打本人的失误，追加了西京之事。但阿骨打及译者在第二轮回答时，重申"将燕京与南朝"，而没有说"燕云"。

不管怎么说，阿骨打是答应了给燕京之地，赵良嗣也完成了徽宗皇帝交给的使命。随后，赵良嗣应约与阿骨打"并辔"入上京，巡视辽国上京的宫殿。兴奋之余，赵良嗣即兴赋诗，拍阿骨打马屁，因为谈判还没有结束更没有兑现。赵良嗣明白，无论是宋朝的徽宗皇帝，还是大金的太祖皇帝，情绪的好坏决定脑袋的冷热。阿骨打答应归还燕京，赵良嗣就得承诺经济补偿。赵良嗣开始想装糊涂，说给岁币三十万。这是"澶渊之盟"的数字。但阿骨打清楚得很，说燕京不属南朝，给了契丹五十万，如今燕京给南朝，如何只给本朝三十万？赵良嗣见糊弄不了，承诺五十万。

见阿骨打爽快，赵良嗣还想在土地上继续得到补偿，说所谓"旧汉地"不仅仅是燕京，西京大同府一带也是啊。阿骨打兴奋之余，不假思索地说西京地我没打算要，只是因为天祚帝逃往该处，所以才派兵抓了天祚帝，那块地也给你南朝。

为了大宋，赵良嗣确实煞费苦心，得陇望蜀，又说平州、营州也是汉地。平州在河北的东北部，治所在平州即今河北卢龙，辖地有营州即今昌黎、滦州即今滦县等。这个昌黎就是韩愈韩昌黎的老家。但是，辽国既有像赵良嗣这样归附大宋的，也有大批归附女真的，阿骨打身边的一位同样是汉人的契丹降官立即反对，说平州、滦州和燕京另是一路，何况营州。此言不假，平、滦、营三州虽然本是"汉地"，但并不在燕云十六州之中，非石晋瑭所让，而是在后唐时期被契丹用武力占领。有人帮拿主意，阿骨打没有上当，撂下一句话："书约已定，更不可改。"阿骨打特别强调："女真兵自平州、松林趋古北口，

252

南朝兵自雄州趋白沟夹攻，不可违约。不如约，则难依已许之约。"说好夹攻，如果你南朝不能如约，那我女真也不会兑现承诺。这句话非常厉害，阿骨打的弟弟、子侄都牢记在心，但宋朝的君臣没当回事，悲剧在这一刻已经开始。

古今中外的无数盟约证明：结盟不易，守约更难。无数灾难，恰恰由盟约开始。

二、马家父子

女真使者带着"国书"和赵良嗣一起来到开封。这个"国书"是阿骨打最后的态度，也是"海上之盟"的最终结果。女真的"国书"不亢不卑，开篇便是："大金皇帝谨致书于大宋皇帝阙下。""国书"简述了赵良嗣"奉御笔"到女真结盟攻辽的原委，做了以下表示：

> 已许上件所谋燕地，并所管汉民、外据诸邑。及当朝举兵之后，皆散到彼处，余人户不在许数。至如契丹虔诚请和，听命无违，必不允应。若是将来举军，贵朝不为夹攻，不能依得已许为定。（《三朝北盟会编》）

要点有三：一、将燕京及周边六州城镇、汉民归还宋朝，但其他地方及女真进攻时逃来的人口不在此内。二、燕京归宋的前提是宋金夹攻，如果宋朝没有夹攻，前条无效。三、只和大宋结盟，不受辽人请和。

经过一个多月的庙议，宋朝给女真回了"国书"。但不知何故，这一次的使臣又换成了马政，并且给了他一个繁重的使命——继续和女真人索要平州、西京大同及"山后"各州。阿骨打断然否认有过将大同及山西各州还给宋朝的承诺，又让译者明确告诉马政，平州不属燕京。马政既不知赵良嗣和阿骨打商谈的细节，又不知平州归属的始末，只得"唯唯"，幸亏带去了儿子马扩，给自己也给大宋扳回了一些面子。

马扩当时的身份是"京西北路武学教谕"。北宋真宗至道年间，在府、州之上设监察区，称"路"，全国为十五路，今河南西部和湖北北部为"京西路"。到了神宗熙宁年间，将京西路分为京西北路和京西南路。京西北路相当于现在河南信阳以西地区，治所在河南府，也就是洛阳，马扩是这一片地区的武学教谕，即武术教练，精于骑射。正是因为这样，让他陪同父亲出使擅长骑射的女真。

这本来也是老套路，出使已经接纳中原文化的辽国，可以派欧阳修、苏轼、蔡京等文化人，有记载说欧阳修出使时，辽主设宴接待，歌女一开口，唱的都是欧阳修的作品。但到女真，语言也不通，所以得派懂些武艺的马政、赵良嗣，马扩更得到显示身手的机会。阿骨打听说马扩是南朝的武术教练，想试试他的身手，围猎时见一只黄獐跃起，传令诸将让南使先射，马扩纵马开弓，黄獐应声中箭，倒地毙命。阿骨打及众将大加赞赏，说南朝竟然有这等人物。马扩于是吹嘘了一番，说大宋精于骑射者不计其数，我这点本领稀松平常，根本不值一提。虽然马扩后来成为著名的抗金英雄，但大宋的军队能不能打，却不是马扩能够吹得起来的。

作为宋朝的使臣，赵良嗣见证了阿骨打夺取辽上京；作为随从官，马扩见证了阿骨打夺取辽南京即燕京。此时，辽的"五京"，东京辽阳府、上京临潢府、中京大定府、西京大同府皆入女真之手，只剩下南京析津府即燕京。这时在燕京的是自立为帝的耶律淳，史称"北辽"，存在时间极短。耶律淳称帝之后很快死了，把个烂摊子撂给了"皇后"萧氏。

说起来很滑稽，按照宋、金双方约定，金攻辽的中京大定府、西京大同府，宋攻辽的南京析津府，宋可以得到燕京及周边各州，而以前给辽的"岁币"则转给金。但是，金兵顺利攻克中京、西京，并且派出军队从西、北、东三面向燕京施压时，宋军攻打燕京却是连连失利，不得不派人来到阿骨打的军营，请求女真继续帮忙。即使这样，宋使还在顾全脸面，说我军已经部署兵力，准备攻取燕京。只是因为有约在先，不好擅自起兵，所以请女真出兵，"夹攻"燕京。说来，无论是个人还是群体，乃至国家，都不应该把别人当傻子。大宋几次出兵燕京，屡战屡败，畏敌如虎，难道瞒得住别人吗？

宣和四年十二月，公元1123年初，阿骨打挥师南下，告诉随军的马扩，将士连年在外，风餐露宿，本应让其返家探视父母妻儿，只因大宋苦苦哀求，才兴兵南下。马扩连声感谢。阿骨打继续发话，说契丹国土，我已十得其九，只留下燕京数州让大宋夺取，谁知大宋这样的便宜也没本事捡，不但进了燕京的宋军被杀，没进燕京的也烧了营房逃跑。这样的军队打什么仗？难道大宋对这样的将领一点惩罚都没有？你看看大金，哪个将领敢这样？马扩怎么回答？没法回答。

三、平州风波

有人要问，是谁在指挥宋军攻打燕京？又是谁烧了营房自己逃跑？宋军的主将是大名鼎鼎的童贯。读过小说《水浒传》、看过电视剧《水浒传》的朋友，一定都知道童贯，蔡京的死党、徽宗的亲信宦官。一个靠投机上位的宦官，竟然做了宋朝的"枢相"、宋军的统帅。难道朝中无人了？你还别说，真是朝中无人。第一，宋徽宗本人是个"风流才子"，感兴趣的是书画，是艺术，是歌妓，和当年的南唐后主李煜一样，"几曾识干戈"？第二，和徽宗情投意合的，是一心讨好并引导他享乐的蔡京父子以及童贯等人，还有其他的艺术同道，他的目光所及，也是这些人。第三，仗着宋朝的国家机器，童贯还真是带过兵、打过仗，江南的方腊起义是他平灭的，西北的夏人是他打败的。至于烧营逃跑的，则是西北名将刘延庆，当时宋朝最著名的将领之一。既然如此，不用他们用谁？当然，我们这里说的只是宋朝的"朝中无人"，而不是说"天下无人"。

倒是需要说明一个事实。当时的宋军，虽然对内足以镇压民众，对外也可以对付正在败落的西夏，但对于辽军却一直心存畏惧。而当时的燕京军民，甚至包括燕京的汉人，面对女真的步步进逼、面对宋的一再出兵，都在指责宋朝的背信弃义、乘人之危，指责宋朝违背已经恪守了一百多年的"澶渊之盟"，他们宁愿屈金而不屈宋、投金而不投宋。宋军来了，他们拼命抵抗；金兵来了，一是逃，二是降。

宣和四年十二月初一，公元 1122 年 12 月 31 日，金兵入燕京北边门户居庸关。在燕京的萧后弃城而去。傍晚时分，金兵入城。此时，宋廷又派出赵良嗣，落实归还燕京事宜。这一次阿骨打的态度和过去不一样了："数年相约夹攻，而汝国不出师，复不遣报，今将若何？""我闻中国大将独仗刘延庆，延庆将十五万众，一旦不战自溃，中国何足道！我自入燕山，今为我有，中国安得有之！"（《续资治通鉴》）相约夹攻，宋军都在干什么？燕京是我军夺得，于大宋有何关系？

谈判、结盟是要以实力为后盾的。宋金的所谓"海上之盟"和宋辽的"澶渊之盟"完全不可同日而语。"澶渊之盟"有真宗的亲临前敌，有宋军的坚决抗击；"海上之盟"几乎全靠乞求。军队上不去、打不赢，外交官只能忍辱负重。经过又一轮艰苦的讨价还价，四月中旬，金兵在得到了五十万匹两绢银之后，将燕京城内的子女玉帛掳掠而去，宋朝每年另付一百万贯，补贴女真的税收。童贯领着宋朝的接管大军，进了空空如也的燕京城。

尽管如此，童贯仍然堂而皇之地向朝廷报捷："躬领大军，入燕山府，抚定军民，布宜圣泽，具表称贺。"（《三朝北盟会编》）这个"燕山府"，是徽宗事先亲自为幽州改的名字。

"收复"燕京的消息传来，不明真相的"大宋"臣民，沉浸在胜利的喜悦之中。自"安史之乱"以来，燕京终于又回归"华夏"。徽宗皇帝更将收复燕京，视为自己超越父兄、超越先祖的丰功伟绩。太祖、太宗，何等英武，神宗、哲宗，何等雄心，但唯有自己，才将大宋的版图拓展到了燕京。

但是，就是这个燕京，加上一个平州，交织着宋、金、辽之间的多重矛盾和恩怨，在一定程度上成为宋金交恶的导火线，成为金兵名正言顺南下攻打开封的理由，成为宋朝之国殇。

在将一座几乎是空城的燕京交付给宋朝之后，阿骨打回师北去。宋廷继续派人谈判，要求收回大同及应、朔、代等"山后"各州，同时要求得到平、滦等州，理由是这些地区和燕京一样，都是"汉地"。真服了当时宋朝的当权者，不但没有因为辽的灭亡而产生危机感，反倒继续厚颜无耻地向阿骨打索要土地。

就在这个时候，又发生了一件让徽宗君臣感到振奋的事情。

阿骨打将燕京及周边涿、易、檀、顺、景、蓟六州给宋之后，以平州即今河北卢龙为"南京"，作为御宋的屏障，并以辽国降将张觉为南京留守。这位张觉本是平州汉人，后唐时期，契丹夺了平州，张觉家族和这一带的汉人成了契丹籍汉人。通过科举考试，张觉进入契丹官场，曾经做过礼部郎中、平州节度使。阿骨打取燕京后，张觉以平州降金。虽然对刚刚归降的张觉未必放心，但阿骨打仍然命其为临海军节度使、南京留守。这也是女真在攻辽过程中的一贯做法，只要投降，你原来是什么官仍然做什么官，甚至还可以加官。通过这样的招降纳叛，取得了很好的效果。由于各种原因，当然也不排除对辽的留恋、对金的排斥，阿骨打一回师，张觉立即派人至燕京即"燕山府"，请求内附。

此时宋朝在燕京的最高长官，是庆远军节度使、河北河东燕山府路宣抚使、燕山知府王安中。王安中曾经是苏轼的学生、著名词人，后来结交蔡京的儿子蔡攸，和童贯关系也不一般，所以自告奋勇做了燕京的接管大员，正踌躇满志，要立新功。张觉请求归降，王安中大为惊喜，立即向朝廷报告。

此时的宋朝朝廷还沉浸在收复燕京的欣喜之中，眼看平州又唾手可得，喜上加喜。但是，曾经的辽人马植、今日之宋人赵良嗣提出反对。赵良嗣认为，接受张觉的归降，意味着对女真的"负约"，将授女真以柄，后患无穷。但是，被辽人压制了一百五十年，好不容易扬眉吐气，包括宋徽宗在内的庙堂决策者们，哪里听得进一个辽国降人的意见？

不出"降人"赵良嗣所料，宋朝接受张觉的归附，引起女真上上下下的愤怒，既愤怒张觉的反叛，更愤怒宋朝的负约。阿骨打次子完颜宗望主动请缨，不增一兵一卒，收拾张觉。张觉刚刚击退了金兵的一次进攻，但完颜宗望就带着那支败兵再次进攻平州。张觉兵败，弃平州而逃燕京。宋朝的决策者们还没有回过味来，平州在空中晃了晃，就丢了。尤其严重的是，张觉前脚进了燕京，完颜宗望的使者后脚就到，指责宋朝背信弃义、招降纳叛。

平日满腹经纶的王安中，面对女真使者的指责，理屈词穷，只得用一个谎言遮掩另一个谎言。始则将张觉藏匿于兵器库，说根本没见到什么张觉，继而因完颜宗望的不依不饶，杀了一位和张觉面貌相似者，却被金人识破，说这根本不是张觉。最后，王安中无计可施，命人将张觉押出，当着女真使者的面，历数张觉的罪行。张觉也不是省油的灯，大骂王安中不守信用，大骂宋朝朝廷窝囊。王安中恼羞成怒，下令将张觉斩首，首级交付女真使者。

四、道君皇帝

王安中的举措，引起燕京城中所有契丹降人的不安，张觉今日的下场，就是自己未来的下场。有位契丹降将，目睹了王安中的作为，悄悄对身边心腹说：他日女真来索我等，当奈何？此人名叫郭药师，是个不好惹的人物。

郭药师是渤海铁州即今辽宁盖平人，其先人很可能是唐朝或五代时期进入辽东的汉人。面对阿骨打咄咄逼人的攻势，天祚帝在辽东招募军队，郭药师和同伴投军。史料记载郭药师："年少壮貌，颇伟岸，而沉毅果敢，以威武御众，人多附之。"这是天生的首领，所以很快就做到了北辽的"诸卫上将军"，其军被称为"常胜军"（《三朝北盟会编》）。宋军北上攻燕时，郭药师以涿州、易州归降。我们刚刚说，宋军攻燕京时，有一支部队打进了城内，这支军队就是郭药师的"常胜军"。只是因为主将刘延庆不但不增援，还烧营而逃，郭药师孤军无援，全军覆没，自己缒城逃出。仅此一役，已使郭药师对宋军及宋朝极度失望。

王安中接管燕京时，郭药军为其副将。兔死狐悲，张觉的被杀，令郭药师及在燕京的契丹降人寒心。而正是这位郭药师，在女真再度南下时临阵倒戈，归降女真。从此，不但做了金的燕京留守，而且被赐姓"完颜"，成为完颜宗望南下进军汴京的向导和参谋。《金史》甚至说："宗望能以悬军深入，驻兵汴城下，约质、纳币、割地，全胜以归者，药师能测宋人之情、中其肯綮故也。"（《金史·完颜宗望传》）

通过燕京之役，通过平州风波，完颜宗望和父亲阿骨打一样，认定宋朝不堪一击，力主以纳叛负约为名，向宋朝发起进攻。完颜宗望的主张得到一批将领如完颜宗翰、完颜宗弼、完颜娄室（曾俘虏天祚帝）等人的支持。此时太祖阿骨打已去世，继位的是四弟吴乞买，就是"太宗"，有一个汉人名字，叫完颜晟。

天会三年、宋徽宗宣和七年（1125 年）十月，金太宗完颜晟以五弟完颜杲为都统，命族侄完颜宗翰领西路，由大同攻太原，亲侄完颜宗望领东路，由平州攻燕京，两路预期会师宋京开封。说到西路的"完颜宗翰"，有个女真名叫"粘罕"，《说岳全传》称其为"二太子"。其实，"二太子"并非完颜宗翰，而是东路军的统领完颜宗望，其为阿骨打的次子，所以称"二太子"。虽然完颜宗翰的西路军在太原受阻，但完颜宗望的东路军却在郭药师引导下势如破竹，天会四年即公元1126年农历正月初四，渡过黄河，取了滑州。

就在这一天，宋徽宗逃出了开封，一直逃过长江，躲到了镇江。原来，在去年的十二月，听说金兵逼近黄河，做了二十多年皇帝的徽宗赵佶决心甩挑子，一面下罪己诏，一面宣布退位，自称"道君皇帝"，逼着太子赵桓继位，儿子坚决不接受。这大概是中国有史以来最不负责任的一对皇帝父子。最后，还是儿子拗不过老子，赵桓不得已而做了皇帝，改元"靖康"。

完颜宗望兵临城下，派使者入城，继续指责宋朝背信弃义、招降纳叛。无奈之下，钦宗赵桓命人出城谢罪，割地增币，并且派出人质与宗望议和。虽然宗望是伐宋的主要倡导人，但在众多完颜子弟中，还属于"温和派"，在接受了钦宗的和议之后，撤兵而去。

逃到镇江的"道君皇帝"听说金兵退了，又回到了开封。他离不开京城的繁荣，离不开李师师们的莺歌燕舞，也离不开他的书画同道。道君皇帝的这一来，倒是天道轮回，无意之中为自己二十多年的放纵与奢靡买单。

大金的战争机器没有停顿下来，几个月后再次南下。理由很多，有过去的平州风波，有当下的宋朝虽然议和却没有兑现割地，特别是还拿到了宋钦宗策反已经归附女真的契丹降人的证据。靖康元年冬，完颜宗望、完颜宗翰的东西两路大军先后抵达开封。当年闰十一月二十四、公元1127年1月8日，金兵破了江湖骗子郭京的所谓"六丁六甲""神兵"，攻陷开封，已经退位的徽宗和在位的钦宗均成了金人的俘虏。靖康二年（1127年）四月，完颜宗望、完颜宗翰带着被俘的徽、钦二帝及赵室宗室，以及开封军民十万人北归，宋朝的府库蓄积被掳掠一空。由于这件事发生在钦宗靖康年间，所以被称为"靖康之难"，几乎是八百年前"永嘉之难"的重演。

按理说，宋朝至此已经灭亡。但是，由于徽宗赵佶的儿子多，有一位在金兵的抓捕中漏网，使得大宋的江山得以继续。

第二十一讲　偏安江南

一、泥马渡江

我们上一讲说，公元 1127 年初，金兵攻破开封，已经退位的宋徽宗赵佶、继位不久的宋钦宗赵桓父子成了俘虏。由于事情发生在钦宗靖康元年和靖康二年之交，所以被称为"靖康之变"或"靖康之难"。

京城被攻破，皇帝被俘虏，作为一个朝代，宋朝应该是亡了。但是，由于徽宗赵佶的一个儿子成功逃脱了金人的追捕，重新组建政权，并且在临安即当年吴越王钱镠建国的杭州定都，使得宋朝得以延续。这个剧情类似于曾经的周和晋，所以，后来的人们采用处理西周和东周、西晋和东晋的办法，把定都在开封的宋称为"北宋"，而把定都在杭州的宋称为"南宋"。

宋徽宗赵佶的这位逃脱金人追捕并且在杭州定都的儿子，就是后来庙号为"高宗"的赵构，此时为"康王"，在徽宗的众多儿子中排行第九。公元 1125、1126 年之交，金兵第一次南下，"二太子"完颜宗望兵临开封城下，刚刚二十岁的赵构主动请缨，作为人质来到金营，说是"议和"，其实是谈判投降的条件。但不知何故，赵构被完颜宗望退了回去，人质换成了赵构的五哥、肃王赵枢。这一换，肃王赵枢后来被完颜宗望掳去，康王赵构则躲过了一劫。公元1126年底，金兵第二次南下，赵构又被派出，前往还远在河北的金营议和。从这两次差遣来看，康王赵构应该是徽宗成了年的儿子中比较优秀而且形象也不错的，否则不大可能一次又一次被派往金营。有人推测这是钦宗赵桓对九弟赵构的忌惮，其实并无根据，君臣名分已定，难道害怕康王夺位不成？如果真是那样，更说明赵构非同一般。《宋史》说赵构："资性朗悟，博学强记，读书日诵千余言，挽弓至一石五斗。"（《宋史·高宗本纪》）聪明好学，体格强壮，文武兼备，应该不是过于夸大。

但是，康王赵构这一次并没有去到金营。因为他到磁州（今河北邯郸磁县）的时候，就被知州宗泽劝阻，没有继续前行，而是返回相州（今河南安阳），这样又躲过一劫，从而为宋朝的延续留下了希望。

后来，民间有"泥马载康王"的传说。说赵构赴金营议和被扣押，乘金人不备，跨上一匹骏马，落荒而逃，一口气跑了几百里。脱离危险后，马不动了，赵构下马一看，原来是匹泥塑之马。另外一种版本说康王赵构夺马而逃，慌不择路，逃到黄河边，但见河水滔滔，深不见底。眼看追兵逼近，赵构横下心，拍马跃入黄河，金人眼睁睁看着康王渡河而去。上岸之后，马不跑了，原来是匹泥马，于是有"泥马渡康王"之说（辛弃疾《南渡录》）。虽然泥马渡康王是宋朝人为赵构编排的神话，但赵构逃跑的功夫确实堪称一绝，否则这类故事也不会编排在他身上。

说到这里，需要对当时的"大金"政权和宋、金关系做个说明。

尽管仿照辽、宋建立起了国家制度，但至少在"太祖"完颜旻（阿骨打）、"太宗"完颜晟（吴乞买）的时代，"大金"政权仍然保留着浓厚的部落联盟色彩。我们在"女真崛起"的那一讲曾经说到，太祖阿骨打在众兄弟中排行第二，受到父亲、"世祖"劾里钵的特别器重。但是，世祖劾里钵去世时，被器重的儿子阿骨打虽然已经二十五岁，相继为"生女真节度使"即女真首脑的，却先是劾里钵的四弟、阿骨打的四叔"肃宗"颇刺淑，后是劾里钵的五弟、阿骨打的五叔"穆宗"盈歌。穆宗盈歌去世之后，"生女真节度使"的位置回到了世祖劾里钵这一支，但继位的仍然不是阿骨打，而是阿骨打的哥哥、"康宗"乌雅束。康宗乌雅束去世后，才轮上阿骨打。千万不要相信这是所谓预定安排，二十多年下来，什么事情都有可能发生，谁能保证阿骨打在这二十多年中不发生意外？

阿骨打继位之后，创建"大金"，公开和辽决裂，并且率领"大金"将士前赴后继，在短短的十年时间里灭了辽国。但是，阿骨打去世时，继位的也不是自己的儿子，而是四弟"太宗"完颜晟（吴乞买）。完颜晟去世之前，各种力量的博弈已经展开，阿骨打庶长子完颜宗干的养子、嫡长子完颜宗峻的儿子完颜亶脱颖而出，最终继承了皇位，这就是"大金"的第三代皇帝熙宗。

和中原政权以"父死子继"为主、"兄终弟及"为辅的继承方式不同，此时女真的"大金"，是以"兄终弟及"为主、"父死子继"为辅，拼的是实力、才干。这是中国历史上所有时代部落联盟制向君主制过渡时期的普遍现象。由于处在部落联盟向君主制的过渡时期，当时的"大金"政权内部，多股力量在发生作用，有太祖完颜旻（阿骨打，老二）家族的，有太宗完颜晟（吴乞买，老四）家族的，甚至还有上一辈，阿骨打伯父完颜劾者、叔父完颜盈哥家族的。劾者家族的代表人物是劾者之孙、国相撒改之子完颜宗翰（粘罕），盈哥家族的代表人物是盈哥之子完颜昌（挞懒）。同是阿骨打这一系，也是长子完颜宗干（斡本）、次子完颜宗望（斡离不）、四子完颜宗弼（兀术）等各种力量并存。所有这些家族或势力，在"大金"政权中都有其"股份"。他们的"股份"，就是他们的部族、军队和自身的能力。

二、憋屈伪楚

由于存在着各种力量或派系，这些力量或派系之间因为政治权力、经济利益的争夺以及对时局的不同认识，对于宋的策略也时时发生分歧，有主张彻底灭宋的，如通过评书、小说在一段时间几乎家喻户晓的完颜宗翰（粘罕）、完颜宗弼（兀术、四太子）等；也有主张以黄河划界的，如完颜宗望（斡离不、二太子）、完颜宗磐（太宗完颜晟之子）等；还有主张通过扶植汉人的傀儡政权"消化"对宋地统治的，如完颜宗磐、完颜昌等。在一段时间里，金人还真是扶植了两个汉人政权，一个是张邦昌的"楚"，一个是刘豫的"齐"。这在周边少数民族入主中原的过程中，甚至可以说是一个"创举"。

张邦昌是河北衡水阜城人，尽管曾经依附过蔡京的所谓"奸党"，但毕竟是个书生，虽然没有什么特别的才能，却也并无"大恶"，在官场上属顺风顺水、"好官我自为之"的类型，靠着大宋这棵"大树"，升官发财。完颜宗望率金兵第一次南下围攻开封，时为少宰兼中书侍郎即次相的张邦昌和许多官员一样，主张议和，积极鼓动接受金人索地索款的要求，所以奉命以副使的身份随同康王赵构前往金营。后来因为肃王赵枢的"换质"，张邦昌随康王赵构一道回到开封城内，二人之间有了在金营二十多天（从靖康元年正月十四日庚辰至二月初九日乙巳）的交集，并且经历了宋军偷袭金营的危机。有记载说，当完颜宗望以此厉声斥责时，康王赵构"不为动"，张邦昌则"恐惧涕泣"（《建炎以来系年要录》）。虽然这个记载有为康王赵构贴金之嫌，但张邦昌还真属胆小怕事之辈。

完颜宗望退兵之后，张邦昌因"议和"有功，取代李邦华做了宰相，为太宰兼门下侍郎。但很快事情发生反转，在一批热血沸腾又义愤填膺的"太学生"的推动下，主战派的代表人物李纲被起用，议和派的代表人物张邦昌被罢相。可见在当时，不仅大金高层对宋的策略有分歧，大宋高层对金的态度也有分歧，而且斗争十分激烈。

但是，随着1126年底、1127年初金兵又一轮南下并且直抵开封，无论是主战派还是主和派，都是一筹莫展。金人一面筹划将徽、钦二帝掳掠而去，一面决定组建一个汉人政权、扶植一个汉人皇帝，作为大金在中原的代理人，收取宋朝承诺却没有还清的金银丝帛。不过，这个代理人不能姓赵，因为在金人眼里，宋朝的皇帝出尔反尔，不可信任，于是，选择了曾经来到金营谈判、做了二十天宰相但是已经罢相的张邦昌。

金人的这个决定，对于胆小怕事的张邦昌来说，不啻是晴天霹雳。如果金人留下重兵，自己无疑是个傀儡；如果不留兵帮忙，自己凭什么服众？这时的张邦昌大概肠子都悔青了，早知如此，孜孜以求向上爬干什么啊？如果不做少宰，也轮不上自己陪康王出使金营；不去金营，哪里会有这个麻烦？怎么办？张邦昌装病不起，想用"拖"的办法躲过这一劫。但是，金太宗完颜晟有旨意，主帅完颜宗翰、完颜宗望有将令，张邦昌哪里躲得过？除非是病死了。有记载说，张邦昌还真是多次要自杀，但被身边的人阻止。当然，这个自杀显然是给别人看的。第一，自杀不符合胆小怕事的张邦昌的性格；第二，一个人如果真要自杀，办法多得很，别人看得住吗？所以，历史上和现实中凡是当众宣告要自杀的，大抵都是不想真死的，如果真死了，那也是因为骑虎难下。为了让张邦昌不过于为难，金人宣称，如果城中宋人三天内不推戴张邦昌为帝，先杀满朝大臣，再杀全城百姓。消息传来，有意思了，说是："军民、百官、父老，哭告拜邦昌，令即权宜之计，救取一城老小。"（《三朝北盟会编》）有了这个台阶，张邦昌不能不做这个皇帝，同时责怪几个鼓动他做皇帝的官员："诸公怕死，乃掇送邦昌！"（《三朝北盟会编》）这倒是符合实情的。

虽然做了"皇帝"，但张邦昌坚持称"予"而不称"朕"、称"手书"而不称"圣旨"，既不接受官员的朝贺，也不坐正殿、不坐正位，事事向哲宗的皇后"元祐太后"请示。徽、钦二帝被掳北上时，张邦昌更身服缟素，率百官在城楼上遥送。

虽然人们可以说张邦昌是在作秀，但后来的行为，说明张邦昌还真是不愿做这个伪楚皇帝。我们看看这个日程：靖康二年三月，完颜宗望携徽宗北还；四月初一日，完颜宗翰携钦宗及皇后、太子，率最后一批金兵北还。初五日，张邦昌迎请元祐太后入居延福宫；初七日，张邦昌命自己的外甥及康王赵构的舅舅一道，带着自己的书信面见康王赵构，请求让政；十一日，张邦昌在做了三十三天有名无实的傀儡皇帝之后，请元祐太后垂帘听政，自己到赵构的所在地商丘，当时称"南京应天府"，请求康王赵构即皇帝位；五月初一日，赵构在南京应天府即位，"宋朝"在皇帝被掳去两个月之后有了新皇帝。四个月后，张邦昌被"赐死"。

尽管如此，张邦昌这个"汉奸"帽子是脱不掉的，元人编宋史，直接把他编入《叛臣传》，可以说是中国历史上既名不正又言不顺而且最为憋屈的皇帝。

三、明州之战

赵构做皇帝，张邦昌被赐死，被掳去的钦宗所承诺的银帛土地无法兑现，金人筹划第三次大举南下。正在商丘的赵构得知这一信息，大为震惊，"车驾"南迁，逃到扬州。金兵穷追猛打，直扑扬州。赵构连忙渡江，逃到镇江，这是宋徽宗曾经逃到过的地方。长江天堑拦不住金兵，赵构继续逃跑，从镇江逃到杭州，升杭州为临安府，打算在此立足。金兵闻讯东进，杭州待不住了，赵构从杭州逃到越州即今浙江绍兴，又从越州逃到明州即今浙江宁波，最后由明州入海到舟山、到温州。

追赶赵构的这一路金兵主将是强硬的灭宋派、"四太子"完颜宗弼，也就是大家知道的"兀术"。完颜宗弼没有想到赵构这么能跑，派兵下海继续追，但遭遇风浪，且赵构已经远去，只得望海兴叹。

直到建炎四年（1130年）春，金兵撤出浙江，赵构才敢登陆，回到越州，越州成了"行在"。但这个时候的越州，当然没有杭州繁荣，于是赵构还是回到杭州，从此在杭州"临安府"定都。为了表示仍然要回开封，称临安为"行在"，只是临时驻跸之地；为了表示励精图治，第二年改元为"绍兴"，并且升越州为"绍兴府"。随着此后"直把杭州作汴州"，杭州、绍兴成了当时的政治、经济和文化中心。

赵构能够"直把杭州作汴州"，宋朝能够在江南立足，是因为当时的民众、众多官员还把赵氏视为"恢复中原"的希望，视为能够保一方平安的寄托。他们与金兵浴血奋战，并涌现出一批著名的将领。张俊、刘光世、韩世忠、岳飞等"中兴四将"，是其中的代表。

"中兴四将"中，出生于元祐元年（1086年）的张俊最为年长，并且在"靖康之难"后宋军的对金作战中，取得了第一场具有一定影响的胜利。

张俊是凤翔府成纪即今甘肃天水人。天水位于关中与陇西的结合部，号称"小江南"，物产丰富，又是多民族杂居地，民风淳朴而彪悍，汉朝的"飞将军"李广，三国名将庞德、姜维，前秦皇帝苻坚，以及李渊、李世民父子，都是天水人。《宋史·张俊传》说少年时代的张俊："好骑射，负才气，起于诸盗，年十六为三阳弓箭手。""好骑射，负才气"，当与民风有关；而所谓"诸盗"，并非占山为王、与朝廷对抗，而是指偷盗、抢劫。但是，张俊很快觉悟过来，十六岁投奔官府，做了弓箭手，相当于《水浒传》中朱仝、雷横一类的角色。天水的西边有三阳寨，应该是张俊为大宋效力的第一个去处。此后，在与西夏、与契丹、与女真的战争中，好骑射、负才气又曾经混迹于"诸盗"的张俊，在怯战成风的宋军中成了英雄。此后因缘际会，张俊投奔了康王赵构，并且因为几次关键性的表态，深得赵构赏识。

第一次，"靖康之难"前夕，宋钦宗让人带来"蜡丸"，也就是紧急文书，让正在河北、山东一带招募"勤王"军队的"兵马大元帅"赵构入京。去还是不去？赵构身边的文官武将争论不休。张俊坚决反对："此金人之诈谋尔，今大王居外，此天授，岂可徒往？"第二次，金人扶植张邦昌做傀偏后，将徽、钦二帝掳掠而去，张俊力劝赵构称帝："大王皇帝亲弟，人心所归，当天下汹汹，不早正大位，无以称人望。"第三次，赵构在商丘称帝后，被金兵追赶，逃到扬州，召集众将商讨"恢复"之事。张俊再次公开表态："今敌势方张，宜且南渡据江为险，练兵政、安人心，俟国势定，大举未晚。"（《宋史·张俊传》）三次紧要关头，三次关键性表态，张俊都说出了赵构想说而不方便说的话，让赵构感到贴心、温暖，这才是自己人，靠得住。当然，作为将领，光表态也不行，还要能打仗。

南宋史学家李心传客观地记载了这一轮金兵南下时令人沮丧的情形："自金人入中原，将帅望风奔溃，未尝有敢抗之者。"（《建炎杂记》）一直到张俊在明州即今浙江宁波，才有了对金兵的第一次真正意义上的抵抗。宋朝在孝宗乾道二年（1166年），表彰了"靖康之难"后宋军抗金的"十三处功"，第一功便是张俊主持的"明州之战"。

建炎三年十二月底（1130年初），赵构逃到明州，时为御前右军都统制、浙东制置使的张俊率所部从越州赶来护驾。赵构乘"楼船"下海，张俊被留在明州，阻止金兵追赶。有记载说，行前赵构给了张俊一道"亲札"即亲笔书信，拉近君臣关系："朕非卿，则倡义谁先？卿舍朕，则前功俱废。"（《宋史·张俊传》）如果我没有你，大宋社稷还有谁可以倚仗？但是，如果你张俊背我而去，你以前的所有功劳都是白费。前面一句更多是鼓励，后面一句则是恩威并济。赵构在"亲札"中许诺，如果这一次能够阻挡金兵，张俊你就等着封王吧！看来，二十多岁的赵构并没有我们想象的那么简单，那么不堪。赵构的"亲札"许诺，不但鼓舞了张俊，也被张俊用来激励将士——我封王，你们就等着封侯吧!

张俊率领众军,在明州城外和金兵展开血战。后人记载那场战斗的场面:金兵来到明州城下,张俊先是派遣统制官刘定出战,宋军稍稍失利,伤了几员将领,但随后展开猛烈的反击,以杨沂中为首的两位统制官及一位统领官率军死战,水军也赶来增援,从侧翼发起攻击。金兵抵挡不住,撤出战斗。初战告捷,士气大振。

四、真万人敌

1126、1127 年间金兵的第一次、第二次南下,目标是宋朝的都城东京开封,结果是北宋的灭亡和徽、钦二帝的被掳;1128 年初的第三次南下,目标则是摧毁刚刚组建的赵构政权,并且清除尚在中原及西北地区与金对抗的宋人武装,当然,更大的目标则是取代宋朝,建立起对全中国的统治。所以,这一次南下的规模远远超过前两次,我们所知道的当时女真的重要将领,可以说是悉数而动,西取关陇、四川,中夺汴洛、荆襄,东进黄淮、江南。

在金兵的这一轮南下过程中,一些著名的抗金武装,如以太行山东麓五马山寨(位于今河北石家庄赞皇县)为中心的马扩的抗金武装,因脸上刺着"赤心报国,誓杀金贼"八个字而得名的王彦的"八字军",都被摧毁。在宗泽死后,开封也被金人占领。

当时追赶赵构来到明州城下的金兵,是完颜宗弼派出的先头部队。虽然在明州城下受挫,金将阿里等却对张俊刮目相看,派人招降。张俊再一次表现出对赵构、对大宋的忠诚,一面拒绝金人的招降,一面加强防范。果然,几天之后,建炎四年的正月初一,金兵卷土重来,张俊以逸待劳,一面悠然自得地和明州守臣坐在城楼观风景,一面暗中调动军队,从金兵的腹背两个方向发动攻击。清朝所编的《续资治通鉴》站在相对客观的角度,记载了这一次战斗:"杀伤相当,金人奔北，堕田间或坠水。"在达到了阻止金兵下海追赶赵构的目的之后，为了避免和完颜宗弼的主力决战，张俊见好就收，放弃明州，退防台州。

虽然无论从战争规模还是对金兵的打击，明州之战只是小仗，所以宋朝人称之为"小捷"。但在全线溃败的南宋初年，能够"杀伤相当"并且令金人"奔北"的"小捷"，对宋军却是巨大的鼓舞，说明金兵也并非是不可战胜的。如果人人奋战，则可积小胜而为大胜了。有记载说这一仗金兵死亡数千人，应是宋人夸大之词。如果真是这样，那就不是"小捷"，而是"大捷"了。

眼看追捕赵构的目标无法实现，江南的气候又难以适应，建炎四年即公元1130年春，完颜宗弼沿着江南运河撤兵，来到镇江，没想到遇上比明州更大的麻烦。麻烦来自"中兴四将"中我们熟悉的韩世忠。当然，许多朋友对韩世忠的熟悉，更多地不是因为他本人，而是因为他的太太梁氏，宋朝封为和国夫人，后来的人们给她加了一个名字——红玉，所以成了"梁红玉"。

在韩世忠一生的事业中，夫人梁氏无疑是一道绚丽的风景，但也只是一段小小的插曲。这道风景、这段插曲小说家喜欢，凑热闹爱起哄的大众喜欢。不得不说的是，被小说家、戏曲家渲染的那场战斗，有没有梁氏结局都是一样的。韩世忠这种顶天立地的男子汉大丈夫，为国家建功立业，靠的是自己。

韩世忠来自当时的延安府，今陕西延安绥德人，这里曾经是西夏党项人的居住地。《宋史·韩世忠传》记载了少年时代的韩世忠：

> 延安人，风骨伟岸，目瞬如电。早年鸷勇绝人，能骑生马驹。家贫无产业，嗜酒尚气，不可绳检。日者言当作三公，世忠怒其侮己，殴之。年十八，以敢勇应募乡州，隶赤籍，挽强驰射，勇冠三军。

从这段记载中，我们可以想象当时人们心目中韩世忠是什么样子。韩世忠十八岁从军，立即显示出与众不同，攻城破寨，奋勇当先。

西夏厉害吧？韩世忠随军进攻银州，斩关杀将，直接把敌将的头颅砍了下来。两军相遇，有位西夏壮士，勇不可当。韩世忠问，此人是谁？有认识的说，此人是西夏国的驸马。韩世忠闻言，跃马而前，将西夏的这位驸马立斩马下。

方腊厉害吧？横行两浙。韩世忠随军南下，在杭州遭遇方腊主力。"大将"惊恐万状，"偏将"韩世忠率两千人冲锋陷阵，挡者披靡，主将惊叹："真万人敌也！"方腊所部分路逃散，韩世忠尾追到睦州（今浙江淳安）青溪峒，格杀数十人，活捉方腊。

契丹厉害吧？刘延庆率兵北伐，全军溃败。韩世忠率五十余骑，遭遇辽兵二千余骑，一面虚张声势，一面出其不意，冲向辽兵，立斩两位执旗手，辽兵惊恐而退。

女真厉害吧？韩世忠随军在浚州（今河南浚县），主将梁方平毫无斗志，数万宋军遇敌即溃，韩世忠身陷重围，挥戈力战，不但冲出重围，而且把河上的桥烧了，阻挡金兵渡河。

但是，韩世忠的这些战功都被比他官大的军官占有，直到浚州烧桥一事发生后，韩世忠的敢战、能战才被宋朝朝廷知道，受到钦宗的接见。

这才是真正的韩世忠。正是凭着这种英雄气概，韩世忠征服了主将，叹为"真万人敌"，也征服了后来的夫人梁氏，用小说家言，是"梁红玉"。这样的韩世忠，才有资格、有勇气、有胆量和女真人对抗，才配做完颜宗弼的对手——那也是女真族的一代英豪。

第二十二讲 | 赵氏家法

一、胜负之间

我们上一讲说，公元 1130 年春，即宋高宗建炎四年三月，完颜宗弼沿着江南运河北撤，却在镇江遇上了麻烦。给他造成麻烦的是韩世忠、梁红玉夫妇。

早在上年即建炎三年的十二月，即公元 1130 年初，完颜宗弼率兵至杭州、越州时，时任浙西制置使的韩世忠便料定其无法在江南久留，遂大造战舰，准备乘其撤兵时在长江阻击。建炎四年正月，逃亡到舟山的赵构召见韩世忠。韩世忠向赵构面陈己见，请求回师镇江，筹划拦截北撤的金兵。

建炎四年三月，完颜宗弼果然沿江南河撤至镇江，被韩世忠堵住。双方水军大战于镇江焦山、金山一带的长江江面。韩世忠水军所乘多海船，船高体大，而完颜宗弼金兵所乘多从南运河过来的小船，宋军形成对金兵的碾压。金兵船只一面抵抗，一面沿着长江南岸向上游驶去。韩世忠夫人梁氏亲自摆鼓助威，宋军士气大振，奋勇直前，把金兵逼至建康东北一片叫黄天荡的死水滩，接下来就是要将金兵困死、饿死。梁红玉的这番擂鼓被小说家们一渲染，其影响盖过了真正的主将韩世忠。

韩世忠一面对黄天荡出口进行封锁，一面下令打造铁钩、铁链，只要有金兵突围，钩、链齐下，实施抓捕。被困在黄天荡的完颜宗弼也确实一筹莫展，但天无绝人之路，竟然得到高人指点，在派人向韩世忠求和的同时，做了两件令韩世忠完全没有想到的事情：第一，开挖水渠。完颜宗弼从一位佚名读书人那里得到一条重要的消息，即黄天荡有一条通向秦淮河的淤塞水道，叫老鹳河。金兵立即成了工程队，一日一夜将河道重新挖通，从黄天荡通过老鹳河到秦淮河，直通建康西边的长江江面，到了韩世忠船队的上游。第二，改造战船。完颜宗弼采纳了一位自称来自福建的王姓秀才的建议，将泥土填入小船，盖上木板，以免在江面晃动，缓解了金兵不习水战的问题；小船的左右两侧船舷装上木桨，加强船只的机动性；赶造火箭，准备对宋军发起火攻。

这年四月，困在黄天荡及秦淮河四十多天的金兵船队，突然出现在了长江江面，当然不是南京东边黄天荡的长江段，而是西边秦淮河的长江段。韩世忠得知金兵动向，大吃一惊，但也成竹在胸，充其量来一次镇江之战的重演，大船压小船。但是，金兵船队进入长江的时机，是完颜宗弼刻意选择的。选择什么时机？江面无风的时机。金兵的小船无风可以划桨，而且占据上游，顺江而下；宋军的大船无风难以行驶，又苦在下游，所以吃了大亏。金兵的火箭集中射向韩世忠船队的船帆，船帆被射中而燃烧，整个船队顿时成了火海，船上人喊马嘶，一艘艘大船像一团团巨大的火球，顺江漂下。放弃大船登上小船的宋军被金兵追杀，伤亡惨重。韩世忠向下游连退七十里，一直退到镇江。完颜宗弼反败为胜，然后返回建康。人们津津乐道的黄天荡之战，并非以宋军的胜利而是以金兵的胜利结束。

但是，黄天荡之役虽然被翻盘，其意义却不可忽视，金兵从此不敢下江南。韩世忠虽然这一次功败垂成，可以说是惨败，却没有气馁，胜败乃兵家常事，重要的是总结经验和教训。初胜是胜在早有谋划，后败是败在过于自信。要抗击金兵，必须要有更加充分的准备。

转眼几年过去。绍兴四年（1134 年）十月，金兵和受其扶植的伪齐分道南下。时为建康、镇江、江东宣抚使的韩世忠，率军渡过长江，分兵高邮，阻击金兵的步兵，自己率军驻扬州西北的大仪镇，准备拦截金兵的骑兵。

当时的宋、金之间，一面是战争不断，一面是使臣不绝。韩世忠驻军大仪镇时，宋朝的使臣北上路过，见韩世忠的部下正在撤除炊灶，有些不解，忙问其故。韩世忠解释说，刚刚奉命回防镇江。使臣继续北上，来到金营，领兵将领是位完颜家族的"贝勒"，名字译成汉文叫"聂儿孛堇"。聂儿孛堇向使臣问及宋军动态，使臣是个书呆子，如实相告，说韩世忠已经进驻扬州，但又奉命退回镇江，宋军此时恐怕已经全过江了。聂儿孛堇大喜，亲自率领数百骑兵，直抵江边查看。部将托卜嘉率领另外一支骑兵来到大仪镇东，准备直取扬州。突然，四处响起军鼓声，但见无数宋军从四面八方杀来，和金兵交织在一起，金兵的弓箭失去了作用。

原来，韩世忠向使臣传递了一个奉命撤军的假象，使臣又将这个假象作为真相告诉了金兵主将。但使臣一离开扬州，韩世忠便调兵遣将，布置了一个"十面埋伏"阵。《宋史·韩世忠传》追述了这次战斗的场面："背嵬军各持长斧，上揕人胸，下砍马足，敌被甲陷泥淖。世忠麾劲骑四面蹂躏，人马俱毙。"当时的韩世忠至少有三支部队：步兵、骑兵以及通过特别训练的"背嵬军"。除了阵亡和逃跑的，金兵被俘两百多人，聂儿孛堇逃回，部将托卜嘉成了俘虏。虽然金兵损失也就几百人，却是南宋抗金以来俘虏金兵最多的一次。有些文献，如熊克的《中兴小纪》，说这一次在大仪镇中埋伏的，正是完颜宗弼本人，而被俘虏的则是"贝勒"聂儿孛堇。这倒是真正的过嘴瘾。

"大仪镇之捷"理所当然被宋人列入"十三处功"，而在这次战斗中发挥重要作用的"背嵬军",则是韩世忠苦心打造并且受到南宋朝廷高度关注的一支部队。高宗赵构后来到镇江时,亲自检阅了这支部队,并且兴奋地告诉宰相张浚:"道中晴明,因阅韩世忠背嵬军,马极骁健,事艺比往日益更精强。"(《中兴小纪》)

二、名将奇葩

张俊有明州之捷,韩世忠有大仪镇之捷,但"中兴四将"也并非人人都能战敢战。虽然张俊不但敢战而且年龄居长,韩世忠更是万人敌,但在"中兴四将"中成名最早即最为"先进"的,却是刘光世。

和张俊"起于诸盗"、韩世忠"家贫无产业"全靠自己打拼不同,刘光世出身于世代将门;和我们通常说的"富二代""官二代"也不同,刘光世至少是"将三代""将四代"。

刘光世的父亲刘延庆是北宋末年的名将,金太祖阿骨打甚至认为一时宋将无出其右,无论是在和西夏的战争中,还是在镇压方腊的战争中,都屡立战功。但是,一遇辽兵,刘延庆却是畏敌如虎。宋、金联合攻辽,刘延庆奉命率十万大军过白沟河,从南向北推进,是进攻燕京的主力。但是,刘延庆先是因为吃了一场败仗,便深沟高垒,不敢进军,继而因为辽军守将萧干放出一个偷袭的假消息,便吓得烧毁所有军储,落荒而逃。刘光世是刘延庆的第二个儿子,当时正在军中,得到父亲刘延庆的真传,也是见"辽"即逃,后来则是见"金"即逃。

投奔赵构之后,刘光世曾经打过两个小胜仗,但并不是和金兵打,而先是打山东的"贼",即闹事的民众,后是打镇江的"叛",即闹事的军队。由于这两个胜仗,特别是因为手上有军队,刘光世成了高宗赵构即位后任命的南宋第一位节度使——奉国军节度使。

赵构从商丘撤到扬州,金兵的一支先头部队,也许是一支脱离了主力的游兵,来到扬州西北一百多里的天长(今安徽天长市)。刘光世奉命率部迎敌，还没有见到金兵，军队就散了。赵构闻报大惊，"仓卒渡江"（《宋史·刘光世传》）。但刘光世并没有因此受到处罚，而是奉命屯守镇江，扼制江口。在金兵此后的追击中，赵构的流亡政府一分为二：赵构自己向东逃往越州、明州，下海去了温州；宋朝漏网的"老祖宗"、已被尊为"隆祐太后"的哲宗元祐皇后，也就是赵构的伯母，逃到了江西南昌。

这时，张俊奉命留守明州，取得了南宋抗金的第一场"小捷"，掩护赵构出海。刘光世奉命驻守江州，作为南昌的屏障。但到江州之后，刘光世天天置酒高会，金兵过江三天才得到消息，第一反应不是救援，而是逃跑，隆祐太后从南昌逃往吉安，再往虔州（今江西赣州），险些成了金兵的俘虏。在此后抗金时，除非是联合行动，只要刘光世单独领兵，不是拖就是败，但也从来不大败。什么原因？因为学老子刘延庆学得好，学皇帝赵构学得好，跑得快，所以虽然有时败却不会大败，有时损却不会大损。

这就奇葩了，如此败将、逃将，竟然和张俊、韩世忠、岳飞并为"中兴四将"？但这位奇葩名将，不只是刘光世本人，而是南宋朝廷、南宋皇帝和赵氏的"家法"共同造就。

第一，"中兴四将"张、刘、韩、岳，其中来自保安军即今陕西延安志丹县的刘光世是唯一的将门之后，是陕北刘氏武装的代表人物。这支武装在与西夏的战争中，凭借家族和地域的力量并且在宋朝的培育下形成。在南宋初期的风雨飘摇中，朝廷需要这支军队的支持。从某种意义上说，刘光世因逃跑而保留下来的这支军队，不仅是刘光世的本钱，也是赵构小朝廷的本钱。有了这支军队，赵构心中踏实一些，内部的不安定因素也老实一些。何况在金兵南下的过程中，逃跑乃是常态，民众跑，军队跑，皇帝更跑而且跑得最远。有句名言叫"打得赢就打，打不赢就跑"，在特定形势下，逃跑未必一定是坏事，而是出路。当年"安史之乱"，如果玄宗李隆基不跑，太子李亨不跑，将会怎样？当下的形势，如果赵构不跑，被金捕获，又将怎样？

第二，这支刘氏武装在形成和发展的过程中，养成了将领之间相互牵制而只效忠家主的传统。如果朝廷力量强大，这支武装不敢对抗，但在南宋初创之际，这支武装却不是可以轻易驾驭的。鉴于刘光世见金便逃而且不听将令，以枢密使张浚为首的众多官员主张将其罢免，赵构让张浚和宰相赵鼎商议，赵鼎提醒道："光世将家子孙，将卒多出其门，罢之恐拂人心。"（《宋史·刘光世传》）但刘光世很自觉，见舆论对自己不利，便主动请求辞职。赵构顺水推舟，派人接管刘光世的军队。很快就有消息传来，刘光世属下的一位高级将领郦琼，杀了朝廷的接管大员，率众数万，北投伪齐。在当时有"王夜叉"之称的王德，不但对刘光世忠心耿耿，更是刘光世部下乃至南宋第一悍将。这样一来，谁敢接手刘光世的军队？

第三，更为重要的是，虽然见金即逃，屡屡抗命，但刘光世抗的只是抗金之命，对皇帝赵构却时时表忠心，而且厚黑学学得特别好："愿竭力报国，他日史官书臣功第一。"要做功臣第一？听得赵构都不好意思："卿不可徒为空言，当见之行事。"（《宋史·刘光世传》）刘光世还真不只是嘴上说，而是表现在行动上。只要皇帝赵构有所暗示，刘光世就立即主动交出兵权，并不留恋别人认为是刘氏私人武装的那支军队。当年太祖皇帝通过杯酒而释禁军将领的兵权，如今刘光世根本不需要皇帝操心，随时可以交出兵权，连杯酒也不需要。有人说，你交了兵权别人也没法带啊，刘光世当然有自己的办法。

三、义理玄机

刘光世的态度令赵构既感慨又感动，也成为衡量其他将领的一杆秤。怎么能这样呢？这正是宋朝的"家法"，对于将领，宁愿你打败仗，宁愿你临阵逃跑，也得听话。只要听话，一切过错都可以归零；

如果不听话，一切功劳同样归零。北宋灭亡之后，人们都在寻找原因，朱熹的一个说法得到普遍的认同：

> 本朝鉴五代藩镇之弊，遂尽夺藩镇之权．兵也收了，财也收了，赏罚刑政一切收了，州郡遂日就困弱，靖康之祸，虏骑所过，莫不溃散。（《朱子语类》）

但其实，北宋之亡，和秦汉亡、隋唐亡一样，原因是多方面的，不能仅归之于朱熹所说的"尽夺藩镇之权"。我们在本书的第一讲中曾经说到赵普鉴于唐末五代"方镇太重，君弱臣强"的问题，提出了"制其钱谷，收其精兵"的"八字方针"。这个八字方针在当时无可厚非。何况，所谓"强干弱枝""居重驭轻"等控制军队的原则，并非北宋独创，而是隋唐"府兵制"的基本原则。后人看到的是，随着府兵制的瓦解，特别是由于周边形势的变化，外重而内轻，于是有了"安史之乱"，继而有了与朝廷分庭抗礼的藩镇，以及五代十国的割据。所以，从周世宗柴荣开始，宋太祖赵匡胤、太宗赵光义继之，把军队的统率权收归朝廷，将是否听命作为判断将领是否忠诚的依据，这成了赵氏的"家法"。但任何事情，物极则必反；任何带有"矫枉"目的的措施，都是双刃剑。就像我们不断说到的那样，任何意义上的"矫枉过正"，都将留下后遗症，都将付出代价。朱熹所说的正是这种代价。

虽然北宋亡了，但赵构的南宋朝廷仍然恪守这一"家法"。对刘光世的容忍，对韩世忠特别是后来对岳飞的防范，都是这一"家法"的体现。

金兵大举南下之时，有人建议扩大韩世忠的职权，让其充两浙、江淮守御使，主持镇江以下的军事。但这个建议被当时才二十三岁的赵构断然否定，理由不是韩世忠不能战，而是韩世忠"少能深识义理"（《续资治通鉴》）。寥寥数语，道出了玄机。什么是"义理"？就是听命于朝廷，把皇帝的旨意而不是抗金作为第一要务。在赵构看来，韩世忠并不是这样，这就是不懂"义理"。所以，不能让韩世忠权力过大，否则难以驾驭。

通过黄天荡之役，通过大仪镇之战，通过多年与金兵的较量，韩世忠的功劳越来越大，地位也越来越高，但朝廷却越来越不放心，原因还是在这两个字——"义理"。有记载说，由于韩世忠性情爽直，又誓与金兵对抗到底，得罪了一心想和金人议和的秦桧。其实，是引起了皇帝的担心，赵构担心韩世忠不听使唤。所谓"墙倒众人推"，韩世忠还没有倒，就有人准备推。怎么推？夺他的兵权。

我们刚刚说到，为了抗金，韩世忠训练了一支特别能打仗的军队，叫"背嵬军"。要夺韩世忠的兵权，就先夺他的"背嵬军"。赵构是亲自检阅过这支部队的，一方面赞赏，一方面担心，因为这支队伍听命于韩世忠，是"韩家军"。这是不可以的。按照宋朝的"家法"，一切军队必须听命于朝廷，它只能姓"赵"而不能姓"韩"或其他。当然，出面策划夺"背嵬军"的不是秦桧，那样太露痕迹。谁来夺？不知是自告奋勇还是得到暗示，取得明州"小捷"并在"中兴四将"中排在首位的张俊站在了前台。

以张俊的身份，未必需要讨好秦桧，而是深谙其中的"义理"，知道秦桧的身后是皇帝。但怎么夺，还是有讲究的。皇帝不可能亲自带兵，秦桧也不可能亲自带兵，夺了以后得有靠得住的人帮皇帝领兵。而且，"背嵬军"还不能只由一人率领，必须分割。如果归于一人，那和韩世忠管有何两样？那怎么分割？张俊找到了岳飞，提出由岳飞和自己一道瓜分。岳飞大吃一惊，这怎么可以呢？坚决不干。岳飞的这个看来十分仗义的行为，不但得罪了张俊，更触动了皇帝赵构的神经，这又是不懂"义理"：你不分韩世忠的兵，是否担心分你的兵？对朋友的情谊重要，还是朝廷的大局重要？

四、将星升起

虽然比赵构大四岁，但岳飞对宋朝和赵氏的"义理"和"家法"还真是没有概念。在南宋的"中兴四将"中，岳飞属晚辈，比张俊小十七岁，比韩世忠、刘光世分别小十三、十四岁。同时代的其他著名将领，吴玠、吴璘兄弟，刘锜、王德、郦琼、杨沂中等，也都比岳飞年长。

宋徽宗崇宁二年（1103年）二月，岳飞出生于相州汤阴（今河南汤阴县）的一个农民家庭。比起将门之后的刘光世，岳家是平民；比起家贫无业的韩世忠、起于诸盗的张俊，岳家则颇有资产。虽然《宋史》说岳飞"家贫好学"，但岳家应该还是比较富裕的，否则岳飞的父亲不可能像史料上所说的那样，通过自己节食以济饥者，也不可能借债给他人却不要求偿还，更不可能当有人侵占自家耕地时，竟然拱手相让。但是，父亲的这些举动，无疑令岳飞产生了极为深刻的印象，并影响其一生的行为。当然，可以断定的是，即使金兵不南下，岳飞也不会继承父亲的家业，成为汤阴县的地主。为什么这样说？我们看看《宋史》是怎么描述岳飞的：

> 少负气节，沉厚寡言，家贫力学，尤好《左氏春秋》、孙吴兵法。生有神力，未冠，挽弓三百斤，弩八石。学射于周同，尽其术，能左右射。（《宋史·岳飞传》）

一位从小喜欢《春秋左传》、喜欢"孙吴兵法"，又天生神力、学习骑射之人，你能指望他一生务农？家人显然也不希望岳飞像父亲一样做个乡间地主，而是希望将其培养成国家的有用之才，所以让其拜名师、学武艺。而挽弓"三百斤"又是什么概念？那是和大金创始人完颜阿骨打同样的神力。至于"弩八石"，恐怕阿骨打也不会玩。

正因为这样，岳飞才得到"鸷勇绝人，能骑生马驹"的韩世忠的欣赏，并且在抗金战争中相互策应，惺惺相惜。

徽宗宣和四年（1122年），二十岁的岳飞应募从军，当然是地方厢军，打的第一仗，是铲平当地占山为王的"剧贼"。岳飞先让几位身怀绝技的士兵扮成商人，到"贼境"做买卖，这几位士兵不出意料被逼迫落草为寇。接着，将百余士兵埋伏在山下，自己带领几十人前去剿"贼"。"贼首"见官兵人少，将"贼众"尽数派遣出战。稍事交手，岳飞假装不敌，且战且退，将"贼众"引入埋伏，然后返身和伏兵一道，把出战的"贼众"击溃。假扮成商人而被强迫为"贼"的士兵，则将留在"贼巢"的"贼首"擒获。当地官府一直以来感到棘手的事情，被岳飞略施小计，一举平息。当然，虽然本地人视为"剧贼"，但被岳飞剿灭的充其量只是地方"小贼"，是因各种原因落草为寇的民众。

岳飞第一次抗击金兵，是在"靖康之难"的前夕。当时，岳飞所在的军队在相州隶属了康王赵构，奉命南下"勤王"。此时岳飞的军阶是"承信郎"。"承信郎"是什么地位？宋朝军队的军阶共五十三级，"承信郎"是倒数第二级即五十二级，从品秩来说，是从九品即刚刚入流，相当于县主簿、县尉。岳飞正带着百余骑兵巡逻，突然发现金兵的游骑，宋军大惊，立即打算逃跑，这在当时可以说是条件反射。岳飞见状，连忙制止，说敌军虽然看上去比我军多，却不知我军虚实，先看我破敌。说罢，拍马朝着金兵迎了上去。金兵见状，有点奇怪，这也是条件反射。宋军见了他们都是跑的，这次不但不跑，竟然还有人迎上前来，怎么回事？金兵就是金兵，有人迎过来，也一定有人杀过去，但见一骑风驰电掣般地越众而出，舞刀直取岳飞。岳飞怎么办？史书上只有三个字："飞斩之。"然后率领本来想逃跑的宋军直陷敌阵，取得了一场遭遇战的胜利。细心的朋友可能会问，岳飞怎么个斩法？当然是用刀斩。但按评书的说法，岳飞的标志性兵器是"沥泉枪"。

但是，冷兵器时代任何一位成名的将领都精通多种兵器，岳飞也一样。

连续几场战斗，可以说都是无关大局的小仗。但是，岳飞的军事生涯就是从破"小贼"开始，然后到破"剧寇"，再到破"强虏"。岳飞在这几次小小的战斗中所表现出来的胆略、智谋和勇猛，也将在更大的战场上发挥到极致。而就是这几次小胜，已经令"靖康之变"后镇守开封的主将宗泽大为震惊，眼前的这个年轻人，将来必是大宋的栋梁。当然，宗泽也认为，岳飞要成为栋梁之材，还需要成长，所以一面进行鼓励，一面予以鞭策："尔勇智才艺，古良将不能过，然好野战，非万全计。"（《宋史·岳飞传》）什么是"野战"？不是运动战而是遭遇战，不是谋定后战，而是即兴发挥。作为将领，你不可能一辈子带百把人打遭遇战、不可能一辈子临场发挥吧？你得率领千军万马，打运动战、阵地战、攻坚战，那就需要谋定而后战，需要有阵法，需要有正奇。虽然"大宋"根本"大"不起来，宗泽还是想让这位年轻人迅速成长起来，所以把自己所知的行军布阵之法，悉数传授给岳飞。

其实，岳飞并非全是野路子，他是读过《春秋左传》、研究过孙吴兵法的。经过一段时间的学习，岳飞对宗泽说了自己十六个字的体悟："阵而后战，兵法之常，运用之妙，存乎一心。"（《宋史·岳飞传》）阵法、兵法有一定之规，但具体的运用却是因时因地因人而异。宗泽听了，更为惊讶。当然应该惊讶。作为南宋最伟大的军事家，岳飞固然有后天的学习和训练，但对于战争，更有其与生俱来的天赋。

第二十三讲 | 壮怀激烈

一、中原情怀

我们上一讲说，岳飞投军以后，以低级军官的身份打了几次小胜仗。东京留守宗泽慧眼识英雄，认定他将是大宋朝未来的栋梁，是可遇而不可求的军事天才。但是，到了新皇帝赵构那里，岳飞就什么都不是了。

赵构在南京应天府即今河南商丘即皇帝位，让包括岳飞在内的已经亡国的"大宋"军民看到了复兴的希望。但很快有消息传来，说皇帝在两位亲信黄潜善、汪伯彦的唆使之下，车驾南迁，要去扬州。岳飞心急如焚，不顾位微言轻，怀着满腔热忱向赵构上了一道洋洋数千言的恢复中原书：

> 陛下已登大宝，黎元有归，社稷有主……而黄潜善、汪伯彦辈不能承陛下之意，恢复故疆、迎还二圣，奉车驾日益南……为今之计，莫若请车驾还京……乘二圣蒙尘未久、敌势未固之际，亲帅六军，迤逦北渡，则天威所临，将帅一心，士卒作气，中原之地，指期可复。（《岳武穆遗文》）

　　岳飞的这道上书和当时许许多多热血青年的认识一样，认为金兵看似锐不可当，而且掳去了徽、钦二帝，但两次都是到开封之后便撤了回去，说明没有统治中原大地的力量。如果皇帝登高一呼，四方豪杰响应，中原不就恢复了吗？不仅岳飞等热血青年是这样看，东京留守宗泽也有这样的想法，所以才前后二十多次上书，呼吁赵构返京。但是，赵构和他所倚重的黄潜善、汪伯彦不是这样看：如果金兵这么好对付，为何两次南下，没人能够抵挡？如今金兵暂且退了，你们便起哄，等金兵来了，你们还不是和前两次一样作鸟兽散，把皇帝拱手献给金人啊？更何况，一个小得不能再小的军官岳飞懂什么国家大事？黄潜善、汪伯彦是现任宰相、皇帝的左右手，容得你点名道姓横加指责？

　　此时的岳飞可能不明白，但宗泽久在官场，他是明白的。所谓"车驾日益南"，并非只是黄潜善、汪伯彦的主意，更是赵构自己的主意。如果赵构决心回到开封，和军民一道誓死抗金，黄潜善、汪伯彦敢"日益南"吗？但在中国的君主制时代，特别是从宋朝开始，人们已经习惯于把君主所做的坏事说成是"奸臣"之所为。当然，君主自己也知道，几乎所有骂"奸臣"的，其实都是在骂自己。这倒真是中国历史上颇具特色的现象。

　　上书之后，岳飞天天盼望着皇帝的态度。没过多久，皇帝的态度倒是有了，但出乎岳飞意料，皇帝不但不回头，反将其一腔热血斥为"越职"，夺职罢官。

　　这个结果，岳飞当然难以接受，但并没有泄气，没有回到汤阴重整家业，而是前往北京大名府（今河北大名县），投奔河北招抚使张所。投奔张所干什么？去践行自己"恢复中原"的决心。岳飞此后的一切行为，也都是为了这四个字。为了这四个字，岳飞可以舍生忘死，可以忍辱负重，唯独不可以松懈自己。有句话说，是金子总会发光，但如果金子永远埋在土里，你怎么发光？还有一句话说，千里马常有而伯乐不常有，其实千里马比伯乐更加稀有，否则就不会有花重金买千里马骨头的故事了。岳飞是金子，而且是决不让自己埋在地里的金子；岳飞是千里马，而且是不世出的千里马，是决不坐等伯乐的千里马。

对于岳飞来说，宗泽是伯乐，张所也是伯乐。岳飞的勇猛及神力，张所已有耳闻，所以见面之后先行试探："汝能敌几何？"以你一人之力，可以对付几个金人？岳飞没有自恃其勇，答道："勇不足恃，用兵在先定谋，栾枝曳柴以败荆，莫敖采樵以致绞，皆谋定也。"为将者在谋而不逞匹夫之勇，谋定而后战，才是为将之道。岳飞列举了《左传》中晋国栾枝、楚国屈瑕的战例加以说明。张所高兴了："君殆非行伍中人。"我就知道你是将才、帅才。话虽如此，张所能够给岳飞的，也只是正八品的"武经郎"，破格用为统制官。由此想到另外一位军事天才——汉初的韩信。一旦被萧何极力推荐，刘邦立即拜为大将，那些从沛县开始就一直追随刘邦并且屡立战功的周勃、灌婴、樊哙等人，也得听韩信指挥。有朋友曾经向我提出一个假设，如果赵构像刘邦重用韩信那样重用岳飞，可以恢复中原吗？这个假设无法成立。因为岳飞的军事天才固然可以和韩信相匹，但赵构不是刘邦，此时的宋更不是楚汉相争时期的汉；而且，岳飞要面对的金兵，也绝非自诩"力拔山兮气盖世"却只有匹夫之勇的项羽可比。

二、嚣张伪齐

虽然宗泽在不断加强东京开封的防务，张所在不断调兵遣将渡河作战，岳飞等人在不断抗击金兵并呼吁皇帝返京，但都无法改变赵构不断南迁、金人全面进攻的大形势。

张所因为坚持抗金被调任，河北已经无人经营；宗泽因为操劳过度而病逝，东京开封的留守换成了杜充。杜充和岳飞是老乡，相州人。但是，岳飞的这位身为留守的老乡杜充，不但不继续加强东京的防务，却下令全军南撤，要去江南"勤王"，保护皇帝。岳飞闻讯大惊，冒死进言："中原地尺寸不可弃，今一举足，此地非我有，他日欲复取之，非数十万众不可。"（《宋史·岳飞传》）此前岳飞念念不忘恢复的中原，是中原的黄河以北地区，而如今，中原的黄河以南地区也要拱手相让。杜充没有理睬岳飞，岳飞在万般无奈之下，也只有随军撤向江南。

曾经的东京留守杜充，在放弃开封之后，竟然被赵构任命为建康留守。建康即今日之南京，北宋为江宁府，南宋改为建康府。为了维护杜充对建康及其长江沿线军队的充分调配权，赵构对提出质疑的韩世忠给予严厉谴责。这倒是十分滑稽的事情。更滑稽的是，完颜宗弼渡江之后，杜充又将建康拱手相送，自己投降了金人。被赵构一次又一次委以重任的杜充，到底是和赵构之间有默契而一次又一次将大片土地送给金人，以换取金人放弃对赵构的穷追猛打，还是为了自己的身家性命而一次又一次对赵构"打脸"？有记载说，得知杜充放弃建康、投降金人的消息之后，赵构连续几天几夜睡不着枕，不知是自责还是责人。

建炎四年（1130年）完颜宗弼北撤之后，金太宗完颜晟在对宋的策略上做出了大的调整，金兵的主要力量放在继续清剿黄河以北的反金力量，并采取系列政策，消弭契丹特别是汉人的敌对情绪。与此同时，对关中地区加强了攻势，企图先夺关陇，继取四川，再图江南。这个策略，曾经是曹魏、西晋平蜀灭吴的套路，后来又为元世祖忽必烈灭南宋所用。那么，如何对付在江南的赵构及其小朝廷？金人决定继续寻找并扶植新的代理人，以汉人制汉人，让汉人之间相互厮杀，坐收渔翁之利。这个代理人已经找到，那就是刘豫。

刘豫是北宋永静军阜城（今河北永静县）人，虽然比张邦昌年长，进入官场也比张邦昌早，但进步却比张邦昌慢。张邦昌为副相的时候，刘豫还只是河北西路的提刑官。金兵南下时，刘豫和宋朝的许多官员一样，望风而逃。当然，这在当时并不算太丢人，因为逃跑的人太多，不但官员逃，皇帝也逃，没逃的成了俘虏。不但宋人在逃，前些年辽人也同样逃。辽天祚帝就从上京临潢府逃到中京大定府，再逃西京大同府，最终还是被俘虏。从某种意义上说，宋人之逃，是受契丹人传染的，也是吸取徽、钦二帝的教训。所以，赵构并没有也不可能追究逃跑官员的责任，只要有人表示继承效忠，立即给予新的职务，刘豫因此也得到一个新职务——济南知府。这是一个充满危机的职务，谁知道金兵何时又南下？刘豫请求换到南方危险小一些的地方任职，被赵构手下的办事者断然拒绝。

就在刘豫出任济南知府后不久，公元1128年初，金兵第三次大举南下，认为自己在赵氏父子那里不受待见的刘豫，这一次没有选择逃跑，而是一不做二不休，杀了坚持抗击金兵的将领，投降了领兵到山东的金兵主将完颜昌。这位被刘豫所杀的抗金将领的名字，大家都很熟悉，因为他叫"关胜"。这个名字后来被民间文学家弄进了《水浒传》，成了"梁山五虎将"的头一位，"大刀关胜"，在"梁山"中除了"玉麒麟"卢俊义外武功最高。由于主动归附，并对赵宋宗室及抗金官民大加杀戮，刘豫得到完颜昌的极力推荐，经过两年的"考察"，被金太宗完颜晟立为帝，国号"齐"，定都大名府，时间在金太宗的天会八年，南宋则是高宗建炎四年即公元1130年的农历七月，此时距离北宋灭亡、赵构即位三年多，距离韩世忠和完颜宗弼大战长江不到三个月。当然，刘豫的这个"齐"和张邦昌的"楚"一样，也被宋人加上了一个"伪"字，叫"伪齐"。

张邦昌在金兵撤退后立即迎请赵构即位，以表示对"大宋"的忠心，却被赵构赐死。这个事情成为刘豫死心塌地归附金人并坚决和宋朝作对的理由，也成为一切背叛宋朝、归附伪齐的汉族官员的理由。刘豫一面招降纳叛、攻城略地，一面开科取士、招揽人才，并且迁都开封，将曾经的"东京"改为"汴京"。不仅如此，刘豫连自己祖宗的牌位也搬到了宋朝的太庙之中，伪齐皇帝做得有滋有味，而且气焰嚣张，俨然有取代宋朝之势。

憋屈的张邦昌的伪楚只存在了三十多天，嚣张的刘豫的伪齐却存在了八年之久（1130—1137 年）。在这段时间里，完颜晟的金大抵扫清了黄河以北的宋军余部以及各类抵抗力量，建立起对这一地区的统治。但与此同时，赵构的宋在江南的统治也大体上稳定下来。同样是在这段时间，刘豫的伪齐乘着金兵无暇南顾而赵构政权又全力经营江南之机，向南、向西扩大自己的势力，黄淮一带几乎都成了刘豫伪齐的势力范围，最盛的时候，兵锋东边直逼长江，西边则深入关中。于是从北到南，形成三种势力：黄河以北是金，黄淮之间是齐，江南是宋，而江淮之间则是伪齐和南宋争夺的地盘。致使有人认为伪齐是比金人更大的威胁："金人虽强，尚不足虑；刘豫虽微，其祸可忧。"（李心传《建炎以来系年要录》）

三、精忠岳飞

为了对付这个伪齐，赵构几乎调动了所有军队。而岳飞的军事天才，正是在平定江南以及和伪齐的角逐中表现得淋漓尽致。甚至可以说，岳飞的军事天才，是在平定江南以及和伪齐的角逐中被迅速发掘出来的。

完颜宗弼虽然撤离，但当时的赵构政权却是无一日安定、无一日太平。当时的江北地区局面十分复杂，既面临刘豫伪齐的威胁，还冒出无数大大小小的武装，这些武装既不属宋，也不属金，更不属伪齐，既时时与宋、与金、与齐为敌，又时时可能为宋、为金、为齐所用。而江南地区更形成了多股声势浩大的反政府武装，最为著名的有范汝为、李成、曹成等，从众动辄以十万计，纵横福建、江西、湖南、广西等处。而盘踞在洞庭湖一带的杨大等人，一面以"均贫富"为号召，发动民众反抗官府，一面和刘豫的伪齐联络，谋求支持。

这些武装力量的构成，有从北方南撤过程中溃散的宋朝军队，有为逃避战乱从北方南迁的难民，也有被官府、大户欺压的江南民众，还有金兵北撤时滞留下来的散兵，当然，散兵中的绝大多数不是女真人，而是被强制征发的北方汉民。这些武装的形成，对尚未站稳脚跟的赵构政权形成巨大的威胁。所以，在金兵暂缓南下的这段时间，以张俊、刘光世、韩世忠等为代表的"中兴"将领，几乎全部投入了对这些武装的战争。此时的岳飞，因为年纪轻、资历浅、实力弱，还无法和张、刘、韩等并列，而是归属张俊统领。

但是，只用了一年多的时间，作为张俊部将的岳飞，便以其战功令所有人刮目相看，乃至目瞪口呆。除了范汝为所部为韩世忠所败外，李成、曹成等部皆为岳飞所破，仅在筠州即今江西高安和李成所部马进一战，即破敌十多万、招降八万。张俊没有侵吞岳飞的战功，在向赵构报捷时，力推岳飞战功第一。这时的岳飞，以及他那支被敌人称为"岳家军"的军队，开始进入赵构的视线。或许赵构根本就对几年前越职言事的岳飞没有了印象，或许岳飞劝阻"车驾"南迁的恢复中原书根本就没有送到赵构的手上，而是由黄潜善、汪伯彦等人处理。

绍兴三年春，随着岳飞的战功越来越大，"岳家军"的名头也越来越响亮，当然，也随着南宋政权的逐步稳定，赵构想见见这位令张俊和其他将领赞不绝口的传说中的人物。但是，得知皇帝召岳飞至杭州面君的消息，正在江西安抚地方的官员坐不住了，不是因为嫉妒，而是认为地方安定离不开岳飞。岳飞的军队纪律严明，既得百姓拥戴，又令"群寇"胆寒，如果岳飞赴行在面君，恐怕江西又出大乱。因为这位官员的报告，岳飞赴杭州的时间推迟了半年。

绍兴三年（1133年）秋，三十一岁的岳飞终于来到杭州，觐见比自己小四岁的"大宋"皇帝赵构。赵构对这一次的君臣见面十分重视，亲笔题写了"精忠岳飞"四字，并且命人将这四字绣在锦旗上，赐给岳飞，以示嘉奖。同时，命岳飞为镇南军承宣使、江南西路沿江制置使，加神武后军都统制，并且调拨了部分军队归属于岳飞。此时的岳飞开始与张俊、韩世忠等名将并列，成为一方的军事统帅，也同时挂衔亲军都统制。

这一次的君臣见面，岳飞给赵构留下了极好的印象，赵构的信任也给了岳飞极大的鼓舞，增强了恢复中原的信心。

就在岳飞赴行在面见赵构不久，伪齐军队连续攻破南宋控制下的襄阳及唐、邓、随、郢诸州和信阳军，时称"襄阳六郡"，也就是现在的湖北长江以北、汉水以东的部分地区及河南的西南部地区。这里是长江中游与中原的结合部，地理位置十分重要，向东顺流而下，可进入江西，威胁建康；向南可以进入湖南，与杨大在洞庭湖的水军汇合；向西则可逆汉水进入汉中，威胁川中。那么，率军夺取"襄阳六郡"的伪齐主将是谁？正是在江西、湖南被岳飞打败的"剧寇"李成。

能为"剧寇"，出生于雄州即益津关的李成也是非同小可。李成的年龄和韩世忠相当，神力则不让岳飞，《金史》专门为其立传，说是"勇力绝伦，能挽弓三百斤"。年轻的时候，李成投军，成为宋朝的低级军官。金兵南下时，李成乘乱率部抄掠，从者如云，成了南宋的"叛军"，拥众数十万，席卷江西、湖南。在与岳飞的角逐中失败后，李成归降了伪齐，所部成了伪齐精锐中的精锐。

站在南宋的立场上，李成是"剧寇"。但"剧寇"李成治军严明，临战身先士卒，士卒未食不先食，士卒有病亲自慰问，所以"士乐为用，所至克捷"。只是李成有些背运，在江西时为岳飞所破，归降伪齐之后风光了一阵，到了湖北，竟然又遇上岳飞。

四、两个承诺

绍兴四年（1134年），岳飞奉命率军北上，迎击李成。伪齐视襄

阳六郡为南下的基地，岳飞则视襄阳六郡为恢复中原之根本。而随即发生的襄阳六郡争夺战，可以说是岳飞拉开"恢复中原"的序幕。渡江之时，岳飞"击楫中流"，发布誓言："飞不擒贼，不涉此江。"（《宋史·岳飞传》）

"岳家军"果然所向披靡。先取郢州，号称"万人敌"的李成部将京超，城破之后投崖而死。岳飞一面分兵直取随州，一面亲率大军，兵临襄阳。李成得知宋军统帅是岳飞，心中五味杂陈，既暗叹自己的霉运，又感到或许是上天安排自己该一报江西败落之仇了。

但是，李成的所有优势——军纪严明，勇力绝伦，身先士卒，士乐为用，岳飞都有。而岳飞对《春秋左传》及孙吴兵法的学有心得，以及宗泽关于行军布阵的真传，则是李成所缺乏。所以，两军对垒之际，岳飞立即看出了李成布阵的破绽。按照兵法，步兵利险阻而骑兵利平旷，李成却将骑兵布置在襄江江畔，将步兵列阵于平野之上，这就犯了兵家之大忌。岳飞命步兵结成方阵，手持长枪，对付李成的骑兵，而以骑兵猛攻李成的步兵。

临战之前，岳飞进行战时动员，以讨伐伪齐、恢复中原为号召，宋军士气大振，如潮而进。李成的骑兵受到岳飞步兵的挤压，在经过多回合较量之后，纷纷落入江中；步兵尽管以死相搏，但在岳飞骑兵的猛烈冲击下，节节阻挡，节节败退。李成见败势已定，长叹一声，率余部北撤，岳飞乘胜连夺襄阳六郡。

当然，整个过程我们说起来轻松，但李成所部也是彪悍异常，每座城池的占领，都是经过残酷的血战。夺了襄阳六郡的岳飞，一面驻军屯田、招抚流民，把襄阳六郡打造成"恢复中原"的前沿阵地，一面命人向临安的赵构报捷，请求继续北上。

李成在西线推进的同时，伪齐和金兵联手，在东线也发动了进攻，不仅夺了楚州即今江苏淮安，并且进兵包围了庐州即今安徽合肥，赵构命岳飞火速增援。所谓先声夺人之气，围攻庐州的伪齐军队见到打着"岳"字旗和"精忠"旗的援军，知道连破李成的"岳家军"到了，稍一接触，便已溃散，如同曾经的宋军见到金兵一般。

捷报不断传来，赵构喜出望外，对身边的近臣感叹道：过去只知道岳飞行军有纪律，"冻死不拆屋，饿死不卤掠"，没想到还这么能打啊！不但军纪严明，而且能打胜仗，赵构兴奋之余，将岳飞召至临安，又命其扈从建康，加荆湖南北襄阳路制置使、神武后军都统制、检校少保、太尉、武昌郡开国公，岳飞成为南宋最年轻的军事统帅。人们称岳飞为"岳少保"，也由此而来。不仅如此，赵构还一度下令，将刘光世属下的两位最著名的将领王德、郦琼及其所部划归岳飞麾下，诏谕二将："听飞号令，如朕亲行。"又将岳飞召至寝阁，当面嘱托："进止之机，朕不中制"，"中兴之事，一以委卿"（《宋史·岳飞传》）。

得君如此，岳飞十分激动，只有恢复中原，才能报答万一。有研究者认为，岳飞留下的千古传诵的《满江红·怒发冲冠》，应该就是这一次面君之后所作，等到下一次面君时，应该交出更加伟大的业绩，什么业绩？恢复中原：

> 怒发冲冠，凭阑处，潇潇雨歇。抬望眼，仰天长啸，壮怀激烈。
> 三十功名尘与土，八千里路云和月。莫等闲白了少年头，空悲切。
> 靖康耻，犹未雪。臣子恨，何时灭？驾长车踏破贺兰山缺。
> 壮志饥餐胡虏肉，笑谈渴饮匈奴血。待从头收拾旧山河，朝天阙。

但是，就在岳飞满怀激情要"从头收拾旧山河"的时候，形势发生了变化。什么变化？赵构对金的态度发生了变化。

对于江南及江淮间的"群寇"，赵构当然是要清剿的，对于伪齐也是必须抗击的。因为前者使赵构的政权无法安定，而后者不但想夺了江淮之地，甚至想取代赵氏，成为汉人的唯一政权。但是对于金，赵构仍然心存畏惧，而且杭州真是个好地方，只要能够让自己活命，只要能够让自己的小朝廷维持下去，杭州哪里比不上汴州？金人的战斗力实在太恐怖了，自己绝不能步父兄的后尘，被金人掳掠、虐待。所以，只要能够缓解、化解金人的进攻，一切都可以谈判，一切都可以让步。

赵构当面嘱托岳飞，说是"进止之机，朕不中制"，"中兴之事，一以委卿"。岳飞听来是针对金人的，是指恢复中原，因为岳飞所思、所虑、所行，都是"恢复中原"四个字，但赵构的所思、所虑、所行，却是针对伪齐的。赵构所言，和岳飞的理解，完全不是一回事。

一面是岳飞的摩拳擦掌，日夜谋划恢复中原；另一面，赵构委托秦桧与金人的议和，正在紧锣密鼓地进行。而且，赵构对秦桧做出了和岳飞一样的承诺：议和之事，"朕独委卿"（《宋史·秦桧传》）。

绍兴七年（1137年），金人在稳定了对黄河以北的统治之后，认为伪齐的存在已是多余，而且有尾大不掉之虑，所以干脆将"齐"废了，宋、金没有了中间地带，没有了缓冲。岳飞再次上书请求北伐中原，当然，这就不是打伪齐，而是直接向女真开战了。令岳飞沮丧而疑虑的是，不但自己的请求被驳回，秦桧的谈判还大有成效。金人承诺，要将被伪齐和"大金"所占领的黄河以南的土地，包括曾经的西京河南府、东京开封府、南京应天府，统统还给赵构的"宋"。

这真是天上掉馅饼的事情。不需要岳飞出兵，中原已经"恢复"一半了。

第二十四讲　和议风波

一、意外之喜

我们上一讲说，由于将士在前方的浴血奋战，南宋政权逐步稳定下来，高宗赵构同时打出了两张牌：一张牌鼓励岳飞放心大胆往前走，"中兴之事，一以委卿"；另一张牌鼓励秦桧走自己的路，让别人说去，与金人和谈之事"朕独委卿"。皇帝的鼓励极大地调动了岳飞和秦桧的积极性，结果秦桧占了先机。岳飞还在秣马厉兵、以图大举的时候，秦桧的和谈已经取得了重大成果。

宋高宗绍兴八年、金熙宗天眷元年也就是公元 1138 年的农历八月，金人派出的使臣在宋朝使臣的陪同下渡过黄河，往杭州而来。人尚未到，消息已经由迫不及待的宋朝使臣传开了：和谈成功，金人承诺将包括西京河南府（今洛阳）、东京开封府（今开封）、南京应天府（今商丘）在内的黄河以南土地，全部还给我朝。当然，在伪齐的时候，应天府已经被改名为归德府。另外，金人还答应送回已经去世的宋徽宗的灵柩和赵构的生母韦氏。

这是一个令人振奋的消息。对于宋朝君臣，对于南宋统治下的汉民，这是一个天大的喜讯，是天上掉下的巨大馅饼。有人天天在担心金人南侵，有人天天说要出兵恢复中原，如今，秦桧不战而屈人之兵，只是通过使臣的往返、书信的沟通，不但有望结束宋、金连续十多年的战争，还解决了岳飞曾经预言要用数十万大军才有可能解决的问题。什么问题？收复当年被杜充放弃的黄河以南地区的问题。

当然，金人抛出这个巨大馅饼，也是有条件的。什么条件？皇帝赵构代表宋，向金称臣；不但称臣，还要向使臣带来的"大金"皇帝的"诏谕"行跪拜礼。另外，这个"诏谕"还不是给"宋"的，而是给"江南"的，全然不把"宋"视为一个"国家"，只是视为一个"地区"。

这个条件如果放在十年前，放在赵构从商丘逃到扬州，从扬州逃到镇江，最后经过明州下海的时候，那是求之不得的。那个时候的赵构，曾经不断致书金太宗完颜晟及金兵统帅完颜宗翰，请求给自己一条活路，请求给赵宋留下一线血脉。我们从赵构给完颜宗翰的书信中摘录几句：

> 以中原全大之时，犹不能抗，况方军兵挠败、盗贼侵交，财赂日朘、土疆日蹙。若偏师一来，则束手听命而已……愿削去旧号……天地之间，皆大金之国，而无有二上矣……社稷存亡，在阁下一言。某之受赐，有若登天之难；而阁下之垂恩，不啻转圜之易。（《建炎以来系年要录》）

那个时候的赵构，被完颜宗辅、宗弼兄弟追着打，真如泥马渡江，随时都有泥化马瘫的可能，只要有条生路，不惜去号称臣，不惜乞求活命。这个事实，成了赵构留给金人的永久"记忆"。所以，金人自然把给予黄河以南之地、归还徽宗灵柩及赵构母亲，和允许赵构称臣，一并视为对赵构的巨大恩典和赏赐。但是，赵构的乞降，当时正在金营的秦桧及赵构身边的近臣或许知道，但军事将领张俊、韩世忠未必知道，当时还是低级军官的岳飞以及宋朝官民、将士，则是完全不知道。他们所看到的，是政权正在巩固，是对伪齐的战争、对金人的抗击正在节节胜利，"大宋"怎么能向金称臣，皇帝怎么能向金主的诏谕行跪拜礼呢？

韩世忠当时正驻军淮河南岸的楚州（治山阳，今江苏淮安），同时联络山东豪杰，为北伐做准备。为了配合秦桧与金人的和谈，赵构命韩世忠所部退回江南，驻守镇江。韩世忠根本就不相信金人真会如此轻易地归还黄河以南地，更不愿意从淮河撤到长江，所以要求亲赴杭州，向皇帝面陈自己的看法："金人诡诈，恐以计缓我师，乞留此军蔽遮江淮。"（《宋史·韩世忠传》）所谓归还黄河以南地，不过是金人的缓兵之计，韩世忠请求留在江北，倘若金兵南犯，哪一路最猖獗，我韩家军便是他死敌。

岳飞本人在鄂州（今湖北武昌）调度，麾下将士则在襄阳六郡屯田，同时联络活动在黄河南北的各种反金武装，随时准备北上。得知金人愿还黄河以南地，岳飞和韩世忠一样，根本不信，上书赵构，直指秦桧误国："金人不可信，和议不可恃。相臣谋国不臧，恐贻后世讥。"（《宋史·岳飞传》）

远在永州的卸任宰相张浚，得知这一消息后也致书赵构，回顾宋、金之间的恩怨史，告诫金人的不可信："燕云之举，其鉴不远。盖自宣和以来，挟诈反覆，倾我国家，非可结以恩信。"张浚特别指出，向金称臣，后果严重："陛下积意兵政，将士渐孚。一旦北面事仇，听其号令，小大将帅，孰不解体。"（《续资治通鉴》）为了让赵构清醒，张浚先后上了五十道文书。

二、和议初成

在反对和议、反对向金称臣的官员中，枢密院编修胡铨的上书，声震天下：

夫天下者，祖宗之天下也；陛下所居之位，祖宗之位也。奈何以祖宗之天下为金人之天下，以祖宗之位为金人藩臣之位……臣有赴东海而死，宁能处小朝廷求活耶！（李心传：《建炎以来系年要录》）

陛下现在的皇位，是大宋列祖列宗所赐，怎能将祖宗的基业拱手让给金人而以藩臣自居呢？如果是这样，臣宁愿投东海而死，也不苟且而活。在我的印象中，胡铨是第一个在上书中明指赵构政权为"小朝廷"的。当然，胡铨也和当时的人们一样，为了给皇帝留面子，把攻击的矛头指向议和派，说他们在坑皇帝，呼吁立斩议和的罪魁祸首宰相秦桧，以及秦桧的党羽参知政事孙近、奉命和谈的使臣王伦。

胡铨的这篇文字不仅上呈了皇帝，还流传到民间，鼓动舆论。有位常州宜兴（即今江苏宜兴）籍的进士吴师古，为胡铨的文章所折服，当即请人版刻，广为传播，致使整个杭州，"市井喧腾，数日不定"（《建炎以来系年要录》）。有记载说，金人在杭州的使臣也用重金购得这篇文章，火速呈送在上京的"大金"皇帝完颜亶，通报宋朝的动态。

在强大的舆论压力之下，主持和议的秦桧表现出极大的委屈，"上表待罪"，实则向皇帝施加压力。皇上说与金人的和议"朕独委卿"，如今金人给了如此多的好处，还河南之地、还先帝灵柩、还陛下母后，条件不过是称臣，不过是屈膝，难道这很困难吗？如果任由这帮人吵吵闹闹，惹火了金人，一寸地不给，母后也回不来，谁来承担这个责任？

不能不说，对于赵构，秦桧比韩世忠、岳飞了解得更多、更深。别人不知道赵构对金的恐惧程度，秦桧知道；别人不知道赵构一直在乞和求降，秦桧知道。所以，他的警告远比韩世忠、岳飞有力。赵构怕就怕这个，怕就怕得之不易的和谈成果被韩世忠、岳飞这帮武夫，以及胡铨这帮只知愤激不知务实的书生搅黄。绝不能允许这股舆论继续下去，否则如何向金人使者解释？赵构一面安抚秦桧及他的议和团队，一面干脆让秦桧代自己拟旨意，该怎么处置就怎么处置，还是那四个字"朕独委卿"。秦桧也不客气，代皇帝拟旨：销毁胡铨进入官场之后的所有文字，革除胡铨的一切功名，发往昭州即今广西平乐安顿，永不叙用。吴师古版刻、传播胡铨的上书，也被小人揭发，流放到袁州即今江西宜春。

当然，赵构其实十分清醒，金人有如此态度，不仅是因为秦桧谈判有方，更是因为有韩世忠、岳飞等人强大的军事力量。和与战，正是赵构对付金人的两手，而且两手都要硬。所以，一面通过惩处胡铨等人安抚秦桧，一面亲自下"手札"，安抚韩世忠、岳飞等人。

经过和金人使臣的艰苦谈判，在礼节方面取得了新进展，金人答应：第一，把赵构政权称为"宋"而不称"江南"，以示杭州的这个政权对于开封的政权具有延续性；第二，把给赵构的"诏谕"改为"国书"，以示尊重；第三，赵构接受国书的时候，免行跪拜礼。这些，都是在帮助赵构平息宋人的不平之气。

宋高宗绍兴九年、金熙宗天眷二年即公元1139年的正月，宋、金分别公布和议诏书。

赵构选择在这年正月初一即正旦日诏告天下，以示喜庆和郑重：

> 大金已遣使通和，割还故地。一应官司行移文字，务存两国大体，不得辄加诋斥。布告中外，各令知悉。（《建炎以来系年要录》）

和议成功，文武官员皆有升赏，军民人等皆有恩典；同时大赦天下，对张邦昌、刘豫及在伪楚、伪齐任职的伪官人等一并开恩，赦其叛国之罪："原其本心，实非得已。"（《建炎以来系年要录》）张、刘及其伪官的子孙后代皆可参与科举，出任官职。

十多天后，正月十三日，金的诏书也在"河南"即归还南宋的黄河以南地区公布：

> 天其意者，不忍遽泯宋氏社稷，犹留康邸在江之南，以安吾南北之赤子也。倘能偃兵息民，我国家岂贪尺寸之地，而不为惠安元元之计乎？所以去冬特废刘豫，今自河之南，复以赐宋氏。尔等处尔旧土，还尔世主，我国家之恩亦已洪矣。尔能各安其心，无忘我上国之大惠，虽有巨河之隔，犹吾民也。（《建炎以来系年要录》）

这份诏书当然出于归附金的汉人或汉化的契丹人乃至女真人之手。比较一下宋、金诏书，立场、处境不同，语言表述也不同。

第一，宋是小心谨慎，要求各级官府行文时"务存两国大体"，唯恐因为言论过激触动金的神经；金则是居高临下，声称此举完全是顺应天意，为着保留赵宋的一脉香火，让黎民百姓安居乐业。

第二，对于河南之地，宋说是"割还"，金说是"赐"，并且提醒宋及河南之民，要铭记"大金"的恩德。

第三，宋的诏书回避了称臣之事，只是用"通和""两国"等中性字眼；金的诏书特别强调，宋是金的臣属，所以，即使河南之地赐给宋，河南之民也与河北之民一样，是大金的臣民。

第四，金的诏书诏告，居住在黄河以南的汉人、契丹人、女真人等，愿意从黄河以南移居黄河以北的，当地官府一概不得阻挠。

三、权力博弈

接下来的事情，更让力主和议的秦桧及其同伙扬眉吐气，让所有的质疑者、批评者闭嘴。什么事实？金人不但归还了河南的黄河以南地，陕西的大片土地也被归还，宋朝的接收官员堂而皇之地进了洛阳，进了开封，进了应天，进了被称为"京兆府"的西安。

这时的高宗赵构，终于把悬着的心放了下来，也终于可以把憋在心里很久的话公开告诉韩世忠、岳飞、张浚、胡铨和一切反对议和的人：你们以为朕就那么心甘情愿向金称臣吗？你们以为朕就那么愿意奴颜婢膝吗？那叫忍辱负重！第一，父亲徽宗的尸骨还没有运回来，母亲韦氏还在金人手上，逃散各地的兄弟、宗亲不知下落，你们要朕怎么办？第二，十多年来，百姓不得安生，军队不得解甲，生灵涂炭，如果能够以朕之屈辱换来天下太平，朕又何惜屈己和戎、何惜个人的荣辱："若使百姓免于兵革之苦，得安其生，朕亦何爱一己之屈！"（《建炎以来系年要录》）入情入理，正气凛然。当时的人们应该十分感动，有君如此，更复何求！

但是，需要澄清的是，这个局面的出现，完全是女真内部权力博弈的结果，和秦桧的议和并无太大的关系。

正如我们上一讲说到的一个事实，无论是宋对金还是金对宋，内部都存在着不同认识和策略。不同的是，宋的决策者主要是赵构本人，而左右金人决策的，则是内部的若干集团或势力。

公元 1135 年，金太宗完颜晟去世，十七岁的熙宗完颜亶继位。完颜亶继位本身，就是女真完颜部内部各派势力博弈的结果。

太祖阿骨打去世时，长子完颜宗干已经年过三十，嫡长子完颜宗峻也已娶妻生子，但继位的是同母弟、老四完颜晟；完颜晟在位时，接班人定了五弟完颜杲，他也是同母弟。所以，"靖康之变"时，虽然金兵的东路主将是完颜宗望，西路主将是完颜宗翰，但他们都是"副元帅"，"元帅"是他们的五叔完颜杲。

大家可能会说，这个"兄终弟及"的情节有点像宋朝太祖赵匡胤、太宗赵光义的故事啊！看上去相似，但实质并不一样。宋朝太祖、太宗的继承，以及可能继续的"兄终弟及"，是为了避免"主幼国疑"

而导致发生动荡。从太宗开始，便结束了这个"兄终弟及"而转入"父死子继"。这和形势的稳定，特别是中原政权长期以来形成的君主集权制度直接相关，但女真的"君主制"还在形成之中。

由于继承人完颜杲先于被继承人完颜晟而死，皇位的继承发生问题。这时，太宗完颜晟的嫡长子完颜磬年近四十，参与过灭辽、攻宋，屡立战功，按理说具备做储君的资格。但是，既然当年太祖的儿子不能作为继承人，如今太宗的儿子也不能作为继承人。怎么办？子辈不立立孙辈。对于当时的情形，《金史·熙宗本纪》做了这样的记载：

> 天会八年，谙班勃极烈（完颜）杲薨，太宗意久未决。十年，左副元帅宗翰、右副元帅宗辅、左监军完颜希尹入朝，与宗干议曰："谙班勃极烈虚位已久，今不早定，恐授非其人。合剌，先帝嫡孙，当立。"相与请于太宗者再三，乃从之。

完颜宗翰等人请立合剌即完颜亶，实是"逼宫"。第一，完颜宗翰、完颜希尹都是曾经拥立太祖阿骨打为帝、拥戴太宗完颜晟继位的完颜部实力派人物，他们代表着完颜部的两股大的势力，加上太祖阿骨打的长子宗干、三子宗辅以及四子宗弼等，这些力量聚集在一起，不是太宗完颜晟家族可以扛得住的。第二，既然最有资格继位的太祖、太宗之弟完颜杲去世，皇位理应在太宗之后回归到太祖这一支来；既然太祖嫡长子完颜宗峻去世，由太祖的嫡长孙完颜亶继位，名正而言顺，按《金史》的说法，是"其义正其理直"（《金史·景宣帝本纪》）。第三，完颜宗翰等人迫不及待推出完颜亶，是担心"授非其人"。这个"其人"是有所指的，就是太宗完颜晟的嫡长子宗磬。从完颜杲去世两年不立储君，以及宗翰等人再三逼宫"乃从之"，可见太宗完颜晟是有想法的。这个想法就是把皇位留在自己这一支，留给自己的儿子。但是，面对女真的传统习惯和实力派的联合挑战，完颜晟不得不做出妥协。

太宗完颜晟妥协了，逼宫的完颜宗翰等人也得妥协。妥协的结果是：第一，完颜亶被立为皇储，并且在太宗完颜晟去世后成为"大金"的第三代皇帝；第二，太宗之子完颜宗磐和太祖之子完颜宗干以及完颜宗翰，三人共同主持朝政，形成太祖、太宗及完颜部其他家族三足鼎立的关系。

四、风云突变

但是，完颜亶继位两年后，完颜宗翰去世。他的去世，使三足鼎立的权力关系发生失衡，完颜宗磐的势力上升，成了执掌朝政的"太师"。在宗磐的主持下，废了伪齐，并且将伪齐据有的黄河以南地"赐"给宋。女真完颜部的高层为此事发生了剧烈的争论。曾经主张立伪齐的完颜昌、太祖阿骨打的六子完颜宗隽支持完颜宗磐与宋和议，并且"赐"地予宋。太祖的长子完颜宗干、已故完颜宗翰的弟弟宗宪，还有完颜昌的弟弟完颜勖，坚决反对"赐"地。完颜昌指责弟弟："他人尚有从我者，汝乃异议乎？"完颜勖毫不示弱："苟利国家，岂敢私耶？"（《续资治通鉴》）

完颜昌、完颜勖兄弟的讨论，预示着事情将发生变化。因为在多数女真贵族看来，完颜宗磐等人的所作所为，是在不惜以出卖国家利益为代价达成与宋的谅解，目的是为自身谋取更大的利益。但是，完颜宗磐已经是太师了，所谓"一人之下，万人之上"，还有什么更大的利益？完颜勖等人认为，完颜宗磐的更大利益应该是要夺回自认为属于自己却被已经死去的完颜宗翰、完颜宗辅等人剥夺的皇位。天眷二年七月，在完颜宗干为首的众多女真贵族及契丹、汉人官员的支持下，金熙宗完颜亶以谋反罪诛杀完颜宗磐、完颜宗隽以及完颜昌等人。

这里的人物关系有点复杂，我们梳理一下：主张与宋议和并将河南地"赐"给宋的完颜宗磬，是金太宗完颜晟的嫡长子；支持他的完颜昌，是完颜阿骨打五叔、穆宗盈哥的儿子；而完颜宗隽则是金太祖完颜阿骨打的第六个儿子。反对议和并"赐"地给宋的完颜宗干、完颜宗弼，是太祖阿骨打儿子、完颜宗隽的哥哥；支持他们的完颜勖，是穆宗盈哥的儿子、完颜昌的弟弟；而完颜宗宪则是已故完颜宗翰的弟弟。可见，女真完颜部高层集团的内部，也并非完全以家族划分。穆宗的两个儿子、太祖的三个儿子，意见是对立的。这既与各家族内部的矛盾相关，也和他们各自的政治立场及对宋策略的分歧有关。

顺带提及，反对与金议和并且将河南地归还南宋的完颜勖和完颜宗宪，恰恰对汉文化有着较深的研究，并且对女真文化的建设和发展起过重要的作用。

金熙宗天眷三年、宋高宗绍兴十年即公元 1140 年的五月，也就是赵构、秦桧君臣为河南、陕西之地的光复欢欣鼓舞时，风云突变，金兵在主战派将领完颜宗弼等人的率领下，分道渡河，几乎兵不血刃地夺了西京洛阳、东京开封、南京商丘以及京兆府西安。这时，距离三京归宋仅仅一年多。

消息传来，高宗赵构蒙了，力主和议的秦桧也蒙了。站在"大宋"的立场上，金人毫无疑问是"背盟"；而站在"大金"的立场，则是收回他们认为不应该失去的利益。有人问，三京怎么说丢就又丢了呢？韩家军、岳家军，还有张俊等的军队，都到哪里去了？很遗憾，不仅是韩世忠、岳飞等人的军队，当时所有的宋军几乎都被严令不得进军，以免刺激金人。这里得提及一位并不起眼的人物，此人名叫张通古。

张通古是燕云十六州中的易州即今河北易县的汉人，入仕于辽，做了枢密院令史，也就是文书官。辽亡之后，张通古拒绝了大宋的征辟，却归属了大金的完颜宗望。宗望死后，张通古成了宗干的下属并受到器重。金天眷元年、宋绍兴八年的和谈，金熙宗派到杭州来的使臣，便是这位曾经的辽官、汉人张通古。

天眷二年（1139 年）五月，张通古在完成了"和谈"使命、从临安北返的途中，发现宋军在金"赐予"的河南一带驻军设防，立即指责陪同北返的宋方使臣韩肖胄："天子裂壤，地益南国，南国当图报大恩，今辄置守戍，自取嫌疑。若兴师问罪，将何以为辞？江左且不可保，况齐乎！"（《金史·张通古传》）张通古的话代表了金的态度，直指河南地为"齐地"，是刘豫的也就是"大金"的，如今"赐"给你们，你们不但不知恩图报，反倒驻军设防。如果大金兴师问师，你作何解释？到时不要说河南地，江南地也未必保得住！韩肖胄和赵构、秦桧一样，唯恐金人不满，立即"驰白"赵构。赵构大惊，下令撤回了几乎所有的军队，摧毁了几乎所有的营寨。张通古到上京之后，面见主战派的领袖完颜宗干，建议："及其部署未定，当议收复。"宗干大喜：这正是我要做的事情。立即以张通古为参知行台尚书省事。

张通古、完颜宗干的态度，代表着女真完颜部的主流看法，所以，铲除完颜宗磐等人，兵过黄河，收复"故地"，也成了理所当然的事情。

第二十五讲 以战促和

一、东京副守

我们上一讲说，公元 1140 年即宋高宗绍兴十年、金熙宗天眷三年五月，风云突变，在铲除了完颜宗磐等人之后，金人废除与南宋的和议，大举进兵，要夺回一年多前"赐"给宋的陕西、河南之地，当然，最好是把赵构政权灭了，以除永久之患。站在南宋的立场上，这是"背盟"；站在金人的立场上，这是废除"不平等条约"，是收回被"内奸"出卖了的"国家利益"。

金兵顺利地夺取了南京应天府（商丘）、东京开封府（开封）、西京河南府（洛阳）及永兴军京兆府（西安），但是，当他们继续向南、向西进军时，开始有些傻眼了。他们发现，和他们对抗的宋军主力，竟然不是原来那个样子的宋军。而因为金人"背盟"激发出来斗志的韩家军、岳家军，以及其他的南宋军队，在奉命迎击金兵的时候，竟然同时发现，他们所面对的金兵也并不是原来那个样子的金兵。这就有点奇怪了。

绍兴十年五月十三日，南宋东京留守孟庾献城而降，完颜宗弼兵不血刃进了开封。但是，当完颜宗弼的前锋进攻顺昌也就是现在安徽阜阳的时候，遭到挫败。在顺昌挫败金兵的，是东京副留守刘锜；刘锜率领的宋军骨干，是曾经活动在太行山一带的"八字军"。

诸位说，中学历史书上就说了"八字军"，那是王彦的"抗金义军"，怎么成了刘锜的部队？不错，"八字军"为王彦所创，但此时却由刘锜统领。

刘锜是"中兴四将"中张俊的同乡，秦州成纪（今甘肃天水）人，出身将门，从小在军队中磨砺。有个少年刘锜的故事，说刘锜的父亲、西宁都护刘仲武的中军帐外备有盛水的木桶，刘锜当众表演箭术。弓弦响处，箭如流星，牢牢插在木桶之上。这当然不算什么大本事，我一箭射去，或许也可命中木桶。关键是当侍卫拔箭之后，木桶的水从箭孔中涌出，刘锜再发一箭，不但从原孔射入，而且把正在涌出的水也堵住了。这就神奇了。我们左手扶桶、右手插箭，也未必一下就能插进去，更未必就能堵住水。所以，"人服其精"。阿骨打、岳飞、李成都可开三石弓，以神力著称，刘锜则是以精湛著称。从军之后，刘锜主要活动在与西夏对抗的战场上，打出了威风。传说西夏小孩夜啼，一说"小刘都护"来了，马上就不哭了，犹如当年河北小孩夜啼，一说于越（耶律休哥）来了就不哭了一样。

"靖康之变"后，刘锜奉命到临安面见高宗赵构，赵构一见"奇之"。枢密使张浚督军陕西，也是一见"奇之"。奇什么？一是奇其貌，二是奇其艺，三是奇其识。《宋史》说刘锜"美仪状，善射，声如洪钟"，一个美男子，却是声如洪钟，还擅长骑射，谈吐不凡。

那么，王彦的"八字军"又是怎么归了刘锜呢？当年岳飞投奔张所之后，奉命渡过黄河，出击金兵。岳飞是"统制"，率领岳飞及其他"统制"的，是"都统制"王彦。宋军渡过黄河之后，夺取了卫州即今河南新乡，但不久陷入金兵的重重包围之中。岳飞年轻气盛，就作战方略与同样有个性的主将王彦发生了分歧。突围之后，岳飞脱离王彦的部队，重新投奔东京留守宗泽，王彦则率部继续北上，招募义勇，转战在太行山一带，开辟"敌后"战场。在极为艰苦的环境之下，王彦及所部将士在脸上刻上"赤心报国，誓杀金贼"八个字，与金人势不两立，被称为"八字军"，和曾经参与"海上之盟"的马扩率领的抗金武装相互策应，对金兵造成了有力的牵制。但是，由于赵构小朝廷不断南迁，主张抗金的李纲、宗泽、张所罢的罢，死的死，王彦、马扩失去后方的支持，只得率军撤向江南。

我们曾经说过宋朝的"家法"，将领能不能打并不十分重要，重要的是要听话。王彦有个性，又长期在"敌后"抗金，受不了这个"家法"，不是很听话，所以南宋朝廷找了个借口，夺了他的兵权。什么借口？说王彦"八字军"的一些士兵和另外一支军队的士兵斗殴。在当时的形势下，这不是随时随处都在发生吗？所以说，如果刻意找茬，那是分分钟的事情。王彦被夺了兵权，但他的"八字军"却十分幸运，归了刘锜管辖，驻扎在京口即镇江，如同当年的"北府兵"，肩负起捍卫建康和临安的责任。

绍兴十年（1140年）五月，早已被任命为东京副留守的刘锜奉命北上，前往东京开封镇守。刘锜所部有三万七千"八字军"、三千殿前司禁军，共四万人。这次率领北上的，是两万"八字军"。当然，这个时候的"八字军"并非都经过太行山抗金的洗礼，脸上刺着八个字，而是以王彦那支从太行山撤退下来的"八字军"为骨干，增加了新鲜血液但保留着那份传统的新"八字军"。

细心的朋友会问，既然绍兴九年东京归还时刘锜即为副留守，为何那时刘锜的"八字军"没去东京？这个问题提得很好，因为赵构不敢。如果接管东京之时刘锜带着"八字军"进驻，同时又派其他军队进驻南京、西京，金人抗议怎么办？金人借此撕毁和议怎么办？事实上，当南宋还只是象征性派出少量军队、构筑少许营寨时，金使张通古就提出抗议，吓得赵构赶忙撤回已经派出的军队，包括原本驻扎在楚州即淮安的韩世忠军队。只是在知道金人毁了和议并举兵南下、不得不打时，刘锜这位东京副留守才被派去镇守东京，但为时已晚。

二、攻防绝配

绍兴十年（1140年）五月十七日，刘锜兼程两千里，从临安经镇江，率部来到顺昌。这里是通向东京开封的必经之路。顺昌知府陈规听说刘锜到了，连忙出城迎接。刚把刘锜迎进知府衙门，尚未坐定，就有消息传来，说金兵四天前已经夺了东京，前锋直抵距离顺昌三百里的陈州（今河南周口市淮阳）。怎么办？陈规主张就地抗击，刘锜说，正合我意，我有精兵二万，只是担心粮饷不继："城中有粮，则能与君共守。"（《宋史·刘锜传》）陈规胸有成竹，说城中储粮数万斛，够吗？刘锜闻言大喜，兵精粮足，可以一战。这恐怕也是天意，刘锜、陈规同守顺昌，一矛一盾，竟然成了绝配。

陈规是密州安丘即今山东安丘市人，曾在德安府即今湖北安陆率领军民多次抗击乱兵及伪齐的进攻，积累了丰富的守城经验，而且特别擅长利用火器。陈规还是一位有心人，将守城心得用文字记载下来，加以解说，名为《德安守城录》，后由南宋朝廷刊刻颁行，作为宋军守城的教科书。当然，作为教科书也有问题：你可以按这个教科书守城，敌人也可以借这个教科书研究破城之法。绍兴九年，金人归还河南地，善于守城的陈规以龙图阁直学士的身份出任顺昌知府。到顺昌后，陈规招抚流亡，积蓄粮食，率领军民修缮城墙，又以保、伍组织城乡居民，防备金人南下。

这边刘锜、陈规刚刚部署好城防，那边金兵的前锋已经到了顺昌城下，想走马夺城，结果被宋军的强弓硬弩压住。金兵主将号称"龙虎大王"，见状有些诧异，因为在他的印象中，宋军从来都是望风而降、望风而逃的啊！于是下令后撤，准备先稳住阵脚，再行攻城。没想到刚刚后撤，宋军竟然出城追杀，金兵措手不及，死伤及堕入颍水的不计其数。初战受挫，"龙虎大王"心中不快，命将士早些歇息，打算第二天全力破城。金兵远道疲惫，刚刚入睡，就被四面八方的喊杀声惊醒，原来是宋军袭营了。虽然金兵也有防备，却被整夜惊扰，不得休息，并被杀伤不少。

初战告捷，刘锜、陈规大犒将士。但是，多年来被金兵压着打，宋军的"恐金症"还是存在，所以有将领建议，趁着金兵被打晕了头，不如放弃顺昌，全师而归。陈规闻言色变，说此言差矣："朝廷养兵十五年，正欲为缓急用，况屡挫其锋，军声稍振。规已分一死，进亦死，退亦死，不如进为忠也。"（《宋史·陈规传》）陈规说养兵十五年，是从"靖康之变"后赵构称帝算起，将近十五个年头。陈规说，朝廷养兵，正为今日，只有乘胜而进的道理，哪有乘胜而退的理由？作为顺昌知府，我已做好死的准备，战是死，退也是死，不如战死，还落得个"忠"字。

自己手下的将领，竟然有人提出撤兵，刘锜发怒了："府公文人，犹誓死守，况汝曹耶！"知府是文官，尚且不怕死，你们身为武将，竟然有脸说乘胜而退！说罢，刘锜下令将船只凿沉，以断退路，又命人在自己家属的住所周围堆积柴薪，表示与顺昌共存亡的决心："脱有不利，即焚吾家，毋辱敌手也。"（《宋史·刘锜传》）

不得不说，"八字军"就是"八字军"，在刘锜、陈规的激励之下，重新振作精神，男子备战守，女子磨刀剑，万众一心："平时人欺我八字军，今日当为国家破贼立功。"这句话有些蹊跷。原来，自从太行山撤退之后，不但是王彦被夺了兵权，"八字军"也受到排挤，遭遇冷眼。如今，这批血性汉子决心在与金兵的决战中重振昔日雄风，重塑"八字军"的形象。还别说，此时刘锜的"八字军"还真有点像当年刘牢之的"北府兵"。

这时，陆续来到顺昌城外的，不仅有完颜宗弼派出的"龙虎大王"的军队，还有占领了南京应天府的葛王完颜褒的军队（这位葛王完颜褒非同小可，就是后来的金世宗完颜雍），以及契丹籍汉人韩常的军队，浩浩荡荡数万人，竟然在顺昌城外屡战屡败。完颜宗弼奇怪了，亲自率军从开封来到顺昌，厉声斥责众将。众将不服气，振振有词地辩解："南朝用兵，非昔之比。元帅临城自见。"（《宋史·刘锜传》）南兵不是以往的南兵了，元帅不信，可以自己试试啊！

正议论间，刘锜派人送来了约战书。完颜宗弼更加恼怒："刘锜何敢与我战？以吾力破尔城，直用靴尖趯倒耳。"（《宋史·刘锜传》）刘锜有何本事、有何资格，敢和我约战？这个破顺昌，信不信我直接用靴子将其踢倒。来人显然有准备，说刘锜将军不但敢和您约战，还要在颍河上架起五座浮桥，助您渡河决战，就看您敢不敢渡河。完颜宗弼自从军以来还没有被人如此轻蔑过，气得连连说好好好！

三、重创宗弼

第二天，绍兴十年六月初九日。这天一早，完颜宗弼率军来到颍河北岸，果然发现有五座浮桥架在河上。农历六月的天气闷热难受，金兵渡河之后，乘着早上尚且凉爽，发动进攻。城内宋军只是凭城坚守，并不出战。等到近午，金兵疲惫，宋军发起反攻，先出西门，当金兵组织拦截时，又有军队出南门。刘锜严令出战的"八字军"人人手持利斧，不得高声呐喊，只可专心致志，上砍人头、下剁马腿。金兵无备，死伤惨重，等到组织反击，宋军却退了。连续吃了两天亏，完颜宗弼清醒了，难怪将士说今日宋军不是昨日宋军。第三天，真正的决战开始了。《宋史·刘锜传》根据前人记载，做了比较详细的描述，我们稍加梳理：

一、金兵的阵营有四类军队：女真兵、契丹兵、燕云十六州及辽东汉兵，还有在河北占领地签发的汉兵。其中，完颜宗弼亲自率领的女真"铁浮图"和"拐子马"为主力，从河北等地强行征发的汉人"签军"为附庸。宋朝的叛将孔彦舟、郦琼等人也随军来到顺昌，他们率领的主要是汉人"签军"。

二、有人向刘锜建议，完颜宗弼的女真兵难以撼动，孔彦舟等率领的汉人"签军"无关大局，应该攻击韩常的女真、契丹、汉人混合军。这个建议有一定道理，但刘锜认为，要打就直接打完颜宗弼的女真兵，打他的"铁浮图""拐子马"。女真兵一败，金兵就败了。

三、完颜宗弼的"铁浮图"是重甲步兵，头戴兜鍪，身披重铠，三人为伍，用牛皮带相连，身前配一拒马，人进一步，拒进一步，犹如过河卒子，有进无退，用以攻阵、攻城，无坚不摧；"拐子马"则是铁甲骑兵，分为左右两翼，每当战场交织、相持不下，"拐子马"从两侧发起攻击，战无不胜，故号"常胜军"。

四、面对这样的军队，刘锜的"八字军"充分显示出勇往直前的成色。怎么打？和韩世忠的"背嵬军"一样，上以盾牌护其身，下以长斧砍其马、断其臂，完全意义上的血战、死战，近乎无赖之战。这场战斗拼的是体力，是技巧，更是耐力和意志力。战斗从早上持续到下午，"八字军"从将领到士兵，前仆后继，伤者不退，死而后已。

五、完颜宗弼从军以来，从来没有见过如此凶悍的军队，有进无退的"铁浮图"退了，战无不胜的"拐子马"败了。正如刘锜所料，女真兵一败，各路金兵也纷纷撤出战斗。宋军乘胜追击，"杀其众五千，横尸盈野"（《建炎以来系年要录》）。

顺昌之战，从绍兴十年五月二十九日金兵围攻开始到六月十二日完颜宗弼退军为止，前后历时十四天，刘锜、陈规以两万"八字军"及少量的城防军对抗数倍于己的金兵，不但力保顺昌不失，而且重创金兵，取得了自"靖康之难"以来宋军抗击金兵的最为重大的胜利。完颜宗弼引以为豪的"铁浮图""拐子马"折损惨重，只得退回开封。此时的刘锜，军队没有张俊、韩世忠、岳飞多，职位名望更低，就凭顺昌一战，足以和张、韩、岳比肩。

当然，如果只是刘锜的顺昌大捷，那可以说是带有偶然性，因为刘锜的那支"八字军"把十多年来强压在心头的屈辱转化成了力量，全部洒在了完颜宗弼的"铁浮图""拐子马"身上。但是，与"顺昌大捷"同时，宋军在各个战场都取得抗金的胜利。关于这方面的情况，《金史》的"熙宗本纪"讳莫如深，《宋史》的"高宗本纪"则连篇累牍。我们以清朝官修并且经乾隆皇帝"御批"的《御批历代通鉴辑览》，来看看那段时间的战状：

六月，吴璘败金人于扶风，复其城，金兵退守凤翔；刘锜大败金人于顺昌，完颜宗弼败走开封；岳飞遣将败金人于京西。闰六月，金人攻泾州，为经略田晟所败；岳飞收复河南各州郡；韩世忠遣兵收复海州；张俊命王德收复宿州，金人弃亳州而遁。七月，岳飞在郾城败完颜宗弼，乘胜追至开封西南的朱仙镇，大破之。

短短的三个月，几乎是每战必胜。有朋友会问，怎么会是这样呢？这就是我们刚刚说到的，十年不见，宋军已经不是过去的宋军，金兵也已经不是过去的金兵，今昔异势。这个变化，在金人"背盟"之前，韩常已有感觉。

韩常是燕云十六州首府幽州即今北京的汉人，其父为辽国统军。阿骨打灭辽时，韩常随父降金，做了千户，后随完颜宗弼下江南、出陕西，皆为前锋。金兵攻陕西时，完颜宗弼身陷重围，韩常拼死冲杀，被流矢射中一目。中箭后的韩常奋力将箭拔出，血流不止，就地抓起一把泥土，堵住伤口，然后翻身上马，高呼搏战，护着完颜宗弼冲出重围。从此以后，韩常更为宗弼所器重，擢为万户长。熙宗天眷二年，完颜宗干、宗弼以谋反罪诛杀完颜挞，策划出兵夺回河南、陕西地。韩常当时镇守浚州（河南今县），与属官分析南北战事。有位判官发表看法：一旦战事重启，宋非金敌。韩常摇了摇头："不然，今昔事异。昔我强彼弱，今我怯彼勇。所幸南人未知北间事尔。"（《中兴小纪》）

四、今昔异势

绍兴十年和建炎四年，相隔十年时间，为何会今昔事异、今昔异势？得从两个方面看。

先看女真。当年女真在阿骨打的率领下，既是出于对契丹的反抗和报复，更是出于对土地、财产、人口的占有，将带有原始性的彪悍构建成强大的战争机器，一路向西、南碾压，灭辽、灭宋，出陕西，下江南，所向披靡。但是，随着进入燕云十六州，特别是进入中原地区，土地有了，财产有了，奴仆也有了，从各级将领到普通战士，拼死的勇气开始消退了。占有土地、财富、人口的目的是什么？不就是享受吗？这是其一。其二，女真的人口毕竟太少了，宋的面积毕竟太大了，随着战线的拉长，兵力不足，给养困难，自然环境难以适应。所以，当完颜宗弼下江南时，不仅是韩世忠，宋朝的所有"有识之士"包括高宗赵构，都料定金兵在江南无法滞留。赵构往浙江逃、往海上逃，既是逃命，也是故意把战线拖长。其三，由于占领地的剧烈扩张，女真的"猛安""谋克"组织难以控制，更无法填补。所以一面集中力量消化黄河以北的地区、扶植伪齐管理黄淮地区，一面又大量签发河北汉人为军。完颜宗弼下江南时，张俊、韩世忠所面对的"金兵"已经有不少汉人及契丹人的"签军"，整体战斗力大打折扣。

再看南宋。随着南宋"小朝廷"在江南立足，成了新的政治中心，也成了汉人的寄托。要活命、要不受金人的奴役，就得捍卫这个政权。所以无论是主和还是主战，在一定程度上都是希望维护这个政权的。这是其一。其二，张俊、韩世忠、刘光世以及其他的将领，特别是岳飞，在江南平叛、江北平乱，在与伪齐的战争中迅速壮大自己的力量。他们的军队不是朝廷"养"的军队，而是自己招募、自己改编、自给自足的军队，所以有韩家军、岳家军之说，"八字军"也是如此。军队的主要成分不是游民、饥民，而是义勇，乃至乱民、叛军，他们效忠主将，虽然不符合赵宋的"家法"，却能打仗。其三，虽然赵构时时在控制、收夺这些军队，但在当时的形势下，又不得不给将领一定的自主权。顺昌之战期间，不但有将领主张乘胜而退，秦桧也代表朝廷传达了这种意图，但刘锜、陈规仍然坚守顺昌。

但是，虽然"今昔异势"，虽然前方将士在浴血奋战、节节胜利，后方的赵构、秦桧却在一心一意地筹划和议。他们是把战争、抗击作为砝码和手段，议和才是目的，这就叫作"以战促和"。所以，当刘锜、韩世忠、吴璘、王德等人准备乘胜"恢复中原"时，连同张俊、杨沂中等，都被指令退回原来的驻防地，加官晋级，以行安抚。岳飞在京西、郾城、朱仙镇等地连连告捷之后，联络河溯义士，激励将士："直捣黄龙府，与诸君痛饮！"但诸军皆退，岳家军成了孤军，朝廷更是一天十二面金字令牌勒令退兵。岳飞空有一腔热血，无处挥洒，只得愤而长叹："十年之力，废于一旦！"（《宋史·岳飞传》）

接下来的事情，中国人都知道，举其要者：

一、岳飞及韩世忠、刘锜等人的所有战果丧失殆尽，曾经由伪齐控制、后来由金人"赐"宋的黄淮之间，包括刘锜重创金兵的顺昌、岳飞重创金兵的郾城，尽归金人。

二、岳飞召回之后，被诬陷下狱。尽管说"公道在人心"，尽管背上"尽忠报国"四个刺字足以感天动地，岳飞仍然在绍兴十一年底即公元1142年初，被以"莫须有"的谋反罪名处死。

三、宋高宗绍兴十二年、金熙宗皇统二年即1142年春，也就是岳飞被处死后不久，宋、金达成"绍兴和议"，要点有三：

第一，宋向金称臣。金称"大金"，宋除去"大"字，只能称"宋"；"金"主是"皇帝"，"宋"主只能是"帝"。从皇统三年开始，每年正旦，宋和已经向金称臣的高丽、西夏一样，遣使上贺表。

第二，宋向金纳贡。宋每年向金贡绢二十五万匹、银二十五万两，共五十万匹两，也是"重熙增币"之后北宋给辽的数字。

第三，宋金划定边界。双方东以淮河、西以大散关为界，淮河以南的唐、邓二州即今河南南阳，划归金界。

一个新的"南北朝"在中国大地出现了。但这个"南北朝"和曾经的"南北朝"并不一样。曾经的南北朝，南方的宋、齐、梁、陈和北方的北魏、东西魏及北齐、北周，是实力的对峙，所以是平等的；此时的"南北朝"是通过双方协议形成的，北方的金是"宗主国"，南方的宋是"臣属国"。正如绍兴九年金熙宗诏告河南军民所说，宋的存在，是代表大金管理南方。

不管今天我们带着什么样的情感看待这段历史，这段历史毕竟已经过去。但有一个话题时时被人们提起。那就是岳飞之死，谁是罪魁祸首？元凶毫无疑问是赵构，然后才是帮凶秦桧及其他，他们是千古罪人。因为岳飞的被杀不仅是对岳飞本人的不公，是对浴血奋战的前线将士的打击，更是对民族精神的摧折。《宋史·岳飞传》收录了一条传言，说完颜宗弼先败于顺昌、再败于朱仙镇后，准备弃开封而去，有位书生将马头缰绳拉住："自古未有权臣在内，而大将能立功于外者。岳少保且不免，况欲成功乎？"这个传言来自于岳飞孙子岳珂的《金佗粹编》，很难判断它的真伪，但目的却十分明确，将秦桧称为"权臣"，让他为赵构背锅，承担所有事情的责任。但绍兴十一年正月，身为淮西宣抚使的张俊入见，赵构对张俊的一番告诫已经显示出了对岳飞的杀机：

> 上问曾读郭子仪传否？俊对以未晓。上论云："子仪方时多虞，虽总重兵处外，而心尊朝廷，或有诏至，即日就道，无纤介顾望，故身享厚福，子孙庆流无穷。今卿所营兵，乃朝廷兵也，若知尊朝廷如子仪，则非特身缬福，子孙昌盛亦如之。若恃兵权之重，而轻视朝廷，有命不即禀，非特子孙不缬福，身亦有不测之祸。卿宜戒之。"（《建炎以来系年要录》）

此番言论道出了高宗赵构的杀机：为将当学郭子仪，才能保住一生富贵、子孙昌盛，否则，不但子孙，自身也有不测之祸。

第二十六讲 | 新南北朝

一、目标立场

我们上一讲说，随着宋金"绍兴和议"的达成，新"南北朝"形成了。但是，赵构、秦桧们为何甘愿向金称臣并把前线将士搏命获得的成果拱手相让，甚至不惜自毁长城杀害岳飞？这就不得不说赵构的目标和立场了。

绍兴十年（1140年）发生的宋金之战，宋军在各个战场取得胜利，主要是因为宋、金双方的"今昔异势"，但是也与宋军将士受到一种愿望、一种情怀的激励和推动有关。这种愿望，这种情怀，就是恢复中原，杀回家乡。

当时的著名将领，以现在省、市行政区划，张俊、刘锜是甘肃天水人，吴玠、吴璘兄弟是甘肃平凉人，外号夜叉的王德是甘肃定西人；刘光世、韩世忠是陕西延安人，王彦、杨沂中分别是山西长治、忻州人，岳飞是河南安阳人。即使是先降刘豫、后附女真的李成、郦琼，也分别出自河北保定、邯郸。他们和其主要部属的家乡，或被金人所占，或被金人阻隔。所以，"恢复中原"就是"杀回家乡"，这既是他们的愿望和情怀，也是他们的目标和立场。

应该说开始的时候，赵构和他们的目标、立场还是有些相近的。建炎四年十一月，秦桧从金营南归，第一次面见赵构就提出自己的主张："如欲天下无事，须是南自南、北自北。"（《建炎以来系年要录》）。初闻秦桧"南自南、北自北"的六字方针，赵构有些感冒，你秦桧是南人（建康即南京），我是北人啊，我到哪里去？

有意思的是，鼓动南迁的黄潜善、汪伯彦，一为福建邵武人，一为徽州祁门人。这也是许多学者指出的一个现象，即在前方与金人搏命的多为"北人"，在后方推动赵构议和的多为"南人"。有点像当年的王安石变法，主张变法的王安石是江西人，主要助手和接班人蔡確、吕惠卿、章惇及蔡京兄弟是福建人。反对新法的，如司马光、韩琦等，多是北人。

当然也不是绝对，请斩秦桧、倡导北伐的胡铨，盼望王师"定中原"的陆游，都是"南人"，一是江西吉安人，一是浙江绍兴人。

随着在杭州站稳脚跟，赵构开始接受了秦桧的观点，南自南、北自北，不是很好吗？你要恢复中原，我要保住政权；你要杀回家乡，我要迎回老娘。立场和目标的不同，导致对形势认识的不同。前线将士看到的，是胜利的希望；后方赵构、秦桧看到的，是胜利的侥幸。所以，前线的胜利，成了赵构、秦桧与金人和谈的砝码；杀害岳飞，则是为和谈清除障碍。公开的理由，是父皇的尸体及母亲韦氏、大哥赵桓还在金人手中，要尽孝心，就得和金人议和。但赵构内心更有不能公开的心结，不可告人的算盘。什么心结，什么算盘？虽然口口声声要迎回大哥赵桓和母亲韦氏，但忌讳的恰恰是这个大哥、曾经的"大宋"皇帝赵桓，这是金人手上的一大利器。如果和金人对抗到底，金人一怒之下将其遣返，该怎么办？

绝不要以为赵构是昏庸无能之辈，绝不要以为赵构是黄潜善、秦桧等人手上的玩偶。当年从南京应天府南撤乃至远航，此时向金求和，大主意都是由赵构本人拿的。他的目标有二：第一，保住南宋政权，这是前提；第二，保全自己的皇位，这是根本。只要这两个目标达到了，黄淮之间土地的丧失、对金的称臣及纳贡，都是次要的。在这两个目标下，黄潜善、秦桧们只是赵构的同道加助手。没有他们，赵构还有其他人。《宋史纪事本末》有这样一个记载：

> 后将南旋，渊圣卧车前，泣曰："归语九哥与丞相，我得太乙宫使足矣。他不敢望也。"后许之，且与誓而别。及归，帝至临平奉迎，见后，喜极而泣。后至临安，入居慈宁宫，始知朝议，遂不敢述渊圣车前之语。

这里的"后"，指的是赵构的母亲韦氏，"渊圣"则是曾经的皇帝赵桓。做了十多年"臣虏"的赵桓，早已尊严丧尽，剩下的只是苟且偷生。在韦氏告辞南归的时候，赵桓卧在韦氏车前哀求，你不答应，我就不起来。"他不敢望"四个字，甚有深意。什么深意？只要能够回归，有口饭吃就感恩戴德，绝不会和老九争夺皇位。但话是这样说，真的回来，就是威胁。第一，环境变了，需求可能也会变；第二，今日"不敢望"，他日有人策划你望，甚至黄袍加身逼着你做，望还是不望，做还是不做？不仅赵构不让赵桓回，秦桧主持的"朝议"也不让其回。

"九哥"和"丞相"一条心，赵桓只能死在异国他乡。韦氏窥测到儿子的内心世界，连这个话茬儿都不敢提。不过话说回来，这样做虽然不人道，但从政权的稳定来说，却不得不这样做。那么，凭什么让金人不遣返赵桓，那就是赵构必须称臣，必须让地、纳贡来取得金人的谅解。

我想，只有从这个角度，才可能揭开赵构、秦桧决策的真实原因。

但是，以淮河为宋金之东界，又并非完全出自赵构、秦桧乃至完颜宗弼的主观设计，至少还有两个客观因素在起作用。

第一是近因。黄淮之间，曾是金人托付给伪齐代管的地盘，作为与宋的缓冲地带。伪齐废了，从金的立场说，那是应该"收回"的，只是因为完颜昌、完颜宗磐等人为了自身私利，才"擅自"给了宋。

第二是远因。回顾历史，东晋十六国及南北朝，还有五代十国，南北之间的东段，多数时间是以淮河为界；唐朝"安史之乱"，淮河以北乱，淮河以南是唐朝的"生命线"。所以，作为地域的自然分界线，淮河比黄河、长江更为合理。有个著名的典故，"橘生淮南则为橘，生于淮北则为枳"，可见，将淮河视为黄河、长江两大流域的自然分界线由来已久，它是由自然环境决定的。

二、大势所趋

"绍兴和议"之后，宋、金"南北朝"有大约八十年相安无事。当然，无论是金还是宋，都有人不满意这个局面。金人之中，有希望继续南下、灭南宋而一统天下的；宋人之中，有希望恢复中原、夺回燕云十六州的。所以，在公元 1161 年，发生了金主完颜亮的南征，被称为"海陵南伐"。公元 1163、1206 年，先后发生了南宋张浚、韩侂胄的北伐。前者在孝宗隆兴年间，称"隆兴北伐"；后者在宁宗开禧年间，称"开禧北伐"。有意思的是，无论是金还是宋，谁先动手谁输。完颜亮南伐，败了；不但败了，自己也被属下杀了，宋军夺了海州、唐州等十多个州。张浚北伐，败了，夺来的十多个州还给了金。韩侂胄北伐，败了；宋朝还把他的头砍下来送给金人道歉，并一次性输银三百万两，作为战争赔偿费。

在宋金对峙、新"南北朝"形成的过程中，大量的女真人、契丹人及奚人、室韦人等，以"猛安""谋克"为单位，移居到中原。进入汉地的女真及其他少数民族，和此前在燕云十六州的契丹，和以前进入中原的匈奴、鲜卑、突厥等民族一样，不可避免地在汉化、中原化。

第一，居住习惯的变化。过去没有城郭，阿骨打向千军万马发号施令的地方叫"皇帝寨"，后来依照辽的宫殿，建起了"上京会宁府"，再后来干脆把都城搬到辽时的南京、今日的北京。于是有了中都大兴府、北京大定府、南京开封府、东京辽阳府、西京大同府"五京"以及其他城市。当可以在物质条件丰富的城市居住时，谁会愿意继续窝在荒凉贫困的边陲？

第二，交流方式的变化。过去用语言和手势交流，后来不但学习了契丹文、汉文，还创建了女真字，女真人破天荒地有了自己的文字。除非顽固不化，谁能抗拒文字的诱惑？

第三，生活风尚的变化。过去以勇武为荣，一旦住进了城市、掌握了文字，勇武固然还是重要，但如果不会吟诗作文，又怎能显示出身份的高贵？

第四，身份符号的变化。过去只有女真名字，如同汉人的阿龙、阿虎、阿猫、阿牛，老三、老四、老八、老九，现在和契丹人、汉人交流，别人有姓有名还有字号，你没有就显得粗俗了。于是和契丹一样，从皇族到贵族乃至平民，都得有个汉名。太祖阿骨打的汉名叫"旻"，完颜旻；太宗吴乞买的汉名叫"晟"，完颜晟；拟定的接班人、老五斜也的汉名叫"杲"，完颜杲。到了下一辈，我们一直在说的完颜宗翰、宗宪，完颜宗干、宗望、宗辅、宗弼等，都是汉名。这些名字还不是乱来的，阿骨打这一辈的名字从"日"，下一辈则以"宗"排序，可见身边是有契丹人或汉人指点的。

第五，朝廷制度的变化。君主集权、中央集权，庙堂礼乐、官名爵号，皇帝在生时的尊号及死后的谥号、庙号，祖宗的祭祀，宗庙的建制，都在仿汉制。

这个过程，几乎就是当年契丹在燕云十六州时的翻版，当然也充满矛盾。

太祖完颜旻、太宗完颜晟，乃至熙宗完颜亶，一面时时警惕"变"、告诫"变",一面却是身不由己地推动"变"、示范"变"。完颜旻时代创建了女真文字，完颜晟时代开启了"大金"科举，完颜亶则在老师、契丹籍汉人韩昉的教导下，不断推行汉法。

杀害完颜亶自立为帝的完颜亮即"海陵帝"，是一位对汉文化极为热衷的文学天才，不但把都城迁到中都，而且把祖宗的根基、上京会宁府的宫殿全部摧毁。1161年的"南伐"，看上去是要灭了代表汉文化的南宋，内心却是渴望自己成为汉文化的象征。当然，天才做皇帝未必是民众的福祉。因为其想法太多，太不把芸芸众生当回事，认为民众注定就是要做天才皇帝丰功伟绩的垫脚石，所以不但发动战争，自己也死于战争。

取代完颜亮为帝的金世宗完颜雍，是阿骨打的孙子、完颜宗辅的儿子，对于女真的汉化表示担忧："自海陵迁都永安，女直人浸忘旧风。朕时尝见女直风俗，迄今不忘。今之燕饮音乐，皆习汉风。"(《金史·世宗本纪》)但是，就是这位世宗完颜雍，一面下诏恢复旧习，一面却是大行汉法汉制，在位二十九年，竟然博得"小尧舜"的称号。

当然，这些变化只是"上层建筑"层面的，推动"上层建筑"变化的，是"经济基础"。当契丹、女真生活在大兴安岭及西辽河一带，居住在白山黑水之间的时候，他们是以狩猎、游牧为生；但到了燕云十六州，到了中原大地的时候，生活、生产方式都在改变，民族习性也自然随之改变，这就叫环境改变人。

所以说，历史的发展是带有规律性的，民族习性的变化也是带有规律性的。女真由"旧风"变"汉风"，乃是大势所趋。当由"野蛮"步入"文明"，由此而发生的种种转变谁能阻挡得了？

三、上下互动

有意思的是，在完颜家族中，打天下、坐天下的，主要是太祖完颜旻即阿骨打这一支，而推进文化、推进汉化，贡献更多的是阿骨打伯父劾者、叔父盈歌这两支的代表人物。

阿骨打伯父劾者有两个著名的孙子，一个叫宗翰，一个叫宗宪。

完颜宗翰，也就是人们所说的"粘罕"，当年曾经力劝阿骨打称帝，有"拥立"之功；在灭辽、灭宋的战争中，更是战功显赫，而且和族弟完颜宗望联手制造了"靖康之难"。"靖康之难"后，宗望掳徽宗而去，宗翰在掳去钦宗及皇后、太子的同时，更把宋朝太庙中的礼器、乐器及礼乐生一并掳去。这个行为非同小可，奠定了"大金"礼乐制度的基础。能征惯战的宗翰还特别热衷于女真历史，当然是"口述史"："女直既未有文字，亦未尝有记录，故祖宗事皆不载。宗翰好访问女直老人，多得祖宗遗事。"（《金史·完颜勖传》）

相比于哥哥宗翰在前方征战，弟弟宗宪十六岁就入选女真国学，兼通契丹文和汉文。二十岁随军到开封，别人掠取宋室的财物，宗宪"载图书以归"。随着越来越多地接受汉文化，完颜宗宪力劝太宗、熙宗，既然契丹之法取自汉法，那就应该直奔其源，弃辽法而行汉法："方今奄有辽、宋，当远引前古，因时制宜，成一代之法，何乃近取辽人制度哉？"（《金史·完颜宗宪传》）

也就在"靖康之难"的时候，盈歌的儿子、人称"小秀才"的完颜勖奉命到开封犒赏军队。从辈分说，完颜勖是金兵统帅宗翰的堂叔；从年龄说，他却比宗翰小了近二十岁。宗翰告诉堂叔完颜勖，皇上让你来犒军，就是让你来发财的。宋都开封是天堂，子女玉帛，要什么拿什么哈！完颜勖笑道，平生只是喜欢书。他和宗宪一样，带了几车书走，其他一概不取。

完颜勖和完颜皇室的一位"疏族"完颜希尹关系密切。完颜希尹奉太祖之命，创立了女真文字；完颜勖则奉太宗之命纂修女真"国史"，《祖宗实录》三卷、《太祖实录》二十卷及《女直郡望姓氏谱》，皆出自其手。

　　有意思的是，完颜希尹、完颜勖、完颜宗宪三位对女真文化、对推进女真汉化做出重要贡献的人物，当年竟然都是反对"赐"河南地给宋的强力人物。完颜勖还和其兄完颜昌发生了激烈的争论。完颜宗弼夺回河南地之后，熙宗完颜亶特别宽慰宗宪：

　　　　向以河南、陕西地与宋人，卿以为不当与。今复取之，是犹用卿言也。卿识虑深远，自今以往，其尽言无隐。（《金史·完颜宗宪传》）

　　女真的汉化充满矛盾，作为金统治下的"本土"汉人，同样充满矛盾。第一，无论从哪个角度，北方汉人都难以接受一个比契丹更落后的民族的征服。但是，第二，当遭受到强大军事力量碾压的时候，只有三个选择——抵抗、逃亡、接受。

　　女真的南下，毫无疑问是一个充满血腥的过程，这也是一切民族战争的常态。且不说金兵第一次、第二次南下时北方汉地遭受的荼毒，直到第三次南下，仍然是在烧杀掳掠，烧扬州，烧明州，烧临安，能够掠走的财富掠走，带不走的付之一炬。而且，在占领区严令剃发易服，摧毁汉人的民族自信。

　　北方汉人确实进行过抵抗，并且准备在宋军北伐中原时响应。但是，第一轮的抵抗随着北宋的灭亡而失败，京城破了，皇帝被俘虏了，希望破灭了。第二轮的抵抗随着赵构"小朝廷"的不断南逃而失败，连有官军背景的王彦、马扩及"八字军"等抗金军队都撤了，希望又破灭了。第三轮的抵抗随着岳飞、韩世忠等人军队被召回、岳飞惨遭杀害而失败，希望再次破灭了。

　　哀莫大于心死，北方汉人对宋室已经彻底没有了指望。他们中的许多人和当年的两晋之际一样，也向南逃亡。逃亡的人群中包括伟大的词人辛弃疾、李清照。但是，没有逃亡、留在家乡的毕竟是多数，怎么办？只有和当年的"南北朝"一样，接受新的统治者。

绍兴二年（1132年）十月，一位名叫刘嵘的九品官向赵构上万言书，有这样一段话：

> 今河东、河北之民，知朝廷不复顾念，已甘为金人。山东、京西、淮甸之民，犹冀陛下，未忍遽弃。若更迟延岁月，无以拯之，则怨恨陛下为敌国者，所至皆然。（《三朝北盟汇编》）

这是绍兴二年的状况。到绍兴十二年"绍兴和议"后，新"南北朝"形成，北方发生了三大变化：第一，女真政策在变化。以汉法治汉地：招抚流民、劝课农耕，减轻赋税、赈济灾民，倡导儒学、兴建学校，开科取士、任命汉官。"剃发易服"的政策也在松动。第二，北方汉民在变化。南宋放弃了淮河以北，山东、京西、淮北之民和河东、河北之民一样，也"甘为金人"，日久成习，甚至视"左衽髡发"为荣。大量被强行迁徙到东北的汉民，更融入女真、契丹之中，迅速"女真化"。第三，女真在变化。进入汉地之后，受汉族风俗的影响，蓄发束冠，取汉名、用汉语，也成了女真人的时髦。

我们在"国史通鉴"系列中一再说到一个现象、一个观点，即民族融合从来就是双向乃至多向的，你在改造我，我也在改造你。经过长期的磨合、整合，北方汉人和移居的契丹人、女真人一道，成了南方汉人眼中的"金人"，成了后来蒙古人眼中的"汉人"；而淮河以南的汉人，则成了这些"金人""汉人"眼中的"南人"。

四、期盼无期

南北分裂成为定局，无数志士扼腕叹息。陆游有《示儿》诗，代表着无数人的期盼：

　　死去元知万事空，但悲不见九州同。王师北定中原日，家祭无忘告乃翁。

　　诗意颇似当年杜甫的《闻官军收河南河北》，但杜甫是喜极而泣，陆游却是盼望无期。所望的"王师北定中原日"，得等待两百年，明太祖朱元璋遣军北伐中原。辛弃疾则有《菩萨蛮·江西造口壁》：

　　郁孤台下清江水，中间多少行人泪。西北望长安，可怜无数山。青山遮不住，毕竟东流去。江晚正愁余，山深闻鹧鸪。

　　辛弃疾是我少时的偶像，山东历城即今济南人。那个时候的济南已经是"金土"。绍兴三十一年（1161年），金主完颜亮在北方汉地"签军"，大举南伐，辛弃疾在家乡聚众反抗，后来加入了耿京率领的反金义军，为"掌书记"。完颜亮被杀，金兵撤退，辛弃疾奉命南下，与宋军联络，在建康受到高宗赵构的接见。返回途中，噩耗传来，耿京为叛徒张安国所害，义军瓦解。辛弃疾闻言，怒火中烧，赶回海州（今江苏连云港），带上几位热血壮士，直奔金营。这个时候的张安国，正和金将把酒酣饮。辛弃疾等人直趋而入，就在大帐中抓获张安国，扬长而去。金兵金将根本没有想到有如此大胆之人，等到回过神来，驱兵追赶，辛弃疾一行早已远去。叛徒张安国被押送到南宋都城临安，斩首示众。《宋史·辛弃疾传》特别在记载这个事情之后加了一句话："弃疾时年二十三。"

　　如此壮举，辛弃疾不是第一次。辛弃疾投奔耿京，是一位法号"义端"的和尚引荐。但这位"义端"和尚却是行为不端，将宋朝赐给耿京的印信偷去。耿京闻报大怒，就要斩杀辛弃疾。这关辛弃疾何事？因为辛弃疾是义端引荐的，耿京自然认为其是同党。辛弃疾临危不惧，说您给我三天时间，定将义端人头献上。怎么献？义端偷印，当然是向金人邀赏，辛弃疾带人向金营追去，还真追上了。义端见有追兵，有些惊慌，但见来人是辛弃疾，放心了。说我给你看过相，是青兕神牛转世，力可杀人，但我们是兄弟，还望放条生路。辛弃疾一生最恨的就是叛徒，当即将义端斩首，连同印信一并呈给耿京。此时的辛弃疾，年仅二十二岁。

来到南宋之后，辛弃疾一天也没有忘记杀回中原，但新"南北朝"的大局已定，辛弃疾和岳飞一样，徒有满腔热血，无法挥洒，只能把精力投入南宋的稳定、民众的解救之中，成为南宋的一代名臣，并给我们留下了大量傲世千古的名作。

有意思的是，作为继苏轼之后"豪放词"的代表人物，辛弃疾对继程颐之后的理学集大成者、比自己大十岁的朱熹却十分敬重。朱熹死后，南宋当局斥其学说为"伪学"，禁止传播，门生故旧慑于禁令，竟然无人敢为朱熹送葬。辛弃疾不但去了，而且为文祭悼："所不朽者，垂万世名。孰谓公死，凛凛犹生！"（《宋史·辛弃疾传》）什么是不朽？不朽就是名垂万世。正如辛弃疾预言的那样，朱熹死了，朱学却传承不息。

虽然陆游、辛弃疾念念不忘恢复，更多的人则是安享歌舞升平。一位并不十分著名的诗人林升，留下了一首十分著名并流传至今的诗：

> 山外青山楼外楼，西湖歌舞几时休？暖风熏得游人醉，直把杭州作汴州。（《题临安邸》）

那么，这个新"南北朝"能够维系多久？

第二十七讲 | 大蒙古国

一、蒙古各部

我们上一讲说，"绍兴和议"之后，虽然宋有北伐、金有南伐，但仍然保持着新"南北朝"的格局，无论是金统治下的北方，还是宋统治下的南方，经济在发展，民众在适应。那么，这个新"南北朝"延续了多久？不是太短，但也不是太长。从"绍兴和议"到"海陵南伐"，其间有二十年；从"隆兴北伐"到"开禧北伐"，其间有四十年。由此可见，在民族政权对峙期间，和平、稳定是多么来之不易。

所以，有的时候确实很矛盾。从历史发展的进程来说，统一是大势，但每一次统一的过程，往往又是相当长时期的生灵涂炭、社会残破。有朋友说，你等条件成熟啊，条件不成熟你打什么？但是，什么时候才条件成熟？所有的北伐、南伐的发动者，一定是认为条件已经成熟，一定是认为机不可失、时不再来。伐还是不伐，征还是不征，他们也是要做评估、做"可行性报告"的，当然也一定会有人提"不可行报告"。而且，时机和条件固然重要，个人的作用也不可忽视。所以我们常常说到古人的一个观点，即在特定的条件下，一人可以亡邦，一人也可以兴邦。

一个多世纪前，俄国的一位马克思主义者普列汉诺夫写了一篇长文，翻译成中文，标题是《论个人在历史上的作用问题》。在这篇文章中，普列汉诺夫用英文的最后一个字母，大写的"Z"，表示革命的爆发；用英文的第一个字母，大写的"A"，表示革命爆发时的总形势，用小写的"a"表示领袖即个人的作用。革命成功与否，必须要有总形势的成熟，即大"A"，但是否爆发、爆发后是否能成功，很大程度上取决于个人这个小"a"。《论个人在历史上的作用问题》，论的就是这个小"a"。我们都知道历史不可假设，但我一直认为，学习历史、研究历史必须假设。我们不妨假设，如果没有阿骨打，会不会有后来辽与北宋的终结，会不会有金与宋的新"南北朝"？接下来的是，如果没有铁木真，是否有席卷欧亚大陆的"大蒙古国"？

就在韩侂胄发动"开禧北伐"的同一年，在"大金"的北方，一个民族、一个人类历史上前所未有的巨大"战争机器"宣告形成。这个民族、这台巨大的"战争机器"，就是"蒙古"；缔造这个民族、这台巨大"战争机器"的，是孛儿只斤·铁木真。

和曾经在中国北方形成的匈奴、鲜卑、柔然、突厥、回鹘等民族一样，蒙古民族也是北方大草原上许许多多游牧部落、游牧部族的民族共同体。我们曾经说到过的"室韦"，是蒙古族的主要源头；曾经说到的"奚"，也有相当多融入后来的蒙古族之中。在此后的兼并战争中，又有无数部落、部族，包括散布在各地的"突厥"，也都融入"蒙古"之中，共同构成了"蒙古族"。

"蒙古"在"正史"中的最早记载，是成书于五代后晋时期的《旧唐书》。虽然《旧唐书》记载的不是"蒙古"，而是"蒙兀"，那只是译文的不同而已：

> 大山之北有大室韦部落，其部落傍望建河居。其河源出突厥东北，界俱轮泊，屈曲东流，经西室韦界，又东经大室韦界，又

东经蒙兀室韦之北、落俎室韦之南。(《旧唐书·室韦传》)

这里所说的"大山",指的是我国东北的大兴安岭,"俱轮泊"指的是位于内蒙古东北,连接克鲁伦河、额尔古纳河的呼伦湖。至于"望建河",则是黑龙江南方源头额尔古纳河。大兴安岭、呼伦湖、额尔古纳河,在这山、湖、河一带,是"室韦"较早的活动区。除了上面所说的大室韦、西室韦、蒙兀室韦、落俎室韦之外,《旧唐书》还提到了岭西室韦、黄头室韦、大如者室韦、小如者室韦、婆莴室韦、骆驼室韦等。有学者认为,"骆驼室韦"就是"落俎室韦",这就应了唐时"九部"室韦之数。而室韦各部的内部,又有若干个部落。这些"室韦",都可被视为蒙古族的族源,但主源则是"蒙兀室韦"。

人们认为,这些后来成为蒙古族族源的"室韦",本是"东胡"鲜卑族的部落。鲜卑的慕容、拓跋等部向南、向西迁徙,后来进入中原,最终融合于汉人及其他民族之中。活动在潢水、老哈河一带的鲜卑,后来成为契丹,而居住在大兴安岭、呼伦湖、额尔古纳河一带的鲜卑,则成了室韦。

室韦中的一些首领,早在南北朝后期就在向中原的北齐进贡,或者说通好。到了隋唐时期,室韦各部和中原皇朝的联系更多了。我们在《大国气象:隋唐五代卷》曾经说到唐朝开元、天宝时期的十大节度使,位于最东边营州即今辽宁朝阳的"平卢节度使",就是用以防御东北的靺鞨和室韦的,这里也是安禄山起家并挖到"第一桶金"的地方。安禄山"叛军"中的骨干,许多就是契丹人、室韦人和奚人。由于契丹、室韦源自鲜卑,汉人对契丹又比对室韦更熟悉,所以称室韦为"契丹之别类"。

公元 9 世纪下半叶到公元 11 世纪,也就是从唐末五代到宋辽夏时期,室韦即蒙古各部陆续从大兴安岭一带向西边草原迁徙,来到了现在我国内蒙古东北呼伦湖到蒙古国首都乌兰巴托之间的地区,蒙兀室韦等部则到了"三河之源"的不儿罕山。所谓三河是哪三河？第一，斡难河，今黑龙江北源鄂嫩河——石纳喀河；第二，怯绿连河，今黑龙江南源额尔古纳河水系呼伦湖的支流克鲁伦河；第三，土兀剌河，注入贝加尔湖的色格楞河的支流土拉河，今称图拉河。"三河之源"的不儿罕山，就是西汉霍去病大破匈奴主力之后祭天的"狼居胥山"（有学者认为应该是"狼居穴山"）、今蒙古国首都乌兰巴托东边的肯特山。

二、成吉思汗

这些地区本是突厥民族的居住地，蒙古各部的到来，自然纳入了当地突厥语族的人口。此时突厥语族的文明程度应该是高于蒙古族的，所以来到这里的蒙古族，不但从突厥语族学会了游牧生活方式，还接受了他们的文化。如《蒙古秘史》说，蒙古人的父系先祖是一头苍狼，而母系先祖则是一头白鹿，这种传说便来自突厥。于是有了蒙古出自突厥的说法。《新元史》采用了这一说法："蒙古之先，出于突厥。本为忙豁仑，译音之变为蒙兀儿，又为蒙古。金人谓之鞑靼，又谓之达达儿。"（《新元史·序记》）由于服饰尚灰暗，所以蒙古本部被称为"黑达达"，后来归附蒙古的草原的其他民族，则被称为"白达达""野达达"。

来到"三河之源"及以三河、呼伦贝尔为中心的大草原，生活空间比过去的大兴安岭大得多，蒙古人的生活方式、生产方式由渔猎转为游牧，蒙古人的人口繁殖更快了，牛、羊、马、驼等草原"财富"的积累更多了，阶级分化也加速了。各部落之间乃至同一部落不同家族之间，为了财富、人口和生存空间的争夺更为激烈，战争连年不断。而战争的过程，就是蒙古各部统一的过程，以及对草原其他民族征服的过程。

在统一了蒙古各部、征服了草原各种对抗力量之后，蒙古各部首领举行了传统的"库里勒台"议事大会，拥戴铁木真为大汗，并且学习南边"大金"的样子，建号称帝，国为"蒙古国"，帝为"成吉思"。《元史》记载：

> 元年丙寅，帝大会诸王、群臣，建九斿白旗，即皇帝位于斡难河之源。诸王、群臣共上尊号曰"成吉思皇帝"。是岁，实金泰和之六年也。

成吉思汗称帝的农历丙寅年，是宋宁宗开禧二年、金章宗泰和六年，公元 1206 年。但是，无论是明初宋濂等人修的《元史》，还是柯劭忞修的《新元史》，都没有说事情发生在丙寅年的哪个月，更不用说哪一天了。这既说明那个时候的"蒙古国"还属"草创"时期，也说明古人修史态度的严谨。因为他们修《元史》或《新元史》，关于蒙古起源及成吉思汗称帝那一段历史的依据，主要是成书于公元 1240 年代即窝阔台时代的《蒙古秘史》。《蒙古秘史》只说此事发生在"虎儿年"。所以称"虎儿年"，是因为农历丙寅为虎年。以此类推，"卯"为"兔儿年"，"未"为"羊儿年"，子为"鼠儿年"。瑞典人多桑的《蒙古史》，说在 1206 年的春天，现在被许多元史著作和历史教材接受。但元明之际的史学家陶宗仪在《南村辍耕录》中说："太祖应天启运圣武皇帝讳铁木真，国语曰成吉思。宋开禧二年丙寅十二月即位于斡难河。"（《南村辍耕录卷一·列圣授受正统》）蒙古族学者札奇斯钦先生在译注《蒙古秘史》时说，蒙古地方，向以十二月十六日为成吉思可汗登基之日，与陶宗仪说的"十二月"相吻合。

如果是这样，成吉思汗称帝的"虎儿年"丙寅年的十二月十六日，公历就应该是 1207 年的 1 月 15 日了。铁木真即"皇帝"位的地方，则是"斡难河之源"的肯特山，故此山被视为蒙古人的圣山，不但是蒙古人的发源地，还是成吉思汗称帝及传说中的埋葬之地。

我们都知道铁木真就是在这个时候被尊为"成吉思汗"的，但《元史》为何说是"成吉思皇帝"？因为铁木真不是一般的"汗"。这里的"成吉思"（也有汉译为"青吉斯"），既是无比强大、众望所归的意思，也是大海、宇宙的意思，铁木真是无比强大、众望所归的汗，是主宰海内、海外的汗，是君临天下、统领宇宙的汗。这样，就不是以往的匈奴汗、突厥汗，以及此前蒙古部落的汗可比了，拙于表达的《蒙古秘史》说是"［共］上成吉思可汗以可汗之［尊］号"，汉文干脆称"皇帝"。只有这样，才符合"成吉思"的含义。西方学者没有这么讲究，更不受中国传统认识约束，他们的研究翻译过来为"成吉思汗"，简洁明了。这个称呼逐渐被中国学者、蒙古学者接受。约定俗成，我们也称其为成吉思汗。

这一事件，标志着"蒙古"民族的形成，"大蒙古国"的历史也由此开始。蒙古这台在统一草原各民族的战争中打造的"战争机器"，也开始内征外战，震撼世界的蒙古征服史由此拉开序幕。

三、战争机器

当时的中国大地，除了蒙古之外至少还存在五个政权及一个民族共同体：金、南宋、西夏、西辽、大理，以及吐蕃。我们看看成吉思汗打造的"大蒙古国"这台"战争机器"是如何运行的：

1207 年，南征西夏；1227 年，灭西夏。党项人的西夏，自 1038 年李元昊建国，历时 140 年。

1211 年，南下攻金；1215 年，攻占金中都；1234，攻破蔡州，灭金。女真人的金，自完颜阿骨打 1115 年建国，历时 120 年。

1218 年，攻灭西辽。契丹人的西辽，自耶律大石 1132 年称帝，历时 87 年。

1253 年，忽必烈取道吐蕃攻大理，吐蕃各部归属。

1253 年，忽必烈攻大理，1253—1254 年之交灭大理。白族的大理国，自段思平 937 年建国、段正淳 1096 年复国，存在 317 年。

1235 年，灭金之后开始攻宋；1276 年，兵临杭州，宋恭宗降元，南宋亡。汉人的南宋，自赵构 1127 年称帝，历时 150 年。到 1279 年崖山之役，南宋的残余势力基本肃清。

至此，大蒙古国——元朝一统中国。

与此同时，蒙古人的西征也开始了。在成吉思汗时代的 1219—1225 年、窝阔台时代的 1235—1242 年、蒙哥时代的 1252—1260 年，蒙古大军三次大规模西征，横扫中亚、西亚、东欧、中欧，今日的阿富汗、哈萨克斯坦、吉尔吉斯斯坦、土库曼斯坦、乌兹别克斯坦、塔吉克斯坦、伊朗、土耳其、伊拉克、叙利亚、印度、巴基斯坦，俄罗斯、格鲁吉亚、白俄罗斯、捷克、斯洛伐克、乌克兰、波兰、奥地利、匈牙利等国，均留下了蒙古铁骑的足迹，所征服地域总达三千多万平方公里。

蒙古的西征是世界战争史上的奇迹。人们一面谴责这场战争给人类造成的巨大灾难，一面又不得不赞叹成吉思汗及其子孙、部属们的军事天才，不得不赞叹当年蒙古人的战斗意志、战斗技能和战略战术。成吉思汗更是受到后世无数人，特别是军事家们的顶礼膜拜，他和他的子孙、部属的许多战例，至今被人津津乐道。

对蒙古西征感兴趣的朋友，我觉得可以读一读苏联作家瓦西里·扬的《蒙古人的入侵》三部曲：第一部《成吉思汗》、第二部《拔都汗》、第三部《走向最后的海洋》。有了兴趣，再读专门的著作和论文。需要说明的是，任何学者或作家，他们的作品都不可避免地带有自己的立场。瓦西里·扬的立场，无疑是曾经被蒙古铁骑蹂躏，后来又被拔都的钦察汗国（金帐汗国）统治了三百年的俄罗斯民族的立场。所以，他的《蒙古人的入侵》三部曲，一面展示了蒙古大军在成吉思汗及其孙子拔都的统领下，席卷亚欧大陆的波澜壮阔、荡气回肠的战争史；

一面在客观批评蒙古大军征服过程中血腥屠杀的同时，对成吉思汗等人的心态也进行了过度阴暗的解读，这也是"历史小说"而非"历史著作"的特点。

那么，关于蒙古的征服史和统治史，该读什么书？我觉得主要还是读中国的书，因为就文献的编撰与保存来说，在清朝中期之前，还没有哪个国家比中国的更丰富。已故美国学者费正清甚至认为，直至乾隆中期即 18 世纪 70 年代前后，全世界的书加在一起，也没有中国的多。但是，中国学者、作家的作品，同样存在一个立场问题，在对蒙古的征服史做比较客观的描述、评价的同时，自觉或不自觉地注入情感而掩饰战争的残酷。

人的生命是有限的，成吉思汗再了得，生老病死的规律还是摆脱不了。从 1127 年开始，蒙古"大汗"经历了几代人的更替：1127 年，蒙古大军攻灭西夏的前夕，成吉思汗去世，由四子拖雷监国；1129 年，经过蒙古人传统的"库里勒台"大会，成吉思汗指定的接班人、三子窝阔台继位为大汗，尊称"合罕"。1241 年，拔都率领的蒙古大军正在欧洲战场节节胜利、准备渡过多瑙河向西欧进军的时候，窝阔台去世了，皇后乃马真氏称制，其后由窝阔台的长子贵由继位，几年后去世。1251 年，经过又一次的"库里勒台"大会，拖雷的长子蒙哥做了蒙古大汗。1259 年，当拖雷之子、蒙哥之弟旭烈兀率领蒙古大军横扫西亚、准备向埃及进军的时候，蒙哥去世。第二年，蒙哥的弟弟，也就是拖雷的第四个儿子忽必烈做了大汗，不久建国号为"元"。

四、四大汗国

这个时候的"大蒙古国"，开始形成宗主国"元朝"和"四大汗国"并存的局面，面积三千多万平方公里，其幅员之辽阔空前绝后。而其雏形，则是在公元 1225 年奠定的。

有一个说法称，成吉思汗的西征，既是受以蒙古族为主体的草原民族占有更多土地、人口、财富的欲望的推动，也是在为儿子们开拓"领地"。按照蒙古的习俗，本土的地盘由幼子继承，其他的儿子需要离开父母，另辟地盘，排行越大，越要有担当，离开父母就越远。所以，公元 1225 年春，第一次西征结束返回和林行宫，成吉思汗给"嫡子"们划分领地：

> 以和林之地与拖雷，以叶密尔河边之地与窝阔台，以锡尔河东之地与察合台，以咸海西货勒自弥之地与术赤。（《新元史·太祖本纪》）

这一次领地划分，是按照由近及远、从幼到长的原则：

四子拖雷的领地是"和林"。这是指蒙古的居住地，主要是漠北即今蒙古国及我国内蒙古自治区的部分地区，都城和林，今蒙古国首都乌兰巴托西南的哈拉和林。

三子窝阔台的领地是"叶密尔河边之地"。"叶密尔河"又译为"也迷里河"，全长三百多公里，即发源于我国新疆北部额敏县境、注入哈萨克斯坦阿拉湖的额敏河。所谓"叶密尔河边之地"，指阿尔泰山以南、巴尔喀什湖以东，也就是现在我国新疆北疆及蒙古国与此接壤的部分地区。这里本是突厥乃蛮部的居地，还有部分受西辽管辖，后来成了"窝阔台汗国"，都城也迷里，遗址在新疆额敏县境内，当年耶律大石就在这里称帝，建立西辽。

二子察合台的领地是"锡尔河东之地"。锡尔河是从天山南脉吉尔吉斯斯坦境内发源、向西注入咸海的一条内陆河，长两千多公里，流经哈萨克斯坦、塔吉克斯坦和乌兹别克斯坦等国。所谓"锡尔河东"，其实是以东、以南，包括我国新疆的天山南北在内的本为西辽及花剌子模的部分地区，后来成了"察合台汗国"，都城阿力麻里，又叫"阿

346

里马"，突厥语为"苹果"，所以也叫"苹果城"。其遗址至今没有找到，但应该位于我国新疆伊犁自治州的霍县境内。几百年后，这一带是清代伊犁将军的驻地。

长子术赤的领地是"咸海西货勒自弥之地"。"货勒自弥"是哪里？《新元史·察合台传》说："太祖十四年，亲征货勒自弥。"可见，所谓"货勒自弥"，就是花剌子模。《新元史·术赤传》说，成吉思汗西征回归时，命"术赤自锡尔河北倘塔之地，西逾乌拉岭至奇卜察东境，抚定诸部"。这一片应该就是术赤的领地"货勒自弥"，西起阿姆河下游及咸海以西以北、里海以东地，向东延续到额尔齐斯河以西、锡尔河以北，与察合台汗国、窝阔台汗国毗邻，即今乌兹别克斯坦、哈萨克斯坦及俄罗斯南部边境地区，这里曾经是花剌子模的统治区。后来，通过术赤的儿子拔都的西征，占领了东中欧的大片土地，建立东起额尔齐斯河，西至多瑙河，南起高加索的幅员辽阔的钦察汗国，即金帐汗国。

四个儿子的领地，奠定了"元朝"和钦察、察合台、窝阔台三个"汗国"的基础。

还有一个汗国呢？第四个汗国，是第三次西征时由蒙哥、忽必烈的弟弟旭烈兀创建的"伊儿汗国"，面积也极为辽阔，东起阿姆河、印度河，与钦察汗国、察合台汗国毗邻；西至两河流域，直抵埃及；北起高加索、里海、黑海，与钦察汗国接壤；南抵波斯湾，包括今日格鲁吉亚、土库曼斯坦、伊朗、伊拉克、叙利亚、以色列、约旦等国，都城蔑剌哈，在今伊朗东部阿塞拜疆的马腊格。

有朋友会问，为何窝阔台领地如此之小而术赤的领地如此远？这和一个事件有关系。

1219年成吉思汗西征，临行时，皇后觉得此行凶险，而且丈夫年近六十，应该把后事即继承人的事情定下来。这个事情诸王及将领们恐怕也在思考，但只有皇后才好说、能说。成吉思汗觉得皇后说得有理，召集儿子们商量。此时长子术赤四十岁，次子察合台三十七岁，三子窝阔台三十四岁，四子拖雷二十七岁。术赤是长子，成吉思汗让他先说。老大术赤还没来得及开口，老二察合台抢先放炮：术赤是野种，我们怎么可能服他！这就是人身攻击了，但也有依据。因为成吉思汗的皇后，术赤、察合台、窝阔台、拖雷四兄弟的母亲曾经被蔑儿乞部所掳，回来不久生下术赤，还有说是回来路上生的，成吉思汗说这是"不速之客"，取名"术赤"，蒙古语是"客"。

这个事情一直是成吉思汗的心病，也使得后来术赤被二弟、三弟瞧不起。皇后的提醒恐怕也与此有关，担心兄弟之间日后争斗。但谁也没有想到，在确定接班人的时刻，察合台公开以此为由挑起事端。术赤闻言大怒，说你小子除了斗狠，还有什么本事？就是斗狠，老子也不怕你，射箭、摔跤随你挑。如果射箭输了，斩了我的拇指；摔跤输了，我趴在地上随你处置。兄弟反目，成吉思汗竟然沉默不语，等于默认。察合台的老师见状，厉声斥责，说这小子胡说八道，置你母亲于何地？成吉思汗这才表态，说术赤是我长子，你们不得乱说！

有人说，这个察合台真是粗鲁啊！怎能当面说呢？这也是那时蒙古人的可爱之处，甚至是他们能够席卷欧亚大陆的重要原因，有意见拿到桌面上公开说，说完了事，不得在背后使绊子。察合台其实聪明得很，随即发表意见，说我和大哥只会打仗，可以分任军旅之事，但都不适合做大汗，三弟敦厚有容，我服他。这个建议得到成吉思汗的首肯，定窝阔台为接班人。或者因为是储君，领地只是"汤沐地"，自然就分得少，不能什么好处都被你占全啊！而术赤的领地遥远，既因为是老大，也因为是"术赤"、是客人。

这个由蒙古人为主体形成的"大蒙古国"，和中原皇朝本来是没有关系的。如果有，那也是征服和被征服的关系。那么，这个"大蒙古国"将如何发展，这四大汗国又和后来统一中国的元朝是什么关系？

第二十八讲　奠基中原

一、思路出路

我们上一讲说，通过南进与西征，成吉思汗和他的子孙们建立起了一个包括"元朝"和"四大汗国"在内的不但空前而且绝后的"大蒙古国"。

13世纪初蒙古的崛起和壮大，极似12世纪初女真的崛起与壮大。但是，当统一了蒙古草原的成吉思汗向金发起攻击时，遭受到顽强的抗击，并不像一百年前女真人灭辽那样势如破竹、所向披靡。成吉思汗的第一次西征，固然是给儿子们开辟更多的地盘，固然是因为花剌子模狂妄自大的挑衅，也是因为攻金受阻而采取的战略转移。

但是，成吉思汗自己也完全没有想到，这一次战略转移竟然取得了意料之外的巨大成果，直接把蒙古族、把"大蒙古国"推上了比女真族、比"大金"大得多的平台：第一，西征不但征服了中亚的诸多民族、获取了大片土地和大量人口，还尝试性地向东欧发起攻击，为此后的西征开辟了道路；第二，由成吉思汗安排主持东方战事的木华黎，不但在对金战争中取得了重要成果，更为蒙古人寻找到了南下中原的正确途径。

蒙古对金的战争可以分为三个时期：第一个时期，1211—1216年，成吉思汗亲自指挥；第二个时期，1217—1223年，木华黎主持；第三个时期，1231—1234年，窝阔台主持。

成吉思汗指挥的对金战争，取得了一连串胜利。第一，在野狐岭—会河堡会战中，歼灭了当时金兵的机动兵力；第二，多次、多路南下，攻掠辽东、辽西、河北、山西、山东，既重创了金政权，也给金人造成心理上的恐慌；第三，围攻中都，迫使金宣宗迁都南京汴梁，继而攻克中都（1215年）。

但是，这一时期蒙古对金的战争特点，是秋来而春去，不以占领土地为目的，连同中都大兴府、东京辽阳府在内，都是攻陷之后掳掠人口，抢劫财富，焚毁城市，然后北还，对这些地区的经济和社会造成极大破坏。

这种情况在木华黎对金战争时得到一定程度的改变。

木华黎与博尔术、博尔忽、赤老温并称蒙古开国"四杰"，在成吉思汗统一蒙古及草原各部、创建"大蒙古国"的战争中，战功卓著。公元1206年（应该是1207年初）成吉思汗为大汗，命木华黎与博尔术为左右万户，视为左膀右臂："国内平定，汝等之力居多。我与汝犹车之有辕、身之有臂也。汝等切宜体此，勿替初心。"（《元史·木华黎传》）

在成吉思汗对金的战争中，木华黎既一如既往地勇猛无敌，在野狐岭—会河堡战役中，率领勇士率先陷阵，又显示出和其他蒙古将领不同的作风，尽可能地招抚金军将领和当地"豪杰"为己所用。举几个例子：

第一，1213年，木华黎在奉命攻略河北、山东之后，回军霸州（今属河北，即益津关），招降了金将史天倪、萧勃迭儿，当即"承制"以史天倪为万户、萧勃迭儿为千户。萧勃迭儿是契丹族，史天倪为汉族，木华黎此举，开了汉族、契丹族乃至女真族将领为蒙古所用的先河。萧勃迭儿暂且不论，我们此后将要说到，史天倪的归降，代表着一个豪强大族——大兴永清史氏，这个家族在蒙古灭金灭宋、统一中国的战争中发挥了重大作用。

第二，1214 年，木华黎奉命进攻辽西高州（今内蒙古赤峰市境内），有位名叫攸兴哥的，与当地民众结寨自保，屡抗蒙军。攸兴哥是渤海即今山东滨州汉人，虽然世代务农，本人却是神射手。寨子被蒙古军攻破后，攸兴哥逃入高州。木华黎向高州军民发出警告，如能斩兴哥首级来献，全城免死，如若不然，城破之日便是屠城之时。不等别人取首级，攸兴哥自己来到木华黎大营，折箭谢罪。攸兴哥可能伤了不少蒙古人，所以当时就有人拔刀相向，但被木华黎制止："壮士也，留麾下为吾用。"（《元史·木华黎传》）没想到，攸兴哥竟然是块宝，随木华黎取通州时，一夜之间，带人造了三十门火炮、数十张云梯。城破之后，木华黎让攸兴哥自己挑选战利品，攸兴哥只要了三匹马，用来奖赏立功士兵，应该是主持造炮造梯的军中工匠。木华黎对此大加赞赏，报告成吉思汗。成吉思汗大喜，赐名"哈喇拔都"，蒙古语为军中勇士，汉姓仍然保持，为"攸哈喇拔都"。又授予金虎符，封龙虎卫上将军、河东北路兵马都元帅，镇守太原。攸兴哥应该是蒙古军中首位有影响的攻城火器的制造者，为蒙古军在此后西征、南征中使用火炮、云梯等器具做出了贡献。

第三，1215 年，木华黎率军围攻北京大定府，城中食尽，守军袭杀主将，公推寅达虎为帅，献城投降。多日攻城不下，且有伤亡，木华黎有些恼怒，下令将寅达虎等人处死。有位名叫石抹也先的将领提醒："北京为辽西重镇，今坑其众，后岂有降者乎？"（《元史·木华黎传》）木华黎猛然醒悟，立即释放寅达虎，以为北京留守，镇守大定府。由此可见，木华黎对金策略的变化也代表着一批将领的共同认识，有一定的"群众基础"。

二、金材蒙用

所谓思路决定出路，木华黎的思路一变，出路也就更加宽阔了。辽西、辽东闻风而降。这些事情都发生在成吉思汗主持对金战争时期。成吉思汗率主力西征，让木华黎主持对金的战争，无疑是对这些做法的认可和赞赏。有个传说很好玩，说由于木华黎改变了杀、掠、焚的方式，被金人称为"国王"。如果在一个小肚鸡肠的帝王手下，比如宋太宗赵光义、宋高宗赵构，木华黎可能就没有活路了，但大气的蒙古"皇帝"成吉思汗知道后很高兴，说这就是吉兆啊！干脆封木华黎为"国王"，假国王成了真国王，这也是成吉思汗时代功臣中唯一封"国王"的。不仅本人封王，而且赐誓券、铸金印，让其子孙世袭。

成吉思汗西征时，给了木华黎一支"偏师"，蒙古兵一万三千人、突厥语族汪古部兵一万人，加上部分契丹、女真降军，并且约定："太行以北，朕自经略；太行以南，卿其勉之。"又赐九斿大旗，告谕诸将："木华黎建此旗以号令诸将，犹朕之号令也！"（《元史·木华黎传》）同时，建行省于金中都大兴府即今日北京，以木华黎为都行省，全权负责对金的战争。

在此后的几年时间里，木华黎率领蒙古及契丹、女真降军，还有收编的汉军，一面继续原有的作战方式，长途奔袭、迂回包抄、诱敌深入、围城打援，横扫辽东、辽西、山东、山西、河北，夺取了包括东京辽阳府、中京大定府、西京太原府在内的七十余城；一面改变过去掳掠人口、劫掠财富、焚毁城市的做法，不断蚕食金的地盘，得一城即守一城，招抚民众，搜罗豪杰，把金地化为蒙地，把金人化为蒙人。大批的契丹人、汉人乃至女真人，为木华黎所用。其著名者，除了大兴史氏，还有真定董氏、涿州张氏。这三大家族中的史秉直及史天倪、史天泽父子，董俊及董文炳、董文用父子，张柔及张弘略、张弘范父子，以及金兴中府元帅石天应、邢州节度使武贵等，宋济南府治中严实、京东安抚使张琳等，还有在木华黎去世后其子孛鲁招降的曾经的山东忠义军首领、宋京东路总管李全等，这一批人物成为此后灭金、灭宋的重要力量。仅一位严实，就带着济南所属八州三十万户归降蒙古。史天倪则时时提醒木华黎："今中原粗定，而兵犹抄掠，非王者吊民伐罪之事也。"木华黎三令五申，禁止剽掠，所获老幼皆纵还乡里，一时间，"军中肃然，民大悦"（《元史·木华黎传》）。

在同样的形势下，同样的事情往往由不同的人不约而同地做出来。这个时候，不仅仅是木华黎在改、在变、在网罗各族人才，成吉思汗也在改、在变、在网罗天下的人才。

公元 1215 年，蒙古军将金中都付之一炬，成吉思汗却淘到了一块瑰宝——二十六岁的契丹族年轻人，此人名叫耶律楚材。

耶律楚材的父亲名叫耶律履，金世宗完颜熙时期以学行见重，官至尚书右丞。耶律履在六十岁的时候得了耶律楚材这个儿子，喜不自禁，得意地告诉亲近友人："吾年六十而得此子，吾家千里驹也，他日必成伟器。"（宋子贞《中书令耶律公神道碑》）不仅如此，耶律履甚至预言儿子他日当为"异国"所用，所以取《左传》的一句话"虽楚有材，晋实用之"，取名"楚材"。不料一语成谶，耶律楚材在金国没有太多施展才能的机会，竟然为成吉思汗、窝阔台父子所用，成了成吉思汗的顾问、窝阔台的宰相，与木华黎物色的史家父子、董家父子、张家父子等一道，都是楚材晋用、金材蒙用。

耶律楚材三岁的时候，父亲耶律履去世了，由母亲杨氏亲自执教，当然是启蒙教育。说到这里，有一个事情我需要向元史学界和读者朋友请教，关于耶律楚材的家世，我认为还不是很清楚，甚至可以说还是个谜。

《元史》《新元史》的《耶律楚材传》，都说他是"辽东丹王突欲八世孙"。"突欲"是辽太祖耶律阿保机长子耶律倍的小名，又译为"图欲"或"托云"，曾封东丹王。既然如此，干脆说耶律楚材是

"辽太祖阿保机九世孙"不是更痛快、更响亮吗？有研究辽史的朋友告诉我，这应该是为了突出耶律楚材是长子耶律倍的这一支，而不是次子太宗耶律德光的那一支。但是，元好问为耶律楚材的父亲耶律履所撰的《故金尚书右丞耶律公神道碑》，从"东丹王托云"一路述说世系，说到第六代时出了点小故障。这个第六代不是耶律楚材的祖父耶律裕噜，而是"兴平军节度使"耶律德元，裕噜是德元的"族弟"。但这个"族弟"是哪一支下来的，语焉不详。到了宋子贞为耶律楚材撰《中书令耶律公神道碑》，直接说裕噜为德平之"弟"，省了一个"族"字。但从世系来说，这个"族"字是不能省的。所以我说，耶律楚材的家世其实是个谜，我们也就不好理直气壮地说他是辽太祖耶律阿保机的第九世孙了。

三、治天下匠

但是，无论是不是太子倍的八世孙，是不是阿保机的九世孙，都丝毫不影响耶律楚材的伟大。因为在他的影响下，成吉思汗开始改弦易辙，窝阔台在中原的政策也越来越中原化。

对于耶律楚材，成吉思汗可以说是"一见钟情"。"身长八尺，美髯宏声"的耶律楚材一被带到身前，成吉思汗就眼前一亮。当然，古人所说的所谓身高几尺，都是概数、印象。六尺大概是正常的身高，七尺就是比一般人高，八尺那是很高了，到九尺便是高得出奇。耶律楚材的身高应该是一米八以上，是很高的，所以才被说是"八尺"。

在《元史》的记载中，有几位的身高是专门点出来的，身高八尺的除了耶律楚材，还有大兴史氏的史天泽、元末农民军的首领明玉珍；身高七尺的有涿州范氏的张弘范、元末扩阔帖木儿的父亲察罕帖木儿。

但那些都是武官，耶律楚材却是文人。不但个子高，还留有像关云长、苏东坡那样的美髯，声音还特别洪亮。成吉思汗一看就喜欢上了，称其为"吾图撒合里"，长胡子，美髯公，并且承诺，辽、金是世仇，你们耶律家的仇，我给你报！但耶律楚材的回答出乎成吉思汗的意料，更令成吉思汗刮目相看。怎么回答？——我的祖父、父亲都曾经在金廷为官，我也一直在为金廷服务，不能视君为仇。

从此，成吉思汗把耶律楚材留在身边，带到草原，又带去西征。他发现这个年轻人竟然是个奇才，不但什么都懂，而且什么都精。己卯年即 1217 年农历六月，成吉思汗西征花剌子模，祭旗的这一天大雪纷飞，积雪三尺，是"六月雪"。成吉思汗犹豫了，这是什么兆头？是凶是吉？耶律楚材说，这是"玄冥之气"，出现在盛夏，乃克敌制胜的兆象。第二年冬天响起雷声，耶律楚材告诉成吉思汗，这是花剌子模君主死于荒野之兆。这些竟然都应验了。作为中亚大国、有着波斯文化底蕴的花剌子模，也有自己的天象家，预测来年五月十五将有月食，耶律楚材说，错，月食将发生在十月。当地专家当然不服，一个东方来的年轻人，预测我西方的天象？结果是五月不食十月食。公元 1220 年，有"长星"也就是类似于彗星的带尾巴的星见于西方，远在中亚的耶律楚材告诉成吉思汗，女真的君主将有变化。第二年，金宣宗去世了。

真是奇了怪了。这都是真的？我也不知道。因为我们和古人是两个时空的人；我们这些俗人和耶律楚材那样几百年未必能出一个的高人，更是两个世界的人。《元史》说他："博极群书，旁通天文、地理、律历、术数及释老、医卜之说，下笔为文，若宿构者。"（《元史·耶律楚材传》）对于当时人类的各种认知，耶律楚材不但是"博览"，而且是"博极"，都有极为精深的研究。也正是因为这样，耶律楚材才能让"一代天骄"成吉思汗叹服，成吉思汗才能采纳耶律楚材的各种建议，并且告诉接班人窝阔台："此人，天赐我家。尔后军国庶政，当悉委之。"窝阔台继位之后，设中书省理天下政务，耶律楚材是首位"中书令"。

那么，耶律楚材给成吉思汗、窝阔台父子带来了什么样的影响？

第一，慎杀戮。成吉思汗征服草原及南下、西征，主要是用两个字：杀戮。蒙古铁骑所到之处，便是死亡的降临。降者生，为奴仆，抗者格杀勿论。极度恐惧之下，金军、夏军，花剌子模军、斡罗斯军，固然都拼死抵抗，但常常因为恐怖而溃散，因溃散而遭杀戮。蒙古大军席卷欧亚大陆，以杀戮造成恐惧。但是，一位汉人和一位契丹人使这种局面有所转变。汉人名叫丘处机，即大名鼎鼎的"长春真人"；契丹人当然是耶律楚材。他们能让成吉思汗和蒙古军稍稍收手，前者是因为长生术，被成吉思汗称为"神仙"；后者是因为在成吉思汗面前表现出来的无所不知、无所不能。正是因为丘处机、耶律楚材不断劝诫，成吉思汗在西征后期给了被征服地区军民更多活路；正是因为耶律楚材的力谏，蒙古军在攻陷汴梁时，放弃了对将近一百五十万军民的屠杀。而蒙古将领关于尽屠汉人、将中原农田变为牧场的荒唐建议，既是因为荒唐，也是因为耶律楚材的极力劝阻而被搁置。

第二，用儒士。在中国历史上，大凡开国之君，是不太喜欢儒士的。什么原因？空谈修、齐、治、平，未见有克敌制胜的真本事。西征途中，有位名叫"常八斤"的西夏人，以善造弓弩得到成吉思汗的青睐，看不得耶律楚材被亲近，说国家用武之时，耶律这种儒者有何用处？如果是一般的儒者，常八斤说得一点都不错，但耶律楚材却不是一般的儒者，他是不世出的高人，所以有高度的自信："治弓尚须用弓匠，为天下者岂可不用治天下匠！"（《元史·耶律楚材传》）成吉思汗闻言大喜，说你就是我的"治天下匠"啊！由于有耶律楚材这个"治天下匠"的儒者，汉族、契丹族、女真族的儒者都跟着沾光。攻陷汴梁之后，耶律楚材给窝阔台灌输"制器者必用良工，守成者必用儒臣"的理念，做了几件事情：一、寻找到逃难城中的孔子第五十一代孙，让其袭封"衍圣公"；二、请出一批儒者，教蒙古贵族子弟读孔孟之书、知圣人之道；三、在燕京、平阳等地，办编书所、图书室，传播汉文化；四、分经义、辞赋、策论三科取士，选官四千多人，其中有一千多人摆脱了奴仆身份。

此外，力主尊君权、立制度、劝农商、增国用，每一项都是有关国计民生的大事，蒙古在中原的统治，也因此而奠定了基础。

四、无能为力

灭金之后，蒙古取代女真，成为漠北、漠南及中原大地的主人，西征大军也是捷报频传，"合罕"窝阔台志得意满，大会蒙古诸王及回族、契丹、女真、汉族大臣，亲自给耶律楚材致酒："朕之所以推诚任卿者，先帝之命也。非卿，则中原无今日。朕所以得安枕者，卿之力也。"（《元史·耶律楚材传》）你是我父亲留下的瑰宝，没有你，中原没有今日，有了你，我才可以安枕而眠。

在中国历史上，从秦汉到隋唐，从辽宋到明清，还没有哪一位君主如此评价一位大臣，更不用说是"异族"大臣。当时有从西域即中亚以及南宋、高丽来朝的使者，大拍窝阔台的马屁，说窝阔台如何如何伟大，窝阔台笑了，问道：你们国家有耶律楚材这样的人物吗？大家都说那怎么可能有，耶律丞相是神人啊！窝阔台笑道："汝等唯此言不妄，朕亦度必无此人。"（《元史·耶律楚材传》）从头到尾，你们只有这一句真话！

虽然如此，蒙古族的事情，大蒙古国的事情，也有许多并不是中书令耶律楚材可以左右的，甚至也不是大汗窝阔台可以左右的。

虽然通过建立制度、劝勉农商、扩大财源，奠定了蒙古统治中原的基础，但当"大蒙古国"由"游牧"国家转化为"定居"国家之后，当财富来源由抢夺到税收之后，矛盾出来了。奖赏贵族需要钱，继续战争需要钱，官员俸禄需要钱，处处要钱，处处缺钱。耶律楚材为代表的一批人主张节省开支，但开支不是说节省就可以节省下来的。所有既得利益者，包括蒙古的、回族的、契丹的乃至汉族的，都希望维系利益并扩大利益。怎么办？或者任其胡作非为，或者增加税收进行补贴。

其实，每朝每代都存在这样的问题，税收完额都不容易，何况加派，否则就没有杜甫在石壕村碰到的事情了。于是，"扑买"的方式被提了出来。所谓"扑买"，就是包税，先是发生在南宋的部分地区，有官员动脑子，把收税的事情承包给了一些富户，让他们承办收税。当有多个富户想要承包时，那就要通过招标。这个办法官府是省事了，甚至可以得到比承包之前更多的税收，但民众的负担必然加重，"扑买"者的税上加税是必然的，官府无法控制。比如，一个地区的税额为一百万，由大商人、大地主乃至带有黑恶性质的团体包税，但他们向民众收的税可能达到一百五十万，乃至两百万。

1238年，有位回族商人奥都剌合蛮通过窝阔台身边的翻译，用二百二十万两"扑买"了汉地的课税，并被窝阔台任命为提领诸路课税官。耶律楚材极力阻挠，直至声色俱厉、声泪俱下。窝阔台也有些动容，但还是挡不住二百二十万两银子的诱惑，说我知道你是为民请命，但我要银子啊，先试行一阵子看看吧！但是，只要有利于官府的收入，只要有利于经办人的盘剥，所有的"试行"都会变成"常规"。耶律楚材长叹一声："民之困穷，将自此始矣！"（《元史·耶律楚材传》）

耶律楚材和奥都剌合蛮之争，后来演变为回族及汉族理财官和汉族儒家政治家的长期争执，成为蒙古—元朝统治的基本国策之争。

窝阔台去世之后，由皇后乃马真称制理事，奥都剌合蛮等人更加得到重用，耶律楚材被排挤并忧虑而死。这个时候的耶律楚材，在人们的眼中，至少在蒙古贵族的眼中，已经走下了神坛，因为耶律楚材无法满足他们此刻的需要。什么需要？对财富占有的需要。不但如此，还有人打报告，说耶律楚材为相十多年，天下财富，半入其家。乃马真皇后心动了，如果能够把这"天下之半"的财富弄出来，岂不发大财？于是派人前去察看。察看的结果令其大失所望。耶律楚材的家是个小小的博物馆，里面有十几张琴、几千卷图书，及若干古今书画、器物，就是没有皇后急切需要的金银玉帛。

虽然如此，仍然不得不说，在耶律楚材的辅佐之下，窝阔台真正成为成吉思汗遗嘱的有力执行者。窝阔台在位期间，做了两件大事：第一，灭金，并且建立起在中原的统治，为此后元朝的建立奠定了基础；第二，发动了蒙古第二次西征，极大地拓展了"大蒙古国"的势力和影响。如果将二者相比较，灭金甚至比西征更为艰难。

第二十九讲

联宋灭金

一、作一定死

我们上一讲说，尽管看上去金非昔日之金，南宋更把杭州当汴州，但蒙古在向中原进军、向江淮进军时，比西征中西亚、东中欧更为艰难，受到了比西征更加顽强的抵抗。

建炎、绍兴之际，有位代理礼部尚书洪皓，曾经出使并滞留在金上京数年，所看见的、听到的信息，是蒙古崛起，女真后院起火，所以上书给高宗皇帝，不必过于迁就金人：

> 彼方困于蒙古，恃强以尝中国。若遽从之，彼将谓秦无人而轻我矣。（《建炎以来系年要录》）

洪皓说的"将谓秦无人"是引用了春秋时期晋、郑、秦之间的一个典故，这里是将"秦"比"宋"。"绍兴和议"之后，金熙宗完颜亶派使臣到临安，索要一批宋朝降金官员的家属，以便让这些官员更加死心塌地为"大金"服务。按"绍兴和议"的精神，宋向金称臣，这个事情还真得办。但是，此时已经为饶州知州的洪皓提出反对，理由是宋、金以淮河为界，这批降官家属在淮南、江南，那就是宋人。秦桧发怒了，说和议好不容易成功，你小子要搞破坏吗？洪皓不卑不亢，说不守和议的是金人，他们不是还扣着钦宗皇帝和赵姓宗室吗，可以交换啊！

虽然南宋最终还是得把金人索要的降官家属遣送，但宋人对于蒙古的信息更加关注。1211年，宋宁宗嘉定四年，成吉思汗开始对金实施第一轮打击，南宋朝野上下既有复仇的快感，也生出深深的忧患。程朱理学的继承人、名儒真德秀说到这种担忧："今之女真，即昔之亡辽；而今之鞑靼（蒙古），即向之女真也。"（真德秀《西山文集》）

将女真视为昔日之辽、将蒙古视为昔日之金，开始成为南宋君臣的共识。到了1214年，理宗嘉定七年，金宣宗放弃中都燕京，迁往南京汴梁，形势更为严峻。南宋朝廷出现两种不同的声音。第一种声音以真德秀为代表，主张与金断交，停止纳币，同时呼吁放弃幻想，加强战备，希望宁宗皇帝做出表率：

> 陛下以自立为规模，则国势日张；以苟安为志向，则国势日削。安危存亡，皆所自取。（《续资治通鉴》）

真德秀的主张，代表着南宋军民的心声。在此后的抗蒙、抗元战争中，南宋军民也确实显示出"自立为规模"的气势，但寄希望于皇帝，恐怕真德秀自己也觉得不靠谱。

另一种声音的代表者，是时任淮西转运使的乔行简。乔行简提出了一个全新思路。什么思路？继续纳币，助金抗蒙：

> 蒙古渐兴，其势已足以亡金。金，昔吾之雠也，今吾之蔽也。古人唇亡齿寒之辙可覆。宜姑与币，使得拒敌。（叶绍翁《四朝闻见录》）

蒙古灭金，难以阻挡。但唇亡则齿寒，女真过去是仇人，今日却是屏障。与其断币绝交，不如继续纳币结好，让其与蒙古相抗。此时南宋的当权者是史弥远，见到乔行简的提议，大加赞叹，说这才是济世救亡的真知灼见啊！金宣宗派来催促岁币的使臣就在临安，史弥远打算采纳乔行简的建议，继续纳币，助金御蒙。

但是，"靖康耻，犹未雪；臣子恨，何时灭"，岳飞的名句，已经成为民族耻辱的记忆。得知史弥远要采纳乔行简的主张，群情激愤，大批国学生闻讯而来，跪在殿门之前，请斩乔行简以谢天下。当然，乔行简的头并没有被砍下来，后来他还做到南宋的宰相，而给金的岁币，倒真是停了几年。平心而论，乔行简的思路，确实比满腔热血的真德秀及国学生们更加冷静和客观，却难以实现。第一，宋金怨仇太盛，舆论影响决策，没有人敢重提与金议和之事。第二，在中国历史上，还没有发生过两个或多个世代为敌的民族政权在强敌面前能够真正放下仇恨、真正携起手的。他们既没有这个智慧，更没有这个气魄。经常见到的，是相互提防、相互拆台。西夏崛起，辽逼宋"重熙加币"；女真崛起，宋与其结"海上之盟"；蒙古崛起，宋又有"开禧北伐"。

这个时候，成吉思汗主力西征，木华黎偏师伐金。如果像乔行简所说，宋、金真正冷静下来，分析形势，做出正确的判断和决策，或许还能在此后抗击蒙古的战争中有所作为。但是，南宋受舆论推动，断了岁币；金虽然打不过蒙古，却认定可以吃得住宋。于是，金宣宗以宋"背约"为由，更抱着北边损失南边补的想法，一面令北方各地严防死守，抗击木华黎；一面调兵遣将，向宋发起进攻，欲夺淮南之地。但此时的金更非昔日之金，此时的宋也并非不堪一击。这一打就是若干年，金没有从南宋得到便宜，倒被木华黎夺了七十余城。

有一个说法：不作未必不死，作就一定会死。用这个说法看当时的金与宋，还真是有道理。

二、汴京闹剧

窝阔台继位后对金发动了第三轮攻击，同时遵照成吉思汗的遗嘱，派人与宋边境官员接触，放出与宋结盟、联宋攻金的信息。

这是从成吉思汗用兵开始蒙古人的一贯做法。任何时候，对付任何敌人，包括草原上的敌人，中原的敌人，以及中亚东欧的敌人，都尽可能寻找盟军，建立"统一战线"。但是，此刻的敌人被消灭之后，此刻的盟军就是下一个敌人，同时寻找下一个盟军。当然，这个套路还只有强者能玩，弱者是没法玩的。

南宋有人比喻说，这个时候的蒙古是"强虎"，这个时候的金是"弱狼"，"强虎"玩的套路，"弱狼"是没法玩的。什么原因？没人陪你玩。有人说，蒙古联宋灭金，这不是在坑南宋吗？金灭了，南宋能独存吗？当年"海上之盟""靖康之难"的前车之鉴忘了吗？那怎么办？等着蒙古灭金之后再灭宋？或者旧话重提，联金抗蒙；抑或干脆铤而走险，助蒙灭金？对于南宋，这是一个两难乃至三难的选择。

第一，联金抗蒙。不但不现实，也失去意义，且不说宋、金之间的新仇旧恨，即使真的携手抗蒙，保得了金吗？也许可以延缓金亡的过程，但金在扛不住蒙古进攻的时候，必然选择南逃，或逃淮南，或逃四川，这里是南宋的地盘，是"绵羊"居住的地方。虽然金已是弱狼，但弱狼也是可以吃羊的。所以，联金抗蒙，绝不可行。

第二，隔岸观火。但是，没有宋的结盟，蒙古就无法灭金吗？当然不是，蒙古已经连夺金的东京、北京、中都、西京，南京汴梁也岌岌可危，灭金只是时间问题。

第三，助蒙灭金是当时南宋的唯一选择，即使知道这是蒙古的套路，也得陪着玩。通过共同灭金，既可以给蒙古一个人情，还可以从中得到一些好处。当然，这也是没有办法的办法，是三害相权取其轻的无奈之举。

其实，即使到这个时候，金还是有一定抗击打能力的。金宣宗退守汴梁之后，蒙古灭金的战争仍然打得十分艰苦。窝阔台留下部分军队在汴梁外围盯着猎物，自己率军返回蒙古。当然，这也是蒙古作战的套路，不在一个坚城之下做太多无用功，先放你一马，等你绷紧的弦松了下来的时候，再给你致命一击。同时，对围城中的敌军进行瓦解，让其自相残杀。这个方法，无论是在西征还是在南下时，都屡试不爽。当然，这又是强者的游戏，虽然他一次可以全歼你十万、二十万，但他留下的几万人却可以盯着你几十万人，你还吃不了他。

不出窝阔台所料，和当年辽天祚帝耶律延禧有恐金症一样，金宣宗完颜珣、哀宗完颜守绪父子也都有恐蒙症。1214 年，宣宗趁着成吉思汗返回，弃中都燕京而奔南京汴梁，结果中都守将哗变，将中都拱手送给蒙古；二十年后，1233 年初，金哀宗趁窝阔台返回，弃汴梁而奔蔡州，南京汴梁又发生了和中都燕京同样的故事，但更有戏剧性。

窝阔台留下盯着汴梁这个猎物的，是蒙古名将速不台。在成吉思汗统一草原时，速不台因为骁勇善战，与哲别等三人并称"四獒"。成吉思汗西征，速不台与哲别为先锋，灭花剌子模，败斡罗斯联军；后来更为西征副统帅，辅佐拔都，率领蒙古骑兵横扫东中欧，是西征的第一功臣。

此时的南京汴梁正在上演一出闹剧。金的南京西面元帅崔立杀了主将，将留在汴梁的金哀宗的太后、皇后及宗室宫女五百余人，还有金人太庙中的礼器、乐器等，统统献给速不台，运往蒙古。速不台受降的汴梁西南的青城，正是一百多年前宋钦宗出降的地方。这倒真有点像天道循环，冥冥之中有天意。当年女真如何施加于宋，如今崔立帮着蒙古施加于金。崔立为什么要这样做？因为崔立在做一个梦，一个黄粱梦、皇帝梦，梦想蒙古像当年的女真一样，让自己做张邦昌、刘豫第二，做个傀儡皇帝，为蒙古代管黄、淮地区。有记载说，崔立见速不台时，已经把自己打扮成了皇帝的模样，提前过皇帝瘾。

那么，这个崔立是什么来头？他不是女真人，也不是契丹人，而是汉人。他本是山东将陵县即今山东德州陵县的一个无业游民，蒙古南下时，加入了一个结寨自保的地方武装。这个地方武装后来集体改编为金的正规军，崔立一路升迁，做到了南京汴梁的西面元帅。但是，速不台接受了崔立的礼物，窝阔台却没有让崔立称帝。崔立的梦想没能成真，一年之后被部下所杀。

三、雪耻灭恨

速不台向窝阔台报告战果，要求尽屠城中汉人，将中原农田变为牧场。诸位说这不荒唐至极吗？但在当日蒙古将领看来，却是十分正常。他们在西征过程中，在南下过程中，屠城是家常便饭，牧场更是急需。但这个要求没有被窝阔台采纳，既有耶律楚材的作用，也是蒙古向南拓展的大趋势，早在木华黎主持对金战争时，屠城的做法就已经在转变。

当时的汴梁由于长期被围，疾病流行，粮食匮乏，甚至发生饥民相食的事情。屠城的建议恐怕也与此有关。但是，速不台一面向窝阔台请示屠城，一面却尽纵居民出城，让他们北渡黄河，四处寻食。这就有另外一种可能了：速不台关于杀尽汉人、改农田为牧场的报告，实是向窝阔台请旨，制止蒙古将士的滥杀。

《三国演义》根据《三国志》的记载讲述了一个真实的故事，说诸葛亮在五丈原不断挑战，司马懿坚守不战。为了缓解将士强烈求战的压力，司马懿向魏明帝曹睿请战。曹睿感到奇怪，说将在外，是战是守，用得着请示吗？负责军务的卫尉辛毗笑道，这是司马的苦衷。实不想战，却上表请战，为的是"遏诸将之心耳"。曹睿恍然大悟，让辛毗持节军中，请战者斩。

速不台不可能读《三国志》，那个时候也没有《三国演义》，却与司马懿的报告异曲同工。屠不屠城，还要请示几千里之外的窝阔台吗？所以，人和人真是不同，有生而知之，有学而知之，有学也不知，没有办法。蒙古人所以能够席卷欧亚，固然是因为勇猛善战，也是因为有无数像成吉思汗、窝阔台、木华黎、速不台这样的生而知之、学而知之者。而在当时的汉人中，有无数不愿学、学也不知却一天到晚做梦的人，如刚刚我们说到的那个崔立。

速不台一面在汴梁安民，一面命塔察儿（又名倴盏）率军进围蔡州。塔察儿也是一时名将，来到蔡州之后，一边构筑战壕，盯着城中的金哀宗；一边命人敦促南宋接济粮食、遣兵助攻。

困守蔡州的金哀宗也派出使臣前往临安，请求南宋援助粮食，并且重申"唇亡齿寒"的道理：

> 大元灭国四十，以及西夏，夏亡及于我，我亡必及于宋。唇亡齿寒，自然之理。若与我连和，所以为我者亦为彼也。（《金史·哀宗本纪》）

《金史》修于元朝，所以用了"大元"二字，本来应该称"蒙古"才对。金国使者侃侃而谈，南宋君臣觉得滑稽可笑。"唇亡齿寒"的道理谁都懂，但你女真不是被蒙古逼到这个份儿上，会说什么"唇亡齿寒"吗？既不能援金，也不能坐等着金亡之后被蒙古收拾，宋军乘机从南面向金发起攻击，强虎惹不起，那就打弱狼，抢夺地盘，收编军队，仅唐州一战，招降金兵七万人。当然，此时镇守各地的所谓"金兵"，并没有多少真正女真兵，大多是北方汉人军队，可以称为"伪军"。

金国的使臣失望而去，蒙古使臣的要求得到了响应。此时南宋在位的皇帝是理宗赵昀，当权者是被诟骂为"权相"的史弥远，在襄阳前线的统帅是曾经的宰相史浩之孙、当朝的宰相史弥远之侄，此人名叫史嵩之，以刑部侍郎兼京西南路、荆湖北路即京湖路制置使。

史嵩之的这个身份可能会令人们联想，这位官二代、官三代应该是通过门路做到这个位置的。家族的因素固然不可否认，但史嵩之在自己的岗位上不但多次打败金兵的挑衅，还学习"岳家军"当年的做法，招募亡命为军，招徕流民归田，又带领军队屯田积粮，特别是知人善任，部下愿意为其效死力。经史嵩之推荐，鄂州江陵府副都统制孟珙奉命随京西统制江海，带着二十万石粮食、两万军队，赶赴蔡州。孟珙虽为副将，却特命节制诸将。这可以说是"权相"史弥远一生之中做出的最为正确的决策，也是他为南宋做出的最后一个重要决策，不久便因病去世了。

金哀宗得知宋廷调兵遣将带着粮食赶赴蔡州为蒙古助阵，不禁大怒，蒙古打不过，还怕你赵宋吗？根据情报，这两万宋军是枣阳的"忠顺军"，地方编制。金哀宗命驻扎在蔡州之南的真阳县（今河南正阳）驻军也是两万人，也是地方编制，拦截宋军。两军相遇勇者胜。孟珙下令，鼓行而进。什么意思？就是两军遭遇后不停顿、不结阵，直接向金兵冲杀。这个打法有些不守规矩，但更需要有底气。金兵猝不及防，向后溃退，宋军在后追杀，斩首一千二百级，直抵蔡州之南。

塔察儿十分高兴，自己率军进逼蔡州几个月，金兵死守不出，眼看军粮告急，督促南宋运粮助攻，没想到宋军还真能打，让亲信将领前往迎接。蒙古人喜欢英雄，听说孟珙能打，十分高兴，先行狩猎，其实是想"眼见为实"，看看孟珙是否真能打。孟珙自然没有让盟军将领失望，与蒙古人一道，"割鲜而饮"，满载而归。什么意思？猎到什么吃什么，直接就着猎物的脖子喝鲜血。蒙古人高兴啊，这才是英雄，犹如当年项羽见到樊哙吃生猪肉一样。孟珙被带来见塔察儿，塔察儿和孟珙一见如故，以马奶接待，结拜为兄弟。为防范金兵突围，也避免误伤，双方划分战区，宋军在东南，蒙古军在西北。日夜赶造攻城器具，声闻蔡州城中。

城中的金哀宗完颜守绪，此时展示出阿骨打后人的勇气，亲自巡城，抚慰将士。军士不够，以民丁补充，男丁不足，以妇女补充，决心与宋蒙联军血战到底。但是，决心和勇气代替不了日益缺乏的粮食、日益减员的战士，于是又试图突围。向哪里突围？当然是东南，在金人眼里，东南方向的宋军总比西北方向的蒙古人好对付。但是，一万多金兵出城不久，便被孟珙率军拦腰截断。"忠顺军"气势如虹，金兵纷纷被逼入汝河，被俘近百人。蒙古万户张柔率精兵五千，突破外城，被金兵困住，身中多箭。孟珙闻报，率军增援，救出张柔。

蔡州这个地方我们多次说到，就是现在的河南汝南，历来为兵家必争之地。唐宪宗时期李朔雪夜下蔡州，俘虏淮西节度使吴元济，下的就是这个蔡州。金哀宗入蔡州后，加强了这里的防守，以柴潭、汝河为屏障。孟珙指挥宋军强攻制高点柴潭楼，俘虏金兵五百余人，斩杀无数；又破开柴潭之堤，将潭水放入汝河，下令诸军以柴草铺路，过柴潭，直抵蔡州城下。

宋理宗端平元年、金哀宗天兴三年正月初十日，公元 1234 年 2 月 9 日，孟珙亲自督战，宋军将士冒着礌石箭雨，架起云梯，前赴后继，登上城墙，城墙上又是一番血战。宋军大开西门，放蒙古军进城，宋蒙联军，与金兵展开巷战，双方死伤惨重。金兵越打越少，联军却越战越勇。当宋军找到金哀宗时，哀宗已经自缢而死，尸体也被焚烧。孟珙将焚毁的金哀宗尸体分了一半给蒙古兄弟塔察儿。塔察儿得到一半尸体，向窝阔台报捷；孟珙得一半尸体，加上缴获的金哀宗玉带、金牌及"谥宝"，则代表宋人雪靖康之耻、灭臣子之恨。

四、三种价值

孟珙不但和蒙古一道灭金，而且在灭金的过程中打出了威风，令所向披靡的蒙古将士刮目相看。但是，有资格向南宋朝廷报捷的，不是在前方打出威风的孟珙，而是在后方运筹帷幄的史嵩之。按照中国历代"正史"的编撰体例，"本纪"是"大事记"。在灭金的这个"大事记"中，《宋史·理宗本纪》只有主将江海的名字，真正做贡献的孟珙的名字直接被抹掉。但是，被孟珙打痛的金人没有忘记孟珙，在《金史·哀宗本纪》中加上了孟珙的名字。而在崇尚英雄的蒙古人眼里，孟珙才是英雄，在《元史·太宗本纪》中把主将江海名字抹掉，只剩下真正的英雄孟珙。比较一下这三史的"本纪"中的记载，是很好玩的事情。

《宋史·理宗本纪》："江海领襄军从大元兵合围金主蔡州。"只有江海，没有孟珙。

《金史·哀宗本纪》："宋遣其将江海、孟珙帅兵万人，献粮三十万石助大元兵攻蔡。"把孟珙的名字加在了江海的后面。

《元史·太宗本纪》："（太宗）五年十一月，宋遣荆鄂都统孟珙以兵粮来助。十二月，诸军与宋兵合攻蔡。六年甲午春正月，金主传位于宗室子承麟，遂自经而焚。城拔，获承麟，杀之。宋兵取金主余骨以归。金亡。"江海的名字没有了，有的是蒙古主帅塔察儿的结拜兄弟、蒙古人眼中的真英雄、灭金的真功臣孟珙。

《宋史》《金史》修于元朝，《元史》修于明初，分别代表的应该是元朝、明朝统治者的认识。但诸史编撰所依据的材料和立场，必然反映了当朝的意志。所以，《宋史》代表的是宋朝的立场，《金史》代表的是金朝的立场，《元史》代表的自然是元朝的立场。我之所以把这个细节拎出来，是想说明一个客观事实，即在宋、金、元之际，三个政权中最腐败而没落的是宋政权，其次才是金，而蒙古—元朝，在当时则是最具活力的，所以最终能够统一中国。

这孟珙何许人也？在我看来，是南宋后期可以比肩岳飞的最为杰出的军事将领。但孟珙的身世和耶律楚材一样，也有疑问。《宋史·孟珙传》说："孟珙字璞玉，随州枣阳人，四世祖安，尝从岳飞军中有功。"

但孟珙父亲的《孟宗政传》则说："孟宗政字德夫，绛州人，父林，从岳飞至随州，因家焉。"到底是孟珙的祖父孟林，还是孟珙祖父孟林的祖父、孟珙的高祖孟安投身"岳家军"，还是孟安、孟林都曾经是"岳家军"？而《宋史》的赵方、吴柔胜传则说，孟宗政本为枣阳"土豪"，由"土豪"投军，被先后的随州知州赵方、吴柔胜识拔。吴柔胜招"四方亡命"，创建"忠勇军"。在和金兵的战斗中，孟宗政成了"忠勇军"名将，又奉命在枣阳募军二万，为"忠顺军"，官至荆鄂都统制。

还是那句话，英雄不问出身，即使从高祖到祖父都是"岳家军"，如果孟珙自己不行，那还是不行。但以孟珙的才能、贡献，即使祖上和"岳家军"没有任何关系，也不影响孟珙的伟大。唯一可以看出的是孟宗政、孟珙父子对岳飞的崇拜，他们希望像岳飞那样，为国家、民族做贡献。

孟珙兄弟数人，从小在"忠勇军""忠顺军"中成长，在和金兵作战中积累了丰富的实践经验，孟珙更是在蔡州一战成名。虽然《理宗本纪》将其淹没在主将江海身后，《孟珙传》则详细记载了孟珙在对金战争中，特别是在蔡州战役中的贡献。但是，孟珙更为重要的贡献，是在灭金之后的"善后"。

第三十讲　各念权经

一、扼关守河

我们上一讲说，孟珙率领宋军、塔察儿率领蒙古军，在公元 1234年农历正月初十（己酉）攻下蔡州，金哀宗自缢身亡，完颜阿骨打创建的"大金"在延续了一百二十年后覆亡。

宋、蒙联手灭金，对于双方来说，都有"复仇"的快感。自从女真崛起之后，不但灭了辽、北宋，也一直在奴役蒙古、杀戮蒙古各部的首领；而"靖康之难"，"二圣"蒙尘，生灵涂炭，更是宋人的永久之痛。通过助蒙灭金，南宋算是雪了一点点"靖康"之耻，而且在东线夺取了淮河以北的寿、泗、宿、亳、海五州及涟水军，还有邳州的部分地区，共二十二个县，西线夺取了唐、邓、息诸州的十一个县，应该说是大有收获。

虽然宋、蒙结盟，但南宋所有的"有识之士"都清楚，在打仗的事情上，蒙古人翻脸比翻书还快，只要有风吹草动，甚至没有风吹草动，时时都有可能南下。宋蒙之战，终究不可避免。那怎么办？是借灭金之余勇，迅速抢占地盘，壮大实力，还是保住现有成果，加强战备，以静制动，应对蒙古可能的南下？南宋决策圈对此发生了分歧。

以赵范、赵葵兄弟为代表，提出了"扼关守河"的方略。主张趁蒙古军北撤、河南空虚之际，迅速抢占顺德、汴梁、洛阳，也就是曾经的北宋南京应天、东京开封、西京洛阳，再夺潼关，扼潼关而守黄河，在未来与蒙古的战争中占据先机，这就叫"扼关守河"。

提出这个方略的赵范、赵葵兄弟，非同小可。他们的父亲赵方曾为随州知州、京湖制置使，曾经识拔孟珙的父亲孟宗政，将其由"土豪"培养为名将。赵范、赵葵兄弟早年随父抗金，屡立战功，后来转战东西两线，成为方面大员。此时的赵范是权工部尚书、沿江制置副使兼淮西制置副使、黄州知州，赵葵是兵部侍郎、淮东制置使兼扬州知州，都是南宋政权东线抗金战场的一方统帅，对于夺取淮北各地贡献巨大。赵葵更经过一番血战，力斩降元的前山东"忠义军"首领李全，名震天下。不但如此，赵葵还精于诗画，号称"儒将"，后来一直做到南宋的宰相。但是，二赵兄弟"扼关守河"的方略却受到多方质疑。

首先提出质疑的是赵范自己的参议官邱岳：

> 方兴之敌，新盟而退，气盛锋锐，宁肯捐所得以与人耶？我师若往，彼必突至，非惟进退失据，开衅致兵，必自此始。且千里长驱，以争空城，得之当勤馈饷，后必悔之。（《续资治通鉴》）

邱岳提出了三点质疑：第一，有违盟约。金亡之后，蒙古固然是最大威胁，但灭金之后，蒙古退了，这是守约。我军进而夺三京、夺潼关，那就是背盟。第二，引发战争。我军夺三京、夺潼关，蒙古必将南下救援，从此开启争端，兵连祸结。第三，得不偿失。中原连年战争，疾病流行，汴梁几为空城，即使得到，也是损兵费饷。邱岳最后提出警告，届时三京、潼关得而复失，"后必悔之"。

时任淮西转运判官的杜杲，从财政角度提出反对：

臣备员边郡，切见沿淮旱蝗连岁，加以调发无度，辇运不时，生聚萧条，难任征发。中原板荡，多年不耕，无粮可因，千里馈运，士不宿饱。若虚内以事外，移南以实北，腹心之地，岂不可虑？（《续资治通鉴》）

兵马未动，粮草先行。粮草有三途：一是淮南征发，二在中原就食，三从江南转运。杜杲认为，三者皆不可行。

此外，宋军西线统帅、京湖安抚制置使兼襄阳知府史嵩之，以及其他在京在外的官员，也纷纷以灾荒、乏粮、背盟等为由上书反对。所有的反对者虽然都是出于对蒙古的忌惮，但说的也都是客观实际。

但是，宰相郑清之说服理宗，又力排众议，支持赵范、赵葵兄弟的方略，并且付诸实施。当然，提出并实施这个方略，同样也是出于对蒙古的忌惮。

不出邱岳、杜杲等人所料，赵范、赵葵兄弟的"扼关守河"方略刚开始实施就告失败。由于蒙古军撤到了黄河以北，所以宋军顺利夺取了汴梁和洛阳。但是，蒙古军为何退到河北而不在河南？因为河南连年的战争、饥荒加瘟疫，汴梁城中没死的百姓大都到黄河以北谋生了。宋军占了两座空城，加上千里奔袭，口粮不继，军队疲惫，又面临疾病的袭击，进退维谷。大家说，赶紧运粮接济，赶快调集中医啊！但蒙古人不给机会，得知宋军背约兴兵，蒙古军塔察儿部立即渡河南下，宋军虽然拼死抗击，但还是全线溃退，洛阳、汴梁重新落入蒙古人之手。"扼关守河"，梦想未能成真。

有一个细节和朋友交流：实施"扼关守河"方略的军队都来自淮东、淮西，而距离汴梁特别是洛阳较近、又是当年岳飞北伐前哨阵地的襄阳等地驻军，并没有出动。我们当然可以理解为这是因为西线统帅史嵩之对这一方略持消极态度，也不排除是两淮军队要"争功"。联合灭金之后，从史嵩之、江海、孟珙以下，京湖制置使属下的相关将士都受到嘉奖，令两淮将士，特别是他们的统帅赵范、赵葵兄弟眼红。

二、背盟是非

细心的朋友可能会说，一些历史读物及网络文字都说是蒙古人背盟啊！因为蒙古围攻汴梁时，曾经派了使臣到临安，要求宋军出师汴梁，助蒙灭金。南宋也做出了积极响应，派使臣回访，面见窝阔台。窝阔台亲自承诺，灭金之后，将黄河以南的"金地"归宋。但是，南宋虽然派了使臣，却没有出兵汴梁。直到蒙古围攻蔡州，再次要求联宋灭金时，孟珙等人才奉命出兵蔡州。前后相隔虽然只有十个月，但就在这十个月里，形势发生了变化，战线由黄河南岸的汴梁向南推进五六百里，到了淮河北岸的蔡州，盟约的"行情"自然不一样。这时还想要黄河以南地，那就和北宋当年的做法如出一辙。当年宋金灭辽，约好北宋夺幽州、燕地归宋，结果宋军溃败，金兵夺了幽州，北宋却派出使者，索要燕地。

灭金之后，塔察儿及其他各部蒙古军撤退到黄河以北地区，黄河以南的"金地"留下部分汉军及金国的降将驻扎。宋军孟珙、江海等也撤回到襄阳、信阳、随州、枣阳、光化、钧州一线即"宋地"防守，同时在占领的"金地"唐州、邓州一带屯田。从这个格局看，至少蒙古的塔察儿部和宋军的史嵩之部之间是有默契的，双方留下一片缓冲地带。

所以，如果说背盟，还真是南宋背盟。但从当时的形势看，背不背盟并不是很重要。因为就在宋军占领汴梁并向洛阳推进时，窝阔台正在几千里外的和林与诸王大臣讨论南下伐宋事宜：

> 先帝肇开大业，垂四十年，今中原、西夏、高丽、回鹘诸国，皆已臣附，唯东南一隅，尚阻声教。朕欲躬行天讨，卿等以为何

如？（《续资治通鉴》）

经过汉人或汉化的契丹、女真史臣的加工，初看"尚阻声教"几个字，还以为是隋文帝在和大臣讨论出兵江南、统一中国的事情。蒙古还没有来得及出兵，南宋就抢占了汴梁、洛阳。就是这个时间差，给蒙古用兵提供了借口，对宋的第一波攻击由此拉开了序幕。蒙古理直气壮而来，南宋上下，既因为出兵失利而士气受到严重挫伤，也因为"背盟"而在道义上陷于被动。所以，当蒙古使者王檝来到临安责备南宋背盟时，南宋君臣无言以对，派出一个代表团随王檝去蒙古，向窝阔台道歉并做解释。

那么，大家可能要问，不久前和蒙古军一道攻克蔡州的孟珙，对"扼关守河"有什么看法？材料上没有记载。但孟珙在这段时间做了两件实事：第一，趁着两淮宋军向汴梁推进、黄河以北蒙古军尚未动作之际，护卫朝廷派来的祭祀官员，速战速决，赶往巩县即今河南巩义市，代表理宗皇帝祭祀了"八陵"——包括宋太祖、太宗在内的七位皇帝及赵匡胤父亲的陵墓。第二，招徕中原"精锐之士"共一万五千人，组建了一支类似于当年"北府兵"的"镇北军"，分驻襄阳以北的樊城、新野一带，防御蒙古南下。史嵩之卸任、赵范接任京湖制置使后，"镇北军"改名为"襄阳府驻扎御前忠卫军"，由地方部队改编为中央直属军。这是南宋自高宗赵构以来对军队控制的通常做法。但是，由于孟珙被夺权、赵范处置失当，这支军队很快就发生了哗变。

灭金的第二年，也是"扼关守河"方略失败的第二年，孟珙奉诏到临安，面见理宗皇帝。我们看看《宋史·孟珙传》记载的二人对话。

理宗高度评价并鼓励孟珙："卿名将之子，忠勤体国，破蔡灭金，功绩昭著。"

孟珙回答得既谦虚又得体："此宗社威灵，陛下圣德，与三军将士之劳，臣何力之有？"

理宗高兴，以"恢复中原"征询孟珙的看法。孟珙没有正面回答，只是说："愿陛下宽民力、蓄人材，以俟机会。"以当前形势而侈谈"恢复中原"，那真是想多了。

理宗说，如卿所言，只有"和议"一条路？孟珙的回答很有智慧："臣介胄之士，当言战，不当言和。"我是一介武夫，只说打仗的事，议不议和，怎么议，那是朝廷的决策，不敢妄议。

孟珙此时正值"不惑"之年，又长期沉于下层，处处低调，或许是性格所致，或许是接受了岳飞的教训。岳飞被害不在于其总能打胜仗，南宋需要能打胜仗的将领，打了胜仗才有和女真谈判的资本。岳飞的问题是不但能打，还时时言打，特别是还高调"恢复中原"，成为一切反对和议的人们的旗帜，所以成为赵构、秦桧的眼中钉，必欲除之而后快。

在此后的几年里，蒙古军多道南下。西路夺了还在金人手中的巩昌（今甘肃陇西），再下南宋的沔州（今陕西略阳），直逼四川门户阳平关；中路不但夺了唐、邓诸州，还夺了襄阳、樊城、郢州、荆门；东路夺了南宋一度占领的淮河以北"金地"，继而渡过淮河，连夺安丰（今安徽寿县）、滁州、真州（今南京六合区），直抵长江西岸。只是因为受到南宋军民的层层抗击，而内部又发生变故，蒙古军才逐渐退往淮河以北。

当时在东线庐州一带给蒙古军以重挫的，是曾经反对"扼关守河"的杜杲，此时为淮西制置副使兼转运使、庐州知州。而夺回襄阳等地的，则是曾经与蒙古联手灭金的孟珙、江海等人。

看来，加强边防，巩固后方，而不是抢夺地盘，才是对付蒙古南下的正道。理宗皇帝也后悔轻启战端，重新起用因为反对"扼关守河"被迫免职的史嵩之，命其取代赵范，再度为京西荆湖安抚制置使，并兼沿江制置副使、节制鄂州以下的长江中游诸州。但史嵩之说了一句话良心话："非孟珙不可守。"舆论也认为，荆襄防务，"无逾珙者"。

在多方面的推动下，孟珙开始主持荆襄及长江上游巴蜀的防务，从将领选拔到军队整顿，从江防边防到城市联防，从屯田储粮到招徕流民，皆在通盘计划之中。在他的精心打造下，长江中上游的防御体系逐渐建立起来，并且在日后的宋蒙战争中发挥了重要作用。但孟珙本人却因为在这个过程中被认为势力太大、气场太强而受到猜忌。

三、兄弟相残

蒙古对南宋第一轮攻势的退潮固然与南宋军民的浴血抗击有关，更是因为内部特别是孛儿只斤家族内部发生了问题。

孛儿只斤家族的矛盾，成吉思汗在世时就已经公开暴露。成吉思汗指定老三窝阔台为接班人，并没有真正解决老大术赤和老二察合台及其家族的矛盾，又造成了老四拖雷和老三窝阔台及其家族之间的矛盾。《元史·耶律楚材传》透露出一个信息：1229年秋，在窝阔台继位的"库里勒台"大会期间，耶律楚材敦促监国拖雷和窝阔台的权力移交，拖雷的表现不是太爽快，说是否可以缓一缓："事犹未集，别择日可乎？"耶律楚材坚持选日不如即日："过是无吉日。"由于有成吉思汗生前的指定，又有察合台、耶律楚材的鼎力相助，窝阔台继位没有发生意外。但三年之后，拖雷发生了意外。1232年九月，在三峰山之役全歼金兵主力之后不久，拖雷死了。《元史·太宗本纪》对此只有三个字："拖雷薨。"但在蒙古人的口述史中，拖雷的死并不简单。

"兔儿年"窝阔台伐金，到居庸关东南龙虎台时，生病了。眼见病势沉重，召来巫师、卜师，让他们驱逐病魔。巫师、卜师经过和神灵对话，告诉窝阔台，我军进入金地，掳掠人口，抢劫财富，焚毁城市，惹怒了金人的保护神，是他们在对大汗作祟。窝阔台本来闭着的眼睛微微睁开，说口渴要喝水，喝完后又闭上眼。巫师们继续说，已和金人神祇做了沟通，归还人口，归还财富，不再焚毁城市，并且献上牲畜、金银，希望换回大汗的健康。但金人神祇不允，说是用牲畜、金银为替身没有诚意，必须是大汗身边有能力的亲人，才能作为大汗的替身，否则加大作祟。窝阔台闻言问道：子弟中有谁在身边啊？当时在身边的，只有弟弟拖雷。拖雷一直听着巫师和窝阔台的对话，此时开口了，说父亲在众多兄弟中选了哥哥，如果哥哥身有不测，那是蒙古的不幸。让我来做哥哥的替身吧，我是您身边有能力的亲人，曾经砍断过鳣鱼的脊梁，战胜过身边的叛逆，刺伤过遥远的敌人，而且仪表堂堂，金人神祇应该满意。让巫师、卜师诅咒我吧，让我代哥哥病、代哥哥死吧！说罢，巫师、卜师们开始对拖雷诅咒，诅咒完了，把用于诅咒的水让拖雷喝下。拖雷喝完水，坐了片刻，说道："我醉了，等我醒过来的时候，请可汗哥哥好好关照孤弱的侄辈、寡居的［弟］妇吧！［我］还说什么呢？我醉了！"（《蒙古秘史》）这就是拖雷的临终遗言了：我死了，请哥哥关照好您的弟媳和侄子们吧！说罢，拖雷走出大帐，死了。有拖雷作为替身，窝阔台的病好了。

这是关于拖雷之死最为详细的叙述，由 1240 年成书的蒙古人口述史《蒙古秘史》第 272 节记载下来。口述者还特别加了一句话：事情的经过就是这样。和其他口述史一样，这段叙述情节生动，但时间、地点却有误差。拖雷之死不在"兔儿年"即 1231 年，而在 1232 年的农历九月，也不是在蒙古南下而是返回漠北之时。但这种记忆上的误差，正说明没有经过加工的"原始"。在中国古代，特别是萨满教等流行的地方，确实有以真人为替身，祈祷将病痛归于替身的习俗，但没有见到替身致死的记载。所以，对拖雷的死，人们有两个截然不同的看法：一是赞扬拖雷的兄弟情谊和视死如归，将他的死归于凑巧或者其他疾病；二是质疑拖雷死得蹊跷，怀疑巫师、卜师受窝阔台的指令，通过这种方式逼死拖雷。

如果此后窝阔台将大汗之位归于拖雷家族，自然令所有质疑闭嘴。

但是，窝阔台一心一意要让大汗之位永久留在自己家族，开始想传位给自己比较中意的第四子阔出。公元1235年的"长子西征"，很大程度上受窝阔台这个意图的推动：长子去世，次子贵由随拔都出征，为四子阔出继位做准备。但人算不如天算，阔出死了。窝阔台不甘心，宣布以阔出之子失烈门为嗣。这就不能不令人怀疑，拖雷的死，实是窝阔台为子孙继位排除障碍。

此后，孛儿只斤家族发生了四次变故：一、窝阔台死后，皇后乃马真临朝，贵由从欧洲前线回归后继位。二、贵由继位不久死去，窝阔台家族打算推失烈门上位，但在术赤家族拔都等人的力挺之下，大汗之位回到拖雷家族。三、在"库里勒台"推举拖雷长子蒙哥为汗之后，发生失烈门及其母聚众叛乱之事。此后，拖雷家族联合术赤家族，将窝阔台家族成员几乎剿杀殆尽。四、蒙哥南下攻宋，死于合川（今属重庆）钓鱼城下，拖雷家族爆发老四忽必烈与老七阿里不哥争夺汗位的战争。如此折腾了二十多年，也给了南宋二十多年喘息的机会。当然，这些变故也使蒙古的两次西征停下了脚步，西欧和埃及没有受到蒙古铁骑的冲击。

四、藩邸班底

忽必烈是拖雷的第四个儿子，出生于1215年，这一年，蒙古攻占了金中都燕京。这也许是一种"宿命"，燕京日后成为忽必烈最喜欢的地方，并且成为元朝的"大都"。

父亲拖雷去世的时候，忽必烈十八岁。在接下来的十多年里，蒙古南下、西征，热火朝天，忽必烈好像成了"局外人"，既没有参与南下灭金，也没有参与"长子西征"，《元史·世祖本纪》只说了一件事情："岁甲辰，帝在潜邸，思大有为于天下，延藩府旧臣及四方文学之士，问以治道。"甲辰年为公元1244年，此时窝阔台已经去世两年，贵由尚未继位，其母乃马真氏主政，重用回族商人奥都剌合蛮等人。耶律楚材在这年去世，忽必烈则开始接触拖雷旧部及知名学者。

1251年，蒙哥成为蒙古大汗，命弟弟忽必烈总治漠南诸路事务，开府于金莲川（今为"闪电河"）的"爪忽都之地"，得专封拜。金莲川位于今河北沽源以北、内蒙古多伦以西的锡林郭勒正蓝旗，为滦河源头。这里是蒙古高原到华北平原的过渡地带，也是当年金世宗完颜雍及成吉思汗避暑之地。忽必烈在此开府，有延揽各方人才的得天独厚的条件，更多的各族高人、能人进入幕府，成为日后争夺汗位并创建元朝的文官班底，仅入《元史》的就有四五十位。略加分类：

政治治理类：杨惟中、刘秉忠、郝经、姚枢、霸突鲁、张宏、赵璧、商挺、董文炳、董文忠、李冶、杨奂、徐世隆、陈思济、贾居贞、李庭玉、王显祖等。

儒学文学类：赵复、窦默、许衡、元好问、张德辉、张文谦、张特立、朵罗术、乃燕、张孙孔、段直、白文举、郑显之、赵元德、李造之、高鸣、李盘、李涛等。

僧道术数类：八思巴、云海、萧道辅、李守寿、田忠良、爱薛、许国祯等。

这是一个远不完整的名单，名单中的人物，都是忽必烈为大汗之前在"潜邸"或"旧藩"时物色的，以汉人为主，包括蒙古、契丹、女真、党项、畏兀儿、吐蕃、拂菻等多个民族，大多从"金地"挖掘，也有不少是从"南人"及西域搜罗。有人认为，忽必烈搜罗的这个班底，完全可以比拼当年的李世民秦王府。那么，忽必烈弄这么多人物干什么？第一，收拾江南，扩大蒙古版图；第二，等待时机，夺取大汗位置。所以，《元史》用了一句意味深长的话："思大有为于天下。"

这些人物中，有的名声如雷贯耳。如吐蕃的八思巴，虽然见忽必烈于"潜邸"时才十五岁，却是蒙古文字的创建者，被忽必烈尊为"帝师"。如女真化的汉人窦默，既是著名的理学家，又是负有盛名的针灸名家。再如已经汉化的鲜卑人后裔元好问，诗、文、词、曲皆精，是金元之际的"一代文宗"，代表着北方文坛的最高成就。

还有一些人或许许多朋友没听说过，当时影响却很大。如畏兀儿人朵罗术，是忽必烈的畏兀儿字老师。如蒙古人霸突鲁、乃燕，都是木华黎的曾孙。乃燕谙熟典故，论事引经据典，被忽必烈称为"薛禅"，汉文为"大贤"；忽必烈定都燕京即今北京为"大都"，则是采纳了霸突鲁的建议，所以向人们宣告："朕居此以临天下，霸突鲁之力也。"（《元史·霸突鲁传》）

杨惟中、刘秉忠、廉希宪、姚枢、董文炳等，则是后耶律楚材时代最杰出的一批政治家。

杨惟中是孤儿，被收养在窝阔台府中为侍童。窝阔台后来发现，这个小孩不但极为聪明，而且有过人的胆识，还特别爱读书，所以视为己子，加意培养。

窝阔台为大汗，命二十多岁的杨惟中巡视西域各国，宣扬蒙古国威，颁布国家政令，安抚当地首脑，登记户口财产。行程万里，历三十国，窝阔台大加赞赏。灭金之后，蒙古多路南下，窝阔台让杨惟中在阔出军前"行中书省事"，为儿子准备未来的宰相。阔出军扫荡枣阳、光化等军，光、随、郢、复诸州，襄阳、德安等府，所到之处，杨惟中带着姚枢收集当地图书，特别是宋儒著作；搜罗名士数十人，送往燕京，并在燕京为宋朝大儒周敦颐立祠、建太极书院，宋学开始在北方流行，为此后推行汉法奠定了基础。

再说杨惟中的两件事情。

第一，总揽庶务。窝阔台去世之后，耶律楚材辞职，杨惟中代为中书令。耶律楚材为中书令时，有左右两丞相为助手；杨惟中为中书令，不设左右相，是一相总庶务，可见其精力旺盛，能力超强。杨惟中后，中书省不再设令，所以《元史》将杨惟中与耶律楚材合传。

第二，霹雳手段。蒙哥为大汗时，忽必烈主漠南事，为加强对"金地”的管理，在汴梁立河南经略司，杨惟中以中书令兼经略使。塔察儿灭金北返时，以万户刘福为河南道总管。二十年间，刘福成了河南土皇帝，祸害民众，怨声载道。杨惟中到任后，命人召刘福。刘福倚老卖老，称病不出。杨惟中命人传话：“汝不奉命，吾以军法从事。”（《元史·杨惟中传》）刘福没法，带着几十个侍卫壮胆，簇拥而来。杨惟中见状，抡起已经准备的大棒，朝刘福砸去。刘福本来想先套近乎，没想到杨惟中说打就打，刘福一直被打到爬不起来。几天后，刘福死去，百姓拍手称快。杨惟中在河南奖励农耕、减轻赋役、剿灭土匪，河南大治。

忽必烈南下攻宋，以杨惟中为江淮京湖南北路宣抚使，蒙古、汉军诸帅皆听节制。但是，就在忽必烈登上大汗宝座的几个月前，五十五岁的杨惟中病逝于蔡州。郝经为杨惟中撰写《神道碑铭》说：

> 斯民得以迓续遗命，吾道赖以不亡，天下复见中国之治，繁公之力……相三君、历四朝，出入柄用者三十年，天下畏其勇而怀其仁。（郝经《陵川集》）

杨惟中去世，忽必烈失去了一位现成的宰相。那么，谁可以替代杨惟中？

第三十一讲　天下一统

一、阿里不哥

我们上一讲说，杨惟中的去世使忽必烈失去了一位现成的宰相。但是，当一股势力、一个政权、一个民族正处于发展期的时候，并不会因为个人的去世而影响其前进的步伐。成吉思汗去世，有窝阔台；窝阔台去世，经过一段时间的波折，有蒙哥、忽必烈。耶律楚材去世，有杨惟中。杨惟中去世，自然有人填补。

杨惟中去世时，忽必烈和"大蒙古国"正处在一个转折关头。成吉思汗生前指定窝阔台接班，窝阔台生前指定皇孙失烈门接班，即使这样，也都发生过问题。蒙哥生前并没有指定接班人，有资格继承汗位的，是拖雷的三个嫡子、蒙哥的三个同胞弟弟：忽必烈、旭烈兀、阿里不哥。

旭烈兀已经在西亚建立伊儿汗国，所以大汗只在忽必烈、阿里不哥二人中产生。蒙哥在世时，命忽必烈主漠南之事，南下攻宋时，让阿里不哥主漠北之事。从这个布局看，阿里不哥更有继位的理由。忽必烈主持漠南事务期间，大量起用汉人，大力推行汉法，引起漠北诸王的不满。所以，蒙哥去世之后，漠北的蒙古诸王，包括术赤、察合台、窝阔台以及旭烈兀家族的多数成员，特别是蒙哥的三个儿子，都用不同方式支持阿里不哥。忽必烈的支持者，主要是漠南的蒙古及契丹、女真、汉人大臣，当然，也有一些漠北的王。

阿里不哥对形势看得十分清楚，所以不断敦促哥哥忽必烈北上和林，和蒙古诸王一道举行"库里勒台"，公推蒙古大汗。

虽然在蒙古汗位继承的问题上，忽必烈金莲川幕府的智囊团没有发言权，但他们可以提供智慧，和林是阿里不哥的"主场"，绝不能去，去了只能被迫就范。那怎么办？根据智囊团的建议，忽必烈把支持自己的蒙古诸王请到金莲川东边的开平。请到开平干什么？自己玩，在开平弄个"库里勒台"。来了多少人？没多少。但没有关系，来多少算多少，加上忽必烈从燕京带去的蒙古族、契丹族、女真族、汉族官员，人就多了。

来到开平的蒙古诸王和各族官员一道"劝进"，拥戴忽必烈为大汗。1260年农历三月二十四日辛卯，按照智囊团的安排，忽必烈在推让了三次之后，接受诸王、大臣的"固请"，"即皇帝位"，并且诏告天下：

> 左右万里，名王巨臣，不召而来者有之，不谋而同者皆是。咸谓国家之大统不可久旷，神人之重寄不可暂虚。求之今日，太祖嫡孙之中、先皇母弟之列，以贤以长，止予一人。虽在征伐之间，每存仁爱之念，博施济众，实可为天下主。天道助顺，人谟与能。祖训传国大典，于是乎在，孰敢不从。（《元史·世祖本纪》）

虽然没有多少"名王"，却有众多"巨臣"，"左右万里"四个字一出，声势就大了。这些"名王巨臣"都认为，在太祖的嫡孙中，在先皇蒙哥汗的同母弟中，不管是按年龄还是按德行、才能，这个汗位只有忽必烈才有资格继承。为了不辜负祖宗的基业，不辜负上天的重托，忽必烈还必须接受这个汗位。

这就是文字的力量，也是各族统治者都娴熟的套路。这个诏书不但颁发各地，也直送南宋、朝鲜等政权，特别是送往和林及漠北蒙古各部，还有钦察、察合台、窝阔台、伊儿诸汗国，当然，是用他们读得懂的蒙古文字。忽必烈的这个举措，完全打破了阿里不哥的计划。你设圈套，别人不钻，不但放你鸽子，还对你的支持者进行策反。阿里不哥等不得诸王齐聚，急急忙忙也弄了个"库里勒台"，宣告蒙哥汗将玉玺传给了自己，自己才是正宗的"大汗"，忽必烈只是个"伪汗"，是冒牌货。那么，阿里不哥所说的蒙哥汗的玉玺是真是假？是真，是蒙哥的儿子护送父亲遗体返回蒙古时交给七叔阿里不哥的。

兄弟两个闹到了这一步，只有按蒙古人的办法，也是中国历代政权的办法，以战争解决问题。

为了应对这场家族内部、"大蒙古国"内部的战争，忽必烈动用了包括蒙古族精英在内的各民族精英的智慧和力量，并以华北的物质财富为依托，显示出比阿里不哥主要依靠漠北蒙古的更大的优势。

第一，营建开平城。四年前，忽必烈灭大理之后，在金莲川以东、今内蒙古多伦滦河以北的龙冈，建起了塞外之城，这座城便是开平。此时其为进攻和林的基地，日后成为元朝的"上都"。选址建城的"僧子聪"，就是忽必烈潜邸的头号谋士刘秉忠。

第二，重立中书省。以王文统为中书省平章政事、张文谦为中书左丞，廉希宪、商挺、赵良弼等人为各路宣抚使，既为稳定后方、筹措粮饷，更为清除阿里不哥在漠南，特别是甘陕一带的势力，断其右臂。除了王文统，张文谦等都是潜邸时的旧臣。

第三，调集蒙汉联军，先是击溃阿里不哥的前锋，然后直取和林，阿里不哥外逃。

过程说起来简单，这场战争却反反复复打了四年。阿里不哥败了降、降了再打，最终走投无路，和蒙哥的三个儿子一起来到燕京，向忽必烈请罪。

兄弟二人见面，相对而泣。忽必烈问了一个问题："试据理言之，我兄弟二人孰应嗣大位？"阿里不哥实话实说："昔日我为是，今日汗为是。"（《新元史·阿里不哥传》）本来这个汗位应该属于我，既然我打输了，那么属于你。说罢，表示承担全部责任，任凭处置，与手下人及支持自己的诸王没有关系。

也许有朋友会好奇，如果阿里不哥赢了，蒙古还会南下，南宋还会灭亡吗？我认为毫无疑问。南宋的灭亡既是因为蒙古的南下，也是因为"自作孽"。阿里不哥南下是否会造成更大的破坏？我认为是肯定的。两害相权取其轻，历史选择了忽必烈而非阿里不哥，应该是汉人的幸事。

二、大哉乾元

汉人不幸之中的大幸，既是因为忽必烈为代表的一批蒙古精英、蒙古民众的理念变化，也是因为有一批汉人及汉化的契丹、女真精英在引导，他们的灵魂人物，前有杨惟中，后是刘秉忠。

刘秉忠先世为江西瑞州即高安人，后徙居邢州，即今河北邢台。木华黎取邢州时，立都元帅府，以刘秉忠父亲刘润为都统。刘氏经历了由汉民到金民、再到蒙古民的过程，这个过程也是辽宋金元间许多汉民的共同经历。

刘秉忠本名刘侃，字仲晦，《元史》称其："生而风骨秀异，志气英爽不羁，八岁入学，日诵数百言。"当时的河北为蒙古、女真拉锯战的战场。刘秉忠的父亲刘润归附了蒙古，刘秉忠在十三岁的时候成了元帅的"质子"，这也是当时对降将的一种控制方法。刘秉忠做了几年质子后，又做了一段时间邢台节度使府的书吏，感到憋屈，弃职而去。《元史》记载刘秉忠当时的感受："吾家累世衣冠，乃沦没为刀笔吏乎！丈夫不遇于世，当隐居以求志耳！"（《元史·刘秉忠传》）刘秉忠先是做了道士，后被邢州天宁寺名僧虚照禅师看中，收为弟子，赐法号"子聪"。刘秉忠云游到云中南堂寺时（但这个"云中南堂寺"不知在何处），因缘结识了临济宗第十七代祖师海云，被海云带到金莲川，见了在潜邸的忽必烈。二人年龄相当，忽必烈一见而"大爱之"。

推荐人海云禅师可以走，但刘秉忠必须留下。从此，忽必烈有了一位不世出的军师，刘秉忠也有了一个实现平生抱负的平台。《元史》作者以极为崇敬的心态，历数刘秉忠的本领：

> 秉忠于书无不读，尤邃于"易"及邵氏《经世书》。至于天文、地理、律历、三式六壬循甲之属，无不精通，论天下事如指诸掌。（《元史·刘秉忠传》）

这就是当代的诸葛亮、当代的王景略（王猛）、当代的耶律楚材啊！但是，刘秉忠不仅有这些"奇门"本事，更有"正道"学问。所以，他一面用"奇门"本事为忽必烈出谋划策、克敌制胜，"以马上取天下"；一面以"正道"学问告诫忽必烈，天下"不可以马上治"（《元史·刘秉忠传》）。那怎么治？治天下必须用儒家的"典章、礼乐、法度、三纲五常之教"。刘秉忠认为，这些才是治天下的"正道"。为此，刘秉忠给忽必烈上了一道几千字的治国方略。当然，只有这个方略不够，还要逐条逐句给忽必烈解读、逐个逐项让忽必烈推进。关键是，忽必烈还真是逐条逐句地听，逐个逐项地做，这就是大气象。

刘秉忠的方略中，包括礼敬兄长、和睦诸王，祭祀孔子、推行汉法，建立制度、选择官员，开办学校、教化民众，鼓励农商、轻刑减赋，改革历法、重视水利，等等。每一条都有具体的操作办法。刘秉忠当然不会忘记时时提醒，得人心者得天下，蒙古军攻占大理及后来在襄阳、临安受降，没有发生屠城的情况，刘秉忠和他的同僚功不可没。

所以我说，耶律楚走了，有杨惟中；杨惟中走了，有刘秉忠。看上去是偶然，却是蒙古——元朝兴旺的表现。南宋不是没有人才，是有人才而遭忌、有人才而不用，特别是本来的人才在进入官场之后被压制成庸才，被诱惑成贪官，被培养成奸臣、佞臣。这就是败象。

忽必烈称帝之后，一面与阿里不哥争锋，一面在刘秉忠等人推动下建立起元朝的基本制度。中央重立中书省，地方设宣抚司，此后发展为行中书省，窝阔台、蒙哥时代的旧臣，以及"山林遗逸之士"，都因材而用。同时，"建元纪岁"，学习中原皇朝的做法，建立年号。唐太宗是"贞观"，唐玄宗是"开元""天宝"，忽必烈建元"中统"。公元1260年是南宋理宗景定元年，在蒙古及此后的元朝，则为"中统元年"。

平定阿里不哥后，忽必烈将年号由"中统"改为"至元"，并采纳刘秉忠的建议，做了两件大事：

第一，取"易"之义，国号"大元"。这件事情发生在至元八年十一月十五日，即公元1271年12月18日。刘秉忠取《周易》"大哉乾元"之义，建议忽必烈定为号为"大元"。我们所说的"元朝"，由此开始。

第二，定都燕京，以为"大都"。虽然开府于金莲川，又营建了开平，但忽必烈自从"总漠南"事务之后，政治中心大抵在燕京。北归与阿里不哥争取汗位时，也是在燕京调兵遣将，然后到开平称汗。为何不直接在燕京称汗？这就有讲究了。开平是蒙古传统的活动区，在这里称汗，能够得到蒙古诸王的谅解。到燕京称汗，那是谁的汗？在对阿里不哥取得压倒性胜利之后，形势发生了变化，忽必烈让刘秉忠主持营建大都城及宫殿。至元九年即公元1272年，也即建国号"大元"的第二年，忽必烈定都燕京，称"大都"。北京作为全国性政权的都城，由此开始。

三、天下之大

关于元朝的种种制度和举措，《元史》做了一个总结："皆自秉忠发之，为一代成宪。"（《元史·刘秉忠传》）但是，为忽必烈出谋划策二十年，运筹帷幄，扈从出征，刘秉忠的公开身份仍然是个"和尚"，没有担任实职，有点像汉高祖刘邦身边的张良、唐肃宗身边的李泌。由于法号"子聪"，包括忽必烈在内，上上下下都称其为"聪书记"。一直到忽必烈将年号由"中统"改为"至元"，有人上书忽必烈，说刘秉忠久在藩邸，"参帷幄之密谋，定社稷之大计"，仍然是"野服散号"，太亏欠他了，应该授予官职，给予殊荣。忽必烈觉得有道理，亲自干预，"僧子聪"只好还俗，成了"刘秉忠"。

刘邦当年说自己能够打败项羽，是因为有了"三杰"。三杰之中，萧何守关中、保根本，韩信战必胜、攻必取，唯独排在"三杰"首位的张良没有具体职务，只是留在身边"运筹帷幄，决胜千里"。忽必烈对刘秉忠也是这样。尽管让其还俗，让其娶了窦默的女儿，仍然不授其实职，只是给了"光禄大夫"这个领俸禄的头衔，但地位却在中书省平章政事之上，以"太保"的身份参与中书省事，给予充分的机动权。

刘秉忠的高明之处，是重视团队建设："天下之大，非一人之可及；万事之细，非一心之可察。"所以，重建中书省时，他推荐王文统为平章政事、张文谦为中书左丞，廉希宪、商挺等一批人到各地为宣抚使。为平章政事的王文统和刘秉忠并没有太多的个人交集，而张文谦则是刘秉忠的同学加助手。刘秉忠推荐、忽必烈采用的人才，当然不仅仅限于政治家和军事将领，可以说是五花八门，所以《新元史·方技传》说：

刘秉忠事世祖于潜邸，其术数之学，尤为帝所敬信。及即位，诏访奇材异能之士，秉忠亦荐其所知，虽寻常艺术，皆得亲承顾问，待以优礼。岂非雄才大略之主，其度量所包括者，无所不至乎！

略举两例。

田闰、田忠良父子，皆精于"易"理及"六壬"之数，为一时"神算"，被刘秉忠推荐给忽必烈。忽必烈问何时灭宋，老子田闰说"丙子"。各位朋友知道，南宋灭于丙子年即 1276 年。襄阳屡攻不下，忽必烈问何时能下，儿子田忠良答"酉年"。癸酉年即 1273 年，吕文焕在坚守六年之后，以襄阳降元。窝阔台的孙子海都先是支持阿里不哥与忽必烈争夺汗位，后来又在北疆闹事，忽必烈命皇子那木罕出征，田忠良说此行不吉，"有叛者"。忽必烈听了十分不痛快。两年后，果然发生叛乱，几位叛王挟持皇子归附海都。忽必烈召来田忠良，说当时差点错怪了你，你为皇子祈祷，让其早日回归，费多少黄金都在所不惜。田忠良说，不必祈祷，也不用黄金，皇子"未年"自然回归。第一个"未年"是"癸未"年，至元二十年，皇子那木罕果然回归，次年抵大都。这些情节，和当年耶律楚材的神算如出一辙。有朋友说，甚无谓也。但古人相信"天命"，有重大的军事行为，一定要预测凶吉，这个预测是产生战斗力的，可以极大提高士气、坚定信念。当然，关键要"兑现"，否则就成谎言了。

田闰、田忠良父子诸位可能不熟悉，有位诸位熟悉的，是刘秉忠的学生和老乡。谁？郭守敬。读初中时朋友们便可了解到，他是中国历史上最伟大的天文学家、数学家、水利工程专家之一。

郭守敬的主要贡献，一是修订《授时历》，二是开凿通惠河、疏浚会通河。

古代历法既用来指导农时，更用来显示"正朔"，显示本朝的统治受命于天。既然这样，你测时就得准。怎么个准法？第一，你颁布的历法，每个月的初一必须是"朔"、十五必须是"望"，也就是说，初一、初二的时候是看不到月亮的，而十五、十六的月亮必须是圆的。第二，你颁布的历法，二十四节气需要和气候基本吻合。第三，你预报的日食、月食要准确。这个是最要经受考验的了：你预告说要食，偏不食；预告不食，却食了。你这个朝代的公信力就受到质疑，说明你并不受命于天，或者，已经被天所抛弃，那就要改朝换代了。所以，历法的修订，应该是中国也是各文明古国最高科学成就的体现。

郭守敬修订的《授时历》从13世纪后期的元朝开始推行，一直沿用到17世纪初的晚明，才被徐光启及德国传教士汤若望主持修订的《崇祯历》取代，用了近四百年。

通惠河从现在北京颐和园的昆明湖到积水潭，再到中南海，一路向东南直到通州，与北运河连通，全长八十二公里。会通河是运河的山东临清到须城（今东平）河段，全长一百多公里，由于南北战争，长年失修，郭守敬建议并主持疏浚。会通河的疏浚、通惠河的开通，我们现在所知道的京杭大运河才真正全线贯通，北京也真正成为南北大运河的北端起点，元朝的"大一统"也从南北大运河体现出来。

如今，河北邢台有规模宏大的郭守敬纪念馆，但郭守敬的老师和伯乐刘秉忠，好像只有一块残缺的墓碑存在。

开平城西有座南屏山，刘秉忠曾经在这里构建讲学和修炼的"精舍"。公元1274年，即至元十一年八月，刘秉忠扈从忽必烈到上都开平，在南屏山精舍"无疾端坐而卒"，时年五十九岁。惊闻刘秉忠去世，忽必烈极为痛惜：

> 秉忠事朕三十余年，小心慎密，不避艰险，言无隐情。其阴阳术数之精，占事知来，若合符契，惟朕知之，他人莫得闻也。
>
> （《元史·刘秉忠传》）

四、再度联手

在刘秉忠等人的帮助下，阿里不哥这个后顾之忧既得以解决，类似中原皇朝的国家制度也正在建立。此时的忽必烈，既是蒙古大汗，也是元朝皇帝。灭南宋、统天下进入忽必烈的议事日程，提起这个议程的，是宋朝降将刘整。

刘整本是金统治下的京兆即今陕西西安汉人，蒙古南下攻金期间，迁徙到被宋军占领的河南邓州，投军到孟珙部下。《元史》说他"沉毅有智谋，善骑射"，是将帅之材了。蒙汉结盟灭金，孟珙以刘整为前锋进攻信阳。刘整派遣十二位骁勇之士乘夜登城，抓获信阳守将。孟珙闻报，大吃一惊，说五代时李存孝用十八骑拔洛阳，你小子才用十二人啊！为了鼓励，特奖励一面锦旗，上书"赛存孝"三字。二十刚出头的刘整一战成名，此后更因战功一路做到了潼川十五军州安抚使、知泸州军州事。

刘整的一路升迁受到一些南方将帅的忌妒，有功不报，无过受责。刘整申诉无门，一怒之下，在中统二年即1261年，将自己掌控的泸州十五郡、三十万户献给了蒙古，受到忽必烈的接见，勉励有加。

就刘整个人的遭际而言，勉励有加与投诉无门，显示出一个发展的势力和一个衰亡的势力之间的区别。

至元四年（1267年）十一月，已是"大蒙古国"昭武大将军、南京路宣抚使的刘整再次面见忽必烈，提出从襄阳突破的攻宋建议。一石激起千层浪。经过半个世纪的厮杀，蒙古西征的步伐已经停止，钦察汗国、伊儿汗国正在经营自己的地盘，察合台、窝阔台汗国则时而相互争斗、时而相互勾结，与忽必烈抗争。南线与南宋之间断断续续的战争，大抵形成隔着淮河、汉水对峙的局面。蒙古族向外开拓的锐气正在消退。所以，围绕着刘整的方案，忽必烈的庙堂之上发生了争议。最终决策灭宋的是忽必烈本人；而以大兴史氏、真定董氏、易州张氏为代表的汉族将领，甚至起着比蒙古族将领更为重要的推动作用。在此后灭宋的战争中，我们看到忽必烈的派兵遣将，都是蒙古军、汉军的双配置。

至元五年（1268年），蒙古军围攻襄阳、樊城，两位"都元帅"即前敌总指挥，一位是蒙古将领阿术，名将速不台的孙子、兀良合台的儿子；另一位便是向忽必烈建议以襄阳、樊城为突破口的降蒙宋将刘整。后续统领大军压阵的两位统帅，一位是蒙古名将伯颜，另一位是汉人名将史天泽。还有两位过关斩将的勇将，一位是畏兀儿将领阿里海牙，另一位是汉将张弘范。

至元十一年（1273年），襄阳守将吕文焕在坚持了五年之后降元，并成为伯颜、史天泽（不久因病而归）大军的前导，一路招降旧部。伯颜下建康，兵分三路取临安，自统中路，西路主将是蒙古将领阿剌罕、奥鲁赤，东路主将是汉族将领董文炳、张弘范。至元十三年（1276年）农历二月，太皇太后谢氏带着五岁的小皇帝赵显献出临安降元，南宋灭亡。

南宋最后一支成规模的抵抗力量由张世杰等人率领，从海上退到了广东新会的海面。率军南下追击并在崖山全歼宋军、迫使陆秀夫携小皇帝赵昺跳海的，是元军的两位都元帅，一位是汉人将领张弘范，另一位是党项族将领李恒。至元十六年（1279年）二月，在崖山近海，眼看着宋军这场悲剧的，是被张弘范部所俘的文天祥。

从这个进程看，南宋固然是亡于元，但每一场战役、每一次打击，都是由蒙古军和汉军共同进行，是蒙汉之间的再一次联手。但这一次联手，不是蒙古与南宋联手，而是在忽必烈"大元"的旗号下，蒙古人和北方汉人联手，并且得到契丹人、女真人、党项人、畏兀儿人的援手，共同完成了中国历史上继秦汉、隋唐之后的第三次大一统，自唐末五代开始的分裂割据及多民族政权并存的局面也到此结束。

第三十二讲 ｜ 大元帝国

一、天下正气

我们上一讲说，在"大元"的旗号之下，以拖雷家族为主体的蒙古人和北方汉人联手，并且得到契丹人、女真人、党项人、畏兀儿人的援手，共同完成了中国历史上继秦汉、隋唐之后的第三次大一统，元朝成为中国历史上第一个由少数民族主导创建的全国性政权。在这个过程中，为汉民族维系了一线尊严、养护了一股正气的，是文天祥。

关于文天祥，许多朋友都耳熟能详，那是真正的伟男子、大丈夫。一个读书人，根本不懂用兵打仗；太皇太后降了，皇帝降了，宋朝亡了，没有后方，没有给养，没有友军，更没有胜利的指望；四次起兵，四次兵败，如果不是被俘，或许还会有第五次、第六次。由于力量对比过于悬殊，连屡败屡战都说不上，只能说是屡仆屡起。从浙江退到福建，从福建退到江西，从江西退到广东，用文天祥自己的诗句，是"山河破碎风飘絮，身世浮沉雨打萍"。但是，不管如何落魄，如何艰险，绝不气馁，而且总有大批的追随者不离不弃，同生共死，甚至不惜冒名顶替，希望用自己的死换得文天祥的生。文天祥靠的是什么？靠的只是一种信念，用自己明知不可为而为之的精神和行动，延续民族的一线尊严、一股正气。

追随文天祥的，是南宋统治下的南方汉民，他们来自江西、浙江、福建、广东；自称文天祥、冒名顶替文天祥而死的，一位叫赵时赏，一位叫刘子俊。赵时赏是和州（今安徽和县）人，不但是监军，还是赵宋的宗室。刘子俊是庐陵（今江西吉安）人，文天祥的同乡和好友。他们将文天祥视为民族精神、民族尊严的化身，所以拼死维护。

一直追着文天祥打，并且在广东海丰五坡岭袭击文天祥驻地的，是元军张弘范部。这支军队以北方汉军为主，也有少数蒙古兵，他们处死了自称是文天祥的赵时赏、刘子俊，却没有过于为难文天祥本人。元军主帅张弘范是当年孟珙攻打蔡州时救下的蒙古"万户"张柔的儿子、最早一批归附蒙古的涿州张氏的第二代代表人物，也是元朝攻灭南宋的重要功臣之一。从围襄阳到破樊城，从强渡长江到兵临杭州，又一路将张世杰、文天祥逼到天涯海角，张弘范是南宋军民的死敌。但是，北方汉人张弘范虽然看不起南方汉人的柔弱，却佩服文天祥的气节风骨。从在临安城作为南宋的谈判代表，与元军统帅伯颜相抗，到一次又一次的屡仆屡起，文天祥不但成为天下汉人的楷模，也被包括张弘范在内的元军上下视为英雄。虽然已经是阶下囚，张弘范却以客礼相待。当然，张弘范是希望文天祥归降，并且希望文天祥写信劝降张世杰、陆秀夫。但是，文天祥交给张弘范的，是自己的《过零丁洋》诗：

> 辛苦遭逢起一经，干戈寥落四周星。山河破碎风飘絮，身世浮沉雨打萍。惶恐滩头说惶恐，零丁洋里叹零丁。人生自古谁无死？留取丹心照汗青。

张弘范不再勉强，命人将文天祥押送到大都。这时的元朝大都正在进行一场关于"人才"问题的讨论。蒙古大汗、中国皇帝忽必烈问大臣："南宰相孰贤？""南朝"的宰相里面，哪位最优秀？各族大臣集体推戴文天祥，将文天祥和耶律楚材并列："北人无如耶律，其南人无如文天祥。"（刘岳申《申斋集》）注意，无论是忽必烈还是各族大臣，都不把南宋视为"中国"，只是视为"南朝"。在他们看来，只有元朝才能当仁不让地代表"中国"。

坦率地说，论运筹帷幄、治国安邦，一介书生文天祥真不是耶律楚材，也不是杨惟中、刘秉忠，但文天祥的百折不挠、气节风骨，却是千古一人。文天祥在大都被监禁三年，忽必烈调动了一切可以调动的力量，包括曾经的小皇帝赵㬎，动员文天祥归降，文天祥均不为所动。忽必烈好奇，要看看这位文天祥是什么样子、是何许人物。《宋史》说文天祥："体貌丰伟，美皙如玉，秀眉而长目，顾盼烨然。"刘岳申的《文丞相传》说文天祥："英姿俊爽，目光如电。"犹如当年成吉思汗见耶律楚材，忽必烈惊讶，"南朝"果然有如此人物。文天祥见了忽必烈，长揖不拜。忽必烈不但没有见怪，反倒肃然起敬，表示如果文天祥能够为己所用，即授中书令，这是耶律楚材当年的职位。

此时文天祥有多个"生"的理由：不但是中国，凡是听说过的地方，乃至没有听说过的地方，除非为海所隔，都被蒙古人征服了，忽必烈已经是中国的皇帝。如果选择生，或许可以像耶律楚材那样，用汉族文化、中原文化尽可能地影响蒙古人。但文天祥放弃了生，选择了死。为蒙古人所用者多矣，不少自己一个，少的是为了信念而死的人。用文天祥自己的话说："孔曰成仁，孟云取义。惟其义尽，所以仁至。"（文天祥《正气歌》）这就是文天祥的信念，是"仁"和"义"培育出来的"正气"。虽说是"留取丹心照汗青"，但只要"义尽"是"仁至"，我自有丹心一片，管他照不照汗青。

所谓惺惺相惜，忽必烈并没有强迫文天祥顺从自己，而是尊重文天祥的选择，成全文天祥的舍生取义。至元十九年十二月初九日，即公元 1283 年 1 月 29 日，文天祥在元大都坦然受刑。行刑之时，行刑

官遍告围观民众:"文丞相南朝忠臣,皇帝使为宰相,不可,故随其愿,赐之一死,非他人比。"(《昭忠录》)

从南宋军民到元军将士,从元朝的蒙汉大臣到忽必烈本人,乃至到行刑官,他们都在用各种方式维护文天祥,维护文天祥展示出来的气节风骨、浩然正气。正是这种风骨、这种正气,使得中华民族、中华文明生生不息,永世长存。

二、奠定版图

元朝统一了中国,但和所有时代的民族战争一样,过程十分惨烈。从成吉思汗进攻西夏开始,到南宋灭亡,战争持续了七八十年之久。如果从阿骨打起兵灭辽开始,这一轮由女真、蒙古接力般进行的北方少数民族南下的战争,前后持续达一个半世纪。一个半世纪的民族征服战争,造成了长时间的户口锐减、经济凋敝、社会残破。

据《宋史·地理志》,北宋徽宗崇宁元年即公元 1102 年,也就是"靖康之难"前二十多年的时候,宋朝官方统计的户口是 2026 万余户、4532 万余口,但这个"口"不是所有的人口,而是需要向国家纳税服役的人口,所以《元史》称其为"户部钱粮户数"。如果按一户 5 口的概率算,北宋末年人口已经过亿。但是,窝阔台灭金时,清理燕京、顺天等三十六路,即金统治下原来的"辽地""宋地",也就是中国的淮河以北地区,仅有 87 万余户、470 余万口。到忽必烈至元七年即 1270 年,经过三十多年的休养生息,北方多出了 50 万户,增长了将近 60%。如果仍然按一户 5 口来算,也只有 700 万左右的人口。灭宋之后,得南宋 1184 万余户,南北总数为 1319 万余户、5883 万口。忽必烈去世后三十多年,元文宗至顺元年(1330 年),南北总户数 1340 万,比北宋徽宗崇宁元年时仍然少了 600 多万户。从这组数字可以看出,一个半世纪的民族战争给中国的社会和经济,特别是北方的社会和经济，造成了什么样的后果。当然，金、元的统治和宋不同，贵族、权势对户口占有更为严重。

其实，不仅仅是民族之间的战争，汉民族内部的战争同样造成了极大的破坏。我们在《隋唐五代卷》中曾经说过，唐太宗贞观末年，户数仅为隋开皇、大业期间的 40%。直到唐玄宗开元二十二年，政府所掌控的户数（841 万余）还没有达到隋炀帝大业三年（890 万余）的数量，只是"口数"略有超出（4844 万余：4601 万余）。我们当然可以认为隋朝对户口的搜检更为严格而唐朝更为随意，但也说明，隋末发生的那场战争对经济、社会的摧残同样极为惨烈。元朝的户口数字虽然没有达到北宋，却比汉、唐更多，所以《元史》有些自豪地说："汉、唐极盛之际有不及焉。"（《元史·地理志》）

灭宋之后，元朝向外扩张的步伐还在继续，东渡日本，南入交趾，远征爪哇及东南亚其他地区，但多以失败告终。失败的原因有很多。

第一，内部动力消耗。人口不足一直是蒙古向外开拓的重要局限，虽然可以通过短期内的千里奔驰、速战速决弥补人口不足的弱点，但随着战绩的拉长、时间的延续，人口的不足就无法弥补了。而且，随着"入乡随俗"的定居生活，蒙古人逐渐厌倦了长途奔袭、马背颠簸。所以，以灭宋为例，军队的主要构成甚至已经不是蒙古人而是北方汉人乃至南宋降将降兵。出兵日本，也是蒙古、高丽和北方汉军及南宋降兵的"混成部队"。

第二，外部环境制约。蒙古灭金、灭宋乃至灭西夏，过程比三次西征更艰难。蒙古西征虽然也有攻坚战，但更多是在草原、旷野的运动战，可以充分发挥骑兵的长处。对西夏、金、宋，常常是攻坚战，城自为守。元军攻占襄阳、樊城，很大程度上是因为有了新式巨型投石机。交趾是丛林作战，爪哇、日本是渡海作战，骑兵的作用难以发挥，风浪莫测，后援不继，气候不适应。

内部和外部的双重原因导致蒙古战车停止运行。

虽然如此，通过蒙古人长期战争并经过汉人、契丹人策划建立起来的元朝，仍然开创了中国有史以来最大的版图，《元史·地理志》对此进行了描绘，并与历代进行比较：

> 自封建变为郡县，有天下者，汉、隋、唐、宋为盛，然幅员之广，咸不逮元。汉梗于北狄，隋不能服东夷，唐患在西戎，宋患常在西北。若元，则起朔漠，并西域，平西夏，灭女真，臣高丽，定南诏，遂下江南，而天下为一。故其地北逾阴山，西极流沙，东尽辽左，南越海表。（《元史·地理志》）

虽然后世视北宋为"积贫积弱"，但《元史》的编撰者仍然将其与汉、隋、唐并列，视为统一皇朝。汉虽盛，北方有匈奴；隋虽盛，奈不何高句丽；唐虽盛，无奈于回鹘、吐蕃；宋虽盛，一直被辽夏压制。唯独"大元帝国"，起于大漠，横扫西域，席卷中国，并令吐蕃归属、高丽称臣。其版图北越阴山，囊括大漠南北；西跨流沙，一直抵达葱岭；东尽辽东，尽有白山黑水；南至于海以及沿海岛屿，陆地面积大约在 1200 万—1300 万平方公里，为后来的明清及当代中国版图奠定了基础。

三、中国皇朝

有朋友可能会问，《元史》作者没说全啊，"大元帝国"怎么漏了"四大汗国"呢？不得不说，四大汗国是大蒙古国的组成部分，但不属于元朝。也就是说，大蒙古国和元朝既有联系，却又不能画等号。元朝是大蒙古国的继承者，四大汗国也继承了大蒙古国的部分遗产。

就在元朝和四大汗国建立的过程中，大蒙古国也在开始分化。以中国为主体的元朝和地处中西亚、中东欧的四大汗国，虽然都是由蒙古族、由成吉思汗的子孙创建，但在创建的过程中又都不可避免地融入了其所征服的地区。成吉思汗西征返回和林后分割地盘，不但在实践上，而且在制度上将蒙古大军以掠夺人口、抢夺财富为主要目的的战争，转变为以占有土地及土地之上的人口和财富为目的的战争。当然，这种转变并不完全是因为成吉思汗个人的决策，而是一切民族征服、民族迁徙过程中的普遍规律，也是蒙古民族从大兴安岭向蒙古大草原迁徙并对这里的民族进行征服的延续。同样，元朝和四大汗国的分化，也并非完全是由于个人因素，而是时势使然，同样是民族迁徙、民族征服的规律所致。

对四大汗国发号施令，主要发生在成吉思汗、窝阔台、贵由、蒙哥时代。此时的钦察、察合台、窝阔台及后来的伊儿等四大汗国，是大蒙古国的成员，参与大蒙古国的事务，几次大汗推举也都积极参与，而且介入了阿里不哥和忽必烈的汗位之争。其实，在贵由、蒙哥时代，汗国与大蒙古国的关系已经在疏远。自从忽必烈为大汗，特别是建立元朝、统一中国之后，其轨迹和四大汗国并行，成了"拖雷汗国"，严格地说，成了在拖雷汗国基础上拓展的、继唐宋而起的又一个中国皇朝——"大元帝国"。

这时，四大汗国和元朝之间的关系，不再是宗主国与附属国、依附国的关系，而是"亲戚"关系，大蒙古国真正地"四分五裂"了。包括蒙古本土在内的元朝，是大蒙古国的嫡系传人，四大汗国各继承了大蒙古国的部分遗产。犹如一个大家族，维系几代之后，儿子、孙子们自立门户，各自成家，虽然兄弟还是兄弟，却是一个一个的独立家庭，打架的时候可能会帮忙，相互之间却既没有财产继承关系，也没有控制与被控制的关系，往来就是"走亲戚"。亲兄弟尚且如此，更不用说术赤、察合台、窝阔台、拖雷子孙的堂兄弟关系。到元武宗至大二年（1309 年），窝阔台汗国被察合台汗国和元朝瓜分，四大汗国也只剩下三个了。

元朝起源于蒙古，但它是由蒙古族为主体的包括汉族、女真族、契丹族、党项族及吐蕃、回族在内的各民族共同的皇朝。蒙古统一中国的过程，犹如鲜卑、女真的入主中原，以及三千年前的夏、商、周，两千多年前秦兼并六国，商为"东夷"，周、秦为"西戎"，通过与中原文化融合，共组"华夏"。

忽必烈根据汉人刘秉忠等人的建议，以中华文化的经典"易经"为依据，建国号为"大元"，年号为"中统""至元"。又按照中国的传统制度，建太庙、立庙号，推行各种适合中原皇朝习惯的制度和政策，并为后继者继承并推进。《元史·世祖本纪》十分敏锐而又实事求是地评价忽必烈"以夏变夷"，不但自己接受了华夏文化，还力图以华夏文化改造蒙古。一百年后，取代元朝、创建明朝的明太祖朱元璋，对元朝统治的"正统性"做出了自己的评价："元虽夷狄，入主中国，百年之内，生齿浩繁，家给人足，朕之祖父亦预享其太平。"（《明太祖宝训》）在近年来很火的《哈佛中国史》中，其主编、加拿大学者卜正民十分形象地说到忽必烈的贡献：

> 忽必烈没有把中国并入蒙古，而是让蒙古人进入中国，并跻身于自公元前221年以来统治这个帝国的各大家族的长长序列中。他建立的政体将不再是如掉线珠子一般的部落国家（按：指成吉思汗建立的大蒙古国），那将是一个王朝国家（按：指元朝）。（《哈佛中国史·挣扎的帝国：元与明》）

四、行中书省

对于如此庞大的帝国，元朝怎么统治，怎么管理？忽必烈根据刘秉忠、许衡等人的设计，建立起一套适合对这个多民族庞大国家进行管理的国家制度。

国号为"大元",都城为"大都"。成吉思汗为大蒙古国的开创者、忽必烈是元朝开创者,庙号分别为"太祖""世祖",窝阔台上承太祖、下启世祖,庙号为"太宗";其余贵由、蒙哥及忽必烈的继承者,庙号都为"宗"。

中央的主体框架是"三大府":中书省、枢密院、御史台,这是复制了秦始皇时代的丞相、太尉和御史大夫。三大府分别总揽天下之政务、军务及司法监察,直接对皇帝负责。中书省下设吏、户、礼、兵、刑、工六部,分理各项事务,这是复制了隋唐时期尚书省的六部。

地方设行中书省,作为中书省的派出单位,这是复制南北朝及隋唐初期的"行台"。行中书省后来成为定制,简称"行省",是中国以"省"作为地方一级行政区划的开始。经过多次调整,全国有行省十个:岭北、辽阳、河南、陕西、四川、甘肃、云南、江浙、江西、湖广。这个排列大体上按蒙古征服的先后顺序。

岭北行省本为蒙古居住地,治和林即今蒙古国哈拉和林,原是蒙哥、忽必烈父亲拖雷的领地,包括今蒙古国的大部和内蒙古的一部分。

辽阳行省为原女真地,治辽阳即今辽宁辽阳,包括今辽宁、吉林、黑龙江三省的全部及内蒙古的一部分,以及黑龙江以北、乌苏里江以东包括库页岛在内的地区。

河南行省,又称河南江北行省,这是"绍兴和议"时确定的黄淮之间的"金地",以及此前伪齐与南宋争夺的江淮之间地,治汴梁即今河南开封,包括今河南省黄河以南及江苏、安徽长江以北,以及湖北的部分地区。

陕西行省,这是金、宋曾经对峙的地区,治奉元即今陕西西安,包括今陕西大部及甘肃、四川的部分地区。

四川行省,此为原南宋地,治成都,包括今四川的中东部、重庆大部,以及甘肃、陕西的部分地区。

甘肃行省，这是原西夏地，治甘州即今甘肃张掖，包括今宁夏、甘肃的大部及青海、内蒙古的部分地区。

云南行省，此为原南诏——大理国地，治中庆即今云南昆明，包括今云南全部及贵州、四川、广西的部分地区，以及泰国、缅甸的一些地区。

江浙、江西、湖广三行省是原南宋地，如果按所谓"四等级制"，这三个行省是最后一个等级的"南人"。江浙行省治杭州，包括今浙江、福建的全部及江苏、安徽的长江以南地区，以及江西的鄱阳湖以东地区；江西行省治龙兴即今南昌，包括今江西、广东的大部分地区及广西的一部分；湖广行省治武昌即今武汉，包括今湖南全部及湖北、广西大部，以及贵州、广东的一部分。

在这十大行省中，我们看到了一些现在的省名：河南、陕西、四川、甘肃、云南、江西。除甘肃外，其他五个省名后来直接被明朝沿用，称"布政司"，延续到今日，它们的主体地区也是现在这些省份的主体地区。

但是，有一些重要的地区不在这十大行省之中。哪些地区？包括大都即今北京、上都即今多伦在内的今北京、天津、河北、山西、山东的全部及内蒙古、河南的部分地区。这些地区当时直隶中书省管辖，称"腹里"，治所就在大都，所以《元史·地理志》说："立中书省一，行中书省十有一。"那么，"行中书省十有一"的那个"一"在哪里？这个"一"叫"征东行省"，但这个行省和其他的不一样，是元朝为了进攻日本、监管高丽而设置的一个机构，并不是元朝的"领土"。

此外，元朝在中央还设置了一个重要的机构，叫"宣政院"，掌管全国佛教事务，并且管辖吐蕃即"藏地"，包括今西藏及青海、四川、云南的部分地区。这个机构的设置确定了"藏区"的中央直辖地位，也表明了藏区正式纳入中国的版图。

行省之下的地方机构，有路、府、州、县，但是，府时时和路并列，州也时时和县并列。如江浙行省：治所在今苏州的平江路，和治所在今上海华亭的松江府，是并列的，均直属行省；山阴、会稽等六县，余姚、诸暨等二州，也是并列的，同属绍兴路。所以，所谓元朝地方区划为省、路、府、州、县五级的说法并不准确，主要框架是省、路（府）、县（州）三级。《元史·地理志》记载了元朝全盛时期的具体数字：185 路、33 府、359 州、4 军、1127 县，另有安抚司 15 个。

那么，元朝又是如何对这个庞大国家进行治理的？

第三十三讲 | 马上马下

一、新政旧俗

我们上一讲说，元世祖忽必烈和他的继承者们参照中国历代皇朝的制度，建立起了以中书省、枢密院、御史台、宣政院等为核心，以行中书省、路（府）、县（州）为主干的一整套中央、地方国家制度。那么，这套制度该如何运转，该用什么理念治理这个庞大国家？

我们在《山河万里：秦汉三国卷》曾经说到过一件事。西汉建立的时候，儒生陆贾时时在刘邦面前说"诗"、说"书"，说得刘邦烦了，骂道："乃公居马上而得之，安事诗书？"陆贾笑了，说陛下"居马上得之，宁可以马上治之乎？"（《史记·郦生陆贾列传》）这段对话一经流传，遂成经典。得天下靠的是战争，所以说是"居马上得之"。但是坐天下、治理天下，却需要有和战争不同的手段，那就是"诗书"，是法律，是规矩，是教化，是良知，是汉唐以来中国历代政权总结出来的典章、礼乐、法度、三纲五常之教。所以耶律楚材告诫过窝阔台，刘秉忠继续告诫忽必烈："以马上取天下，不可以马上治。"（《元史·刘秉忠传》）

历史上大凡有作为，特别是有大作为的政治家，都有一个共同的

412

特点，就是"听人劝"，听得进意见，容得下高人，这就叫"从谏如流"。当年二十岁出头的秦王即后来的"秦始皇"嬴政，因为李斯的一个上书，立即收回不合时宜的"逐客令"，以天下之人才取天下。汉高祖刘邦因为娄敬的一个建议，立即从洛阳起程，定都长安。唐太宗李世民因为魏征的一番陈述，立即放弃清算，团结曾经反对过自己的东宫、齐府旧部，开创了"贞观之治"。而所有"自作孽"的君主，也有一个共同的特点，那就是自以为是，喜欢别人拍马屁，听不得不同意见，容不得比自己更高明的人。传说中的商纣王是这样，隋炀帝杨广也是这样。

元世祖忽必烈是有大作为的政治家，所以采纳刘秉忠等人的建议，建号定都，推行新政，开创了从大蒙古国到元朝过渡时期生机勃勃的局面。但是，忽必烈以及他的继承者，一直到退出北京的元顺帝，整个元朝的治理，又都在"马上""马下"这四个字上纠结。这种纠结，正是新政与旧俗、汉化趋势与习惯势力之间的矛盾和斗争。为什么？因为大蒙古国旧俗的惯性力量太过强大。

第一，武力崇拜。从蒙古大草原到中亚西亚、东欧中欧，从夏、金、吐蕃到大理、南宋，蒙古人的一切都是从马上、从战争中得到的。有个记载说，成吉思汗西征返回，拖雷的两个儿子——十岁的忽必烈、八岁的旭烈兀，兄弟二人一个射了只兔子，一个射了只山羊，献给祖父作为见面礼。仅从这件事就可以看出，为什么当年的蒙古人那么能打。马背就是他们的摇篮，骑射乃是家常便饭，就像汉人拿起筷子吃饭、提起笔来写字这么简单。有朋友开玩笑说，汉代出了个"飞将军"李广，神射手，汉人吹了两千年，《水浒传》还杜撰出一个"小李广"花荣。而真正的蒙古勇士，随便拎出一个就是"李广"，他们有无数个"李广"。犹如有一段时间，中国派出一个省乒乓球队，也可以打遍天下无敌手。13世纪蒙古人创造了人类战争史上的奇迹，固然是因为有伟大的成吉思汗的率领；但成就成吉思汗的伟大的，则是无数忽必烈、旭烈兀这样从小在马背上骑射的蒙古将士。所以，即使没有成吉思汗，蒙古人还有第二次、第三次西征以及战争的胜利。战争的胜利使蒙古人对自己的传统习俗有着由衷的自豪感，同时也被其他民族包括汉人畏惧乃至崇拜。所以，一面是进入中原地区的蒙古人、色目人在逐渐汉化，一面则是汉人、女真人也在部分蒙古化，他们在生活方式、行为方式上也效法蒙古习俗。元朝的许多制度，如户口制度、匠班制度、宗教制度、奴仆制度等，都是由蒙古本土带到中原大地，并且一直延续到明朝的。

第二，皇位继承。在蒙古的征战中，乃至在蒙古的习俗中，形成了强大的"诸王"势力。他们有自己的属地，有自己的部属和奴仆，组织起来就是军队。其中既有成吉思汗家族的，也有成吉思汗亲兄弟、族兄弟家族的。在各地立国的钦察、伊儿、察合台、窝阔台等汗国的影响力也不容忽视。元朝的皇位继承始终在公开的"库里勒台"和暗中的宫廷政变中进行。起主要作用的，是太后、皇后、蒙古诸王及近臣、大臣。自忽必烈以下的历代元朝皇帝，同时也是蒙古的汗，既有汉人的庙号，也有蒙古的汗号。如忽必烈，庙号是"世祖"，汗号是"薛禅汗"。如海山，庙号是"武宗"，汗号是"曲律汗"；其弟拔力八达，庙号为"仁宗"，汗号是"普颜笃汗"。元朝的大都燕京是汉化的中心，大蒙古国的旧都和林是蒙古旧俗的大本营，上都开平则是过渡及缓冲地带。皇帝是元朝的，根基却在蒙古。正因为这样，百年后元顺帝离开大都，还有地方可退。

第三，利益分配。蒙古人获取财富，既通过游牧，也通过战争。自从追随成吉思汗东西征战，战争是获得财富包括奴仆的主要手段。随着西征步伐的停顿、海外开拓的失败，随着元朝及各大汗国政权的稳固，除了内部争斗，蒙古的战争机器停止运行。那么，财富从哪里来？当然可以回归牧场，但回归牧场哪里有战争的收获大、收获快？而在农业地区，又哪里有多少牧场？这样，蒙古诸王及功臣就希望从元朝朝廷获取利益。太祖、太宗带着我们发财，你们是太祖、太宗的继承人，那就要弥补无法从战场上获取的利益。这不是胡闹吗？一点都不胡闹。任何一个朝代建立之后，将领解甲，士兵归农，朝廷都要给田地、给人户、给俸禄、给封赏，元朝也一样，不一样的是受制程度更大、负担更重。

二、元有三仁

由于这些因素，就需要：第一，在政治上充分体现蒙古将士的主导地位；第二，在经济上充分满足蒙古贵族的利益诉求。《元史·百官志》有这样一段话：

> 刘秉忠、许衡酌古今之宜、定内外之官……官有常职，位有常员，其长则蒙古人为之，而汉人、南人贰焉。于是一代之制始备，百年之间，子孙有所凭藉矣。

虽然官制是由汉人刘秉忠等制定，但必须尊重蒙古人的地位。从中央到地方，所有的职位一般由蒙古人为主官，汉人及色目、契丹、女真为副手。成宗时期，汉人御史中丞王寿带着同僚上书，希望谨慎选拔宰相，并以忽必烈开创元朝那个时候的气象为样板：

> 世祖初置中书省，以忽鲁不花、塔察儿、线真、安童、伯颜等为丞相，史天泽、刘秉忠、廉希宪、许衡、姚枢等实左右之，当时称治，比唐贞观之盛。（《元史·王寿传》）

王寿的这段话是为了告知新皇帝，世祖当年的宰相班底虽然丞相是忽鲁不花等蒙古人，发挥作用的却是史天泽、刘秉忠等汉人。虽然如此，也不可否认中书省主官是蒙古人的事实。仅就中书省来说，已经从窝阔台、蒙哥时代倒退了，那个时候，蒙古人中书丞相之上，还有中书令，先是耶律楚材，后是杨惟中。王寿的列举也有错误，忽必烈时代的宰相并非只有蒙古人，还有汉人史天泽。当然，这也是元朝唯一的汉人宰相。

中央的中书省及枢密院、御史台等是这样，地方的省、路、府、州、县也是这样。十大行省的平章政事都是蒙古人，左、右丞及参知政事等则多是汉人（包括北方汉人、契丹人、女真人）及南人（南方汉人）。路（府）、县（州）由蒙古人出任"达鲁花赤"。"达鲁花赤"为蒙古语的汉译，相当于今天我们说的"一把手""老大"。达鲁花赤之下，由汉人、南人出任路的同知或治中、府的知府或府尹、州县的知州和县尹等。当然，具体的事情还得由汉人的"吏胥"来办。所以，官昏吏贪成为元朝官场的特征，也是历朝历代官场的痼疾。官员是流动的，所以叫"流官"；吏员多是本地的、终身的乃至父死子继、兄终弟及的。所谓"铁打的衙门流水的官"，真正把持"铁打"衙门的，是"铁打"的吏。这里我们只是在陈述当时的官员安排，并不是说只有哪种特定的人才能治理好国家，治理好地方。

明代"后七子"的领袖、史学家王世贞曾经感叹地说，谁说元朝无人啊？"元有三仁"：第一"仁"，契丹人耶律楚材；第二"仁"，蒙古人伯颜；第三"仁"，色目人廉希宪。

耶律楚材是具有大智慧的政治家，王世贞的评价是："辅刚主而柔之，使不为暴于天下，又能以死塞利孔，其仁蔽天地矣。"（王世贞《读书后》）耶律楚材辅佐的是成吉思汗这样的铮铮铁汉，但能以柔化刚，力阻成吉思汗、窝阔台及其属下的滥杀，又拼死劝谏避免重赋杂税，造福民众，所以说是"仁蔽天地"。

伯颜十八岁的时候和父辈一道，追随旭烈兀参与了蒙古第三次西征及开创伊儿汗国的大业。十多年后，伯颜奉旭烈兀之命，至燕京奏事。这时忽必烈已是大蒙古国的大汗，一见伯颜，说如此人才怎么能够屈居于汗国呢？从此，伯颜留在了忽必烈身边，谋划军国大事，总是见人所未见、发人所未发，不到一年，做了中书省左丞相。忽必烈灭南宋，伯颜为统帅，表现出高超的指挥艺术。但是，王世贞赞赏的不是伯颜的才能，而是品格："伯颜之下宋也，肃而谧；其居功也，廉而约；其处废也，恬而智；其应世事也，毅而裁。古社稷臣哉。"（王世贞《读书后》）什么是"肃而谧"？军纪严明，秋毫无犯；什么是"廉而约"？廉洁自律，谦虚谨慎；什么是"恬而智"？淡泊名利，善于自处，什么是"毅而裁"？行事果断，有理有节。有个插曲很有意思。伯颜兵临杭州，南宋派使者议和，说太皇太后年迈，皇帝年幼，希望议和退兵。伯颜听罢，一句话将使者堵了回去："尔宋昔得天下于小儿之手，今亦失于小儿之手，盖天道也，不必多言。"（《元史·伯颜传》）宋朝的天下是从孤儿寡母手中得到，今日又失于孤儿寡母，有什么好说的呢？这就叫天道轮回，出来混总是要还的。

廉希宪是畏兀儿人，也可以说是色目人，娴熟骑射，富有谋略，又手不释卷，尤好《孟子》，十九岁时入忽必烈藩府，被称为"廉孟子"。忽必烈与阿里不哥角逐期间，廉希宪以其过人的胆略和果断的个性，为忽必烈平定了陕西、四川，斩断阿里不哥的右臂。此后，辽东事急往辽东，江淮事急往江淮，所到之处，兴利除害，军民安堵。廉希宪在中书省多年，论大事，议大政，无所避讳。忽必烈有时受不了，说你小子当年在我潜邸时，于事于物多有包容，现在做了宰相，怎么变得认死理了？廉希宪坦然回答："王府事轻，天下事重。一或面从，天下将受其害，臣非不自爱也。"（《元史·廉希宪传》）天下事没有小事，如果看您的面色行事，遇事曲从，就是对天下不负责任。忽必烈不得不赞叹："当诸王大会，议决大事，惟廉希宪能也。"伯颜对廉希宪也是推崇备至："宰相中真宰相，男子中真男子。"（元明善《平章政事廉文正王神道碑》）

耶律楚材、伯颜、廉希宪的共同特点，是用适合中原、适合中国的治国理念、治国方针治理国家，所以王世贞再三赞叹："孰谓元无人？"

三、财臣儒臣

政治上由蒙古人主导，经济上也要充分满足蒙古人的诉求。我们先说两件事情。

一件发生在大蒙古国的蒙哥时代。1253 年农历六月，蒙哥派遣六弟旭烈兀西征，其实是让旭烈兀带着一批人到西亚去开拓新的地盘、寻找新的财源。老资格的西征诸王拔都等人也派出使者来到蒙哥的行宫，以购买珠宝为由，请求赐银万锭。当时的银锭规格不一，有一两、二两、五两，也有十两、二十两乃至五十两。我们取中位数，十两一锭，万锭就是十万两。尽管两年前蒙哥上位时，拔都等人出了大力，但对于他们的要求，蒙哥直接去掉一个零，把万锭减为千锭，并让来人给堂兄拔都及诸王带回自己的"诏谕"：

> 太祖、太宗之财，若此费用，何以给诸王之赐？王宜详审之。此银就充今后岁赐之数。（《元史·宪宗本纪》）

银子是太祖、太宗留下的，但不能滥用。如果开了这个头，以后怎么办？当然，拔都的面子还是得给，不能让使者空手而回，但这一千锭银子得算是提前支付的"岁赐"。

另一件发生在忽必烈曾孙、元武宗海山时期。海山继位不久，在宫中发现一个小箱子，问保管箱子的宦官，这是何物？这位宦官名叫李邦宁，本是南宋宫中的"小黄门"，宋亡后被送到大都，因为办事得体，深得忽必烈信任，一直留在宫中。侍候了世祖忽必烈、太子真金，又侍候成宗铁穆耳，再侍候武宗海山，是三朝四代宦官元老。见皇帝问起，李邦宁郑重说道，这是世祖用过的旧服饰，遗嘱留给子孙后代，让他们知道祖先创业之艰辛、用度之节俭。武宗打开箱子，对着故物感叹。身边有宗王不以为然，说世祖确实神武，只是太过抠门。这就话里有话了。怎么抠门？不但对自己抠门，也对子弟、宗亲抠门。

两件事情相隔半个世纪，但释放出同一个信息。虽然蒙古诸王有各自的领地，大小达鲁花赤也享有俸禄，但是元朝对他们的额外赏赐仍然不能少。这也是中国历代政权面临的老问题。就像玩股票，打天下是用生命投资，输了血本无归，赢了就得分红，只是元朝更显突出。为此，忽必烈在中书省之外另设一个机构，叫"尚书省"。但这个尚书省和此前唐朝的尚书省不同，它是专门用来理财、敛财的，并且出了三位著名的理财家：色目人阿合马、吐蕃人桑哥、汉人卢世荣。在他们的主持下，元朝进行了一系列财政改革。

应该说，阿合马、卢世荣、桑哥三人都是理财高手，在他们的主持下，通过改革盐法、改革漕运、铸造农器、追夺公田、清理债务等办法，大大增加了财政收入。又参考宋、金时期的"交子"，推行元朝的纸币，"中统宝钞""至元宝钞"一定程度上满足了外贸与内需。当然，他们理财的成功有一个前提，那就是中国国内的战争大抵结束。进攻南宋的时候，距离灭金已经二十年，到至元后期，距离灭宋也近二十年，中原及江南地区经济的次第恢复是元朝财政改革成功的前提。但是，中国历史上反复发生的一个现象是，政治的廉洁往往和经济的萧条联系在一起。一旦经济恢复，社会繁荣，政治的腐败也就随之显现。

阿合马等人财政改革的成功解决了元朝的财政危机，但同时激发了人们对财富的追逐，加剧了因利益分配而产生的矛盾。阿合马、世荣、桑哥等人因此相继被杀；而明朝修《元史》，也赫然将三人列于《元史·奸臣传》的前三位。二十多年前，我曾经发表过一篇论文——《历史上的"奸臣"与〈奸臣传〉》，一个核心观点是，"奸臣"大抵是为君主背黑锅。当年武则天身边的"酷吏"是这样，此时忽必烈身边的"财臣"也是这样。

从元朝的开创者忽必烈到元朝的退场者妥欢帖睦尔，每一位在位的元朝皇帝都在同时做两件事：为满足蒙古贵族的要求而用"财臣"，为推动元朝的汉化而用"儒臣"。世祖忽必烈创建元朝自不必说，元朝令汉人，尤其是令汉族读书人兴奋的至少还有两件事。

第一件事，恢复科举。武宗海山之弟、仁宗拔力八达为太子时就向慕汉文化。即位之后，他采纳东宫旧臣的建议，命各行省在延祐元年（1314年）秋行乡试，取举人三百名；第二年（1315年）二月，通过会试、殿试，取进士五十六名。因为在延祐年间进行，所以被称为"延祐复科"。这是在金亡八十年、宋亡四十年后首次举行科举考试，距离元朝的建立也有四十多年了。此后，每三年一科，既获得读书人的拥护，也为官场需要及开启大规模文化工程储备了力量。

第二件事，编撰文献。元朝的大规范文化工程，一是元文宗时代编撰《元经世大典》，二是在元顺帝时期编撰辽、金、宋三史。"盛世修史"，是唐以后历代皇朝的传统。人们为了说明唐太宗"贞观之治"的伟大，常常说到唐朝编了八史——《晋书》《梁书》《陈书》《北齐书》《周书》《隋书》，加上李延寿私撰后来被纳入"正史"的《南史》《北史》，占全部"二十四史"三分之一。但唐朝所编"八史"总共409卷，元朝的一部《宋史》就496卷，加上《辽史》116卷、《金史》135卷，共747卷。

四、海内海外

由于一直在"马上""马下"徘徊，元朝的统治并不像人们印象中那样严酷、那样恐怖。恐怖的时候是有的，那就是蒙古南下、元兵南下的战争时代。当战争结束之后，元朝的统治是粗放而宽松的，整个社会也极度开放。这也十分正常。从陆路向西，陆上"丝绸之路"经过的西域、天竺、波斯，以及过去没有听说过的斡罗斯及以西国家；从扬州、泉州、广州由海上"丝绸之路"通过马六甲海峡，进印度洋，到过去没有听说过的两河流域及地中海南岸诸国，都是蒙古人在当家，商人、僧侣来来往往，如同走亲戚。

在这些"走亲戚"的人中，有一位有心人，名叫汪大渊。汪大渊（1311 年—？），字焕章，自称是"豫章"人，即元代龙兴府、今江西南昌人。汪大渊曾经两次乘坐商船远洋航海，遍及东南亚、南亚、西亚、印度洋和地中海。

汪大渊的首次远航，时间应该是元泰定帝泰定五年（1328 年）前后，从当时的东方第一大港泉州出发，历经海南岛、占城、马六甲、爪哇、苏门答腊、缅甸、印度、波斯、阿拉伯、埃及，横渡地中海到西北非洲的摩洛哥，然后再回到埃及，出红海到索马里、莫桑比克，横渡印度洋回到斯里兰卡、苏门答腊、爪哇，经澳洲到加里曼丹、菲律宾。汪大渊在海外游历了五年，于元惠帝元统二年（1334 年）夏秋间返回泉州。三年之后，汪大渊再次远航。这次仍从泉州港出海，历游南洋群岛、阿拉伯海、波斯湾、红海、地中海、莫桑比克海峡及澳洲各地，到元顺帝至元五年（1339 年）夏秋间返回泉州，历时三年。此时，正值泉州编地方志，汪大渊应邀将自己航海的经历写成《岛夷志》，附于《清源续志》。回到南昌之后，汪大渊将《岛夷志》节录成《岛夷志略》，以单行本印行。

《岛夷志略》里出现的亚、非、澳各洲国名和地名二百二十多个，涉及九十多个国家的山川险要、方域疆土、物品贸易和民情风俗，不但在当时，即使在后世也极为罕见，被认为是当时最为丰富的汉文南洋记录，堪与唐玄奘的《大唐西域记》相匹，是研究元代的海外贸易、中外关系以及这一时期亚、非地区历史、地理的珍贵资料。随郑和七下西洋的马欢在自己所著的《瀛涯胜览》中表示，《岛夷志略》中的内容真实可靠。清修《四库全书》，称汪大渊此书："皆亲历而手记之，究非空谈无征者比。"

就在汪大渊远航的半个世纪之前，一位名叫马可·波罗的意大利人，跟随家人，经过伊儿汗国统治的两河流域、伊朗高原，再经由察合台汗国统治的西域，来到了元朝的大都，在中国游历多年后回到意大利，向友人讲述东亚之行的经历，由友人记载下来，成了著名的《马可·波罗行纪》。书中描述东方特别是元朝统治下的中国的富裕和繁荣，成为许多欧洲人的梦想。虽然有学者指出，马可的这个"行纪"中的一些事并非其亲历，而是道听途说，但马可·波罗到过中国，到过中国的上都，却是没有疑问的。

一部意大利人的《行纪》，一部中国人的《志略》，记载了当年中国和世界的往来。国门大开，国内自然也是热闹非凡，各色人等、各方语言、各种故事，中国历史上一些新的文化现象发生。哪些现象？第一，元杂剧；第二，元南戏（传奇）；第三，元散曲。

推动并伴随这些文化现象的，是社会的开放、城乡的繁荣、民族矛盾的缓和，元朝的统治者、民众，在很大程度上回归了原来的生活轨迹，过着和当年唐、宋相似的日子。和唐、宋不一样的是，元朝的统治者一条腿在马上，一条腿在马下，上层很少管下层的事，下层也不管上层的事，大家各自过日子。

不管人们站在什么立场上评价元朝，元朝是中国历史上三个开创"大一统"的政权中唯一一个没有"二世而亡"的政权，它渡过了"瓶颈"，打破了"魔咒"。但是，一个突发事件直接导致了元朝的灭亡。只是元朝之亡，并不像秦那样失之于暴，也不像隋那样失之于昏，甚至未必像许多朋友说的那样，失之于十家一把菜刀的"酷"、失之于"四等级"的民族压迫。在明朝朱元璋、刘基君臣看来，元朝之失，是失之于两个字：一是"宽"，二是"纵"。这是怎么回事呢？我们在《国史通鉴》的"明清时代"将进行讨论。